Reinbothe
Wasternack

Mensch und Pflanze

»In unserer industriellen Gesellschaft
sind alle Gegenstände schnellen Veränderungen
unterworfen, was uns an den Begriff
der Abnutzung gewöhnt hat.
Alle Gebrauchsartikel werden bald überholt
und durch andere ersetzt,
die ihnen überlegen sind. Die Pflanzen
werden jedoch wahrscheinlich nie
in Vergessenheit geraten;
denn die Menschen werden nie aufhören
zu essen und zu atmen.
Die Nahrungsmittel und der Sauerstoff aber
sind die beiden Geschenke,
die uns die Pflanzen darbieten.«

James Bonner

Prof. Dr. Horst Reinbothe
Dr. Claus Wasternack

Mensch und Pflanze

Mit 228 Fotos
und 27 Zeichnungen

Urania-Verlag Leipzig · Jena · Berlin

Reinbothe, Horst:
Mensch und Pflanze / Horst Reinbothe; Claus Wasternack.
[Zeichn. Lutz-E. Müller]. — 1. Aufl. — Leipzig; Jena; Berlin: Urania-Verlag, 1986. 312 S.

ISBN 3-332-00020-9

NE: Wasternack, Claus:

1. Auflage 1986 1.–20. Tausend

Verlag für populärwissenschaftliche Literatur,
Leipzig 1986
VLN 212–475/31/86 · LSV 135 9
Lektor: Christoph Needon
Gesamtgestaltung und Zeichnungen: Lutz-E. Müller
Satz, Druck und buchbinderische Verarbeitung:
Karl-Marx-Werk, Graphischer Großbetrieb,
Pößneck V 15/30
Printed in the German Democratic Republic
Best.-Nr.: 654 060 0
03600

Inhalt

7 Vorwort des Verlages

9 Die Entwicklung der Pflanzenwelt auf der Erde

18 Das Pflanzenkleid der Erde

27 Mensch und Nutzpflanzen in früherer Zeit

37 Magie, Mythos und Symbolik von Pflanzen

48 Die Geschichte der Wissenschaft von den Pflanzen – der Botanik

55 Die phantastischen Leistungen grüner Pflanzen

65 Wichtige Nahrungspflanzen des Menschen

86 Die Bedeutung von Gemüse und Obst für die menschliche Ernährung

103 Pflanzen für die Tierernährung

110 Der Wald als Holzproduzent

122 Wichtige Rohstoffe aus Pflanzen

135 Pflanzliche Nahrung und Rohstoffe aus dem Meer

141 Das Pflanzenreich – eine Schatzkammer für die Gesunderhaltung des Menschen

155 Brauch und Mißbrauch von Pflanzen: Sucht- und Rauschmittel

163 Von schädlichen und nützlichen Pilzen

174 Gewürze, Küchenkräuter und Bittergetränke

183 Kaffee, Kakao und Tee – Genußmittel gestern und heute

195 Nikotin und Alkohol

204 Pflanzen im Experiment und in neuen Einsatzgebieten

212 Pflanzen in der Züchtung

224 Ertragsbildung und Pflanzenschutz

231 Die Bedeutung der Pflanzen für unsere Umwelt

240 Zerstört der Mensch die Natur?

249 Gärten und Parks – Pflanzen im Lebensraum des Menschen

268 Landschafts- und Naturschutz

279 Pflanzen im Wandel der Jahreszeiten

289 Pflanzen in der Kunst

298 Von der Kunst, Blumen zu ordnen und zu gestalten

304 Literatur

305 Bildquellen

306 Register

Vorwort des Verlages

Mensch und Pflanze, welch umfassende Thematik! Dienen doch die Pflanzen dem Menschen nicht nur als Nahrung, Rohstoff, Heilmittel oder Gewürz- und Genußmittel, sie sind auch ein unerläßlicher Bestandteil unserer Umwelt, den wir sorgfältig behandeln müssen. Grüne Pflanzen stellen das größte chemische Produktionspotential unseres Erdballs dar und erzeugen den für Mensch und Tier unentbehrlichen Luftsauerstoff. Schließlich werden sie auch als Schmuck für Haus und Garten gepflegt und haben Bedeutung für die künstlerische und handwerkliche Tätigkeit des Menschen.

Es war nicht einfach, einen Autor zu finden, der die Problematik von Mensch und Pflanze souverän darzustellen weiß. Zu sehr spezialisiert sind heute die Fachrichtungen der Biologie. Ein großes lexikalisch gestaltetes Werk mit zahlreichen Autoren, die jeweils ihr Fachgebiet bearbeiten, war aber nicht geplant. Es sollte ein Lesebuch werden, das uns alle darauf aufmerksam macht, wie wichtig die Existenz der Pflanzen und ihre Leistungen für unser Leben sind, wie sehr wir die grünenden Gewächse brauchen. Eine Einsicht, die gerade in unserem technischen Zeitalter erforderlich ist.

Wir waren froh, Herrn Professor Dr. sc. Horst Reinbothe, einen bekannten Biochemiker aus Halle mit internationalem Ruf auf seinem Fachgebiet, für dieses Projekt zu gewinnen. Mit großer Begeisterung ging der Autor an die Erarbeitung des Stoffes, und in mehrjähriger Arbeit entstanden zahlreiche Abschnitte des Werkes.

Aber leider war es dem Autor nicht vergönnt, das Buch fertigzustellen. Ein schweres Leiden machte seinem unermüdlichen Schaffen ein Ende. Zurück blieb ein unvollendetes Manuskript, das der Verlag nicht hätte veröffentlichen können. Einem seiner engsten Mitarbeiter, Herrn Dr. sc. Claus Wasternack, ist es zu verdanken, daß Professor Reinbothes Werk vollendet werden konnte. Unter geschickter Anpassung an seinen Stil wurden von Dr. Wasternack Umstellungen und Überarbeitungen einzelner Abschnitte vorgenommen, neue Fakten eingebracht und zahlreiche nur als Stoffsammlung oder noch gar nicht vorhandene Kapitel abgefaßt. Dank dieser noch umfangreichen Arbeiten konnte das Buch endlich zu einem einheitlichen Ganzen werden.

Wir möchten Herrn Dr. Wasternack für sein großes Engagement bei der Vollendung des Werkes ganz herzlich danken. Ebenso sei unser Dank allen jenen ausgedrückt, die das zahlreiche Bildmaterial in großzügiger Weise zur Verfügung stellten, Kapitel kritisch durchsahen oder als Gutachter wirkten.

Die Entwicklung der Pflanzenwelt auf der Erde

»Die Entwicklungsgeschichte der Organismen zerfällt in zwei nächst verwandte und eng verbundene Zweige: die Ontogenie oder die Entwicklungsgeschichte der organischen Individuen und die Phylogenie oder die Entwicklungsgeschichte der organischen Stämme.«

E. Haeckel in »Generelle Morphologie«, 1865

In unserem Sonnensystem nimmt der Planet Erde, der »blaue Planet«, eine Sonderstellung ein. Handelt es sich doch nach unserer derzeitigen Kenntnis um den einzigen Himmelskörper, der Lebewesen beherbergt, dessen Oberfläche von riesigen Wassermassen bedeckt ist und der eine Sauerstoff-Stickstoff-Gashülle trägt. In ihrer geologischen Vergangenheit hat die Erde ihre Atmosphäre mehrfach gewechselt. Heute entfallen von den 510 Millionen km^2 Erdoberfläche rund 359 Millionen km^2 auf Meeresflächen und weitere 2 bis 3 Millionen km^2 auf Süßwasserflächen. Riesige Ströme, zusammengeführt aus vielen Zuflüssen und letztlich aus zahllosen kleinen Quellen gespeist, die im Gebirge das Niederschlagswasser sammeln, rollen ihre Wassermassen ständig in die Ozeane. Durch Verdunstung wird aus ihnen der Luftraum mit Wasserdampf versorgt und liefert als Regen Wasser für die Landflächen. Wasser befindet sich in einem ständigen Wechsel zwischen der Hydrosphäre und der Atmosphäre bzw. dem Festland.

Nach einer chemischen Evolution, die wir hier nicht nachzeichnen wollen, entwickelten sich auf der Erde erste Lebewesen, Urzellen, die einen gerichteten Stoff- und Energieaustausch mit dem umgebenden Milieu durchführen konnten. Sie besaßen über einen kurzen Zeitraum, der für ihre Fortpflanzung ausreichte, ein Energiegefälle zwischen außen und innen. Wahrscheinlich entstand dieses erste Leben auf der Erde vor mehr als 4 Milliarden Jahren. Radiometrische Altersbestimmungen von Fossilien tragenden Gesteinen haben den Geologen und Paläontologen verläßliche Zeitmarken in die Hand gegeben.

Die biologische Evolution begann mit im präkambrischen Ozean lebenden Eobionten, heute ausgestorbenen Urformen des Lebens. Sie waren die stammesgeschichtlichen Vorfahren der jetzt lebenden Organismen, die 3 Organismenreichen zugeordnet werden müssen, den Urbakterien (Archaebakterien), den eigentlichen Bakterien (Eubakterien, Prokaryoten) und den Eukaryoten, zu denen alle Pflanzen und Tiere gehören. Die Eobionten lebten von den Vorräten der „Ursuppe", also von den unter den Energieverhältnissen auf der Früherde spontan entstandenen organischen Molekülen, rein anoxidativ durch Gärung (Fermentation).

Die Urorganismen waren nur Verbraucher und nicht Erzeuger organischer Moleküle. Durch ihre Lebenstätigkeit wäre aber der Stoffvorrat der »Ursuppe« – selbst wenn sie einer dicken Bouillon geglichen hat – bald »ausgelöffelt« gewesen. Die aufkommende »Energiekrise« wurde jedoch mit dem Auftreten von Lebewesen verhindert, die eine Photosynthese betreiben konnten. Sie waren den heutigen Blaualgen (Cyanobakterien) ähnlich, besaßen schon Chlorophyll und konnten das Kohlendioxid der Atmosphäre verwerten. Indem sie Sonnenlicht über Chlorophyll absorbierten und zur Spaltung des Wassers in ein Reduktionsmittel, den Wasserstoff, und ein Oxidationsmittel, den Sauerstoff, einsetzten, konnten sie reduktiv Kohlenhydrate bilden (s. S. 55). Das Nebenprodukt der Wasserzerlegung, der Sauerstoff, entwich in den

Wasser im Hochgebirge

Luftraum. Erste Formen dieser Sauerstoffproduzenten traten schon vor 3,8 Millionen Jahren auf. Unter den aufgefundenen Mikrofossilien befindet sich eine Isuasphaera genannte blaualgenähnliche Form dieses Alters, die man in den präkambrischen Isua-Gesteinsschichten Westgrönlands entdeckte.

Blaualgen und ihnen ähnliche Organismen müssen sich in gewaltiger Anzahl entwickelt haben. Vor zwei Milliarden Jahren produzierten riesige Mengen photosynthetisch aktiver Blaualgen in den Weltmeeren 80 Prozent jener organischen Masse, die die heutige Pflanzenbedeckung der Erde zu bilden vermag. Damit entstand kontinuierlich Sauerstoff. Er wurde zur Oxydation verschiedener chemischer Elemente genutzt, d. h. in den Gesteinen fixiert, und so der Atmosphäre entzogen. Erst im jüngsten Präkambrium vor 700 Millionen Jahren war durch die stete Sauerstoffproduktion der Blaualgen und ersten Grünalgen der Sauerstoffgehalt auf 1 Prozent des heutigen Wertes angestiegen. Durch die hohe UV-Strahlung bildeten sich aus Sauerstoff Ozonschichten, die ihrerseits eine Absorption des UV-Lichtes bewirkten und so die Entfaltung von Leben und die Nutzung des sichtbaren Lichtanteiles durch photosynthetisch aktive Organismen förderten. Der Sauerstoffgehalt der Atmosphäre ermöglichte vor allem aber die Entwicklung atmender Organismen. So entstand zwischen Präkambrium und Kambrium eine »biologische Explosion«.

Die Erfindung der sauerstoffverbrauchenden Atmung verlieh ihren Trägern einen großen Evolutionsvorteil, denn die Energieausbeute ist bei der Atmung wesentlich höher als bei der Gärung, auf die sauerstofffrei lebende Einzeller angewiesen waren und sind. Die oxydative Substratverwertung scheint eine Voraussetzung für die Entstehung der Vielzelligkeit gewesen zu sein. Diese Vielzelligkeit war vor allem auch an die Entwicklung von Zellkernen, den Trägern der Erbinformation, gebunden. Zellkerne sind ein Merkmal der eukaryotischen Organismen. Blaualgen und Bakterien fehlen sie. Aquatisch lebende zellkerntragende Algen wurden der Ausgangspunkt für die Evolution eukaryotischer Lebewesen. In diesen Algen lag erstmals Chlorophyll als primärer Akzeptor des sichtbaren Lichtes für die lebensnotwendige Photosynthese in einem membranumgrenzten Organell, den Chloroplasten, vor. Zu einem generellen Merkmal der Höherentwicklung wurden ebenso intrazelluläre Membranabgrenzungen und die Tendenz, vielzellige Organismenformen zu bilden.

Anfangs entwickelte sich pflanzliches Leben ausschließlich im Meer. So entstanden im Wasser lebende Pilze und makroskopische Grünalgen, die erstmals vor einer Milliarde Jahren eine geschlechtliche Vermehrung und damit eine Reduktionsteilung (Meiose) aufwiesen, um die elterliche Chromosomenanzahl zu erhalten. In vielzelligen Organismen wird das ohnehin schon vom Meer geminderte Licht außerdem noch absorbiert, steht also in geringerem Maße der Photosynthese zur Verfügung. Den Lebensraum Wasser zu verlassen bedeutete zwar für die Pflanzen eine enorme Entwicklungsmöglichkeit, zwang aber auch zur Herausbildung völlig neuer Leistungen. Im Meer waren Nährsalze und Wasser für alle Zellleistungen direkt zugänglich, und vielzellige Organismen mußten nicht eine mechanische Versteifung aufweisen. Auf dem Land muß eine Pflanze einerseits Wasser und Nährsalze dem Boden entnehmen und allen Zellen zuliefern, andererseits sind die Photosyntheseprodukte (Kohlenhydrate) der Assimilation auch für alle Zellen bereitzustellen. So war die Entwicklung von Gefäßpflanzen nötig, d. h., es mußte ein »Hohlraum«-System (vaskuläres System) zum Transport von Wasser und Nährstoffen geschaffen werden. Diese Evolution wurde im Silur, vor 430 Millionen Jahren, mit der Entstehung von Psilophyten eingeleitet. Die ersten Landpflanzen entstanden aus in Wasser lebenden vielzelligen Grünalgen. Dabei gab es zahlreiche an Küstenzonen gebundene niedrige Übergangsformen. Mit den ersten Landpflanzen setzte die Entwicklung grundsätzlich neuer Bauelemente, wie wir sie bei höheren Pflanzen finden, ein. Hierzu zählen die Blätter, ihre transpirationsbegrenzende Wachsschicht (die Kutikula), ihre Spaltöffnungen (die Stomata) zum Austausch von Sauerstoff und Kohlendioxid sowie die Bildung von Stützgewebe, das die Nährstoff- und Wasserleitungsgefäße umgibt.

So entwickelten sich aus den »Nacktpflanzen«, den Psilophyten, die nur Sproßachsen und -abschnitte besaßen, am Übergang vom Silur zum Devon erste farnartige Gewächse sowie Bärlappe und Schachtelhalme, die bald baumförmig wuchsen. Vor 345 Millionen Jahren wurden sie mit 30 m hohen, zu sekundärem Dickenwachstum fähigen Bäumen in großer Artenfülle und -anzahl die dominierenden Vertreter der Karbonzeit. In subtropischem Klima entstanden damals riesige Wälder, deren Zentren sich in Europa und Nordamerika befanden. Ihre Biomasseproduktion bildete nicht nur die Grundlage unserer heutigen Steinkohle, sondern erhöhte auch den Sauerstoffgehalt der Atmosphäre auf den heutigen Wert von 19 Prozent. Zur gleichen Zeit entfalteten sich auf der Südhemisphäre der Erde in kühlgemäßigtem Klima umfangreiche Wälder mit farnartigen Bäumen und ersten Nadelgehölzen. Später traten weltweit die ersten Samenpflanzen auf, die große Veränderungen in der Sexualität aufwiesen. Bei ihnen kommen Zellen mit einfachem (haploidem) Chromosomensatz nur noch in der Blüte vor, während der doppelte (diploide) Chromosomensatz in allen vegetativen Pflanzenteilen, die in Zeit und Menge zum Hauptanteil des Pflanzenlebens wurden, anzutreffen ist. Die Herausbildung von Samenpflanzen war eine der großen Entwicklungsetappen der Pflanzenevolution. Frei (nacktsamig) oder eingehüllt (bedecktsamig) entstanden die Vermehrungsorgane jener Pflanzenordnungen, die heute auf unserer Erde vorherrschen. Diese

Stammoberfläche eines Siegelbaumes (Sigillaria spec.) aus dem Oberkarbon

Herausbildung von Samen bedeutete einen großen Evolutionsvorteil, denn mit Nährstoffen zur Keimung versorgt und im elterlichen Gewebe geschützt, ist der Embryo einer Samenpflanze in der Lage, ungünstige Umweltbedingungen selbst über Jahre zu überdauern oder innerhalb von Tagen zur neuen Pflanze heranzuwachsen.

Im Erdmittelalter (Mesophytikum) kam es zu einer enormen Entfaltung der Nacktsamer (Gymnospermen). Ginkgogewächse, von denen nur eine Art, der Ginkgobaum *(Ginkgo biloba)*, bis heute erhalten blieb, Koniferen, aus denen unsere heutigen Nadelgehölze hervorgingen, Samenfarne, wie Cycadeen und Bennettiteen, die mit 40000 Arten ungeheuer reich entfaltet waren, konnten sich bei großer Artenvielfalt an das z.T. trockene Klima gut anpassen. Von den rund 675 Arten der Nacktsamer sind heute einige als wichtige Nutzholz- und Harzspender (s. S. 130) von großer wirtschaftlicher Bedeutung. Sie besitzen ein ziemlich widerstandsfähiges Holz, dessen Inhaltsstoffe den Verfall des Kernholzes verhindern. Noch bilden sie auf der Nordhälfte der Erde große zusammenhängende Waldgebiete, wie die sibirische Taiga sowie den vom südlichen Alaska bis Labrador reichenden kanadischen Nadelholzgürtel.

Etwa vor 125 Millionen Jahren, am Beginn der Oberen Kreide, entwickelten sich bedecktsamige Pflanzen (Angiospermen). Sie entfalteten unabhängig von Klimaveränderungen bald eine große Artenvielfalt und -anzahl. Die noch heute herrschende Angiospermenzeit (Känophytikum) begann, die Nacktsamer und verbliebene Farnpflanzen wurden zurückgedrängt.

Seit der Besiedlung des Festlandes durch Pflanzen bildeten sich Pflanzengemeinschaften heraus. Das Leben in Populationen und Ökosystemen mit der sich parallel entwickelnden Tierwelt förderte eine vielfältige und spezialisierte Entwicklung der Flora ebenso, wie klimatische Veränderungen auf der Erde Einfluß hatten. Die Herausbildung der verschiedenen Blütenpflanzen ist maßgeblich auf eine Koevolution von Pflanzen und Tieren, insbesondere der Insekten, zurückzuführen.

Im Erdaltertum waren die Pflanzen auf der damals einzigen Festlandsscholle meist weltweit verbreitet. Mit dem Erdmittelalter begann dann ein Auseinanderdriften der Kontinente, wie es Alfred Wegener 1915 erstmals in der sogenannten Kontinental- und Polverschiebungstheorie darstellte. Ehe die Kontinentalverschiebungen vor etwa 125 Millionen Jahren begannen, bildeten Afrika, Amerika, Madagaskar, Indien, Australien und die Antarktis noch eine einheitliche Landmasse, das Gondwanaland. 60 Millionen Jahre später, am Beginn der Tertiärzeit, waren die heutigen Landschaftsgroßräume im wesentlichen entstanden. Aus dem gegenwärtigen und dem fossilen Vorkommen von Pflanzen und ihrer getrennten Evolution ließen sich diese Kontinentalverschiebungen erstaunlich gut bestätigen. Da aber die Kontinentalverschiebungen während der umfangreichen Entwicklung der Angiospermen abliefen, finden wir viele Bedecktsamer auch heute noch weltweit verbreitet vor.

Am Beginn der Tertiärzeit, vor 65 Millionen Jahren, erreichten die Angiospermen eine bis dahin nie aufgetretene Formenvielfalt und Biomasseproduktion. Es herrschte ein ausgeglichenes tropisches und subtropisches Klima vor. Reste dieser alttertiären tropischen Flora finden wir heute

Stammoberfläche eines Schuppenbaumes (Lepidodendron aculeatum) aus dem Oberkarbon mit den schrägzeilig angeordneten Narben abgefallener Blätter

Abdruck eines Farnwedels (Sphenopterus sauveuvi) aus dem Oberkarbon

unter anderem im Geiseltal bei Halle. Im mittleren Tertiär wurden auf der Nordhalbkugel artenreiche Laub- und Nadelmischwälder vorherrschend, die als Moorwälder die Grundlage der ausgedehnten Braunkohlelagerstätten bilden.

Vor 25 Millionen Jahren, zu Beginn des Jungtertiärs, setzte schließlich eine stete Abkühlung der Erde ein, die in den Eiszeiten des Quartärs ihren Höhepunkt erreichte. Dadurch kam es zu einer drastischen Beeinflussung der Entwicklung und Verbreitung der Pflanzen. In Europa konnten z. B. tertiäre Florenelemente, vom Eis nach Süden abgedrängt, die vergletscherten alpinen Gebirge nicht »überwinden« und starben aus. So ist die vergleichsweise Artenarmut unserer heutigen europäischen Laub- und Nadelwälder ein Ergebnis eiszeitlicher Vorgänge. Die 6 Kalt- und 5 Warmzeiten von relativ schneller Folge im Quartär führten zu weltweiten Verschiebungen in der Pflanzenverbreitung und verursachten ein Aussterben vieler Pflanzen. Entwicklungsfähig blieben vor allem an schnelle Temperatur- und Feuchtigkeitsänderungen angepaßte krautige Pflanzen. Es entstanden ausgedehnte Savannengebiete auf allen Kontinenten, die Zentren der Menschwerdung. Auch die ersten Hackbaukulturen des Menschen, die bewußte Nutzung der Natur für die menschliche Ernährung, scheinen in diesen Savannengebieten eingesetzt zu haben (s. S. 30).

Die Entwicklung unserer heutigen Pflanzenwelt, die Evolution grundsätzlicher Organe, ihrer Vermehrungs- und Differenzierungsmechanismen, war bis zum Ende der Tertiärzeit im wesentlichen abgeschlossen. Im Quartär kam es nur noch zur Herausbildung heutiger Verbreitungsgrenzen der Pflanzenwelt.

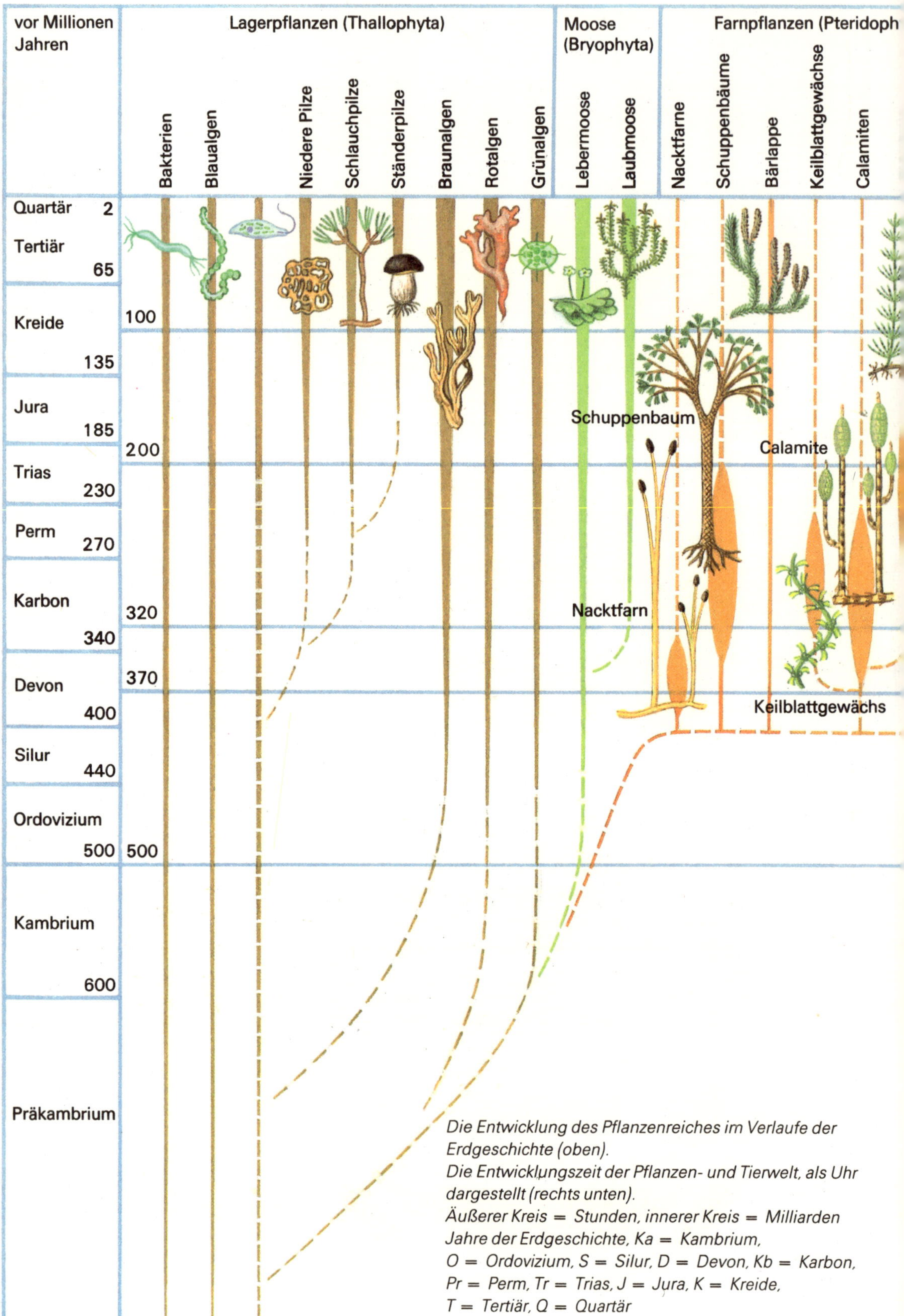

Die Entwicklung des Pflanzenreiches im Verlaufe der Erdgeschichte (oben).
Die Entwicklungszeit der Pflanzen- und Tierwelt, als Uhr dargestellt (rechts unten).
Äußerer Kreis = Stunden, innerer Kreis = Milliarden Jahre der Erdgeschichte, Ka = Kambrium, O = Ordovizium, S = Silur, D = Devon, Kb = Karbon, Pr = Perm, Tr = Trias, J = Jura, K = Kreide, T = Tertiär, Q = Quartär

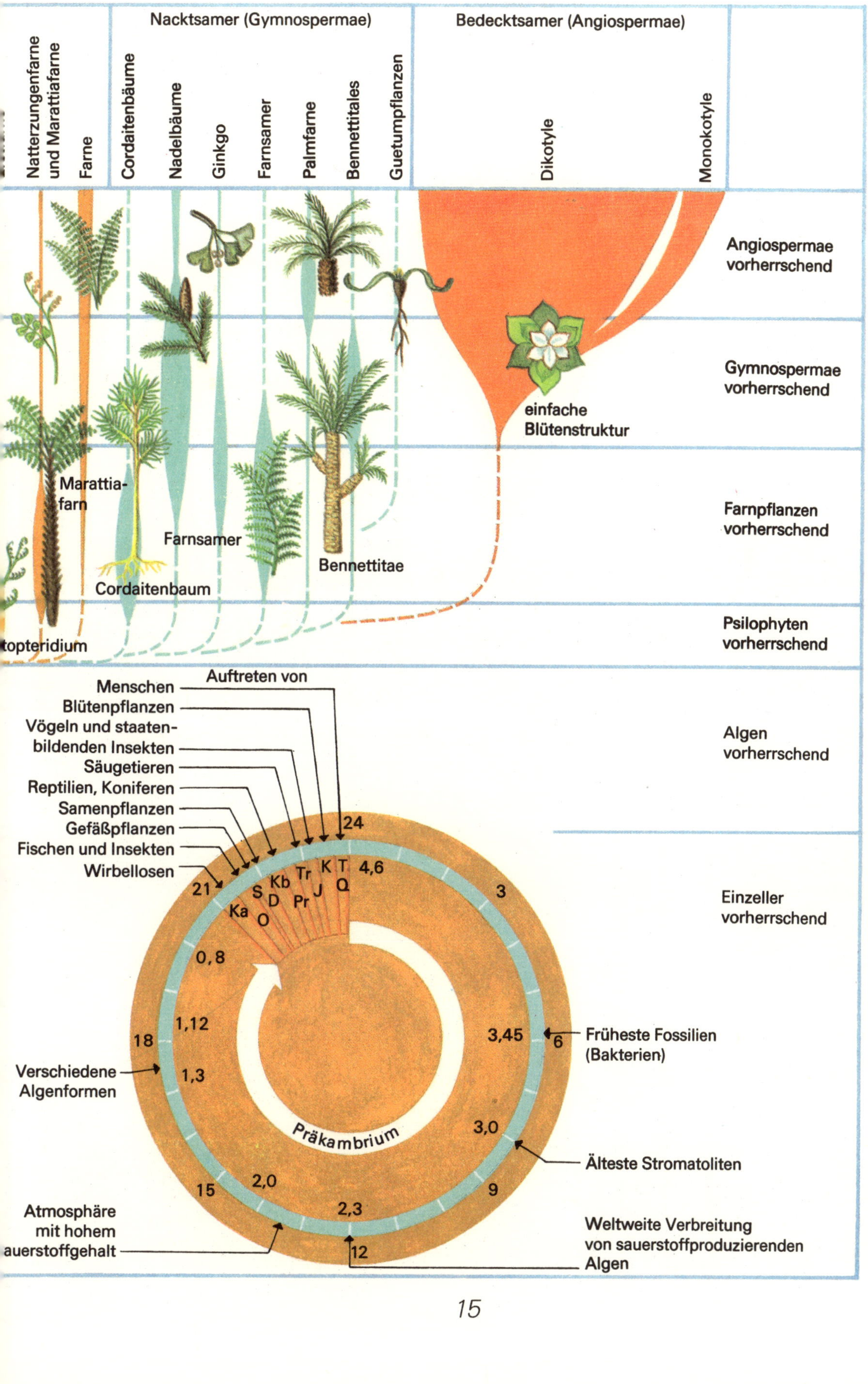

Nacktsamer (Gymnospermae)
Bedecktsamer (Angiospermae)
Natterzungenfarne und Marattiafarne
Farne
Cordaitenbäume
Nadelbäume
Ginkgo
Farnsamer
Palmfarne
Bennettitales
Guetumpflanzen
Dikotyle
Monokotyle
Angiospermae vorherrschend
Gymnospermae vorherrschend
einfache Blütenstruktur
Marattia-farn
Farnsamer
Cordaitenbaum
Bennettitae
Farnpflanzen vorherrschend
topteridium
Psilophyten vorherrschend
Auftreten von
Menschen
Blütenpflanzen
Vögeln und staatenbildenden Insekten
Säugetieren
Reptilien, Koniferen
Samenpflanzen
Gefäßpflanzen
Fischen und Insekten
Wirbellosen
Algen vorherrschend
Einzeller vorherrschend
24
4,6
21
Ka
S
O
D
Kb
Tr
Pr
K
J
T
Q
3
0,8
1,12
18
1,3
3,45
6
Früheste Fossilien (Bakterien)
Verschiedene Algenformen
Präkambrium
3,0
Älteste Stromatoliten
15
2,0
9
2,3
12
Atmosphäre mit hohem auerstoffgehalt
Weltweite Verbreitung von sauerstoffproduzierenden Algen

Dabei zeigten die Angiospermen eine erstaunliche Anpassungsfähgkeit in der Bestäubung, Samenbildung, Wuchsform und Fruchtverbreitung sowie eine Entwicklungsbeschleunigung, z. B. bei den Blüten.

Die hier in kurzen Zügen geschilderte Evolution des Pflanzenreiches basiert maßgeblich auf fossilen Belegen, die in den steinernen Archiven der Erdgeschichte erhalten blieben. Ein eigenes Wissenschaftsgebiet, die Paläobotanik, konnte ein

Zweig mit Blättern des Ginkgobaumes (Ginkgo biloba)

Kreideküste auf Rügen, entstanden in der Kreidezeit

bemerkenswert dichtes Bild der Pflanzenevolution zusammensetzen. Neuerdings werden die fossilen Belege durch Daten jüngerer Wissenschaftszweige, z. B. der Paläochemie oder der molekularen Evolutionsforschung, ergänzt. Diese Wissenschaftszweige beschäftigen sich mit der Untersuchung der in Gesteinen erhalten gebliebenen chemischen Verbindungen. So gibt das Vorkommen von Phytan, eines Kohlenwasserstoffes, der als Rest des Photosynthesefarbstoffes Chlorophyll bzw. als Zellmembranbaustein gedeutet wird, ebenso Hinweise wie der Strukturvergleich essentieller Proteine. Aus dem Vergleich von »notwendigen« (essentiellen) »fossilen« Molekülen rezenter Organismen, wie der Ferredoxine, der Cytochrome oder der Histone, kann man auf Stammesverwandtschaften sowie auf die Evolution von Stoffwechselmustern und die Dauer evolutionärer Abläufe schließen. Obwohl ihre Aussagen derzeit einer vielseitigen Kontrolle unterworfen werden müssen, dürfte die biochemische Evolutionsforschung in der Zukunft noch Wesentliches zum Verständnis der Evolution der Pflanzen beitragen. Sie ergänzt damit das aus paläobotanischen, d. h. morphologischen Fakten gewonnene Bild der Evolution der Pflanzen.

Die Pflanzenwelt der Erde umfaßt heute etwa 440000 wissenschaftlich beschriebene Arten, von denen über die Hälfte zu den Samenpflanzen gehört (etwa 800 Nacktsamer und etwa 235000 Angiospermen). Ungefähr 15000 Farnpflanzen und 30000 Moose kommen heute neben etwa 120000 Pilzen und Flechten und über 33000 Algenarten vor. Da insbesondere bei den Pilzen und Angiospermen neue Arten entstehen und zu unterscheiden sind, kann man die Gesamtanzahl rezenter Pflanzen mit rund einer halben Million schätzen. Wie sie in den Pflanzengemeinschaften über die Erde verteilt sind, wollen wir im nächsten Abschnitt behandeln.

Das Pflanzenkleid der Erde

*»Alles ist Teil
einer ungeheuren Befruchtung,
einer ungeheuren Verdauung,
einer ungeheuren Ausscheidung.«*

C. V. Boas über den Amazonasurwald

Grüne Pflanzen stellen nur relativ geringe Ansprüche an die Ernährung. Kommen sie doch mit dem Kohlendioxid der Luft (als Kohlenstoffquelle) und Wasser, mit Luftsauerstoff (für die Atmung) und anorganischen Stickstoff- und Schwefelverbindungen (meist Nitrat und Sulfat) aus, wozu noch einige Nährsalze und Spurenstoffe treten müssen. Letztere werden in der Regel – wie das Nitrat und das Sulfat des Bodens – mit dem Wasser über die Wurzeln in den Pflanzenkörper aufgenommen.

Pflanzliches Leben kann sich nur entfalten, wenn eine Reihe von Umweltbedingungen erfüllt ist. Vor allem müssen Licht und Wasser vorhanden sein. Doch kann schon ein Spurenstoff, wenn er fehlt, das Wachstum zum Stillstand bringen. Jeder Nährstoff, gerät er ins Minimum, ist wachstumsbegrenzend. Für das Leben der Pflanzen sind anhaltend hohe und tiefe Temperaturen schädlich, auch wenn sie erstaunliche Anpassungen entwickelt haben, um ungünstige Temperaturverhältnisse zu ertragen. Nur in einem mittleren Temperaturbereich kann sich die Pflanzenwelt optimal entwickeln. So wird die Verbreitung der Pflanzen auf der Erde durch ökologische Faktoren, wie Licht, Temperatur und die Bodenverhältnisse, stark bestimmt.

Im Wasser dringt pflanzliches Leben im allgemeinen nur bis zu Tiefen von etwa 100 m vor. Nur vereinzelt werden Pflanzen in größeren Wassertiefen angetroffen, sie fehlen unter den Tiefseebewohnern. Auf dem Land, wo sich die Pflanzenwelt zu einer erstaunlichen Formenmannigfaltigkeit entwickelt hat, bleibt die Pflanzendecke auf eine wesentlich dünnere Schicht als im Meer beschränkt: Sie liegt zwischen dem bis zu 50 m hohen Vegetationsdach tropischer Regenwälder und einer nur wenige Zentimeter erreichenden Pflanzendecke in den Tundrengebieten der Nordhemisphäre, wo Pflanzen, dicht dem Boden angeschmiegt, nur in windgeschützten Lagen als Zwergsträucher oder Bäume mit Krüppelwuchs gedeihen. Wenn man sich die gesamte Pflanzenmasse, gleichmäßig über die Erdoberfläche verteilt, vorstellt, erhält man eine dünne Schicht von weniger als einem halben Zentimeter Dicke. So bleibt der größte Teil der Erdoberfläche durch ihre Pflanzendecke ungenutzt. Es würde ein gewaltiges Anzapfen des Energiereservoirs Erde bedeuten, gelänge eine Ausbreitung der Pflanzen über ihre heutigen klimatischen und edaphischen Grenzen hinaus.

Grüne Pflanzen sind in ihrer Gesamtheit die größte chemische Kraft auf der Erde. Der »Produktionsausstoß« der Pflanzenwelt übertrifft bei weitem das Produktionspotential unserer Industrie. Wenn man die Gesamtmenge an Pflanzensubstanz auf der Erde mit 2500 km^3 veranschlagt, beträgt der jährliche Stoffzuwachs etwa 1 Prozent, also etwa 25 km^3. Davon verbrauchen die Pflanzen durch Atmung rund ein Fünftel, ein Fünftel geht durch Blatt- und Astfall verloren, während drei Fünftel den tatsächlichen Zuwachs darstellen.

Die Pflanzenwelt (Flora) besteht aus zahlreichen Pflanzensippen, die in vielfältigen Pflanzengesellschaften zusammenleben und eine durch Klima und Boden bestimmte mannigfaltige Vegetation aufbauen. Flora und Vegetation sind in einer ständigen, langsamen Entwicklung begriffen. Bekanntlich leben wir heute in der Zeit der »Angiospermatophyten«, der Blütenpflanzen. Ihre Artenzahl ist in den immergrünen tropischen Urwäldern am höchsten (Amazonasgebiet etwa 40000, Indonesien etwa 45000 Arten), sie nimmt mit zunehmender Entfernung vom Äquator ab und erreicht in den niederschlagsarmen Wüstengebieten einen Tiefstand (Zentralsahara etwa 480 Arten). In den subtropischen Hartlaubwäldern nördlich und südlich der Wüstengürtel der Erde steigt die Artenzahl an, in Polnähe fällt sie jedoch wieder ab. So enthält die artenarme Flora polnaher Gebiete, z. B. von Grönland, Spitzbergen und der Antarktis, nur 400, 130 bzw. 2 Arten von Blütenpflanzen.

Die Pflanzenverbreitung auf den Festländern wird von der jährlichen Niederschlagshöhe und -verteilung, den Jahresdurchschnittstemperaturen sowie den Extremwerten der Temperatur in den Sommer- und Wintermonaten bestimmt und ist entscheidend vom Boden abhängig. Sie entspricht nicht genau den großen Klimazonen auf der Erde, da sie durch die unterschiedliche Verteilung von Meer und Land, durch Gebirge (die die Kraft des Windes brechen und küstenabgewandt Regenschattenwüsten entstehen lassen können) und die Monsune gestört wird.

Sobald Pflanzen geeignete Lebensbedingungen finden, breiten sie sich mehr oder weniger schnell in dem betreffenden Gebiet aus. Die Ausbreitungsgeschwindigkeit einer Pflanzenart hängt von mehreren Faktoren ab, nicht zuletzt von den Ausbreitungseinrichtungen, die die betreffende Pflanze in der biologischen Evolution entwickelt hat. Die feilspanartig leichten Samen vieler Epiphyten (Aufsitzer) können schnell vom Wind verbreitet und über große Entfernungen transportiert werden; wenn Vögel, Insekten, Fledermäuse oder der Mensch an der Verbreitung einer Art entscheidend beteiligt sind, bestimmt deren »Einzugsgebiet« die Pflanzenverbreitung.

Ein interessantes Naturexperiment vollzog sich bei der Wiederbesiedlung der Insel Krakatau in der Sundastraße, deren Vegetation durch den gewaltigen Vulkanausbruch 1883 völlig vernichtet wurde. Schon nach 3 Jahren wurden auf Krakatau bereits wieder 15 Blüten- und 8 Farnpflanzenarten gefunden, 1916 bauten 96 Blütenpflanzen-, 37 Farnpflanzen- und 32 Pilzarten die Vegetation der neu begrünten Insel auf. Wahrscheinlich gelangte ein Großteil der Pflanzen von den 40 bis 90 km entfernten Nachbarinseln Setesi, Java und Sumatra, etwa ein Drittel mit Luftströmungen und ein kleiner Teil durch Vögel auf die Insel. Auch die Kokospalme erschien wieder, die auf den Sandstränden der tropischen Küsten in aller

Mooshungerblümchen (Draba bryoides var. imbricata) im Hochgebirge als Besiedler extremer Standorte

Welt in schmalen Säumen wächst. Ihre schweren Steinfrüchte, die sogenannten Kokosnüsse, schwimmen mit Hilfe der lufthaltigen Faserschichten im Wasser und werden mit den Meeresströmungen verfrachtet. Daher kann jeder Strand, auch der einer neu aus dem Meer auftauchenden Koralleninsel, leicht durch heranschwimmende, mit der Brandung auf das Festland geworfene Nüsse besiedelt werden.

Im Gebirge bestimmt die Höhenlage die Vegetationszonierung. Doch entspricht sie nur ungefähr der von Süden nach Norden verlaufenden horizontalen Gliederung der Vegetation, da die Hanglage neue Umweltbedingungen schafft und das Gebirgsklima starke tägliche Temperaturschwankungen aufweist. So ist auch das Klima der alpinen Höhenstufe nur bedingt mit dem arktischen zu vergleichen.

Pflanzen bedecken fast überall die Festländer. Nur extreme Klimaverhältnisse verhindern pflanzliches Leben. So wird es durch langanhaltende Kälte und Trockenheit begrenzt.

Ohne Pflanzenbewuchs sind die Eiswüsten der Antarktis und der hocharktischen Gebiete, die mit ewigem Eis bedeckten Felswüsten der Hochgebirge sowie einige Salz- und Sandwüsten. Vom ständigen Kampf der Hochgebirgspflanzen gegen die Witterungsunbilden zeugen die kargen Grasmatten an der Schneegrenze oder das eilig blühende und fruchtende Mooshungerblümchen *(Draba bryoides var. imbricata).* In den Höhenlagen der Hochgebirge gemäßigter und warmer

Wasser als Lebensspender einer Dattelpalmenoase in Marokko

Blühende Sonora-Wüste in Arizona

Gebiete herrschen ähnliche Umweltbedingungen wie in der baumlosen Tundra der polaren und subpolaren Zone. Die Pflanzenwelt hat sich in Aussehen und Leistung an das extreme Klima angepaßt. Es herrschen unter den Blütenpflanzen niedrige Stauden und Polsterpflanzen neben Zwerg- und Spaliersträuchern vor.
Abgesehen von den Polargebieten, ist kein anderer Teil der Erde so lebensfeindlich wie die hitzeflimmernden Sandwüsten. Denken wir nur an die Gluthölle der Wüste Sahara, die sich über 5000 km vom Roten Meer im Osten bis zum Atlantischen Ozean im Westen erstreckt und von Norden nach Süden eine Breite von fast 2000 km erreicht. Sie ist die größte Einöde der Welt. Ohne lebenspendenden Mutterboden besteht sie nur aus Sandmeeren, kahlen Kies- und Geröllfeldern sowie Fels- und Gebirgswüsten, die in der Zentralsahara bis zu einer Höhe von 3000 m aufragen. Sie ist ein Gebiet mit geringer Bewölkung, hoher Sonneneinstrahlung sowie großen jahreszeitlichen und täglichen Temperaturschwankungen. Die erheblichen Temperatursprünge zwischen Tag und Nacht bedingen, daß sich Sand und Fels-

Sandwüste in Innerasien mit kargem Pflanzenwuchs

geröll tagsüber bis auf 80 Grad Celsius erhitzen, während nachts nicht selten leichte Fröste auftreten. So sprengt in der Gebirgswildnis der nächtliche Frost allmählich die Bergmassive auseinander. Im Jahr fallen meist nicht mehr als 50 mm Niederschlag, fast nur in Form von heftigen Regengüssen. Oft bleibt das Naß aber auch jahrelang aus.

Die Sahara breitet sich unaufhaltsam von Norden nach Süden aus. Insbesondere in der Sahelzone, dem Grenzgebiet von Wüste und Trockensavanne, wird der Boden zum Treibgut des Windes. Er trennt den leichten Sand vom Kiesel und schüttet ihn zu riesigen Wanderdünen auf, die die Reste der Pflanzenbedeckung begraben. Dort, wo unterirdische Gesteinsschichten Wasser führen, das zutage tritt, können Feuchtinseln (Oasen) entstehen, grüne Tupfen in der gelblichbraunen bis schwärzlichen Einöde, umrahmt von Dattelpalmen und anderen Kulturpflanzen.

Auch in den nordamerikanischen Subtropen sind weiträumig Halbwüsten von Norden nach Süden am Westrand des Kontinents zwischen den Gebirgszügen verbreitet. Sie setzen sich auf dem nordamerikanischen Hochland vom Norden bis in die südlichen Teile von Kalifornien, Arizona und Texas fort. Hier ist die große Mannigfaltigkeit von Sukkulenten, wie Kakteen, charakteristisch. Sie sind säulen-, kugel- oder polsterförmig ausgebildet. Doch findet man häufig auch einkeimblättrige Bäume, z. B. *Yucca*-Arten, Dornbüsche und einjährige Pflanzen, denn hier betragen die Niederschläge des Jahres meist mehr als 80 mm. Nach einem Regen entfaltet sich dann das Pflanzenleben zu erstaunlicher, wenn auch schnell wieder dahinwelkender Buntheit. Die im Sand vergrabenen Samen sommerblühender, einjähriger Pflanzen können auskeimen. So überziehen die Blumen den Boden mit einem leicht gewebten Blütenteppich voll anmutiger Schönheit.

Äußerst vegetationsarm sind auch die zentralasiatischen Wüstengebiete des Tarimbeckens und der Gobi in 1000 bis 1500 m über dem Meeresspiegel. In der Halbwüste des Transaltaigebietes im Übergangsfeld zur dsungurischen Gobi bestimmen an trockene Standorte angepaßte Kugelbuschpflanzen wie die Erbsensträucher (*Caragana*-Arten) das Landschaftsbild. In größerer Höhe gehen die vorder- und zentralasiatischen Hochgebirgssteppen in alpine Matten über, die, z. B. im Pamirgebiet, die Staudenflora der tiefer gelegenen Schutt- und Sandfluren ablösen.

Ausdruck üppigster Vegetation ist hingegen der tropische Regenwald. Er entwickelt sich zwischen den Wendekreisen in den Gebieten, die während des ganzen Jahres sehr gleichmäßige Bedingungen aufweisen. Ein Kenner der Verhältnisse, der Botaniker Bünning, schreibt: »Der wärmste Monat ist oft nur 0,1 bis 1 Grad wärmer als der kälteste, und der ›trockenste‹ Monat kann noch so viel Regen haben wie der regenreichste bei uns.«

In Gebirgshöhen des tropischen Regenwaldgürtels über 1500 m erreicht die durchschnittliche Temperatur nur noch 15 bis 20 Grad Celsius und ist damit 10 Grad niedriger als im Tiefland. Dadurch kann der Regenwald wegen der ausgeglichenen hohen Luftfeuchtigkeit sogar noch üppiger als in der Tiefebene sein. Dieser Wald bietet das ganze Jahr hindurch einen ähnlichen Anblick. »Nie sehen wir ihn kahl, aber auch nie in frischem Grün wie einen europäischen Laubwald im Frühjahr«, schreibt Erwin Bünning. »Das Laub der Bäume wechselt, verteilt über das ganze Jahr. So stehen manche Bäume bis auf die jungen Triebspitzen, die sich neu zu belauben beginnen, völlig kahl da, während andere neben kahlen auch vollbelaubte Äste am gleichen Baum zeigen. Alles das vereinigt sich zu einem schmutzigen Dunkelgrün.«

Tropische Regenwälder zeigen einen großen Artenreichtum an Pflanzen und Tieren. Die Vegetation wuchert gelegentlich zu fast undurchdringlicher Dichte. Ihre vertikale Zonierung sorgt dafür, daß jede Pflanzenart die ihr zusagenden Lebensbedingungen findet. Die weißen Einwanderer haben einst von einer »grünen Hölle« gesprochen. Selten bildet eine bestandsbestimmende Art ein geschlossenes Blätterdach. Oft drängen sich an die hundert verschiedene Holzarten auf einem Hektar zusammen. Stellenweise kann das Sonnenlicht in das Waldesinnere eindringen und in der Krautschicht eine gespenstisch üppige Flora

Panorama einer Salzwüste mit kargem Pflanzenwuchs trotz Salzablagerungen

Matten an der Schneegrenze der Hissarkette im Alai (Pamir)

entstehen lassen. Dadurch gelangt mitunter nur noch 0,1 Prozent der eingestrahlten Lichtenergie auf den Waldboden. Die tropischen Regenwälder sind etagiert. Ihre Baumriesen erreichen eine Höhe von 50 m und mehr. Jede Vegetationsetage ist eine eigene Welt, angefüllt von vielfältigem tierischem Leben. Büsche und Bäume sind mit Aufsitzerpflanzen (Epiphyten) und Schlinggewächsen (Lianen) überzogen, die die Baumstämme zum Absterben bringen können. Sie steigen als Spreizklimmer oder Windepflanzen in die lichten Höhen der Baumkronen auf. Viele krautige Pflanzen leben epiphytisch auf den Ästen der Gehölze hoch oben in den Bäumen. Vor allem sind es die Bromeliengewächse, die mit ihren Blättern gleich Zisternen das Niederschlagswasser und die darin gelösten Nährstoffe auffangen, und die Orchideen.
In der Äquatorialzone dauern jeder Tag und jede

Nacht ziemlich genau 12 Stunden. Um 6 Uhr geht die Sonne auf, eine Dämmerung fehlt praktisch. Gegen 8 bis 10 Uhr bilden sich erste Kumuluswolken, mittags ist es bewölkt, bald gießt es in Strömen. Danach klärt es wieder auf, und um 6 Uhr abends sinkt die Sonne senkrecht unter den Horizont. Neben den Regengüssen der Mittagsstunden ist für die tropischen Regenwaldgebiete in Äquatornähe das Auftreten von Zyklonen typisch. Sie können mit ungeheurer Wucht oft weite Waldgebiete zerstören. Der Zoologe Heinz Sielmann schreibt: »Täglich, fast auf die Minute genau, donnern Gewitter über die Baumriesen hinweg, von denen manche, vom Blitz getroffen, wie Streichhölzer bersten. Unberechenbar schwellen die großen Ströme an und überfluten die Ufer.«

Tropischer Regenwald an einem Nebenfluß des Amazonas

Cattleya aurantiaca — eine Orchidee tropischer Regenwälder

Der Tropenreisende Erwin Bünning schreibt: »Wer längere Zeit im Regenwald der gleichmäßig feuchten Tropengebiete lebte und dann wieder in irgendeinen anderen Teil der Erdoberfläche kommt..., der wird sich nicht des Gefühls erwehren können, daß sich nur in den immerfeuchten Tropen eine ungehemmte Vegetation entwickelt. Dort können Hunderte von Baumarten in einem Wald leben und sich zugleich mit Lianen, Epiphyten und Parasiten üppig entwickeln. In jedem anderen Gebiet der Erdoberfläche finden sich ... nur wenige Spezialisten zurecht.« Bezeichnende Florenelemente des Amazonasgebietes sind der Federharzbaum *(Hevea brasiliensis)*, der Paranußbaum *(Bertholletia excelsa)*, die Königliche Seerose *(Victoria amazonica)* sowie viele Bromelien und Orchideen (z. B. *Cattleya*-Arten). Für den afrikanischen Regenwald sind die Ölpalme *(Elaeis)* und die Kautschukliane *(Landolphia)* charakteristisch, während das malayische Regenwaldgebiet durch die Sagopalme *(Metroxylon)*, die Rotangpalme *(Calamus)*, die Orchideengattungen *Vanda* und *Dendrobium* sowie die merkwürdigen Kannenpflanzen (Nepenthaceen) gekennzeichnet wird.

Sehr viel ärmer sind demgegenüber die sommergrünen Laubwälder der gemäßigten Breiten, wo zu allen Jahreszeiten Niederschläge fallen. Das Winterhalbjahr unterbricht jedoch die 5 bis 6 Monate währende Vegetationsperiode. Mitteleuropa war einst zu etwa 99 Prozent von Wald bedeckt, während heute nur noch 26 Prozent der Bodenfläche Wälder tragen. Ihre Baumschicht setzt sich meist aus wenigen mittelhohen Baumarten zusammen, die im Herbst ihre Blätter abwerfen. So bildet sich durch die langsame Zersetzung der organischen Bodensubstanz im kühlgemäßigten Klima eine Laubstreudecke, eine stark mit Humusstoffen angereicherte Verwitterungszone. Buchen (*Fagus*-Arten), Hainbuchen (*Carpinus*-Arten) und Eichen (*Quercus*-Arten) herrschen vor, beigemischt sind unter anderem Ahorne (*Acer*-Arten), Linden (*Tilia*-Arten), Ulmen (*Ulmus*-Arten), Eschen (*Fraxinus*-Arten), Birken (*Betula*-Arten), Erlen (*Alnus*-Arten) und Pappeln (*Populus*-Arten) sowie in den Grenzgebieten zu den borealen Nadelwäldern die Kiefern (*Pinus*-Arten), Fichten (*Picea*-Arten) und in den Gebirgslagen der südlicheren Gebiete die Tannen (*Abies*-Arten) und Eiben (*Taxus*-Arten). Diese Wälder werden vielerorts in starkem Maße forstlich genutzt und damit beeinflußt. So sind die ursprünglichen Waldbestände auf wenige unzugängliche Standorte zurückgedrängt worden, und das Land-

schaftsbild wird heute weitgehend von landwirtschaftlichen, städtischen und industriellen Nutzungsflächen bestimmt. Solche Verhältnisse finden wir nicht nur in Europa, sondern auch in Nordamerika und Ostasien. In der Nordhemisphäre bedecken ausgedehnte Nadelwälder weite Gebiete Sibiriens, Skandinaviens und Kanadas (s. S. 110). In ihnen treten nur einige Baumarten bestandsbildend auf; sie sind noch artenärmer als die sommergrünen Laubwälder.
Recht artenreiche, regengrüne Wälder haben sich dagegen im Monsungebiet Asiens als Monsunwälder entwickelt und erhalten. So gibt es in den Subtropen Gebiete, die wegen ihrer Insel- oder Monsunlage mehr oder weniger gleichmäßig regenfeucht sind. Hier gedeihen die sogenannten Lorbeerwälder, die in ihrem reichen Gehölzaufbau beinahe den immergrünen tropischen Regenwäldern ähneln. Sie setzen sich vorwiegend aus immergrünen Pflanzen zusammen, deren Blätter dem des Lorbeerbaumes *(Laurus nobilis)* ähnlich sind. Diese Lorbeerwälder enthalten bereits Florenelemente der sommergrünen Wälder gemäßigter Breiten, wie Eichenarten, Magnolien, Roßkastanien (*Aesculus*-Arten) und Eßkastanien (*Castanea*-Arten) sowie Nadelgehölze. Reich entwikkelt ist die Welt der Farne und Moose in diesen noch in geschichtlicher Zeit in Ostasien weit verbreiteten Wäldern.
Auf dem afrikanischen und amerikanischen Kontinent prägen oft weitflächige offene Graslandschaften das Landschaftsbild. Solche Savannen sind die in Amerika insbesondere im Süden des brasilianischen Berglandes verbreiteten Campos. In ihnen entfalten sich zur Regenzeit Stauden zu buntblühender Pracht. Afrika wird von riesigen Grassteppen bedeckt, die vom Kap der Guten Hoffnung im Süden bis zum Roten Meer im Nordosten und parallel zum Äquator von hier bis zum Atlantischen Ozean reichen. Die Savannengebiete im Sudan erinnern mit ihren in das Grasland eingestreuten, niedrigen, breitkronigen Bäumen *(Butyrospermum, Boswellia, Gardenia)* an Obstplantagen. Deshalb nennt man sie auch Obstgartensavannen. Aber auch in Ostafrika und Teilen Südafrikas gibt es ausgedehnte Savannengebiete. Hier wachsen das bis zu 5 m hohe Elefantengras *(Pennisetum benthami)*, der Affenbrotbaum *(Adansonia digitata)* und die Schirmakazie *Acacia spirocarpa*. Die südafrikanischen Savannen gehen nach Süden allmählich in die Kalahariwüste, die Heimat der Buschmänner, und schließlich in die Flora des Kaplandes über. Die Feuchtsavannen sind die Weidegebiete der afrikanischen Großtiere, bieten sie doch riesigen Tierherden ganzjährig ausreichend Nahrung. In den Trocken- und Dorngrassavannen können sich dagegen die Herden von Gnus, Gazellen, Zebras u.a. nur während oder kurz nach der lebenspendenden Regenzeit aufhalten.

Mensch und Nutzpflanzen in früherer Zeit

»Wir wollen
aus der Vergangenheit
das Feuer,
nicht die Asche übernehmen.«

Jean Jaurès

Dem prähistorischen Menschen erschien die Pflanze – wie die Ethnologin Eva Lips von den amerikanischen Ureinwohnern berichtete – als eine mit gewaltigen Kräften ausgestattete »Persönlichkeit«, die in der Lage ist, den Menschen mit Blättern, Früchten, Samen und Knollen zu ernähren, mit ihren Säften zu tränken, zu heilen und zu vergiften, ihm zu Gewürz, Genuß und Vision zu verhelfen, nutzbar zu sein durch Fasern, Farbstoffe, Schale, Rinde, Holz, Harz, Dornen oder Watte. Auf seinen Streifzügen durch die Natur probierte der prähistorische Mensch viele Pflanzenteile und -produkte, ob sie eßbar und bekömmlich, ob sie roh oder in zubereitetem Zustand den Hunger stillen, den Durst löschen und neue Lebensgeister des Menschen zu wecken vermochten. Der durstige Indianer schlägt aus dem »Arizona-Faß« eines Wüstenkaktus Wasser, der ausgehöhlte, von der Knospe befreite Blütenschaft einer Agave liefert ihm einen Saft, der frisch getrunken oder zu Pulque vergoren wird. Die Kenntnis, daß der Genußwert zuckerhaltiger Säfte aus Obst, Agaven und Palmen durch Gärung wesentlich verbessert werden kann, führte zur Gewinnung berauschender Getränke, unter denen Palm- und Traubenwein, aber auch Bier eine lange Tradition haben (s. S. 198f.).

Schon früh wurden Pflanzen entdeckt, die die körperliche und geistige Leistungsfähigkeit steigern, Durst, Hunger und Angst verscheuchen, beruhigen und einschläfern, psychische Hemmungen lösen oder phantastische Träume hervorrufen, in denen man mit den Ahnen, Göttern, Geistern und Dämonen Kontakt erhält. Nur wenige Völker sind bekannt, bei denen Anregungsmittel und Mittel, die Rauschzustände und Trunkenheit auslösten (s. S. 37 u. 155), nicht regelmäßig gebraucht wurden. Schon früh nutzte der Mensch Pflanzenfasern und lernte das Weben zur Herstellung von Textilien, aus denen allerlei Hausgeräte, Flecht- und Binde-

Bestand des Seifenkrautes (Saponaria officinalis)

material, Besen, Matten und dergleichen, aber auch Bekleidung hergestellt wurden. Weidenzweige verwendete man schon vor 2000 Jahren für die Anfertigung von Korbreusen zum Fischfang. Eine primitive Art der Fischerei war das Vergiften fischreicher Tümpel mit giftigen Pflanzen. Dadurch wurden Fische betäubt oder durch Sauerstoffmangel an den Kiemen zur Wasseroberfläche getrieben, so daß sie mit der Hand gefangen werden konnten. Auch das oberflächenaktive, Seifenstoffe (Saponine) enthaltende Seifenkraut *(Saponaria officinalis)* diente einst zum Fischfang.

Farbstoffe aus dem Pflanzenreich hat der Mensch von den ersten Anfängen bis hin zu den höchsten Kulturen zum Verzieren seines Körpers, der Färbung von Textilien und zum Schmücken seiner Wohnung sowie in seinen Speisen und Getränken verwendet. Teppiche wurden früher ausschließlich mit Naturfarben eingefärbt, von denen einige allerdings dem Tierreich entstammten (s. S. 133). Selbst natürliche, in manchen Pflanzen vorkommende Insektizide benutzte bereits der prähistorische Mensch gegen lästige Insekten. Unvorstellbar groß war schon immer die Verwendung von Holz in den Kulturen der Menschheitsgeschichte.

Heute sind die Jäger- und Sammlervölker von einst fast völlig verschwunden, nur an abgelegenen und unzugänglichen Stellen unserer Erde haben einige von ihnen überlebt. Hierzu zählt das Jäger- und Sammlervolk der Buschleute in der Kalahariwüste, das Hirtenvolk der Himba in Südwestafrika, das kleine Volk der Yanomani in den Urwäldern Venezuelas und der brasilianischen Randgebiete. Zu erwähnen sind auch die Eipo auf Neuguinea, Pflanzer der neusteinzeitlichen Kulturstufe. Sie alle haben bis in unsere Tage ihre traditionelle Wirtschaftsform fast unverändert bewahrt. Dabei spielen Pflanzen eine wesentliche Rolle.

Frauenschuh aus Reisstroh (Java, spätes 18. Jahrhundert)

Die Yanomani sind Jäger und beginnende Pflanzer, die außer dem Hund kein Haustier haben. Tierisches Eiweiß wird durch Fischerei und Jagd, aber auch durch Insektensammeln erworben. Heute kultivieren sie die Banane als hauptsächliches Nahrungsmittel, außerdem spielen Maniok, Xanthosoma und Yamswurzeln neben gesammelten Wildfrüchten eine Rolle. Offenbar sind sie erst in jüngster Zeit zum Gartenbau übergegangen, denn einzelne ihrer Gruppen sollen noch immer vorwiegend Wildgemüse und Wildfrüchte als pflanzliche Nahrung verwenden. Es wird geschätzt, daß Kulturpflanzen für die meisten dieser Urwaldindianer durchschnittlich 60 Prozent des Nahrungsbedarfs ausmachen, 20 Prozent bilden Wildpflanzen, nur 15 Prozent der Nahrung bestehen aus Wildbret sowie Kleintieren, und 5 Prozent sind Fische. Auch Tabak wird kultiviert, aber nicht geraucht, sondern gekaut. Häufig tragen sie eine Tabakrolle in der Unterlippe. Die Nahrung, z. B. Bananensuppe, die Früchte der Pijiguao-Palme *(Guilelma gasipaes)* und Fleisch, wird in Tongefäßen gekocht oder auch, in Blättern verpackt, in der Feuerstelle geröstet. Als Trinkgefäße dienen Kalebassen, in denen auch die Asche der verbrannten Verstorbenen aufbewahrt wird. Die Yanomani-Indianer bauen Einbäume, während früher die Flußläufe mit einfachen Rindenbooten befahren wurden.

Auch von den Eipo in den Bergen Westirians werden Pflanzen in verschiedenster Weise benutzt. Die Gärten bestellt man mit Grabstöcken. Holz wird mit Steinäxten bearbeitet, Früchte werden mit Stein- oder Bambusmessern geschält oder geschnitten. Jeden Morgen wandern Gruppen der Eipo-Familien in die am Steilhang terrassiert angelegten Gärten. Man pflanzt die Triebe der verschiedensten Kulturpflanzen, wie Süßkartoffeln (Bataten) *(Ipomoea batatas)*, Taro *(Colocasia esculenta)*, Zuckerrohr (*Saccharum* spec.), Pitpit *(Saccharum edula)* (deren Fruchtansätze gegessen werden), Borstenhirse (*Setaria* spec.) (deren Stengel man verzehrt), Ingwer *(Zingiber officinale)* und einige Blattgemüsearten. Das Studium rezenter Steinzeitkulturen veranschaulicht uns die

Südamerikanischer Urwaldindianer mit Blasrohren

Südamerikanische Urwaldindianer mit Ketten aus pflanzlichem Material

Wirtschafts-, Kultur- und Gesellschaftsform eng mit der Natur verbundener Menschengruppen und läßt zweifellos Schlüsse auch auf das Leben der Menschen vor Jahrtausenden in der Urgemeinschaft zu.

Ein Jäger und Sammler mußte zur Stillung seines Hungers ein Gebiet von schätzungsweise 20 km^2 zur Verfügung haben, das er auf ständiger Nahrungssuche durchstreifte und von Zeit zu Zeit wechselte, um wieder ausreichend Nahrung zu finden. Durch Ackerbau, also den geregelten Anbau von Kulturpflanzen, konnte die gleiche Bodenfläche mehr als 6000 Menschen ernähren. Die große Wende in der gesellschaftlichen, wirtschaftlichen und kulturellen Entwicklung des Menschen begann mit diesem geregelten Anbau von Kulturpflanzen. Die Herausbildung der Domestikationen (*domesticus* = häuslich, zum Haus gehörig) von Tier und Pflanze und ihre planvolle Nutzung zählen zu den wichtigsten Entwicklungsetappen der Menschheitsgeschichte. Der Mensch wurde unabhängig vom Jagdglück und von ungewisser Sammelernte, er lernte Vorratswirtschaft zu betreiben.

Wie selbstverständlich und notwendig dem frühen Menschen dies wurde, deutet auch die Tatsache an, daß in der biblischen Schöpfungsgeschichte Kain und Abel als Ackerbauer und Hirte erscheinen, also Pflanzennutzung betrieben haben sollen. In Wirklichkeit waren allerdings Tausende von Generationen erforderlich und erst zwischen 3000 und 2000 v. u. Z. die wichtigsten Domestikationen abgeschlossen. Mit dem Ackerbau entstand die entscheidendste Voraussetzung für die Entwicklung von Hochkulturen. Gemessen an dem scheinbar geschichtslosen Leben von Naturvölkern über Zehntausende von Jahren, traten mit einer noch ungeklärten Schnelligkeit die Hochkulturen der Sumerer, Babylonier, Assyrer, Ägypter, Inder und Chinesen fast gleichzeitig auf. Sie hatten Rad, Pflug und Hebel erfunden sowie Pflanzen und Tiere planvoll genutzt. Aus Wildformen domestizierte Pflanzen lieferten nicht nur die entscheidende Ernährungsgrundlage und waren Rohstofflieferanten, sondern sie führten auch zu einer verfeinerten Kultur. Wohlschmeckende Gemüsearten, aromatische Gewürze, hochwertige Obstfrüchte, edle Weine und Zierpflanzen »entstanden« unter der Hand des Menschen.

Der planvolle Anbau von Pflanzen begann etwa 13000 v. u. Z. mit Hackbaukulturen der Tropen. Beträchtlichen Anteil an der Herausbildung von Ackerbaugesellschaften werden das Ende der Würmeiszeit, also die großen klimatischen Veränderungen und mit ihnen der regional verschiedene Rückgang der Großsäugetiere gehabt haben. Das Schwinden dieser Nahrungsquelle einerseits und die Möglichkeit zum Pflanzenanbau in den nun wärmeren Gebieten andererseits müssen als Ursachen der sogenannten neolithischen Revolution in der Menschheitsgeschichte angesehen werden.

Lange Zeit waren die einstigen Jäger und Sammler »Erntevölker«, d. h., sie ernteten, ohne zu säen, jene Früchte, die ein natürliches Vorkommen in großen Beständen zeigten. Hierzu wurden sie in den Erntegebieten bedingt seßhaft und betrieben Vorratswirtschaft. In Europa und Amerika wurden die Früchte von Buchen und Eichen, Kastanien und Wassernuß, Wildreis und Paranuß gesammelt. Der Übergang zu planvollem Pflanzenanbau vollzog sich über Halbkulturen, bei denen Pflanzenbestände bzw. Früchte schonend geerntet wurden oder die Vermehrung und Förderung von natürlichen Pflanzenbeständen durch Jungpflanzenanbau und Auslichtung erfolgten. Mit Sicherheit war es dann die Frau, die den planvollen Pflanzenanbau, die Bodenbearbeitung durch Hackbau, »erfand«. Während die industrielle Revolution zu einer Verzehnfachung der Bevölkerungsdichte führte, entstand durch diese »neolithische Revolution« eine tausendfach größere Bevölkerungsdichte. Aber erst die Entdeckung der Bewässerungsmöglichkeiten in den großen Flußtälern, z. B. des Indus, Euphrats, Tigris und Nils, garantierte die Erhaltung der Bodenfruchtbarkeit und wurde mit der »Gewinnung« von Haustieren, wie Rind und Pferd, zur Grundlage der Hochkulturen um 5000 bis 4000 v. u. Z. Durch die Erfindung von Pflug, Egge, Walze und Rad vervielfachte sich die menschliche Arbeitskraft, nahm die Arbeitsteilung sprunghaft zu, und es begann die städtische Entwicklung. Gerade die Nutzung von Getreidearten mit ihren reichen Nährstoffen garantierte den Nahrungserwerb im Vorderen Orient.

Die Entwicklung von Weizen *(Triticum)* als Kulturpflanze vollzog sich in 3 voneinander unabhängigen Reihen mit unterschiedlichem diploidem Chromosomensatz: dem Einkorn (2n = 14, *T. monococcum*), dem Emmer (2n = 28, *T. dicoccum*) und dem Dinkel (2n = 42, *T. spelta*), aus dem unser heutiger Saatweizen *(T. aestivum)* hervorging. Das Einkorn wurde in Ali Kosh im Iran aus der Zeit um 6500 v. u. Z. gefunden. Abdrücke vom Emmer sind für Ali Kosh, Anatolien und Südjordanien belegt, und er war die am weitesten verbreitete und genutzte Weizenart vor der Zeitenwende. Er wird die Kornkammern im Alten Ägypten gefüllt haben und gab zu zahlreichen künstlerischen Zeugnissen über Ernte, Mahlen und Brotherstellung Anlaß. Von den Zentren der Ackerbaukultur in den Stromtälern Vorderasiens kamen Emmer und Einkorn schon früh nach Europa. In Tongefäßen der Bandkeramiker zwischen Saale und Harz fanden sich ihre Abdrücke.

Gerste *(Hordeum vulgare)*, Hauptquelle für das Brauereigewerbe, ist für Babylon aus dem 3. Jahrtausend v. u. Z. belegt, doch geht ihre ackerbauliche Nutzung auf das 7. bis 6. Jahrtausend zurück. Der Roggen *(Secale cereale)*, die wichtigste Brotfrucht der Slawen, Kelten und Germanen, wurde schon in Ausgrabungen der Bronzezeit (3. bis 2. Jahrtausend v. u. Z.) gefunden. Bis zur »Entdeckung« des Brotbackens war die »Breinahrung« aus Hirsearten von der Jungsteinzeit bis zum späten Mittelalter eine wichtige Ernährungsgrundlage in Europa.

Neben dem Weizen gehört der Reis *(Oryza sativa)* zu den ältesten und am häufigsten kultivierten

Die Entwicklung des Saatweizens aus Wildarten

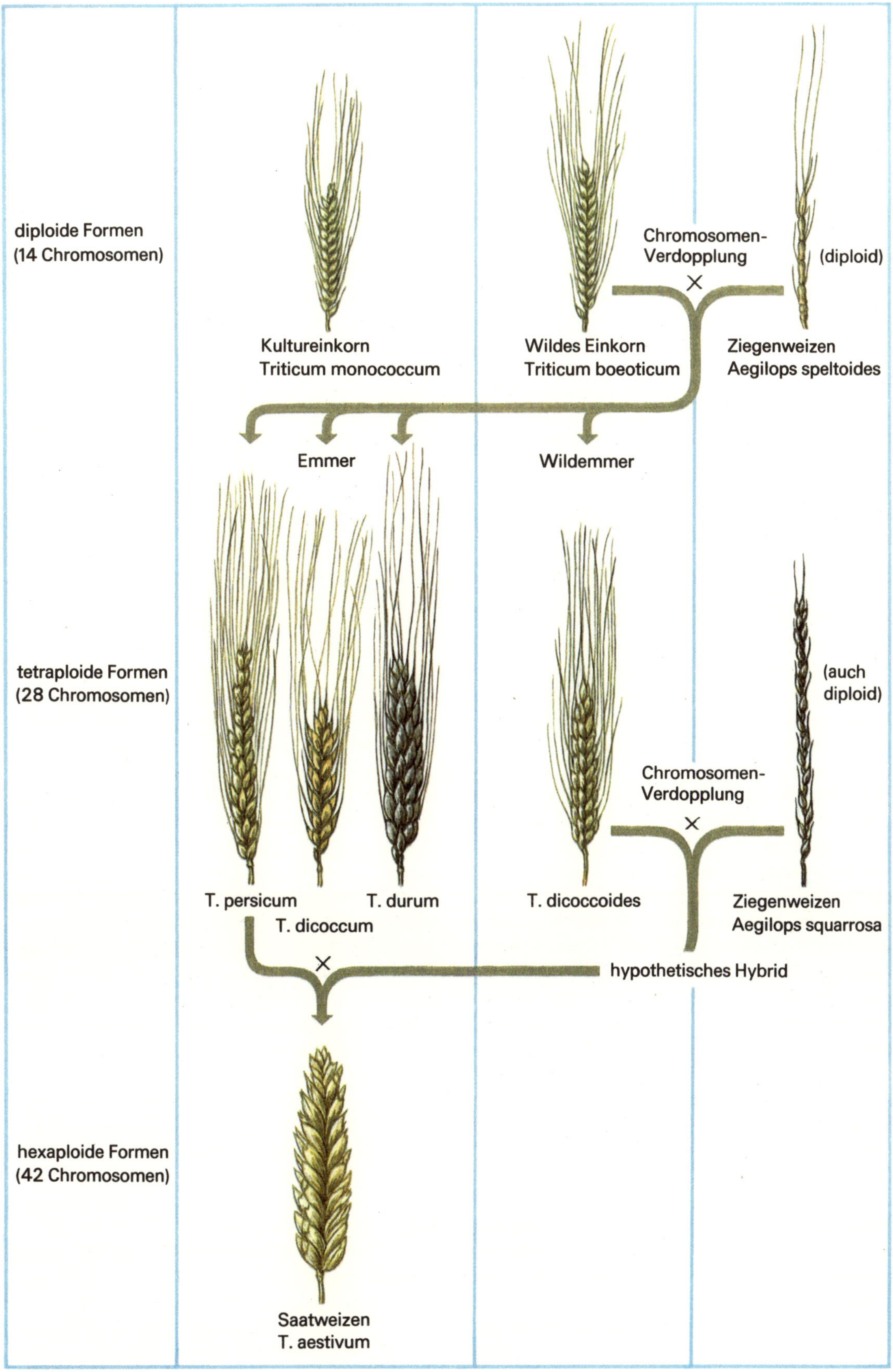
diploide Formen
(14 Chromosomen)
Kultureinkorn
Triticum monococcum
Wildes Einkorn
Triticum boeoticum
Chromosomen-
Verdopplung
(diploid)
Ziegenweizen
Aegilops speltoides
Emmer
Wildemmer
tetraploide Formen
(28 Chromosomen)
(auch
diploid)
Chromosomen-
Verdopplung
T. persicum
T. durum
T. dicoccum
T. dicoccoides
Ziegenweizen
Aegilops squarrosa
hypothetisches Hybrid
hexaploide Formen
(42 Chromosomen)
Saatweizen
T. aestivum

Die Ernte des Weizens in einer altägyptischen Darstellung

Pflanzen. Altchinesische Schriften aus der Schen-Nung-Periode (2800 v. u. Z.) zählen ihn neben Hirse, Weizen, Gerste und Sojabohne zu den heiligen Gewächsen. Um dem Volk ihre Bedeutung symbolisch zu demonstrieren, pflanzte der Kaiser diese Pflanze beim Frühlingsfest. Etwa 100 v. u. Z. erreichte der Reis von China aus Japan. In Indien ist er seit 2300 v. u. Z. bekannt.

Mais ist die einzige Getreideart, die, völlig abhängig vom Menschen, erst durch Zucht und Pflege nutzbar wurde. Er pflanzt sich nicht selbst fort, denn durch Unkraut oder gegenseitige Überwucherung werden die Jungpflanzen erstickt. Da der Mais den Hochkulturen Asiens unbekannt war, begann man die Suche nach seinen Wildformen dort, wo Klima und Anbautradition die Herkunft vermuten ließen – in Mittelamerika. Es wurde mit Teosinte ein Gras entdeckt, das dem Mais verwandt schien. Doch Botaniker wandten ein, daß ohne bewußte Anwendung Mendelscher Vererbungsgesetze aus dem Gras Teosinte der heutige Mais erst im Verlaufe von 20000 Jahren entstanden sein konnte. 1948 fand der heute bekannte Archäologe Herbert Dick als Student in der Höhle von Bate Cave in Neumexiko in verschieden alten Schichten Maiskolben unterschiedlicher Größe. Die kleinsten unter ihnen waren 2 bis 3 cm lang und stammten nach der ^{14}C-Datierung aus der Zeit von 3600 v. u. Z. 1966 konnten dann Mangelsdorf, MacNeish und Galinat nach jahrelangen Forschungen in einem abschließenden Bericht feststellen: »Reste vorgeschichtlichen Maises, darunter alle Teile der Pflanze, sind in 5 Höhlen im Tehuacan-Tal im südlichen Mexiko aufgefunden worden. Die frühesten Reste, die zwischen 5200 bis 3400 v. u. Z. datierten, sind mit großer Wahrscheinlichkeit solche nicht-domestizierten Maises. Spätere Reste umfassen kultivierten Mais und geben eine deutliche Entwicklungsreihe wieder, die am Ende verschiedene noch heute existierende mexikanische Maissorten hervorbrachte. Trotz der auffälligen Zunahme an Größe und Ertragsfähigkeit durch Domestikationen, welche dazu beitrug, Mais zum Grundnahrungsmittel der präkolumbianischen Kulturen und Zivilisationen Amerikas zu machen, hat es in 7000 Jahren keine grundlegenden Veränderungen in den wesentlichen botanischen Merkmalen der Maispflanze gegeben.«

Damit ist wie für Vorderasien der Zusammenhang zwischen der Hochkulturentwicklung der Mayas und der Domestikation einer ackerbaulich nutzbaren Wildpflanze hergestellt. Es ist deshalb nicht verwunderlich, daß der Mais bei den Mayas göttliche Verehrung genoß (s. S. 43). Er war es wohl auch, der die sagenumwobene kulturelle und gesellschaftliche Entwicklung des alten Reiches der Maya (bis 610 u. Z.) bestimmte. Dieses Volk gründete in einem Dreieck liegende Städte, die unvermittelt in der Blütezeit ihrer Entwicklung verlassen wurden. Neugründungen lagen stets im Inneren des ursprünglichen Urwalddreiecks. Damit erfolgte die einzigartige Entwicklung eines Reiches von außen nach innen, und eine Berührung der hochentwickelten Kunst und Wissenschaft der Mayas mit anderen Völkern bzw. die eigene Erfindung des Pfluges blieben aus. Die Gewinnung des Grundnahrungsmittels Mais für die Stadtstaaten der Mayas (bis zu 200000 Einwohner) erfolgte in unvorstellbarer Primitivität: Während in den Städten eine kleine, streng abgeschlossene Schicht Herrschender (Adel, Priester) lebte, baute die überwältigende Anzahl der Unterdrückten die Städte und gewann ihre Lebensgrundlage — den Mais. Der Urwald wurde gerodet, abgebrannt und der Boden unter Nutzung eines Pflanzenstockes mit Mais bebaut. Die schnelle Erschöpfung des Bodens und der Verbrauch riesiger Urwaldgebiete in der Umgebung der Städte zwang die Mayas, ihre blühenden Wohnstätten plötzlich und vollständig zu verlassen. Wohl selten hat eine Pflanze als Nahrungsmittel die kulturelle und gesellschaftliche Entwicklung eines Volkes so stark beeinflußt wie der Mais bei den Mayas.

Eine frühe Hochkultur des Ackerbaues finden wir auch in Südamerika. Davon zeugen in der Meseta, einem Hochland der Kordilleren, die erhaltenen Ackerbauterrassen, die aus sich über Hunderte Kilometer erstreckenden Steinwällen bestehen. In Südamerika sind — neben der Kartoffel — viele alte Kulturpflanzen beheimatet. Hier erfolgte die Kultivierung von Wildformen des Maniok *(Manihot esculenta)*. Er ist vom Amazonasgebiet bis Südmexiko verbreitet und entstand wahrscheinlich mehrfach in Zentralamerika und im Amazonasgebiet. Sein Anbau ist einfach und bringt hohe Erträge. Die Knollen verbleiben das ganze Jahr über im Boden, ohne zu verderben, und sind eine vortreffliche Nahrungsreserve für schlechte Zeiten.

Auch die Knollen der Süßkartoffel (Batate) *(Ipomoea batatas)*, eines Windengewächses, waren schon für die amerikanischen Ureinwohner eine wichtige Stärkequelle. Dafür spricht auch ihr Vorkommen in Tausenden von Sorten. Sie wurden bereits vor Kolumbus in den pazifischen Raum sowie nach Südostasien und Afrika gebracht. Seit Urzeiten der Menschheit werden ebenfalls die stärkereichen Knollen der in Hunderten von Arten in den Tropen und Subtropen aller Weltteile vorkommenden Yam-Arten *(Dioscorea* spec.) als Nahrungsmittel genutzt. Yam wurde nach dem Seßhaftwerden der Menschen in Amerika, Afrika und Asien zu verschiedenen Zeiten in Kultur genommen. Eine alte Kulturpflanze der Indios ist schließlich die aus Bolivien stammende Erdnuß *(Arachis hypogaea)*. Wegen des ungewöhnlich hohen Nährwertes ihrer Samen und ihres Wohlgeschmackes stellt sie in allen Kontinenten eine der wichtigsten Nahrungspflanzen der tropischen und subtropischen Klimagebiete dar.

Unter den zuckerhaltigen Pflanzen wurde das Zuckerrohr *(Saccharum officinalis)* frühzeitig erkannt. Es entstand wahrscheinlich aus der Kreuzung zweier Wildformen, war schon um 300 v. u. Z. in Indien eine geschätzte Kulturpflanze und kam im frühen Mittelalter über Ägypten nach Spanien. Unabhängig davon wurde Mittelamerika ein Zentrum seiner Nutzung und Ausbreitung. Bis zur Gewinnung von Zucker aus der Rübe seit dem 19. Jahrhundert war es die wichtigste Zuckerquelle.

Für die Rübe *(Beta vulgaris)*, zu der die Formen Mangold, Rote Rübe, Zuckerrübe und Runkelrübe gehören, sind keine geologischen oder prähistorischen Spuren gefunden worden. Sie gilt, verglichen mit dem »Uradel« von Getreiden, als »modernes Kulturgewächs«. Bei der Suche nach dem Beginn ihrer ackerbaulichen Nutzung war man auf die vieldeutigen und schwankenden Zeugnisse in Schrift und Bild angewiesen. Mit Sicherheit darf man Aristophanes' Erwähnung in seinem bekannten Lustspiel »Der Frieden« (aufgeführt 421 v. u. Z.), daß »Aale, in Mangoldblättern gekocht« eine vorzügliche Speise seien, als ein frühes schriftliches Zeugnis der Rüben ansehen. Teutlon (deutsch = Rübe) galt in der Blütezeit Athens als alltägliche Ware seiner Märkte, und es war damit wohl der Mangold gemeint. In den Schriften des Hippokrates (460—377 v. u. Z.) wird der Gebrauch von Rübensaft anstelle von Honig erwähnt, doch vergingen über 2000 Jahre, ehe eine Zuckergewinnung aus der Rübe möglich war. Ihren Ursprung hat die Rübe wahrscheinlich in Sizilien. Von dort wurde sie durch die handelsfreudigen Phönizier nach Griechenland, Babylonien und Ägypten gebracht, doch Jahrhunderte blieb sie »nur« eine wegen ihrer Blätter (Mangold) und verdickten Wurzeln (Runkelrübe, Rote Rübe) beachtete Hackfrucht.

1747 entdeckte der Berliner Apotheker Sigismund Markgraf (1709–1782) durch systematische Alkoholextraktion einheimischer Pflanzen in der Roten Rübe und Runkelrübe Zucker, der dem bekannten importierten Rohrzucker völlig gleich schien. Erst seinem Schüler F. C. Achard (1757–1821) gelang die praktische Umsetzung dieser Kenntnis zur industriellen Zuckerproduktion. In seiner Denkschrift von 1799 wirbt er bei seinem Geldgeber, dem preußischen König Friedrich Wilhelm III., mit konkreten Zahlen über finanzielle Vorteile und die Unabhängigkeit von Zuckerimporten. Als Achard 1801 in Niederschlesien die erste Rübenzuckerfabrik gründet und Maßnahmen zur rationellen zukkerreichen Rübenkultur festlegt, ruft er die englischen Rohrzuckerhändler auf den Plan. Sie fürchten um ihr Absatzgebiet für westindischen Rohrzucker und versuchen zweimal vergeblich, Achard durch Bestechung mit 50000 und 200000 Talern zur Einstellung seiner Bemühungen zu bringen. Doch das Verfahren ist schon zu gut bekannt. Als durch die Kontinentalsperre im Jahre 1806 die Einfuhr von Rohrzucker für Frankreich unmöglich wird, wirbt Napoleon I. durch Dekrete für den Rübenanbau, und 1812 gibt es dort schon 158 Betriebe mit Zuckerproduktion aus Rüben. Doch der »Kampf« zwischen Rübe und Zuckerrohr währt noch weitere 40 bis 50 Jahre, bis durch Zölle für Rohrzuckereinfuhren und Steuervergünstigungen für Rübenzuckerausfuhr in Deutschland, Frankreich, Österreich und Rußland die Rübenzuckerproduktion zu einer wichtigen Geldquelle dieser Staaten wurde.

Ebenfalls jung ist die Nutzung der Kartoffel *(Solanum tuberosum)* in Europa. Sie hat ihren Ursprung in zwei geographischen Rassen im nordperuanisch-bolivianischen Hochland *(S. tuberosum andigenum)*, wo der Anbau bis zu 5000 m Höhe möglich war, und im wärmeren Mittelchile *(S. tuberosum tuberosum)*. Ihre Nutzung begann im Inkareich der Hochanden mindestens zur Zeitenwende. Die Inkas fanden frostresistente Sorten und lernten ihre Konservierung zum sogenannten Chunyo, das auch heute noch unverändert hergestellt wird: Gewaschene Knollen werden nach einer dreimonatigen Lagerung in Regen, Frost und Hitze mit Wasser aufgeweicht, mit den Füßen getreten und mehrmals an der Sonne getrocknet. Die Knollen verlieren dabei ein Drittel ihres Wassergehaltes, werden schwarz und bitter, sind aber lange Zeit lagerfähig. Um sie essen zu können, wird der bittere Geschmack mit lauwarmem Wasser entzogen. Die herausgepreßte Stärke diente zur Bereitung des peruanischen Na-

Die Entwicklung der Kulturform der Zuckerrübe aus der Wildform

tionalgerichtes, der Carapulca, einer würzigen Suppe.
Kartoffeln finden sich seit der Zeitenwende als Grabbeigaben der Inkas; zahlreiche Tongefäße wurden ihr nachgebildet und dienten ebenfalls als Grabbeigaben oder bei Opferhandlungen, die eine reiche Ernte garantieren sollten. Den Europäern wurde die Kartoffel mit der Eroberung des Inkareiches durch die Spanier bekannt. So lernte sie Pizarro 1526 bei seinen Eroberungszügen in Peru kennen, und in der zweiten Hälfte des 16. Jahrhunderts kam sie wahrscheinlich auf zwei Wegen nach Europa. König Philipp II. von Spanien erhielt 1565 aus Peru eine Kiste Kartoffeln (Papas) und sandte sie als Geschenk dem Papst in Rom. Dieser schickte wenige Knollen an einen Kardinal in den Niederlanden. Von dort gelangten schließlich zwei Knollen in die Hände des damals berühmtesten Botanikers Carolus Clusius. Als Leiter des kaiserlichen Gartens am Hof Rudolfs II. in Wien vermehrte er sie. So tauchte die Kartoffel als pflanzliche Rarität bald in den fürstlichen und bischöflichen Gärten Europas auf: 1589 in Breslau, Nürnberg und Kassel; 1591 in Dresden und Padua, 1593 in Paris, 1597 in Heidelberg. Auf einem zweiten Weg kam die Kartoffel aus Mittelchile um 1580 nach England.
Zwar wird die Kartoffel in den Ausgabenbüchern des Hospitals de la Suagre im spanischen Sevilla bereits 1573 erwähnt, doch vergingen fast 150 Jahre, bis sich ihr Anbau als Nahrungsquelle durchzusetzen begann. Ihr feldmäßiger Anbau setzte in England, Spanien und Italien ein. In England und Irland gedieh sie besonders gut und wurde seit 1640 feldmäßig angebaut. Mit Auswanderern fand sie 1622 ihren Weg nach Nordamerika. Im Deutschland des 17. und 18. Jahrhunderts mußten Erlasse, Kanzelpredigten und Strafandrohungen helfen, einen Feldanbau durchzusetzen, galt sie doch im Volk als giftig. Außerdem gehörte zu der damals verbreiteten Dreifelderwirtschaft mit ihrem Wechsel von Winter- und Sommergetreide sowie Brache ein Hut- und Triftzwang, so daß ein Hackfruchtanbau unmöglich war. Erst mit der Aufhebung der Dreifelderwirtschaft und der Einführung der Fruchtwechselwirtschaft, an der Albrecht Thaer maßgeblichen Anteil hatte, setzte sich die Kartoffel auch in Nord- und Mitteldeutschland am Ende des 18. Jahrhunderts durch. König Friedrich II. hat in Brandenburg, Pommern und Schlesien der Kartoffel mit Spenden von Saatgut und Edikten zu ihrem Anbau verholfen, wobei auch die Hungersnöte, z. B. die von 1749, die Nutzung der Kartoffel förderten. So ist ihr Anbau am Anfang des 19. Jahrhunderts in Deutschland zur Selbstverständlichkeit geworden, und Matthias Claudius konnte damals schreiben:

»Schön rötlich die Kartoffeln sind,
und weiß wie Alabaster.
Sie däu'n (verdauen) sich lieblich und geschwind
und sind für Mann und Weib und Kind
ein rechtes Magenpflaster.«

Manche Kulturpflanzen wurden gezielt angebaut, andere drängten sich von selbst in die unmittelbare Nähe menschlicher Siedlungen, wie Hanf, Mohn, Kohl, Mangold, Runkelrübe u. a., da sie dort günstigere Lebensbedingungen fanden. Andere Pflanzen, z. B. die große Brennessel *(Urtica dioica)*, folgten dem Menschen, ohne zur Kulturpflanze zu werden. Manche kultivierte Art stammt von Unkräutern aus Kulturpflanzenbeständen ab, wie der Roggen, verschiedene Kulturhafersorten, Erbsen- und Bohnenarten sowie mehrere Pflanzen, die ursprünglich Unkräuter des zur Ölgewinnung angebauten Leins waren, z. B. der Leindotter *(Camelina sativa)*, der Weiße Senf *(Sinapis alba)*, die Ölrauke *(Eruca sativa)* und der Rübsen *(Brassica campestris)*. Noch heute ist der Roggen in den Weizen- und Gerstenfeldern Vorderasiens ein verbreitetes Unkraut. Doch weist er bereits wichtige Eigenschaften der Kulturpflanze, z. B. die Festigkeit der Ährenspindel, auf.
Auch Hülsenfrüchte wurden schon früh kultiviert. Aus dem Alten Reich der Ägypter (2850–2190 v. u. Z.) sind Linsen *(Lens culinaris)*, Saubohnen *(Vicia faba)* und Platterbsen *(Lathyrus sativus)* bekannt, und in den Gräbern aus der Zeit Alexanders des Großen (356–323 v. u. Z.) sowie Pompejis (78 u. Z.) fand man Samenreste der Weißlupine *(Lupinus albus)*. Während im klassischen Rom Hülsenfrüchte eine breite Anwendung fanden und in den Werken von Cato, Vergil, Horaz oder Columella ausgiebig erwähnt werden, fehlt ihre breite Nutzung als Nahrungsquelle im Mittelalter. Erst unter Friedrich II. versuchte man, die kargen brandenburgischen Äcker mit Hülsenfrüchten aufzubessern.
Mit der Entstehung von Hochkulturen Vorder- und Ostasiens entwickelte sich auch die Nutzung von Pflanzen als Gewürze und zur Heilung. In den Keilschriften der Sumerer (2700–1900 v. u. Z.), im alten China und in der griechischen und römischen Antike sind sie bereits erwähnt. So werden in der 47bändigen Naturgeschichte von Plinius d. Ä. (23–79 u. Z.) 1000 Heil- und Gewürzpflanzen genannt, wie Anis, Muskat, Pfeffer, Zimt,

Lorbeer, Kümmel, Thymian u. a. Die Ausbreitung und Nutzung neuer fremder Gewürz- und Heilpflanzen ist eng mit den großen Entdeckungs- und Handelsreisen im Mittelalter und der Neuzeit verbunden. Am Ende des Mittelalters waren Gewürze wichtige Welthandelsprodukte. Sie gaben den Anlaß für koloniale Eroberungen. Als die Portugiesen den Streit mit den Spaniern um die Gewürzinseln (Molukken) gewannen, beherrschten sie 100 Jahre lang bis zum Jahre 1600 den Gewürzhandel, ehe diese Inselgruppe holländisch und damit Amsterdam zu seinem Mittelpunkt wurde.

Wie wir gesehen haben, waren die Begegnungen des Menschen mit der Pflanzenwelt in alter Zeit vielfältiger Natur. Pflanzen und ihre Früchte wurden Quelle der menschlichen Nahrung, der Rohstoffe für den Bau von Häusern, der Transportmittel, der Städtebefestigungen, der Kleidung, der Werkzeuge u. a. Sie lieferten Gewürze, Duft-, Genuß-, Gift-, Farb- und Heilstoffe. In ihrer unerschöpflichen Vielfalt förderte die Pflanze im Laufe der Nutzung als Rohstoff einerseits die gesellschaftliche und kulturelle Entwicklung des Menschen und bildete andererseits ein für den Menschen schier unerschöpfliches Reservoir der Begegnung mit der Natur. Das dabei gewachsene Wissen der Naturvölker über Gift- und Heilpflanzen, Farbstoffe, Pflanzenfasern u. a. war und ist so umfangreich, daß selbst in unserem Jahrhundert davon profitiert wird: Heute noch leisten Völkerkundler »Zubringerdienste« für die pharmazeutische Industrie bei der Suche nach neuen pharmakologisch wertvollen Pflanzeninhaltsstoffen.

Magie, Mythos und Symbolik von Pflanzen

*»Da ich im Garten schlief,
beschlich dein Oheim
meine sichre Stund',
mit Saft verfluchten Bilsenkrauts
im Fläschchen.«*

Shakespeare, »Hamlet«, 1602

Die Nutzung der Pflanzenwelt durch den vorgeschichtlichen Menschen beschränkt sich nicht nur auf Nahrungspflanzen. Gift- und Heilpflanzen mit unerklärlichen wunderbaren Wirkungen bei magischen oder religiös-kultischen Handlungen sowie Heilung von Krankheiten wurden vielfältig und zahlreich genutzt und waren bei der Entwicklung der Kulturen und Religionen Anlaß, Pflanzen oder Teilen von ihnen einen bestimmten Symbolgehalt zu geben.

Schon früh erkannte man die Wirkung halluzinogener Pflanzen. Heute werden als Halluzinogene Stoffe pflanzlicher Herkunft bezeichnet, die in nichttoxischen Dosen Wahrnehmung, Bewußtsein und Gemütslage verändern. Solche »Zauberpflanzen« verliehen dem Menschen die Fähigkeit, sich vorübergehend in eine phantastische Welt voll unbeschreiblicher Wunder zu begeben. Die Verwendung von halluzinogenen Pflanzen kann bis in die Urgeschichte verfolgt werden. Man nimmt an, daß der Begriff des »Göttlichen« unter der unmittelbaren Wirkung halluzinogener Drogen entstand. Naturvölker sehen in Krankheit und Tod die Folge von Einwirkungen aus der Geisterwelt. Deshalb spielen bei ihnen halluzinogene, bewußtseinsverändernde Drogen, die dem Medizinmann wie dem Kranken gestatten, mit »übernatürlichen Wesen« in Verbindung zu treten, eine größere Rolle als Mittel, die direkt schmerzlindernd auf den Körper einwirken.

Ebenso haben Halluzinogene im religiösen Erlebnisbereich ursprünglicher Kulturen eine große Bedeutung. Auch heute werden sie noch bei jenen Volksstämmen benutzt, die ihr traditionelles Brauchtum bis in unsere Zeit hinein bewahrten. Bei solchen Völkern gibt es keinen eigentlichen Mißbrauch von psychoaktiven Pflanzen, da Drogenpflanzen nur in Verbindung mit magischen, religiös-kultischen Handlungen oder zu Heilzwekken eingenommen werden, also nicht als Sucht- und Rauschmittel dienen (s. S. 155). Ob ein Pflanzeninhaltsstoff giftig, heilend oder berauschend wirkt, ist auch von der verwendeten Menge abhängig. Hier soll nur von jenen halluzinogen wirkenden Pflanzen (ohne Pilze) die Rede sein, die in Zusammenhang mit Magie und Kulthandlungen stehen. Die heilenden, toxischen bzw. suchterregenden Wirkungen von Blütenpflanzen oder Pilzen sind den Seiten 141 f. vorbehalten.

Bei der Verwendung halluzinogener Drogen gibt es auffallende Unterschiede zwischen Eurasien und Nordamerika. Während die nordamerikanischen Indianerstämme als Jagdgemeinschaften den Verzehr von Zauberpflanzen dazu benutzten, die Gunst der Geister und Dämonen im Interesse einer erfolgreichen Jagd zu erlangen, verlor die kultische Anwendung von Zauberpflanzen in Eurasien, wo Hirtentum und Ackerbau bestimmend wurden, an Bedeutung. Pflanzen oder Pflanzenteile fanden hier zunehmend als Symbole Eingang in die Religion, Kultur und wirtschaftliche Entwicklung, etwa für die Fruchtbarkeit der Nutztiere und Kulturpflanzen.

Eine mexikanische Zauberdroge ist Peyotl, der von der Wurzel abgeschnittene und getrocknete stachellose Kugelkopf des Peyote-Kaktus *(Lopho-*

phora williamsii). Der in Wüstengebieten wachsende Kaktus enthält bis zu 30 Alkaloide, darunter auch Mescalin, vorwiegend jedoch Phenyläthylamine und Tetrahydroisochinoline. Schon Juan Cardenas beschrieb 1591 den Peyote-Gebrauch bei den Chichimeca der Westindischen Inseln: »Es gibt da ein anderes Gewächs: es wird ›Peyotl‹ genannt und ist weiß... Wer es ißt oder trinkt hat beängstigende und belustigende Visionen.« Man schätzt, daß diese »Götterpflanze Mexikos« seit über 2000 Jahren in Gebrauch ist. Ein spanischer Missionar berichtete Ende des 17. Jahrhunderts über ein Peyote-Ritual beim Stamm der Cora, das vorwiegend aus einem die ganze Nacht hindurch dauernden Tanz bestand. Von den christlichen Missionaren wurde Peyote als heidnisch verdammt. An die einst für das Christentum zu bekehrenden Indianer wurden Fragen gestellt wie: »Hast du Menschenfleisch gegessen? Hast du Peyote gegessen?«

Auch heute spielt der Peyote-Kaktus noch immer eine große Rolle bei den heiligen Handlungen mexikanischer Indianer. Die Huichol unternehmen – heute mit dem Auto – einmal im Jahr eine über 3000 km lange heilige Wanderung nach Wirikuta, um Peyote (Hikuri) zu sammeln. In ihrer religiösen Vorstellungswelt ist Wirikuta der Ort ihrer göttlichen Ahnen. Die »Peyote-Jagd« wird als Rückkehr ins Paradies, als archetypischer Anfang und Abschluß einer mythischen Vergangenheit betrachtet. Über 40 amerikanische Indianerstämme von Mexiko und dem südlichen Texas bis nach Kanada verwenden den Peyote-Kaktus als religiöses Sakrament in einer neuen Form des Peyote-Kultes. Unabhängig von der Jahreszeit, dient der Kult Gesundheit und Wohlergehen der Sippe, der Götterverehrung oder ist Bestandteil von Festen. Die Ureinwohner Amerikas erhalten sich damit trotz heftiger missionarischer und behördlicher Einflüsse ein Stück ihres kulturellen Er-

Bestand des Peyote-Kaktus (Lophophora williamsii)

Schnupfen der Yopo-Droge

bes in der Beengtheit ihrer Reservate. Sie haben sich zu einer rechtlich anerkannten Glaubensgemeinschaft organisiert, der Amerikanischen Eingeborenenkirche, die heute eine Viertelmillion Menschen umfaßt. Peyote gilt bei den Ureinwohnern Amerikas als »göttlicher Bote«, der einen Priester erübrigt. »Gott schuf Peyote. Es ist seine Kraft ... Gott sprach (durch Peyote) zu den Delawaren, wie Jesus zu den Weißen sprach«, sagte ein Indianer einem Anthropologen.
Das Rätsel um eine weitere mexikanische Zauberdroge, Ololiuqui, den zermahlenen, in Flüssigkeit aufgenommenen Samen der Trichterwinde *(Ipomoea violacea)*, wurde 1961 von A. Hofmann und Cerletti in den Labors der Sandoz AG in Basel gelöst. Hier wies man in den Windensamen Pflanzenbasen vom Typus der Mutterkornalkaloide nach. Die psychoaktiven Inhaltsstoffe ähneln in ihrer chemischen Struktur und ihrer bewußtseinsverändernden Wirkung dem LSD, sind jedoch 100mal weniger aktiv. Die Indianerpriester benutzten die Droge bis ins 16. Jahrhundert, wenn sie sich berauschen und mit den Göttern »verkehren« wollten. Einem neueren Bericht zufolge werden heute aus den Samen eines verwandten Windengewächses, *Rivea corymbosa*, das von den mexikanischen Indianerstämmen der Chinanteken und Zapoteken in Oaxaca kultiviert wird, noch immer Zaubertränke zu Weissagungen und zur Heilung Kranker bereitet.

Blüten und Früchte des Bilsenkrautes (Hyoscyamus niger)

Die im Orinocobecken lebenden südamerikanischen Indianerstämme benutzen ein halluzinogen wirkendes Schnupfpulver, Yopo genannt, um in Verbindung mit der Geisterwelt zu treten. Yopo gewinnen sie aus den bohnenförmigen Samen des zu den Mimosengewächsen zählenden Baumes *Adenanthera peregrina*. Als Stimulierungsmittel von den Medizinmännern verabreicht, ruft es Trancezustände und Visionen hervor, so daß der Betreffende mit dem Hekula-Geist sprechen kann. Die Indianer nehmen ziemlich große Mengen des Rauschmittels ein. Das Schnupfen der Yopo- und Ebena-Droge konnte der Verhaltensforscher I. Eibl-Eibesfeld bei den Yanomani beobachten: »Nach der Herstellung des Pulvers versammelten sich die Männer der beiden Dörfer zum Schnupfen. Dazu hockten sie sich immer paarweise einander gegenüber und bliesen sich gegenseitig das Schnupfpulver mit einem kurzen Blasrohr in die Nase, und zwar nacheinander in beide Nasenlöcher. Der Empfänger einer Prise zuckte stark zusammen und raufte sich oft die Haare. Es war für viele ein offensichtlicher Schock und keineswegs angenehm... Viele übergaben sich danach, gleichzeitig setzte eine starke Nasenschleimhautsekretion ein. Nach Überwindung des ersten Schocks saßen die Schnupfer zunächst benommen da, dann nach 3 bis 5 Minuten begannen ihre Augen zu glänzen, und sie agierten im Sitzen und dann im Stehen, als hätten sie Visionen... Und dann begannen sie im Trance zu tanzen.« Yopo wird nicht allein bei festlichen Anlässen geschnupft, sondern auch bei der Behandlung eines Kranken oder zur Anrufung und Vertreibung der Geister, die sie in ihrem Trancezustand zu ihren Feinden entsenden zu können glauben.

Als Ayahuasca – Ranke der Seele – bezeichnen die Tukano Kolumbiens eine magische Droge, die aus Rinden der Urwaldschlingpflanzen *Banisteriopsis caapi* und *B. inebrians* gewonnen und unter zahlreichen verschiedenartigen Pflanzenzusätzen zu einem Getränk bereitet wird. Nach Übelkeit und Erbrechen erzeugt die Einnahme euphorische und aggressive Zustände, in denen sich die Indianer von gewaltigen Tieren, meist als Schlangen oder Jaguare beschrieben, bedroht fühlen. Farbenprächtige Halluzinationen, abhängig von der Art der Zusätze, begleiten diese Vorstellungen. In der Yurupari-Zeremonie der Tukano wird Ayahuasca als Ahnenkultritual und zum Initiationsritus junger Männer eingesetzt, wobei ein vielschichtiger erotisch-sinnlicher Mythos vorliegt und zu farbenprächtigen Wandmalereien und Ritzzeichnungen führte, bei denen Phallus, Vagina und Zeugungskraft symbolisch dargestellt sind.

Zu den ältesten magischen Pflanzen Amerikas gehört der San-Pedro-Kaktus *(Trichocereus pachanoi)*. Stammritzzeichnungen und Textilien aus dem 14. Jahrhundert v. u. Z. zeigen ihn. Heute wird er, in Scheiben geschnitten, 7 Stunden gekocht und als Extrakt getrunken. Nach Schläfrigkeit und Benommenheit verspürt man ekstatisch eine »Vision« übernatürlicher Kräfte bei Trennung von Geist und Körper, bei Überwindung der Grenzen von Zeit und Raum. Daraus erwächst seine Nutzung in Heilkunst und Wahrsagung. Verursacht wird die halluzinogene Wirkung durch ein dem Peyote-Kaktus verwandtes Alkaloidspektrum. Auch hier kommt Mescalin vor.

Aus mehreren der Muskatnuß verwandten *Virola*-Arten, die in den Tropenwäldern Südamerikas vorkommen, wird im westlichen Amazonasgebiet und im Orinocobecken ein Schnupfpulver bereitet, das heute nicht nur von Schamanen und oft über Tage in hohen Mengen gebraucht wird. Man verwendet es ohne feste Grenze für magisch-religiöse sowie medizinische Zwecke. Wie bei Yopo sind es Indolalkaloide vom Typ der Tryptamine, die halluzinogen wirken.

Auch die afrikanischen Eingeborenenstämme verwenden halluzinogene Pflanzen. Zu ihnen zählt die Iboga-Pflanze *(Tabernanthe iboga)*, ein zu den Hundsgiftgewächsen gehörender 1,5 bis 2 m hoher Strauch. Er wurde zur Grundlage des Bwiti-Kultes gemacht und besitzt große soziale Bedeutung. Ein Initiand, ein in den Bund der Männer aufzunehmender Knabe, kann dem Geheimbund nur beitreten, wenn er Bwiti (einen Stammesvorfahren) gesehen hat. Dazu verhilft ihm nur Iboga. Ihre Einnahme ist mit komplizierten Zeremonien und Tänzen verbunden. Während der kultischen Initiationsfeiern (wo es auch zur Beschneidung kommt) wird eine Überdosis der Baumrinde verzehrt. Danach tritt ein komaähnlicher Zustand ein, in dem angeblich die Seele, die den Körper verlassen hat, mit den Ahnen im Land der Toten umherwandert. So berichtete ein banzie, Engel, genannter Initiand: »Ich ging oder flog über eine lange, vielfarbige Straße und über manche Flüsse, die mich zu meinen Vorfahren führten; diese geleiteten mich zu den großen Göttern«. Der von Iboga Berauschte glaubte, sich außerhalb seines Körpers zu befinden. Unter der Wirkung der Droge soll übrigens ein Mensch außergewöhnliche Strapazen ertragen können. In der Iboga-Kultur, die für die Eingeborenen des westlichen Teils von Zentralafrika auch ein Mittel des Widerstandes gegen eine Überfremdung ihrer traditionellen Kultur ist, werden noch weitere Rauschdrogen verwendet.

Fruchtender Zweig der Tollkirsche (Atropa bella-donna)

Im Europa des Mittelalters wurden besonders die als »Hexenkräuter« verwandten Rauschpflanzen Bilsenkraut *(Hyoscyamus niger)*, Tollkirsche *(Atropa belladonna)* und Alraun *(Mandragora officinarum)* genutzt. Sie enthalten relativ hohe Mengen der Tropanalkaloide Atropin, Hyoscyamin und Scopolamin, die halluzinogen wirken. Die Pflanzen waren im klassischen Griechenland ebenso bekannt wie im alten Ägypten. Bilsenkraut dürfte zur »Verzauberung« der Gefährten des Odysseus durch Circe, die Tochter des Sonnengottes, beigetragen haben, und der Rausch nach Einnahme seiner gerösteten Samen hat vermutlich den Priesterinnen des Orakels von Delphi die prophetischen Fähigkeiten zur Weissagung verliehen. Seine schmerzlindernde Wirkung, gepaart mit dem Zustand völligen Vergessens, wurde bei zu Tode Gefolterten genutzt oder diente als Bestandteil von »Hexengebräuen«. Sein Gebrauch führte zu Halluzinationen im Seh-, Geruchs- und Geschmackssinn und endete mit einem von wirren Träumen angefüllten Schlaf. So waren die von »Hexen« gebrauten Getränke geeignet, jedes Realitätsbewußtsein aufzuheben, ins »Gespräch mit bösen und guten Mächten« zu kommen, und jede Erinnerung an den Rausch zu verlieren.

Die Tollkirsche, auch Wolfsbeere oder Teufelsbeere genannt, ist eine in Europa heimische, mehrjährige, in allen Teilen giftige Pflanze. Ihre psychoaktive Substanz stellt das Tropanalkaloid Hyoscyamin dar. Der lateinische Name *Atropa belladonna* nimmt Bezug auf die griechische Schicksalsgöttin Atropos, die den »Lebensfaden« durchschneidet, während *belladonna* »schöne Frau« heißt und sich auf eine frühere Verwendung des Saftes der glänzendschwarzen Beeren, der Tollkirschen, bezieht. Die feinen italienischen Damen benutzten ihn zur Pupillenerweiterung, da sie den so erzeugten träumerisch-berauschten Blick für die Krönung ihrer bezaubernden Schönheit hielten. Dem heutigen Augenarzt ist die Droge ein Hilfsmittel bei der Augenuntersuchung.

Tollkirschen waren stets eine der Hauptzutaten der von den Hexen und Magiern des Mittelalters bereiteten Rausch-, Liebes-, Zauber- und Vergif-

Das Ausgraben der Alraunwurzel im Mittelalter

tungsgetränke und -salben. Beispielsweise wurde eine starke Mischung, die neben Tollkirschen, Bilsenkraut und Alraun das Fett eines totgeborenen Kindes enthielt, in die Haut eingerieben oder in die Vagina eingeführt. In einem Bericht aus dem 15. Jahrhundert heißt es: »Doch das Volk glaubt und die Hexen bekennen, daß sie an gewissen Tagen und in gewissen Nächten einen Stock salben und auf ihm zu der vereinbarten Stelle reiten oder sich selbst unter den Armen oder an anderen behaarten Stellen salben.« In der Walpurgisnacht, einer Nacht teuflischer Lustbarkeit, ritten der Sage nach die Hexen auf Böcken, Säuen, Besenstielen, Strohwischen oder Ofengabeln durch die Lüfte zum Treffpunkt mit dem Teufel, um mit ihm zu buhlen. So läßt Goethe im »Faust« den Mephistopheles fragen: »Verlangst du nicht nach einem Besenstiele?«, worauf der Chor der Hexen in orgastischer Vorfreude antwortet: »Die Salbe gibt den Hexen Mut...« Ebenso tauchte Bilsenkraut bei den römischen Dichtern Horaz und Ovid, in der Sage vom Rattenfänger von Hameln, bei Shakespeares »Romeo und Julia« sowie »Hamlet« (Tod des Vaters durch Bilsenkraut) auf. Das preußische Landrecht des 18. Jahrhunderts verbot mit § 867 den Gebrauch von Bilsenkraut u. a.: »Wer durch Liebesgetränke tötet, hat eine 10- bis 15jährige Festungs- oder Zuchthausstrafe verwirkt.«

Der Alraun *(Mandragora officinarum)* verdankte die Beliebtheit bei Hexen und Magiern nicht allein seiner stark betäubenden Wirkung, sondern auch der bizarren Gestalt seiner Wurzel, die gelegentlich an den männlichen oder weiblichen Körper erinnert. Alraun ist eine ausdauernde Staude aus der Familie der Nachtschattengewächse und hat eine dicke, meist gegabelte Wurzel (s. Abb. S. 43). Merkwürdige Sitten waren bei der Ernte der Alraunwurzeln gebräuchlich, die unter Beachtung großer Vorsichtsmaßregeln erfolgte. Bereits im 1. Jahrhundert u. Z. berichtete Josephus Flavius von einer in der Gegend des Toten Meeres wachsenden Pflanze, die nachts blühe, und es sei schwierig, sich ihr unbemerkt zu nähern. Man müsse sie, damit sie sich beim Näherkommen nicht verberge, mit Urin und Menstruationsblut besprengen. Das Ausziehen der Alraunwurzel sei mit Gefahren für Leib und Seele verbunden, weshalb man die Wurzel durch einen Hund, den man an ihr festband, ausreißen ließ. Dieses Tier, so glaubte man, mußte bald darauf sterben.

In den Kräuterbüchern des 16. Jahrhunderts taucht Alraun immer wieder mit ähnlichen magischen Erklärungen auf, und erst nach 1600 wird der an die Signaturenlehre des Mittelalters gebundene Volksglaube überwunden. Nach dieser damals weit verbreiteten Lehre müsse, was ähnlich aussieht, gleiche Wirkungen haben. So gab die angebliche Menschenähnlichkeit der Alraunwurzel ebenso Anlaß zu abergläubischen Vorstellungen wie die Walnuß, deren »Heilkraft« aus ihrer gehirnähnlichen Struktur abgeleitet wurde: »Der Kern hat die wahre Gestalt des Gehirns, und daher ist er sehr zweckmäßig für das Gehirn und begegnet Giften.«

Nicht nur auf Europa beschränkt, sondern auch in Nordamerika, Afrika, Vorderasien, Ostasien sowie Indien war und ist ein weiteres indolalkaloidhaltiges Nachtschattengewächs, der Stechapfel *(Datura)* mit den Arten *D. stramonium, D. inoxia* und *D. metel,* verbreitet. Diese Pflanze taucht schon in den Schriften von Dioscurides (1. Jahrhundert u. Z.) und Avicenna (980–1037) auf, galt im alten China als heilig und wurde in Indien als Busch Schiwas, des Gottes der Zerstörung, bezeichnet: Wer einen mit Stechapfelsamen versetzten Wein trank, verlor Willenskraft und Erinnerung an den Rausch. Die Indianer nannten den Stechapfel den »Trunkenbold« und »Betrüger«. Wie viele Halluzinogene diente der *Datura*-Samen als Heilmittel gegen Geistesgestörtheit, Fieber, Tumoren und Hautkrankheiten. In Afrika werden Stechapfelblätter gegen Asthma geraucht oder helfen als Rauschmittel. Immer jedoch war die Grenze zwischen Rausch- und Heilmittel fließend, und H. Bock schrieb 1560 in seinem Kräuterbuch zum Stechapfel oder Paracoculi entsetzt: »Seine Wirkung will ich nit erfahren.«

Die Vielzahl bisher geschilderter mythischer Pflanzenverehrungen steht mit der halluzinogenen Wirkung ihrer Inhaltsstoffe in Zusammenhang. Die Pflanzen waren und sind dadurch ein Mittel zum »Umgang mit den Geistern«. Vielschichtige mythische Pflanzenverehrung und Pflanzensymbolik erwuchsen auch aus ihrer Funktion als Nahrungs- und Rohstoffquelle: Die Sorge um eine reiche Ernte kommt in magischen Handlungen vieler Kulturen zum Ausdruck, fand ihren Niederschlag schon in der alten Kunst und ist bis in unsere Zeit in Sitten, Sinnbildern und Symbolen fixiert und lebendig. Früheste Fruchtbarkeitssymbole bezogen sich auf die Frau, mit der man die Fruchtbarkeit der Erde in Verbindung brachte.
In vielen Kulturen der alten Zeit war auch das männliche Glied (griech. Phallos) Symbol von Zeugungskraft und Fruchtbarkeit. Bei den alten Griechen waren Phallusnachbildungen weit verbreitet und wurden auf sogenannten Phallusumzügen unter Gesang gezeigt. Dies war nach Aristoteles der Anfang der griechischen Komödie. Männliche Darsteller der alten griechischen Komödie, des Satyrspiels, trugen einen großen, ledernen Phallus. Priapos galt bei den Griechen als Gott der Fruchtbarkeit, Zeugungskraft und sexuellen Absicht und, in Holz geschnitzt, stand er meist in Gärten und Weinpflanzungen. Auch bei den alten Germanen galt der Phallus, aus einer Astgabel nachgebildet, als ein Symbol der Fruchtbarkeit. Doch dürfte hier der Gedanke an die menschliche Fruchtbarkeit im Vordergrund gestanden haben. Nach einem alten Glauben soll die geschlechtliche Vereinigung eines Paares in der Ackerfurche das Wachsen und Gedeihen der Pflanzen fördern, Symbol und Wirklichkeit werden also zusammengebracht. In den Ackerbaukulturen beziehen sich die Fruchtbarkeitssymbole auf die Erde sowie bestimmte Pflanzen und Früchte. Magisch überträgt der Mensch einen Teil seiner Kräfte auf die Erde und seine Nutzpflanzen und glaubt, sie so befruchten zu können.
Neben einem derartigen allgemeinen Fruchtbarkeitssymbol wurden auch bestimmte Pflanzen im Interesse ihrer reichen Ernte verehrt. Das wohl bedeutendste Beispiel ist der Mais bei den Indianern Amerikas, das »Indianerkorn«. Es galt und gilt als hochheilige und verehrte »Mutter«. Bei der Hako-Zeremonie der Pawnee-Indianer ist der Maiskolben, als »Mutterkorn« und »Mutter der Erde« aufgefaßt, das zentrale Symbol. Noch heute umgibt den Mais, wie die Indianerforscherin Eva Lips berichtet, im Mittelwesten der USA ein Nimbus des Außergewöhnlichen. Zum Fest des »corn busking« (corn = Mais) kommt die Jugend zusammen, um dem Maiskolben das Blätterkleid auszuziehen. »Wenn die Abendbläue über das weite flache Land herabsinkt und auf den großen Anbauflächen die Feuerchen aufleuchten, in denen man sich die Kolben zur Mahlzeit brät, da erheben sich aus der Dämmerung die Schatten der Indianer alter Zeiten, und ihre heilige Pflanze gewinnt die Bedeutung zurück, die sie bei den noch lebenden Nachkommen auch heute hat.« »Busk« ist das Fest des grünen Maises, ein großes Versöhnungsfest der Creak-Indianer, das man 8 Tage lang nach einem vorgeschriebenen Programmablauf feiert. Am 8. Tage, wenn das Fest seinen Höhepunkt erreicht, werden 14 verschiedene Wildpflanzen in Wasser verquirlt, von den Medizinmännern mit heiligen Schilfrohren angeblasen und als Fruchtbarkeitsmedizin auf den Körper gestrichen.

Alraun (Mandragora officinalis), mittelalterliche Darstellung aus dem Kräuterbuch des H. Fuchs (1543)

Die Kultur der Pueblos-Stämme Süd-Utahs, Colorados, Arizonas und Neumexikos ist in ganz besonderer Weise vom Mais geprägt. Das Neugeborene wird mit Maismehl bestäubt und gesegnet, die Toten werden, mit Maismehl bedeckt, zur letzten Ruhe gebettet, die trauernden Hinterbliebenen pudern sich mit schwarzgefärbtem Maismehl ein. Man errichtet dem Mais Altäre, die neben anderen Symbolen Maispflanzen und -kolben tragen, den steinernen Götterbildern ähnlich. Im Inkareich wurden für den erfolgreichen Ablauf der Maisernte Opfergaben in verschiedener Form dargebracht. Zu den häufigsten gehörte das Maismehl. Angesehene Tote traten in Peru ihre »letzte Reise« in Begleitung der geheiligten Maispflanze an: Maiskörner wurden in die mitgegebenen Krüge gelegt.

Darstellung eines südamerikanischen Maisgottes

Auch in den altamerikanischen Kulturen der Tolteken, Azteken und Mayas wurde der Mais als göttlich verehrt. Er war die wichtigste Nahrungspflanze für sie (s. S. 33). Als Xochipilli bezeichnete man den jungen Maisgott und Blumengott. Bei den Mayas wurden der Maisgöttin Chicome contal bei bestimmten Festen grausame Menschenopfer dargebracht. Auch züchterisch wirksam kann die Verehrung von Mais gewesen sein: Wenn über Jahrhunderte stets die besten Maiskolben nach einer Weihe im Tempel zur Aussaat kamen, entspricht dies einer Auslese; oder wenn in einem anderen alle 8 Jahre begangenen Fest Mais verehrt und deponiert wurde, um nach 8 Jahren wieder zur Aussaat zu kommen, dann kann dadurch der für Mais als Fremdbestäuber häufige Inzuchtschaden minimiert worden sein.

Über die Kenntnisse und den Glauben an Pflanzenwirkungen und Symbolik geben auch zahlreiche Pflanzennamen Aufschluß. So leitet sich die wissenschaftliche Bezeichnung des Mönchspfeffers *(Vitex agnus-castus)* von *agnus* = Lamm und *castus* = keusch ab. Noch zu Beginn des 18. Jahrhunderts wurde ein alkoholischer Extrakt aus Mönchspfeffer bei ungenügenden Stilleistungen empfohlen. Klinische Untersuchungen in unserer Zeit bestätigen eine gelbkörperähnliche Wirkung. Offensichtlich beeinflussen die im Mönchspfeffer enthaltenen Wirkstoffe die Ovarialhormone auf zentralnervösem Wege.

Die Liebe kommt in vielen Pflanzennamen zum Ausdruck: Der Venusschuh *(Paphiopedilum insigne)*, eine Orchidee, verdankt seinen Namen einem der Schönheitsideale wohl aller Zeiten, einem kleinen, wohlgeformten Frauenschuh. Der Phantasie des Lesers sei es überlassen, auch dem Venusnabel *(Umbilicus)* oder der Venusfliegenfalle *(Dionaea muscipula)*, einer insektivoren Pflanze mit besonderem Fangmechanismus für anfliegende Insekten, entsprechenden Symbolwert zuzuschreiben.

Auch der nach christlicher Religion fungierende Widersacher des Göttlichen, der Teufel, gab seinen Namen vielen Pflanzen, wie etwa Teufelskralle, Teufelsdreck, Teufelsabbiß, Teufelsfurz (für Boviste) usw. Der Teufelsdreck *(Ferula asa-foetida)*, auch Stinkkraut genannt, hat einen röhrenförmigen Stengel, der früher als Zuchtrute für Sklaven verwendet wurde. Seine Hülle diente einst zur Aufbewahrung von Papyrus. Im glimmenden Mark des Stengels soll nach der griechischen Sage Prometheus das Feuer vom Himmel auf die Erde gebracht haben. Vom Teufelsabbiß *(Succisa pratensis)*, einer heute obsoleten Arzneipflanze, heißt es, daß der Teufel den Stengel von der Wurzel abbiß, um ihre Heilwirkung zu verheimlichen. Man meinte, noch seine Zähne zu sehen, wenn man die Wurzel einer im oberen Teil abgestorbenen Pflanze betrachtete. Der oberste Teufel, der Satan, ist in die Bezeichnung eines giftigen Pilzes eingegangen, des Satanspilzes *(Boletus satanas)*.

Aus dem christlichen Glaubensbereich leiten sich viele weitere Pflanzennamen ab: die Mariendistel *(Silybum marianum)*, die Passionsblume *(Passi-*

flora), der Christdorn *(Paliurus spina-christi),* der auf den Hügeln um Jerusalem Hecken bildet, die Christrose *(Helleborus niger),* die Gleditschie *(Gleditsia triacanthos)* oder der Judasbaum *(Cercis siliquastrum),* an dem sich einst Judas erhängt haben soll. Der Name des stammblütigen (kauli-floren) Judasbaumes stammt aber nicht von Judas, sondern von der Provinz Judäa, wo dieser Baum beheimatet ist.

Auch die geflügelten himmlischen Boten, die Engel, bekannt seit den Hochkulturen Vorderasiens und Ägyptens, sind in Pflanzennamen eingegangen, z. B. in die Engelwurz *(Angelica),* einem Bestandteil der Benedektiner- und Chartreuseliköre (früher fanden die kandierten Stengel dieser Pflanze zur Tortengarnierung Verwendung), oder in Engelsüß, den Tüpfelfarn *(Polypodium vulgare),* das einst dem trunkenen Bacchus geweiht war.

Symbolzeichen zählen zu den ältesten geistesgeschichtlichen Urkunden und gehen in allen Kulturen den Bild-, Wort- und Buchstabenzeichen voraus. Das griechische symbollon bedeutet »zusammensetzen, Getrenntes verbinden«. Bei der Herausbildung von symbolischen Bezügen und Zeichen wurde vieles aus der Pflanzenwelt als der unmittelbaren Umgebung des Menschen entlehnt. Wir können hier nicht die Vielzahl verschiedener symbolischer Bezüge aus der Pflanzenwelt in den unterschiedlichen Kulturen und vergangenen Epochen darstellen. In der Pflanzensymbolik kreuzen sich Kulturgeschichte, Kunst, Philosophie, Naturwissenschaft und Religion, und die Verwendung von Pflanzen in Gleichnissen, Symbolen, Mythen, Mystik, Allegorien und Bildern illustriert diesen Bereich als ein umfassendes Thema. Wir wollen nur einiges kurz herausgreifen.

So ist der Baum Symbol für die Materie, das Mütterliche *(mater* lat. = Mutter, Baumstumpf, Wurzelstock), die Fruchtbarkeit. Er ist Ausdruck des Werdens und Vergehens, des Paradieses und steht als »Baum des Lebens«, als »Baum der Erkenntnis« und durch den Sündenfall im Paradies dem »Baum des Todes« antithetisch gegenüber. In der christlichen Symbolik wird das lateinische Kreuz zum Lebensbaum, dem die heraldische Lilie Westeuropas entspricht. Vielfach gilt ein Baum als Geburtsort von Göttern, so in Phrygien der Mandelbaum als der des Frühlingsgottes Attis, in Indien der Sami-Baum *(Acacia suma)* als der des Feuergottes Agni, in Ägypten die Akazie als der des Himmelsgottes Thorus, personifiziert als Falke, dessen Augen Sonne und Mond sind.

Der Früchtereichtum von Bäumen als Symbol der Lebensfülle und -kraft hat den Brauch des Bäumepflanzens in verschiedenen Kulturen entstehen lassen, z. B. als Linde auf dem Dorfplatz. In Skandinavien errichtete sich jede Sippe einen Schutzbaum, und im alten Ägypten war die Sykomore schatten- und damit lebenspendend. Mit der Symbolik des Baumes verbunden ist auch die Verwendung von Holz für die Wiege, das Hochzeitsbett und den Sarg sowie das Begräbnis unter Bäumen bzw. das Pflanzen von Blumen und Bäumen auf dem Grab. Schon im antiken Volksglauben tauchte die Vorstellung auf, daß die Seele des Toten in die wachsende Pflanze übergeht. Aus Indien sind der Baumkult und die Baumgottheiten seit 2600 v. u. Z. bekannt. Als Symbol der Fruchtbarkeit und des Kosmos wurden sie durch Wasserspenden verehrt. Im Text der Rigveda erscheint dies als Verbindungszeichen von Himmel und Erde: »Oh Baum, laß das Opfer zu den Göttern gehen!«

Aus dem Symbolgehalt des Baumes ergibt sich auch die Verwendung von Holz in der Kirche. Im Begleittext zur Novelle »Die Predigt des Holzes« von Hans Franck heißt es: »Durch das Holz der Sünde, den Frevel am Baum der Erkenntnis im Paradies, ist die Menschheit verloren; durch das Holz des Heils, das Kreuz Christi, ist sie gerettet worden.« Mit dem Baum des Lebens sind das Kreuzopfer von Christus und der Gedanke der Erlösung verbunden. Daher wurde einfaches Holz in den christlich-orthodoxen Kirchen bevorzugt und für die Fertigung kirchlicher Gerätschaften und die Innenausstattung dem Edelmetall und den Edelsteinen vorgezogen. So besteht das Altarkreuz, das in der bulgarisch-orthodoxen Kirche im Spätmittelalter die Kreuzreliquie ablöste, ebenfalls aus Holz.

Als Ausdruck der Freude, als Schmuck der Jugend und als Zeichen des überwundenen Winters wurden blühende Blumen empfunden. Sie sind in der christlichen Pflanzensymbolik auch Ausdruck des Paradieses und deshalb in der mittelalterlichen Bauplastik vielfach dargestellt (s. S. 291). Unabhängig davon, hatten einzelne Blumen einen bevorzugten, aber nicht eindeutigen Symbolgehalt: die Akelei für den Heiligen Geist, die Lilien und die weiße Rose für die Unschuld und Reinheit, die rote Rose für das Leiden (die Passion), die rote Nelke für die wahre und reine Liebe, das Veilchen für die Demut, der Mohn für den Schlaf und Tod, die Myrte für Bekehrung und Liebe, der Efeu für Treue und ewiges Leben, die Distel für die Sünde. So sind Pflanzensymbole weniger bestimmten Personen und der heilsgeschichtlichen

Innenausstattung der Verklärungskirche von Kishi

Wirksamkeit zugeordnet als mehr mit allgemeinen guten und bösen Eigenschaften belegt und lebten, unabhängig von der christlichen Pflanzensymbolik, im Volksglauben (Efeu als Grabschmuck, Myrte des Bräutigams).
Besondere Bedeutung besaß in Indien, weniger in China und Ägypten die Lotosblume *(Nelumbo nucifera)*, eine weiß oder rötlich blühende Wasserpflanze. Sie galt in Literatur, Religion und Kunst als Symbol der Schönheit und Reinheit und wurde anfänglich als Göttin der Fruchtbarkeit und des Wassers verehrt. Im Buddhismus ist die Lotosblume Symbol der Erkenntnis und der Geburt des Buddha.

Auch Früchte hatten einen Symbolgehalt. So galt die Feige in der Antike als sexuelles Symbol. Deshalb wurde der Baum der Erkenntnis im Paradies ursprünglich als Feigenbaum vorgestellt, um dann, als man den Sündenfall nicht mehr sexuell auffaßte, durch den Apfelbaum verdrängt zu werden. Damit wurde der Apfel zum Symbol der Sünde. In der Mehrzahl sind aber Früchte in der christlichen Pflanzensymbolik auf Christus und Maria bezogen. Am bedeutsamsten sind die Ähre (das Brot = Leib Christi) und die Weintraube (der Wein = das Blut Christi).
In unserer vom rationalen Denken beherrschten Zeit muten die symbolischen und mystischen Be-

Ausschließlich mit Holz gebaute Verklärungskirche von Kishi am Onegasee

züge von Pflanzen recht absurd und unverständlich an. Aus der Kenntnis Schellingscher Naturphilosophie (s. S. 54), ihrer wuchernden Blüte durch die deutsche Romantik in der ersten Hälfte des 19. Jahrhunderts und der verheerenden Wirkung auf die Entwicklung der botanischen wie der Geisteswissenschaften stehen wir heute mit Recht jeder mystischen Verwertung von Pflanzensymbolen feindselig gegenüber. Symbole sind aber ihrem Wesen nach nicht irrational, sondern überrational. Das menschliche Denken arbeitet in Bildstrukturen, d. h. in Symbolen. Wir bereichern uns also, wenn wir die auf uns gekommene Pflanzensymbolik nicht als mystisch verwerfen, sondern auf dem Boden unseres rationalen Denkens als Ausdruck kulturgeschichtlich-ethnographischer Vielfalt und der Poesie betrachten.

Gleiches gilt für die geschilderte magische und heilende Wirkung von Pflanzeninhaltsstoffen. Die »Volksmedizin« hat in früheren Jahrhunderten eine beträchtliche Rolle gespielt, oft allerdings begleitet von Scharlatanerie. Das rationale Denken unseres Jahrhunderts hat, auch um diese Scharlatanerie zu beseitigen, volksmedizinische Erfahrungswerte radikal verdammt. Nach dieser »Bereinigung« dürfte heute eine medizinisch einwandfreie Verwendung von Heilkräutern und volksmedizinischem Wissen möglich sein (s. S. 141 f.).

Die Geschichte der Wissenschaft von den Pflanzen — der Botanik

»In der Wissenschaft sehen wir sehr klar, daß der Fortschritt des einen sich aufbaut auf den Schultern, der Arbeit des anderen.«

Arnold Zweig

Unser Wissen und die Wissenschaft gleichen in ihrem Werden einer Pflanze, die im Boden auf den Nährstoffen ihrer Ahnen wurzelt und erst dadurch blüht und fruchtet. Unser Wissen erwuchs aus den Kenntnissen der Vorfahren, weitete sich immer mehr aus und wurde weiter verarbeitet, um in späteren Jahrhunderten ein Wissenschaftsgebäude zu bereichern. Gleich einem verästelten Baum gliedert sich die Wissenschaft von den Pflanzen, die wir heute als Botanik bezeichnen, in eigene Disziplinen, die einen gemeinsamen Ursprung haben. Dieser Ursprung war der vorgeschichtliche Mensch, der als Jäger und Sammler die Pflanzen nutzte und sie damit unterscheiden lernte. Er suchte und sammelte jene Pflanzen, deren Teile gegessen, getrunken, geschnupft oder geraucht werden konnten, die als Rohstoffe zur Fertigung von Häusern, Geräten oder Kleidungsstücken dienten, die Farbstoffe, Fasern und Insektenvernichtungsmittel lieferten, aus denen man Gewürze, Aroma-, Gift-, Heil- und Duftstoffe gewann. Bei diesem Umgang mit den Pflanzen lernte der vorgeschichtliche Mensch, und seine Erfahrungen wurden in Generationen weitergegeben. Noch heute lebende altsteinzeitliche Völker geben uns Aufschluß darüber.

Die Buschleute der Kalahariwüste kennen etwa 200 Pflanzen, und vermutlich ist die Pflanzenkenntnis bei Jäger- und Sammlervölkern, die im vegetationsreichen tropischen Urwald leben, noch größer. Eine Buschmannfrau vom Volke der Ko benannte 183 Pflanzenarten nach Wirkung und Verwendung. Davon waren 68 Nahrungsmittel, 12 Giftpflanzen und etwa ein Fünftel als Medizin und Zaubermittel verwendete Arten. Die Kräuterkunde hat also eine alte Tradition.

Die Ackerbauern, die ein besonders enges Verhältnis zur Pflanzenwelt besaßen, benannten sicher auch die Unkräuter, die in ihren Kulturen wucherten. Doch die alten Pflanzenbezeichnungen waren noch ziemlich abenteuerlich und von Ort zu Ort verschieden. Auch heute sind bei den Völkern verschiedene Namen, die auf alte Anwendungen zurückgehen, für die gleiche Pflanze in Gebrauch.

In den Hochkulturen des alten Mesopotamiens und Ägyptens begann mit der Kultivierung von Gemüse, Getreide, Gewürzen und Zierpflanzen ihre Benennung, Beobachtung und bewußte Veränderung, die Selektion geeigneter Formen. Ein sumerischer Bauernkalender aus dem 2. Jahrtausend v. u. Z. enthielt genaue Bewässerungsangaben für den Feldanbau von Pflanzen, und selbst das Vorkommen männlicher und weiblicher Blüten der Dattelpalme auf getrennten Pflanzen (Zweigeschlechtlichkeit) war den Babyloniern und Assyrern bekannt: Sie führten schon künstliche Bestäubung durch. Wissen über die Pflanzen ist auch in den altägyptischen Handschriften, Reliefs und Wandmalereien fixiert, und der Artbegriff, zwar nicht in unserem heutigen Sinne, scheint ihnen geläufig gewesen zu sein.

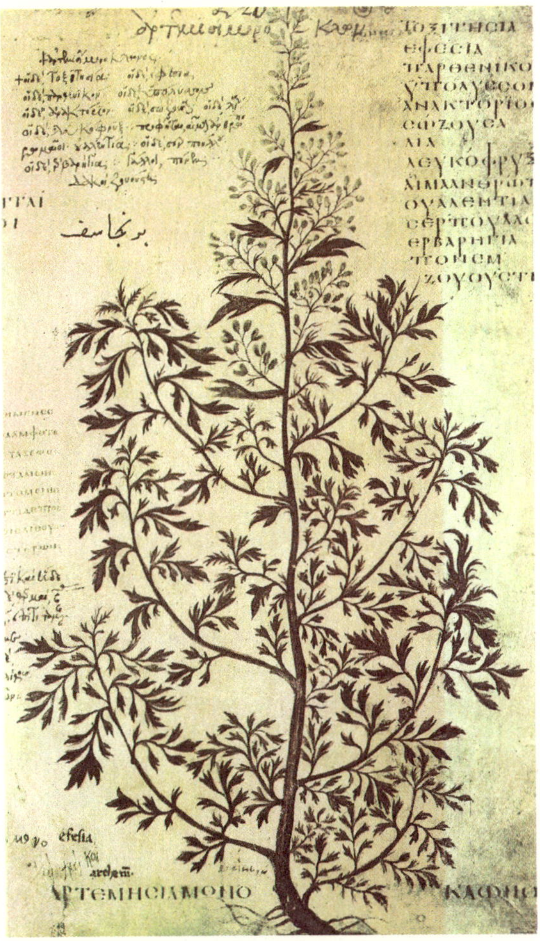

Darstellung von Beifuß (Artemisia spicata) in einer Dioskurides-Handschrift (byzantinisch um 510)

In der Bibel tauchen neben *Cyperus papyrus*, dem Papierschilf, Kulturpflanzen, wie Sommerweizen, Gerste, Flachs und Baumwolle, sowie eine Vielzahl weiterer Pflanzennamen auf, z. B. Feige, Tamariske, Lilie, Kalmus, Knoblauch, Balsamstrauch, Mandelbaum, Granatapfelbaum, Myrte, Zeder, Eiche, Wassermelone und viele andere.
Während in den Hochkulturen Mesopotamiens, Ägyptens, Indiens und Chinas Pflanzenkenntnisse aus ihrem Nutzen für den Menschen erwuchsen, setzten in der griechischen und römischen Antike eine davon unabhängige Naturbeobachtung und Naturwissenschaft ein. Mit Aristoteles (384 v. u. Z. geboren) beginnt im klassischen Griechenland die europäische Wissenschaft. Er war 20 Jahre Schüler Platons und übernahm dann die Erziehung Alexanders des Großen. Auf dessen zahlreichen und weiträumigen Kriegszügen durch Kleinasien, Persien, nach Indien und Ägypten waren zahlreiche Gelehrte dabei. Ihre Beobachtungen wurden durch Aristoteles in umfangreichen Schriften ausgewertet, die Angaben zu anatomischen, physiologischen und ökologischen Eigenschaften von Pflanzen enthalten.
Aber nur die Schriften seines Schülers Theophrastos sind erhalten geblieben und erfuhren schon zu dessen Lebzeiten (371–285 v. u. Z.) eine ungewohnte Verbreitung. Die Schule von Theophrastos soll 2000 Schüler umfaßt haben. Seine beiden botanischen Hauptwerke »Ursachen des Pflanzenwuchses« und »Geschichte der Pflanzen« enthalten umfassende und genaue Angaben zur Entstehung von Pflanzen aus Samen, zur Vermehrung, zum Wachstum, zur Pfropfung, zum Einfluß von Wasser, Wind, Wärme und Boden, zu Acker- und Obstbau, zu Pflanzenkrankheiten, Pflanzensäften, Eigenschaften von Holz, Arzneipflanzen und vielem anderem. Mit diesen Schriften beginnen eine Abstraktion, die Grundlage jeder Wissenschaft, und eine klare Begriffsbildung zu Pflanzenteilen, Arten, Umweltfaktoren u. a. Doch fehlt bei den Blütenbeobachtungen noch die Kenntnis, daß sich die Pflanze wie das Tier sexuell fortpflanzt. Großes Interesse an den Pflanzen entstand auch durch die Medizin im klassischen Griechenland. Giftpflanzen wurden erkannt, beschrieben und genutzt und bildeten den Ursprung der Pharmakologie. Von Königen wie Attalos III. von Pergamon (138–133 v. u. Z.) gefördert, wurden botanische Gärten angelegt (s. S. 249).
Gleich dem Großreich Alexanders des Großen versank die Blüte hellenistischer Naturwissenschaft in den nachfolgenden Jahrhunderten. Cäsar zerstörte 47 v. u. Z. in Alexandria die größte Bibliothek des klassischen Altertums mit 700000 Papyrusrollen, das ganze gespeicherte Wissen.
Mit Dioskurides, einem griechischen Militärarzt der römischen Kaiser Claudius und Nero im 1. Jahrhundert u. Z., setzt eine umfangreiche und bebilderte Beschreibung von Heilpflanzen ein, die bis ins 17. Jahrhundert die Grundlage jeder Heilpflanzenkunde blieb. Auf ihn geht auch die Bezeichnung Botanik zurück. Als Großgrundbesitzer beschrieben die römischen Schriftsteller, wie M. T. Narro, Columella, Vergil und vor allem Plinius (23–79 u. Z.), Pflanzen im Ackerbau und ihre landwirtschaftliche Nutzung, doch bilden ihre Werke mehr eine lexikalische Aufzählung ohne Suche nach Erklärungen. Mit der Übernahme klassischen griechischen Gedankengutes beginnt die Geschichte der Botanik. Die Funktion dieser schriftlichen Zeugnisse war besonders dort wertvoll, wo naturfeindliche Strömungen wie im Chri-

stentum (seit 391 u. Z. Staatsreligion) einsetzten. Die belebte Natur galt im Christentum des Mittelalters als etwas Niederes, das mit bösen Mächten behaftet sei, und die Naturwissenschaft griechischer Klassik wurde als »heidnisch« angesehen. Mit der Erhebung des Glaubens über das Wissen war das freie naturwissenschaftliche Denken eingeschränkt.

Im byzantinischen Kaiserreich, das aus dem römischen Imperium hervorgegangen ist, lebte auch bis in das frühe Mittelalter eine Beschäftigung mit der Pflanzenkunde und ihrer Nutzung durch die Medizin fort, und es entstanden illustrierte Handschriften. Dank dem arabischen Großreich von der chinesischen Grenze bis Spanien und den von den Arabern gefertigten Übersetzungen griechischer Schriften wurde uns antikes Naturwissen erhalten und erfuhr eine Ausbreitung nach Europa. Unter Verwendung der Schriften von Aristoteles, Theophrastos und Dioskurides erhielten arabische Gelehrte wie Avicenna 700 Jahre altes antikes Wissen über Pflanzen und ihre Nutzung in Medizin und Landwirtschaft und erweiterten es durch eigene Beobachtungen, Illustrationen und exakte Beschreibung. So kann das Frühmittelalter in Europa direkt an dieses Wissen anknüpfen. Auch in den Klöstern wurden nicht nur die Bibel, sondern auch römische und arabische Schriften gelesen, abgeschrieben und verbreitet. So förderte die Benediktinernonne Hildegard von Bingen (1098–1179) über ein halbes Jahrhundert die Beobachtung, Sammlung und Kultivierung von Nahrungs- und Heilpflanzen in ihrem Klostergarten. In ihre Schriften übernahm sie nicht einfach antikes Wissen. Ihre Bücher enthalten Angaben nur von solchen Pflanzen, die sie selbst kannte.

Albertus Magnus (1200–1280), geschult in Köln, lehrte in Freiburg, Regensburg, Straßburg und Paris und hatte als Vorsteher des Dominikanerordens in Deutschland 40 Klöster zu beaufsichtigen. Getreu der Ordensregel mußte das durch Fußreisen geschehen. Diese wurden eine Quelle seiner botanischen Schriften, die auf dem Wissen von Aristoteles und Theophrastos basierten, aber durch eigene morphologische und ökologische Beobachtungen weit darüber hinausgingen. Er unterschied z. B. erstmals Dornen und Stacheln, beobachtete die Jahresringe der Bäume und erkannte sie als ihren jährlichen Zuwachs ebenso wie in den »Fäden« eines abgerissenen Wegerichblattes die Wege des Nahrungssaftes.

Doch erst in der Renaissance setzte fast sprunghaft eine der Antike vergleichbare Naturbeobachtung ein. »Frei von zahllosen Schranken, individuell hochentwickelt und durch das Altertum geschult, wendet sich der Geist auf die Entdeckung der äußeren Welt und wagt sich an die Darstellung in Wort und Form«, so kennzeichnete der Historiker Jacob Burckhardt die Renaissance. In Deutschland sind es besonders Otto Brunfels, Hieronymus Bock und Leonhard Fuchs, die man als Väter der Pflanzenkunde bezeichnet. In jener Zeit grundsätzlicher Wandlungen und neuer Erkenntnisse erhielt auch die Erneuerung der Botanik einen fruchtbaren Boden. Mit dem 1532 erschienenen »Contrafayt Kreuterbuch« von O. Brunfels, vorzüglich durch naturnahe Holzschnitte ausgestattet, entstand ein Vorbild für alle später so zahlreichen Kräuterbücher. Von H. Bock erschien 1549 ein mit Holzschnitten illustriertes Werk unter dem Titel »New Kreütterbuch von unterscheidt Würckung und namen der Kreutter, so in Teutschen landen wachsen«. In ihm sind Standort, Ha-

Darstellung des Brombeerstrauches (Rubus tomentosus) in einer Dioskurides-Handschrift (byzantinisch um 510)

Titelseite des um 1600 erschienenen Kräuterbuches von P. A. Matthioli

bitus und Entwicklung der Pflanzen während einer Vegetationszeit anschaulich geschildert, und es wurde eine natürliche systematische Anordnung versucht. So unterscheidet H. Bock schon richtig die Korbblütler, Gräser, Kreuzblütler, Doldengewächse und Lippenblütler.

Unter den 40 Büchern von Leonhard Fuchs, dem Arzt, Professor und streitbaren protestantischen Rektor in Tübingen, zählt das 1543 erschienene Werk noch heute zu den bedeutendsten botanischen Schriften. Es nannte sich »New Kreuterbuch, in welchen nit allein die ganze histori, das ist namen, gestalt, statt und zeit der wachsung, natur, krafft und Würckung des meysten Theyls der Kreuter, so in teutschen und anderen landen wachsen, mit dem besten Vleiss beschriben, sonder auch aller derselbe wurtzel, stengel, bletter, blumen, samen, frucht, in summa die gantze gestalt, allso artlich und kunstlich abgebildet und kontrafeyt ist, das desgleichen vormals nie gesehen noch an den Tag gekommen«. Mit der letzteren Formulierung übertreibt Fuchs zwar beträchtlich, denn sein Text stammt z. T. wörtlich von H. Bock, doch bilden seine ideal-vollkommenen Abbildungen eine Grundlage für systematische Unterscheidungen. Bock, Fuchs und Brunfels gebührt das Verdienst, den Anfang unserer heutigen Botanik geschaffen zu haben, denn ihre Bücher beschrieben nach eigenen Beobachtungen die Pflanzen so wie sie waren. In den folgenden 200 Jahren erschien eine Flut von illustrierten Kräuterbüchern, darunter von so bedeutenden Botanikern wie P. A. Matthioli und K. Gesner, der als begeisterter Alpinist schon klimatische Höhenstufen in der Gebirgsflora beschrieb.

Die zunehmende Anzahl bekannter und beschriebener Pflanzen erforderte eine Gliederung, ein System. Von vielen, wie A. Cesalpino (1519–1603), K. Bauhin (1560–1624), J. Jungius (1587–1657) und Ray (1628–1705), versucht, gelang es erst dem Schweden Carl v. Linné (1707–1778), eine gültige Pflanzengliederung aufzubauen. »Der Ariadnefaden der Botanik ist das System, ohne das die Pflanzenkunde ein Chaos darstellt«, schrieb er in seiner »Philosophia botanica«. Linné wendete für Pflanzen und Tiere die binäre Nomenklatur konsequent an, in der gleich den Familien- und Vornamen beim Menschen ein Gattungs- und Artname Pflanze oder Tier eindeutig benannte. Vor seiner Zeit wurden die Gewächse mit einer langen verbalen Beschreibung versehen und nicht mit einem richtigen Namen. Mit sicherem Blick für das Wesentliche führte Linné die exakte Terminologie und Pflanzendiagnose ein, wobei besonders morphologische Merkmale zur Kennzeichnung dienten. Er erkannte z. B. die hohe Bedeutung des Blütenbaues, der Anzahl der Staubgefäße und Kelchblätter für die Beschreibung einer Art. Auch förderte er den Artbegriff, indem er Varietäten und Kulturformen als Formen einer Art aufzeigte. Mit seinem »Systema naturae« (1735), dem sogenannten Linnéschen System, dessen Grundgedanken er schon 23jährig verfaßte, schuf er zwar ein künstliches System, in dem pflanzliche Sexualmerkmale, wie die Verteilung, Zahl und Verwachsung von Staub- und Fruchtblättern, zur Grundlage der Verwandtschaftsbestimmung dienten, doch haben sich seine Prinzipien in den Bestimmungsschlüsseln auch heutiger Floren erhalten.

Weil Linné in seinem »Systema naturae« die Verwandtschaftsverhältnisse der Pflanzen mit denen des Menschen erklärend verglich, beschwor er die Entrüstung seiner Zeitgenossen herauf: »Wenn z. B. 8, 9, 10, 12 oder 20 und mehr Männer in demselben Bett mit einer Frau gefunden werden (s. Staubgefäße in einer Blüte) oder wenn dort, wo die Betten der wirklich Verheirateten einen Kreis bilden, auch die Betten der Dirnen einen Kreis beschließen, so daß sie von den verheirateten Männern begattet werden (Korbblütler)... Wer möchte glauben, daß von Gott solch' verabscheuungswürdige Unzucht im Reich der Pflanzen zur Fortpflanzung eingerichtet worden ist? Wer könnte solch unkeusches System der akademischen Jugend darlegen, ohne sie zu beleidigen?« wurde damals festgestellt. Zum Glück haben sich seither unzählige Generationen akademischer Lehrer bereitgefunden, ohne derartige antropomorphe Denkweisen zu lehren.

Linnés Bemühen galt auch einem »natürlichen System« der Pflanzen, wobei er sie in 67 Familien einteilte. Er nannte das System »den ersten und letzten Wunsch eines Botanikers«. Ein solches System zu einem hinreichenden Zustand aufzubauen, gelang erst Botanikern wie A. L. de Jussieu (1748–1836), J. Gärtner (1732–1791), R. Brown (1773–1858) und vor allem A. P. de Candolle (1778–1841). Letzterer erkannte zuerst, daß die Symmetrie von Blättern, Blütenteilen und Verzweigungen für das natürliche System bedeutender ist als ihre physiologischen Veränderungen. A. P. de Candolle, dessen Hauptwerk mit der Beschreibung von 59000 Arten in 17 Bänden nach seinem Tode abgeschlossen wurde (es umfaßte aber erst die Zweikeimblättrigen, die Dikotyledonen), betont erstmals die gleichberechtigte Nutzung von vegetativen Organen, wie den Blättern, Stengeln und Wurzeln, und generativen Organen, wie der Blüte, bei der Artbestimmung einer Pflanze.

Seither sind viele andere Kategorien von Merkmalen aus der Zytologie, Genetik, Embryologie, Pollenanalyse, der vergleichenden Serologie, Phytochemie, Paläobotanik und Elektronenmikroskopie hinzugekommen und haben die Systematik (Taxonomie), zumindest für höhere Pflanzen, zu einem wohlgeordneten Lehrgebäude der Verwandtschaft von Pflanzen und ihrer Gliederung in Arten, Gattungen, Familien, Ordnungen und Klassen werden lassen. Ein derartiges »Bedürfnis« nach Systematik mag auf den ersten Blick akademisch und nutzlos anmuten, ist aber unter anderem eine unentbehrliche Voraussetzung für die Züchtung. Wenn F. C. Achard (s. S. 34) die Kreuzungsfähigkeit von Mangold und Runkelrübe, d. h. ihre Zugehörigkeit zu einer Art *(Beta vulgaris)*, nicht gekannt und deshalb vor der Anwesenheit von Mangold in den angestrebten Zuckerrübenfeldern nicht gewarnt hätte, wäre die Zuckerrübenzüchtung kaum vorwärtsgekommen.

Als 1590 die zwei holländischen Brillenschleifer J. u. Z. Janssen das erste Mikroskop bauten und es Robert Hooke in England 50 Jahre später verbesserte, eröffnete sich den Botanikern im wahrsten Sinne des Wortes eine neue Dimension. Jetzt wurde nicht nur der Aufbau von Pflanzenorganen aus Zellen, den »Atomen des Lebens«, sondern auch ihre Entwicklung aus embryonalen Vorstufen zugänglich. Systematisch hat man Blätter, Holz, Stengel, Wurzeln und Blüten sowie Früchte geschnitten und ihren zellulären Aufbau untersucht. Der Italiener M. Malpighi (1628–1694) und die Engländer N. Grew (1628–1711) und Robert Hooke (1635–1703) gewannen grundlegende Kenntnisse unserer heutigen Pflanzenanatomie. Ausgezeichnete zeichnerische Wiedergaben des Beobachteten, zu denen wir heute im Zeitalter der Fotografie kaum noch fähig sind, wurden bleibende Dokumente dieser anatomischen Studien. Stets ergänzte man die anatomische Beschreibung von Pflanzenorganen mit dem Versuch, ihre Funktion zu erklären: »Diese Blätter scheinen von der Natur hergestellt zu sein, um der Verarbeitung der Nahrung, was die Hauptsache ist, zu dienen. Denn der Theil des Nahrungssaftes, der in die Wurzeln tritt ... wird in die Blätter geschafft«, schrieb M. Malpighi 1679. Die Ernährung der Pflanze erschien ihm also ausschließlich über den Boden abzulaufen. Die Photosynthese war ihm noch nicht bekannt.

Die Pflanzen waren nicht nur Objekte für die Botaniker, die nach Bau, Funktion, Wachstum, Standort und Verwandtschaft der Pflanzen bzw. ihrer landwirtschaftlichen oder gärtnerischen Nutzung fragten, sondern die Heilpflanzen seit dem Mittelalter auch Objekte der Alchimisten. Sie versuchten, die wirksamen Prinzipien der Heilpflanzen durch Destillation zu gewinnen. Destilliert wurde oft recht abenteuerlich an der Sonne, durch Filz, in Backöfen, in Brot oder Roßmist unter Verwendung verschiedener Pflanzen. Entsprechend vielfältig war das Angebot destillierter Wässer, Spirituosen und ätherischer Öle in einer mittelalterlichen Apotheke. Eine Inventarliste der alten Ratsapotheke von Lüneburg nennt z. B. unter der Rubrik »Aquarum destillatarum« 51 verschiedene Artikel. Sie wurden mit strengen Vorschriften belegt und in Gefäßen aus Zinn, Fayence, Porzellan oder Glas aufbewahrt, die dank dem reichen kunsthandwerklichen Können dieser Zeit eine von Gebrauch und Schönheit bestimmte Gestalt erhielten.

Neben der Destillation versuchte man, durch saure oder alkalische Behandlung der Gift- und

Heilpflanzen ihre wirksamen Prinzipien zu gewinnen. Die sogenannten Chemiatriker »produzierten« so eine Vielzahl von Inhaltsstoffen, die als wunderwirkende Pülverchen die Regale der Apotheken füllten. Wenn auch ein weiter und umständlicher Weg bis zur heutigen Pharmakognosie, der Lehre von den Pflanzeninhaltsstoffen, zurückzulegen war, sind doch ihre Wurzeln in der mittelalterlichen Alchimie zu suchen.
Unabhängig von der Alchimie begann sich im 17. Jahrhundert die Botanik in verschiedene Disziplinen aufzuspalten. Die Systematiker setzten die Beschreibung und Klassifizierung der Pflanzen fort, Anatomen untersuchten Bau und Funktion der Gewebe, die mannigfaltigen Abwandlungen der Pflanzengestalt wurden Inhalt der Morphologie, die Goethe 1790 mit seiner Schrift »Versuch, die Metamorphose der Pflanzen zu erklären« begründete. Die Abhängigkeit der Pflanzenverbreitung und des Pflanzenwuchses von den Umweltfaktoren und dem geographischen Standort wurden von der Geobotanik, der Pflanzengeographie und der Pflanzenökologie untersucht.
Die Frage der Ernährung der Pflanzen, schon von Aristoteles und Theophrastos gestellt, führte zur Pflanzenphysiologie. In ihr wird neben der Beobachtung auch das Experiment, die Grundlage der

Gläser, Mörser, Waage – die Inventarstücke einer alten Apotheke

meisten wissenschaftlichen Disziplinen, genutzt. In England war es S. Hales (1677–1761), der quantitative Versuche zum Wasserhaushalt der Pflanzen anstellte. Er erkannte die Wasserverdunstung, die Transpiration der Blattflächen, und berechnete den Wasserstrom in den Pflanzen mit 45 Kubikzoll pro 12 Stunden. Er stellte dabei beträchtliche Unterschiede für Sonnen- und Schattenpflanzen fest. Weitere Fortschritte der Pflanzenphysiologie waren mit den Entdeckungen der Chemie verknüpft. Als 1774 Priestley das Sauerstoffgas nachwies und Lavoisier Luft als ein Gemisch aus Kohlendioxyd und Sauerstoff erkannte, wurden Versuche zur »luftverbessernden« Wirkung der Pflanzen angeregt: J. I. Housz (1730–1799), ein französischer Arzt am österreichischen Kaiserhof, wies die Sauerstoffausscheidung grüner Blätter bei Belichtung nach und beschrieb erstmals die Photosynthese und Atmung als zwei grundlegende pflanzliche Lebensvorgänge. Widerspruch fehlte ihm nicht. So schrieb J. Senebier ein 7bändiges, 3400 Seiten umfassendes Werk als Entgegnung. Doch Housz' Entdeckung war nicht aufzuhalten, und N. T. de Saussure (1767–1845) setzte sie fort. Er erkannte unter anderem die Wasseraufnahme bei der Kohlendioxydfixierung der Photosynthese und zeigte, daß Pflanzen Stickstoff aus dem Boden aufnehmen müssen.
»Beobachtung und Experiment und die mit ihnen vorwärtsschreitende Induktion sind das Wichtigste auf dem Weg der Erkenntnis...«, schrieb der englische Philosoph und Staatsmann F. Bacon (1561–1626). So wie das bewußte Experimentieren die Pflanzenphysiologie »in Gang gesetzt« hatte, verhalf es auch zur Entdeckung der Sexualität, Bestäubung und Befruchtung im Pflanzenreich. Nachdem R. J. Camerarius (1665–1721), Professor der Medizin und Direktor des Botanischen Gartens in Tübingen, seine Bestäubungsversuche und andere Beobachtungen an Spinat, Ricinus und Mais beendet hatte, schrieb er seinem Freund in Gießen: »Im Pflanzenreich ist der größere Teil der Pflanzen von doppeltem Geschlecht, sie sind Hermaphroditen und befruchten sich selbst.« Sein 80 Seiten langer Brief enthält die Entdeckung, daß Staubbeutel einer Blüte das männliche, Narbe, Griffel und Fruchtknoten das weibliche Geschlecht im Pflanzenreich darstellen und im Gegensatz zum Tierreich vergänglich sind, d. h. jährlich neu gebildet werden. Es sollte aber noch 200 Jahre dauern, bis E. Strasburger, Begründer des heute noch berühmtesten, immer wieder erneut aufgelegten Lehrbuches der Botanik, um 1884 die Befruchtung als Verschmel-

zung einer der beiden Kerne des Pollens mit dem Kern der Eizelle nachwies. Dies war die Glanzleistung eines neuen Wissenschaftsgebietes in der Botanik – der Cytologie. Sie hatte ihren Anfang in der Erfindung des Mikroskops und in der Zellenlehre von Schleiden.

Während es einerseits zur Spezialisierung in der Botanik kam, erforderte die Klärung der geographischen Verbreitung von Pflanzen das universelle Denken eines A. von Humboldt (1769–1859). In Berlin geboren, studierte er in Frankfurt (O.), Berlin, Göttingen und Freiberg (Sa.) Volkswirtschaft, Verwaltung, Landwirtschaft, Physik, Chemie, Maschinenkunde, Botanik und Bergbaukunde. Er war 23jährig Oberbergbaumeister im damaligen preußischen Ansbach und Bayreuth. Trotz verlockender Gehaltsangebote schied er 1795 aus dem Staatsdienst aus, denn der Reiz an Forschungsreisen und seine durch sie immer wieder befruchteten breiten Interessen waren 5 Jahre zuvor nach einer Begegnung mit Georg Forster, einem Teilnehmer der zweiten Weltumseglung von James Cook, ausgelöst worden. Gesichert durch das ererbte Vermögen seiner Mutter, trat er 1799 mit dem französischen Arzt und Botaniker A. Bonpland eine Südamerikareise an. Die berühmte Flußfahrt auf dem Orinoco und Rio Negro, der Aufenthalt in den Anden mit der Besteigung des Chimborazo bis zu 5881 m (die bis dahin größte von Menschen erreichte Höhe) sowie der Besuch von Mexiko und Kuba waren die Höhepunkte ihrer 5jährigen Expedition. In Auswertung der Reise wurden 1805 bis 1834 30 Bände publiziert. Allein in 14 Bänden beschreibt er die botanische Ausbeute, wobei von den 4500 beschriebenen Arten 3600 neu waren. 60jährig unternimmt Humboldt noch eine Reise durch Rußland und Sibirien, und er arbeitet bis zu seinem Tode im 90. Lebensjahr an seinem 5bändigen Werk »Kosmos«, in dem seine naturwissenschaftliche Universalität deutlich wird, hat er doch botanische, zoologische, geologische, geographische, geophysikalische und physikalische Probleme in universeller Denkweise behandelt.

Nach Linné mit seinen 7300 Erstbeschreibungen von Pflanzen verdanken wir Humboldt die umfangreichste Pflanzendarstellung. Wichtiger noch ist jedoch die Begründung der Pflanzengeographie durch ihn. Er versuchte als erster, umfassend die vielfältigen Pflanzengestalten in Abhängigkeit von Klima und Boden zu beschreiben und zu erklären. Er zeigte die Pflanzengesellschaften und Vegetationszonierungen zwischen Äquator und den Erdpolen bzw. in den Höhenstufen der Gebirge auf. Er beschrieb Vegetationseinheiten, wie Wald, Steppe, Savanne usw. Die Früchte eines so langen Forscherlebens wurden auch stark von dem Geist der Zeit beeinflußt. Um so mehr ist sein Werk zu bewundern, wurde es doch bei seinen universellen Themen nicht von der »romantischen Naturphilosophie« eines Schelling und Oken beeinträchtigt. Diese Naturphilosophie trat zugleich mit der Romantik auf und wurde von ihr gefördert. Die gefährliche Hohlheit der Naturphilosophie, die J. v. Liebig den »schwarzen Tod des Jahrhunderts« nannte, wird an den Aussprüchen Schellings deutlich: »Die Materie im Ganzen ist als ein unendlicher Magnet anzusehen«, deshalb »sind alle Körper Metamorphosen aus Eisen. Das Geschlecht ist die Wurzel der Tiere, die Blüte ist das Gehirn der Pflanzen.« Lösgelöst von Erfahrung und Experiment, blieb diese philosophische Strömung glücklicherweise ohne großen Einfluß auf die Entwicklung der Botanik und anderer biologischer Disziplinen.

Das 19. Jahrhundert hat in der Botanik nicht nur die Vertiefung vorhandenen Wissens, sondern auch die Herausbildung neuer Fachgebiete gebracht: M. J. Schleiden (1804–1881) begründete die Entwicklungsgeschichte und leitete die Beobachtung des Werdens der Pflanzen aus den Samen unter anatomischen, morphologischen und physiologischen Gesichtspunkten ein. Es setzte die Erforschung der Stammesgeschichte der Pflanzen mit Ch. Darwins (1809–1882) Entwicklungs- und Deszendenztheorie ein, und die Entwicklung der Pflanzengenetik sowie eine gezielte Züchtung von Kulturpflanzen wären ohne G. Mendels Entdeckung der Vererbungsgesetze im Jahre 1866 nicht möglich gewesen. Doch vergingen bis zur Wiederentdeckung der Gesetze und der Umsetzung in die Pflanzenzüchtung noch 40 Jahre. Neben einer Vertiefung des Vorhandenen kam im 20. Jahrhundert die Pflanzenbiochemie hinzu, die mit der Erforschung molekularer Abläufe der Pflanzen ihre Einheit mit tierischen und mikrobiellen Organismen auf dem Gebiet der Molekularbiologie herausstellte. Sie eröffnet dem Menschen aus dem Verständnis der molekularen Prozesse die Nutzung pflanzlicher »Produktionsmechanismen«, eine gezielte Züchtung und vieles andere.

So sind seit der Begegnung der Jäger und Sammler mit den Pflanzen über Jahrtausende hinweg vielfältige Wissenschaftsdisziplinen erwachsen, die letztlich immer verknüpft waren mit der wirtschaftlichen, gesellschaftlichen und kulturellen Entwicklung der menschlichen Gesellschaft.

Die phantastischen Leistungen grüner Pflanzen

»Trotz ihrer Winzigkeit ist die pflanzliche Zelle eine vollständige chemische Fabrik, die mit unglaublicher Präzision arbeitet. Sie enthält Tausende von chemischen Verbindungen und produziert Hunderte von Substanzen.«

F. Went

Die bei weitem bedeutendste Energiequelle für unseren Planeten ist die Sonnenenergie. Die Energie einer gigantischen Kernverschmelzung auf der Sonne trifft auch auf die Erde. Nur ein Teilbereich des elektromagnetischen Spektrums, das sichtbare Licht, wird von uns wahrgenommen und von den grünen chlorophyllhaltigen Pflanzen durch Photosynthese in chemische Energie umgewandelt. Photosynthese stellt, wie der Name ausdrückt, eine Stoffproduktion mit Hilfe der Energie des Lichtes dar. Bereits der Heilbronner Arzt und Naturforscher Julius Robert Mayer (1814–1878) erkannte richtig, daß es sich dabei um die Umwandlung der Energie sichtbarer Strahlung in diejenige chemischer Bindungen von Molekülen handelt. »Die Natur hat sich die Aufgabe gestellt, das der Erde zuströmende Licht im Fluge zu haschen und die beweglichste aller Kräfte, in starre Form umgewandelt, aufzuspeichern. Zur Erreichung dieses Zwecks hat sie die Erdkruste mit Organismen überzogen, welche das Sonnenlicht in sich aufnehmen und unter Verwendung dieser Kraft eine fortlaufende Summe chemischer Differenzen erzeugen. Diese Organismen sind die Pflanzen.« An anderer Stelle schreibt er: »Die Pflanzen nehmen eine Kraft, das Licht, auf und bringen eine Kraft hervor: die chemische Differenz ... die Lichtaufnahme ist, wie wir seit Saussure wissen, das notwendige Erfordernis zu einer Leistung, zur Reduktion.«

Tierische Organismen sind Verbraucher organischer Stoffe, die von Pflanzen produziert wurden. Die Photosynthese wirkt nicht nur dem Abbau der organischen Masse durch Gärung und Atmung sowie mikrobiellen Stoffzersetzungsprozessen ständig entgegen, sondern sie ist auch in der Lage, die gesamte Organismenwelt überreichlich mit Baustoffen und Energieträgern zu versorgen. So kann sich überall dort auf der Erde und im Meer, wo zusagende Bedingungen herrschen, Leben zu großer Üppigkeit entfalten.

Letzten Endes hängt alles heterotrophe Leben, also vor allem die Existenz der Tiere und des Menschen, von der Lebenstätigkeit grüner chlorophyllhaltiger Pflanzen ab. Deren Photosynthese, die mit einer Spaltung des Wassers verbunden ist, liefert nicht nur den für atmende Lebewesen unerläßlichen Sauerstoff der Luft, sondern stellt für die Pflanze ständig Reduktionsmittel bereit, die mindestens dreifach eingesetzt werden: zur Assimilation von Kohlendioxid und der damit verbundenen reduktiven Zuckerbildung, zur Assimilation anorganischen Stickstoffs (Nitrat und Distickstoff) und oxydierten Schwefels (Sulfat). Zur Photosynthese treten somit als weitere bedeutsame Leistungen der Pflanzen die Assimilation des Nitrats und die des Sulfats. Damit werden die lebensnotwendigen Elemente Stickstoff und Schwefel in die Pflanzensubstanz eingebracht und in die Stoffkreisläufe der Natur eingeschleust. Kohlenstoff aus Kohlendioxid wird zunächst in Form von Kohlenhydraten niedergelegt. Sie sind das Ausgangsmaterial für alle Stoffbildungsprozesse in Lebewesen und bilden wichtige Energiespeicher. Stickstoff wird zuerst zu Ammonium reduziert und oxydierter Schwefel (Sulfat) zur Syn-

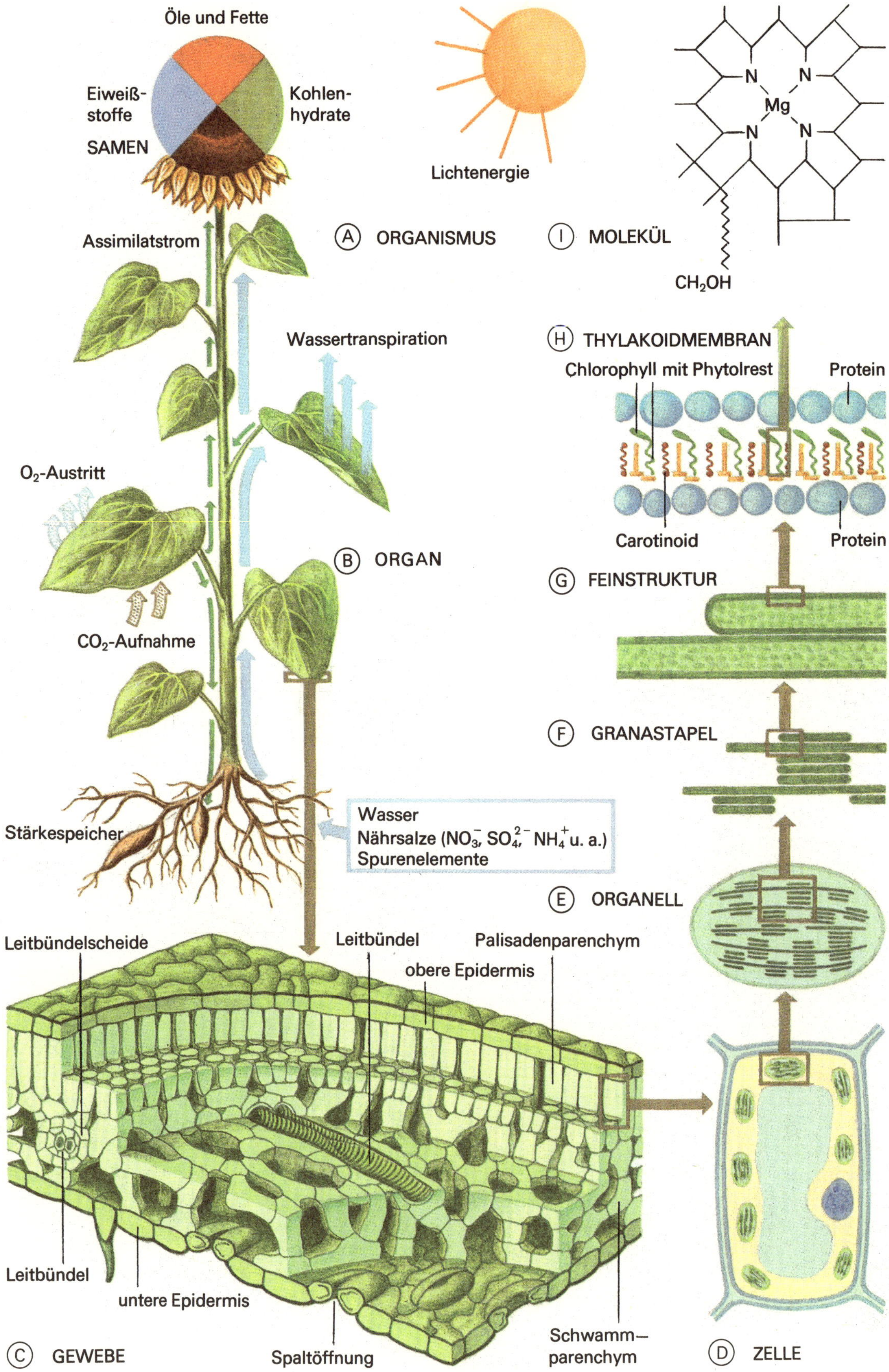
Öle und Fette
Eiweiß-
stoffe
Kohlen-
hydrate
SAMEN
Lichtenergie
N
N
Mg
N
N
CH2OH
Assimilatstrom
Ⓐ ORGANISMUS
Ⓘ MOLEKÜL
Wassertranspiration
Ⓗ THYLAKOIDMEMBRAN
Chlorophyll mit Phytolrest
Protein
O2-Austritt
Carotinoid
Protein
Ⓑ ORGAN
Ⓖ FEINSTRUKTUR
CO2-Aufnahme
Ⓕ GRANASTAPEL
Wasser
Nährsalze (NO3−, SO42−, NH4+ u. a.)
Spurenelemente
Stärkespeicher
Ⓔ ORGANELL
Leitbündelscheide
Leitbündel
Palisadenparenchym
obere Epidermis
Leitbündel
untere Epidermis
Spaltöffnung
Schwamm-
parenchym
Ⓒ GEWEBE
Ⓓ ZELLE

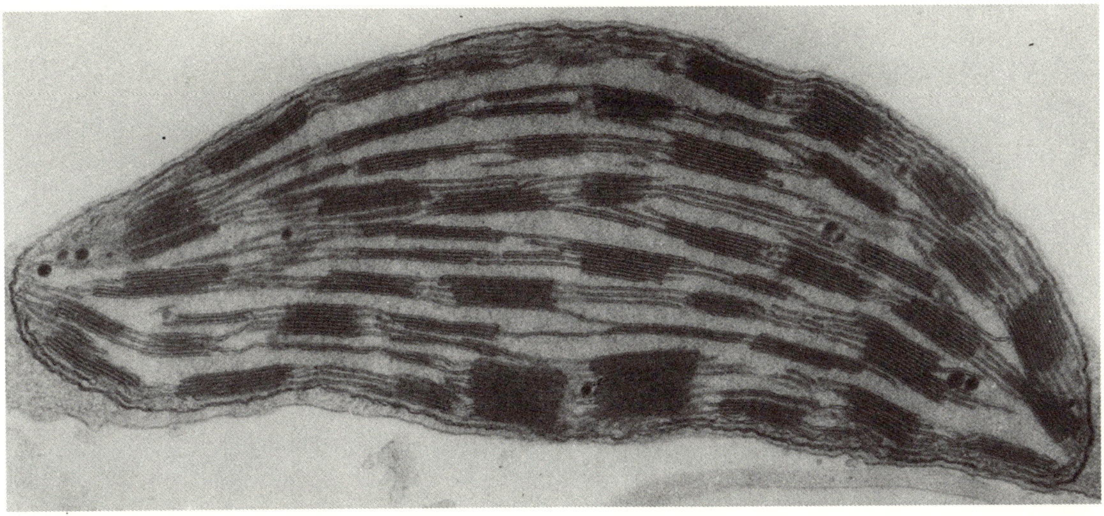

Elektronenmikroskopische Aufnahme eines Chloroplasten aus dem Mesophyllgewebe des Maisblattes (36000fach vergrößert)

these von schwefelhaltigen Eiweißbausteinen nach seiner Reduktion im Pflanzenkörper verwendet. Kohlenstoff ist das Bauelement aller organischen Naturstoffe, während Stickstoff und Schwefel für den Aufbau von Eiweißen notwendig sind. Stickstoffhaltig sind auch die Nukleinsäuren, die Vererbungsmoleküle der Zelle.

Im Verlauf der Photosynthese werden zunächst in sehr schnell ablaufenden »Lichtreaktionen« die Photonen des Sonnenlichts von den Photosynthesefarbstoffen, den Chlorophyllen, absorbiert. Chlorophylle wirken als die zentralen Photonenfänger und stehen im Reaktionszentrum der Photosynthese. Durch Lichtabsorption werden sie »angeregt«, während sie in den nichtangeregten Grundzustand nur durch Emission von Elektronen zurückkehren können. So setzt der Lichteinfall einen Elektronenstrom in Gang. Dabei übertragen die Lichtquanten einen Teil ihrer Energie auf die aus dem Chlorophyll »ausgeworfenen« Elektronen. Die »schnell bewegten« Elektronen können nun auf andere geeignete Moleküle übergehen und jene Reduktionsmittel liefern, die für nachgeschaltete, langsamere und lichtunabhängige »Dunkelreaktionen« der Photosynthese notwendig sind. In der Dunkelreaktion wird an Zuckerphosphat gebundenes Kohlendioxid reduziert. Es entstehen Zucker und Stärke. Lichteinfall und

Grundprozesse pflanzlichen Lebens und dessen Ebenen: Organismus, Organ, Gewebe, Zelle, Organell, Organellsubstrukturen, Membran und Molekül

Elektronenauswurf bauen zugleich eine chemische Potentialdifferenz in der Chloroplastenmembran auf. Durch sie entstehen die energiereichen Adenosintriphosphat-(ATP-)Moleküle. Somit stellen die einleitenden Lichtreaktionen der Photosynthese sowohl »Reduktionskraft« als auch »Energiepotential« bereit. Beide sind wichtige Stationen der Umwandlng von Lichtenergie in chemische Energie, aber ungeeignet zur langfristigen Energiespeicherung.

Der durch Lichtabsorption in Gang gesetzte Elektronenstrom, der zur Synthese von Adenosintriphosphat (ATP) dient und in der Bildung von geeigneten chemischen Reduktionsmitteln vorläufig endet, muß durch stetes Anzapfen einer Elektronenquelle aufrechterhalten werden. Eine solche ist bei den grünen Pflanzen das Wasser. Seine Zersetzung während der Photosynthese, Photolyse genannt, liefert ein reduzierend und ein oxydierend wirkendes Spaltstück. Letzteres ergibt, gleichsam als Nebenprodukt, molekularen Sauerstoff, der in die Atmosphäre entweicht.

Das in der Photosynthese, aber auch in Gärungsprozessen und bei der Atmung gebildete ATP ist ein ganz besonderes Molekül. Es enthält chemische Energie in seinen Anhydridbindungen gespeichert. Bei seiner Spaltung können andere Verbindungen energiereich, d. h. aktiviert, also reaktionsfähiger, gemacht werden. ATP speist alle energiebedürftigen Lebensprozesse und unterliegt selbst einem schnellen Abbau und Wiederaufbau (Turnover). So wird es niemals in einem

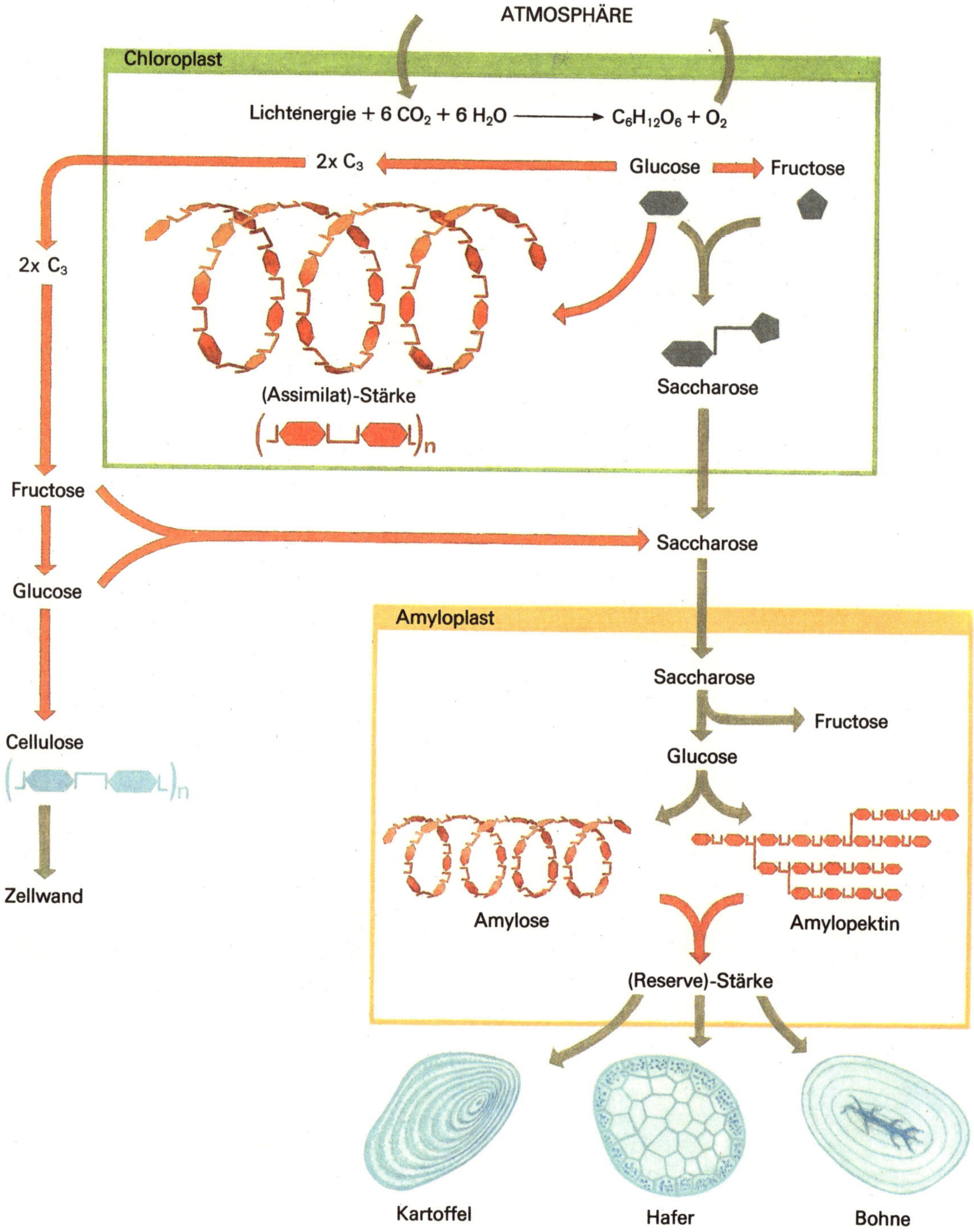

Die Entstehung von Saccharose, Amylopektion, Stärke und Zellulose aus Glukose

nennenswerten Umfang angehäuft. Es ist eine Art Energiemünze, die einem ständigen Wechsel unterliegt. Der Organismus akkumuliert Energieüberschüsse daher in relativ beständigen Wertgrößen, in Fetten und in polymeren Kohlenhydraten. Unter ihnen stellt in grünen Pflanzen die Stärke den bedeutendsten und häufigsten Speicher von Energie, aber auch von Kohlenstoff dar. So werden die im Verlauf der Photosynthese gebildeten einfachen Zucker bzw. Zuckerphosphate

Blühendes Maisfeld — Ausdruck pflanzlicher Produktivität und Vermehrung

als Stärke abgelagert. Der sich im Licht bei intensiver Photosynthesearbeit schnell einstellende Kohlenhydratüberschuß in den Chloroplasten, die »Assimilationsstärke«, wird nachts wieder abtransportiert. Dabei wird die wasserunlösliche Stärke enzymatisch eingeschmolzen und zur gut wasserlöslichen, transportfähigen Saccharose (zu Rohrzucker, einem Disaccharid) umgeformt.

Saccharose ist die bevorzugte Transportform für Kohlenhydrate. Sie gelangt in den Assimilationsstrom des pflanzlichen Ferntransportsystems, des Phloems. Es transportiert Saccharose aus den grünen Partien des Pflanzenkörpers in jene Pflanzenteile, die nicht zur Photosynthese fähig sind, also auch in die Reserveorgane, in die Knollen, Samen, Früchte, sowie in das Stamm- und Wurzelparenchym. Hier wird aus zuströmender Saccharose wieder Stärke als Reserve aufgebaut. Diese Reservestärke besteht aus charakteristisch geformten Stärkekörnern. Der Fachmann kann deshalb wie ein Kriminalist Stärke verschiedener Herkunft durch die mikroskopische Untersuchung des Mehles unterscheiden. Die Synthese der Reservestärke geschieht in besonderen Zellorganellen, den Amyloplasten. Nur in den sogenannten Zuckerpflanzen wird nicht Stärke, sondern Rohrzucker (Saccharose) gespeichert, so in den Zuckerrüben und im Zuckerrohr (s. S. 75f.).

Stärke herrscht in den meisten Pflanzen als Photosyntheseassimilat und Reservepolysaccharid vor. Doch einige Pflanzen speichern auch Glykogen, z. B. der Zuckermais. Einfache Zucker, sogenannte Monosaccharide (speziell Glukose und Fruktose, die zusammen den Invertzucker bilden), aber auch Oligosaccharide können in manchen Pflanzen ebenfalls in nicht geringen Konzentrationen vorkommen. Speicherort ist die Vakuole. Sie liegt in »ausdifferenzierten« Pflanzenzellen als großer zentraler Zellsaftraum vor. Zucker können auch als Glykoside angehäuft werden. Korbblütler (Kompositen) speichern in ihren Reservebehältern Inulin. Es besteht aus wenigen Fruktosemolekülen. Von hoher wirtschaftlicher Bedeutung ist die Speicherung von Stärke in den »Grasfrüchten« (Karyopsen) der Getreidearten, wie Weizen, Mais, Reis u. a., in den Samen von Hülsenfrüchtlern (Körnerleguminosen) und in Bananen. Stärke ist die wichtigste Energiequelle der menschlichen Ernährung. Wie bei der Verdauung von Stärke im Magen-Darm-Kanal des Menschen wird der Stärkeabbau in Pflanzen durch stärkespaltende Enzyme, sogenannte Amylasen, eingeleitet.
Stärke ist die Riesenspeicherform des Traubenzuckers (Glukose). In diesem Polysaccharid oder Mehrfachzucker sind die Glukosen als Bausteine über 1,4-Glykosidbindungen so miteinander verknüpft, daß unverzweigte »spiralig aufgerollte« Ketten oder lange verzweigte Kettenmoleküle entstehen. Erstere ergeben Amylose, letztere werden als Amylopektine bezeichnet. Der Anteil der zwei Arten von Molekülen in pflanzlichen Stärken hängt von ihrer biologischen Herkunft ab. Unter Umständen kann eine Fraktion fast vollständig eine Stärkesorte bilden.
In den meisten Pflanzen wird bei der Photosynthese zuerst Kohlendioxid an einen aus 5 Kohlenstoffatomen bestehenden Akzeptor gebunden, und die entstehende Verbindung aus 6 Kohlenstoffatomen wird in zwei Moleküle mit je 3 Kohlenstoffatomen gespaltet. Man nennt solche Pflanzen C-3-Pflanzen oder auch Calvin-Pflanzen, weil der amerikanische Photosyntheseforscher Calvin diesen Typus vor sich hatte, als er seine grundlegenden Untersuchungen über die Natur der ersten Photosyntheseproduktion mit der Grünalge *Chlorella* durchführte. Die C-3-Spaltstücke werden in einer komplizierten Reaktionsfolge einerseits zu Zuckern bzw. Stärke umgesetzt, andererseits z. T. wieder in den aus 5 Kohlenstoffatomen bestehenden Kohlendioxidakzeptor zurückverwandelt. Die dabei ablaufenden Umsetzungen von Zuckerphosphaten hat man als Calvin-Zyklus bezeichnet. Verschiedene Pflanzen, z. B. das Zuckerrohr und andere tropische Gräser, verhalten sich jedoch anders. Sie binden Kohlendioxid primär an einen Akzeptor, der nur 3 Kohlenstoffatome enthält. So entstehen als erste Photosyntheseprodukte Verbindungen mit 4 Kohlenstoffatomen (C-4-Körper), wie Oxalessigsäure, Asparaginsäure und Äpfelsäure. Man nennt Pflanzen dieses Photosynthesetyps C-4-Pflanzen. Sie vermögen weitaus wirksamer Kohlendioxid aus dem Luftraum zu binden. Bei den sogenannten Calvin-Pflanzen dagegen wird ein Bruchteil der zuerst gebildeten Assimilate durch eine sogenannte Lichtatmung (Photorespiration) verbraucht. Dadurch gestaltet sich deren Nettophotosynthese ungünstiger.
Zucker sind das Ausgangsmaterial für alle Naturstoffsynthesen. Jede Biosynthese beginnt letzten Endes mit der Photosynthese bzw. ihren Produkten. Zucker stellen nicht nur eine leicht verfügbare »mobile« Energiequelle für Mensch und Tier dar, sondern liefern auch die Kohlenstoffgerüste für die Synthese der Fettsubstanzen sowie der Eiweiß- und Nukleinsäurebausteine — aber natürlich auch für viele weitere Naturstoffe von mehr sekundärer Bedeutung. Viele Kulturpflanzen legen Stoff- und Energiereserven in Form von Fetten und Ölen an. »Öl« ist kein chemischer, sondern ein technischer Begriff. Öle und Fette sind sogenannte Neutralfette, in denen der Zuckeralkohol Glyzerol mit 3 Fettsäuren verestert ist. Deren Eigenschaften werden wesentlich durch die Natur der Fettsäureketten, ihre Länge und den Gehalt an Doppelbindungen bestimmt. Fette mit einem hohen Anteil an ungesättigten Fettsäuren sind bei Zimmertemperatur schmierig-flüssig und werden Öle genannt, Fette mit einem hohen Anteil gesättigter Fettsäuren (die keine Doppelbindungen aufweisen) sind fest und bilden die üblichen Hartfette. Unter den Fettsäuren herrschen meist relativ lange gesättigte Fettsäuren, wie Palmitinsäure und Stearinsäure, vor, ungesättigte sind z. B. die Öl-, die Linol- und die Linolensäure. Die Ölpflanzen (s. S. 76f.) werden nach der Art und Zusammensetzung ihrer Speicherfette in mehrere Gruppen von unterschiedlicher ökonomischer Bedeutung eingeteilt. Fette bilden eine energetisch hochwertige Nahrung. Pflanzenfette spielen dort eine bevorzugte Rolle in der menschlichen Ernährung, wo tierische Fette nicht oder unzureichend verfügbar sind. Sie sind im allgemeinen nicht nur bekömmlicher als letztere, sondern auch notwendig wegen ihres Gehaltes an »essentiellen« Fettsäuren, die wie Linolsäure Vorstufen der lebens-

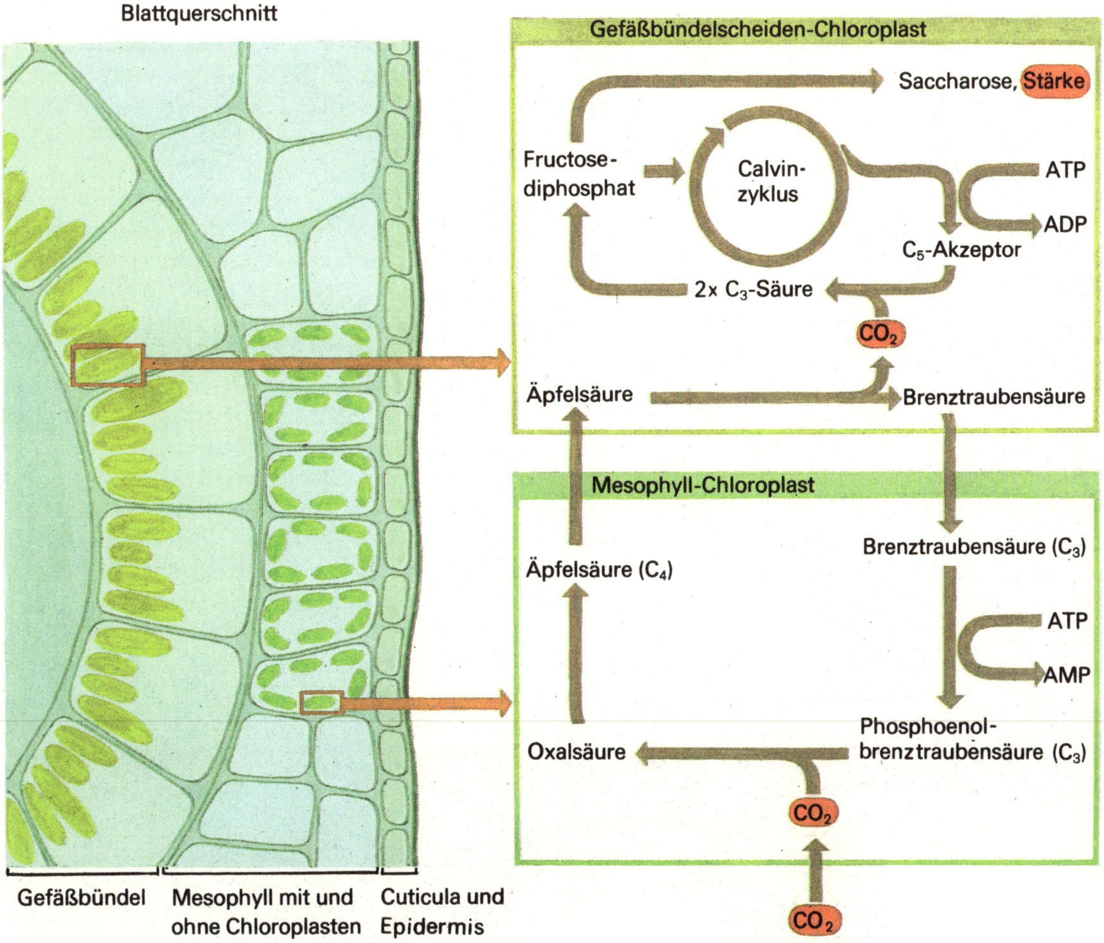

Schema der Kohlendioxidfixierung in C_4-Pflanzen (vereinfacht)

wichtigen Prostaglandine darstellen. Die Pflanzen speichern Fette und Öle in den Samen (z. B. bei *Ricinus*), im Fruchtfleisch (z. B. bei der Ölpalme), in Holz und Rinde oder in unterirdischen Organen (z. B. bei *Cyperus esculentus*).

Die in den Pflanzenzellen vorkommenden Ölkörperchen (Oleosomen) sind nichts anderes als Speichervakuolen für Fett.

Neutralfette bezeichnet man zusammen mit anderen fettlöslichen Verbindungen als Lipide. Zu diesen Fettsubstanzen im weitesten Sinne zählt man Verbindungen von höchst unterschiedlicher chemischer Struktur und biologischer Funktion. Gemeinsam sind Lipiden eigentlich nur ähnliche Löslichkeitseigenschaften. Sie sind wasserunlöslich bzw. wasserabstoßend (hydrophob), aber löslich in organischen Lösungsmitteln, also lipophil. Zu den Lipiden rechnet man nicht nur wichtige Membranbausteine, z. B. die Phospholipide. Auch alle Verbindungen des Zellstoffwechsels, die sich vom »biologischen Isopren« ableiten, also die große und bunte Schar der Isoprenoide (Isoprenabkömmlinge), zählen zu ihnen. Vom Isopren abgeleitete Verbindungen sind die Karotinoide, die Hilfsfarbstoffe der Photosynthese und viele typische sekundäre Naturstoffe, wie die Farbstoffe der Orangen- und Zitronenschalen oder der Mohrrübe. Ferner zählen die Terpene, die in den ätherischen Ölen der Gewürzpflanzen das Aroma und den Geschmack bestimmen, und die Steroide zu den Isoprenabkömmlingen. Pflanzliche Steroide sind z. B. die Steroidalkohole der Kartoffelpflanzen, aber auch die Herzglykoside der Fingerhut-*(Digitalis-)*Arten und die Diosgenin genannte Verbindung der mexikanischen Yamwurzel. Letztere wird zur industriellen Synthese aller wirtschaftlich wichtigen Steroide, insbesondere der Steroidhormone, herangezogen.

Alle Lipide leiten sich von der einfachsten Fettsäure, der Essigsäure, ab. Sie kommt im Stoffwechsel in aktivierter Form, als Azetyl-Koenzym A, in der Zelle vor. Fettsäuren werden zu dieser aktivierten Essigsäure abgebaut, aber auch aus ihr aufgebaut. Ebenso beginnt mit ihr die Synthese der Terpene und vieler anderer Naturstoffe, z. B. der Mutterkornalkaloide. Sie hat auch eine Schlüsselstellung für den Energiestoffwechsel. Aktivierte Essigsäure stammt letztlich aus dem Abbau von Glukose.

Auch die lebenspendenden Moleküle der Nukleinsäuren und Proteine werden unter Mitwirkung von Zucker aufgebaut. Uns interessieren in diesem Zusammenhang nur die Eiweiße (Proteine), da der Mensch neben tierischen Eiweißen auch pflanzliche in ausgedehntem Maße zu seiner Ernährung nutzt. Die Nahrungseiweiße werden im Magen-Darm-Kanal bis zu ihren Bausteinen, den Aminosäuren, abgebaut. Nach Passage durch die Darmwand können Aminosäuren durch das Blut zu allen Organen transportiert werden und stehen als Rohmaterial für den Energie- und Baustoffwechsel und auch der Eiweißsynthese zur Verfügung. Ein Eiweiß besteht aus 20 verschiedenen Arten von Aminosäuren. Über Peptidbindungen ist es zu langen Polypeptidketten verknüpft. Wegen ihrer vielfältigen Funktionen im Organismus sind Eiweiße zum Leben notwendig. Viele arbeiten als Enzyme (Biokatalysatoren), andere stellen Hormone dar, wieder andere sind Membranbausteine und Rezeptoren für Moleküle. Manche haben strukturelle Aufgaben zu erfüllen und bauen z. B. Binde- und Stützgewebe auf, schließlich sind sie auch entscheidend an Immunreaktionen (Abwehr von Krankheitserregern) und Allergien beteiligt. So kann man sagen, daß Proteine in vielfältigster Weise Lebensprozesse bilden, lenken und regulieren: Sie sind die eigentlichen Akteure im molekularen Geschehen des Lebens.

Rizinuspflanze (Ricinus communis) mit Früchten

Der Mensch hat im Verlauf seiner Evolution die Fähigkeit zur Eigenbildung einiger Proteinbausteine eingebüßt. Wir müssen diese dringend benötigten (essentiellen) Aminosäuren mit der Nahrung aufnehmen. Allerdings sind einige pflanzliche Samenproteine nicht biologisch so ausgeglichen und hochwertig, wie z. B. die Proteine des Haustierfleisches. Sie enthalten die lebenswichtigen essentiellen Aminosäuren zuweilen in unzureichender Menge. Eine ausschließliche Ernährung mit solchen minderwertigen Pflanzenproteinen kann deshalb zu Ernährungsstörungen und Eiweißmangel führen. Doch sind andere Pflanzeneiweiße biologisch durchaus mit tierischen Proteinen vergleichbar und stellen also eine vollwertige Kost dar. Essentielle Aminosäuren werden in einigen Ländern mit einer hochentwickelten mikrobiologischen Industrie als Nahrungszusätze in bedeutenden Mengen produziert. Sie sind jedoch bisher zu teuer, um in den armen, ohnehin an chronischem Eiweißmangel leidenden Entwicklungsländern warmer Klimate Verwendung finden zu können.

Als allgemeine Stickstoffquelle zum Aufbau aller für die Eiweißsynthese benötigten Aminosäuren dient der Nitratstickstoff des Bodens, doch werden auch Ammoniumstickstoff, Harnstoff u. a. assimiliert. Der gasförmige molekulare Stickstoff kann erst durch das raffinierte Zusammenwirken mit mikrobiellen Symbionten genutzt werden. Hierzu sind nur die Leguminosen und einige andere Pflanzen befähigt (s. S. 233).

Die Enzyme der Nitratassimilation der Pflanzen verwerten jährlich rund 20 Mrd. t Stickstoff. Zwischen der Aktivität der Nitratreduktase einer Pflanze und ihrer Stickstoffversorgung, zwischen ihrem Wachstum und ihrem Proteingehalt besteht ein positiver Zusammenhang. Die Nitratreduktase ist gleichsam die Pforte, die sich stets bei hohem Nitratangebot öffnet, während sie sich bei hohem Ammoniumangebot schließt. Viele Pflanzen speichern überschüssig aufgenommenes Nitrat in ihren Vakuolen.

Auch Proteine können von Pflanzen gespeichert werden. Besondere Bedeutung als sogenannte Eiweißpflanzen haben Soja und Körnerleguminosen. In proteinreichen Samen werden die Eiweiße in speziellen Vakuolen, den Aleuronkörnern, angehäuft.

Durch ihre Photosynthese sind grüne Pflanzen mit überschüssiger Nahrung ausgestattete Systeme. Sie leisten sich einen luxurierenden Stoffumsatz und bilden eine bunte Palette von Naturstoffen. Einige davon entstehen in gewaltigen Mengen, z. B. die Zellwandbaustoffe Zellulose und Lignin. Bekanntlich umgibt sich die Pflanzenzelle mit einer festen, vorwiegend aus Zellulose bestehenden Zellwand, die verholzen kann. Durch Pektine werden im Gewebeverband benachbarte Zellen zusammengekittet. In eine zellulosereiche Zellwand kann Holzstoff, sogenanntes Lignin, eingelagert werden. Mit ihm werden die Leerräume zwischen den Zellulosebalken gleichsam ausgegossen.

Aber auch solche Stoffe, die möglicherweise ihrem Produzenten keinerlei Evolutionsvorteil bringen, produzieren Pflanzen nicht selten in größeren Mengen. Denken wir nur an das Koffein der Kaffeebohnen und Teeblätter, das Theobromin der Kakaopflanzen oder das Nikotin des Tabaks, die zu den Alkaloiden gehören (s. S. 197).

Heute sollen bereits etwa 10000 verschiedene Alkaloide strukturchemisch beschrieben worden sein, doch bilden sie nur einen Bruchteil der insgesamt im Pflanzenreich vorkommenden niedermolekularen Naturstoffe. Alkaloide leiten sich oft von Eiweißaminosäuren ab. Beträchtlich ist aber auch die Zahl jener Alkaloide, die von der aktivierten Essigsäure abstammen. Für viele Naturstoffe wurde in den vergangenen Jahren eine spezielle ökologische Bedeutung nachgewiesen. Viele von ihnen liefern ihrem Produzenten eine »chemische Waffe«, die vor dem Gefressenwerden schützt, ihm einen Vorteil in der Vermehrung einräumt oder ihm eine ökologische Nische öffnet. Beispielsweise meiden die meisten Insektenlarven Pflanzen mit Senfölglykosiden, sogenannten Glukosinolaten. Die Raupen der Kohlweißlinge vertragen diese dagegen nicht nur, sondern haben für sie eine ausgesprochene Vorliebe entwickelt. So fressen sie selbst mit Glukosinolaten getränktes Filterpapier, das für ihre Ernährung völlig ungeeignet ist. Es fällt ferner auf, daß in der Naturstoffchemie des Pflanzenreiches eine erstaunliche Parallelität zur Vielfalt der Pflanzengestalt besteht. Tatsächlich haben sich beide in einer Art Koevolution entwickelt.

Durch die phantastischen Leistungen grüner Pflanzen werden uns zahllose Produkte beschert, die wir als Rohstoffe und Baumaterialien in der Industrie verwenden, als Ausgangsstoffe für die Arzneimittelgewinnung benutzen oder als vielgestaltige Nahrungsquellen gebrauchen. Denken wir an die Zellulose und andere Pflanzenfasern, an Holz und Gummen, an ätherische Öle und andere Aromastoffe, an Farbstoffe, Zucker, Stärke, Fette und Öle, an Eiweiße, Genuß-, Anregungs- und Betäubungsmittel, an Arzneimittel, natürliche Insektizide und vieles andere mehr. Die Pflanzenwelt ist die gewaltige Kraft oder – wie es Julius Robert Mayer im 18. Jahrhundert, also lange vor der heutigen Blüte der Naturwissenschaften, ausdrückte – die sich ewig spannende Feder, die das Getriebe irdischer Tätigkeiten in Gang hält. Viele der von Pflanzen produzierten Stoffe haben bis heute ihren Platz in der Wirtschaft behauptet – trotz der enormen Entwicklung von Synthesechemie und chemischer Technik. Angesichts der Energieprobleme in einer ständig an bestimmten natürlichen Ressourcen verarmenden Welt mit ihren Problemen der Unterernährung und der Bevölkerungsexplosion nehmen Pflanzen und Pflanzenstoffe heute und in Zukunft sogar an Bedeutung wieder zu.

Sehen wir uns in den folgenden Abschnitten für die Ernährung des Menschen wichtige und als Rohstofflieferanten dienende Pflanzen im einzelnen etwas näher an.

Wichtige Nahrungspflanzen des Menschen

»Der größte Beitrag zur Ernährung der Weltbevölkerung, die in wenigen Jahrzehnten von 3 Milliarden auf 6 bis 6,5 Milliarden anwachsen wird, kann durch die Anwendung moderner Methoden in der Ernährung der Pflanzen erreicht werden.«

Fritz Baade (1960)

Neben den Getreidearten liefern verschiedene Knollen und Wurzelfrüchte Stärke als den wichtigsten und billigsten Energieträger in der menschlichen Ernährung. Um den täglichen Energiebedarf eines ausreichend ernährten Menschen bei mittelmäßiger körperlicher Belastung zu decken, sind 400 bis 500 g Stärke erforderlich. Doch dient Stärke nicht nur als Nahrungsmittel, sondern wird auch vielseitig in der Textil-, Papier- und Kunststoffindustrie sowie in der pharmazeutischen und kosmetischen Industrie verwendet. Einen Großteil der landwirtschaftlich produzierten Stärke verarbeitet man zu Dextrin und Stärkezucker (Sirup). Reine Stärke wird nach feinem Ausmahlen von Getreide oder Knollenfrüchten durch Sedimentation aus dem wäßrigen Medium und Trocknung gewonnen.

Eine hervorragende Rolle in der menschlichen Ernährung spielen die zu Mehl verarbeiteten Früchte kultivierter Gräser, wie Weizen, Reis, Mais, Sorghumhirse, Roggen und anderes Getreide. In den entwickelten Industrienationen der Erde wird auch ein beträchtlicher Teil der Getreideernte, vor allem der Mais- und Weizenernte, an das Vieh verfüttert und dient dann als tierisches Eiweiß in Form von Fleisch, Milch und Eiern der menschlichen Ernährung. In den Entwicklungsländern der Tropen und Subtropen ist dagegen Getreide, z. B. Reis, die Hauptnahrungsquelle, oder es treten, lokal verschieden, Knollen- und Wurzelfrüchte an seine Stelle.

Getreide nimmt also in der menschlichen und tierischen Ernährung eine überragende Stellung ein und steht in der Weltproduktion landwirtschaftlicher Güter mengenmäßig bei weitem an der Spitze, nicht zuletzt wegen seiner hervorragenden Lager- und Transportfähigkeit. Außer Stärke und Protein liefert es wertvolle Mineralstoffe und Vitamine. Als Nahrungsmittel wird Getreide in Form von Brei, Fladen, Brot u. a. gegessen. So ist Maismehl beispielsweise nicht backfähig. Deshalb wird es zu Brei und Fladen verarbeitet. Es läßt sich aber gut mit Weizen- und Roggenmehl mischen und ergibt dann einen backfähigen Teig. In einigen Ländern ist Maisfladenbrot, z. B. die mexikanischen Tortillas, ein wichtiges Nahrungsmittel, mit Maisgrieß zubereitete Polenta wird gern in Italien gegessen.

Vorläufer des Brotlaibs ist der Brotfladen, ein in heißer Asche gerösteter Mehlbrei, ein feuchtigkeitsarmes Nahrungsmittel größerer Haltbarkeit und besseren Nährwertes. Grundstoffe der Teigbereitung für das Brotbacken sind Mehl, Wasser und Salz. Beim Stehen oder beim Zusatz von Hefe geht der Teig in Gärung über, wobei er durch das gebildete Kohlendioxidgas »getrieben« und aufgelockert wird. In der Hitze des Backofens entstehen die Brotkruste und die für frisches Brot charakteristischen Aromastoffe. Zur Zeit der Römer entwickelte sich die »Bäckerkunst«, Ars pistorica, zu hoher Blüte und fächerte sich in verschiedene kunsthandwerkliche »Backwerke«, z. B. die Pasteten- oder die Süßbäckerei, auf. Am königlichen französischen Hof gab es im 12. und 13. Jahrhundert bereits an die 20 verschiedene Brotsorten: »Pain de Cour« (Hofbrot), »Pain de Chevalier«,

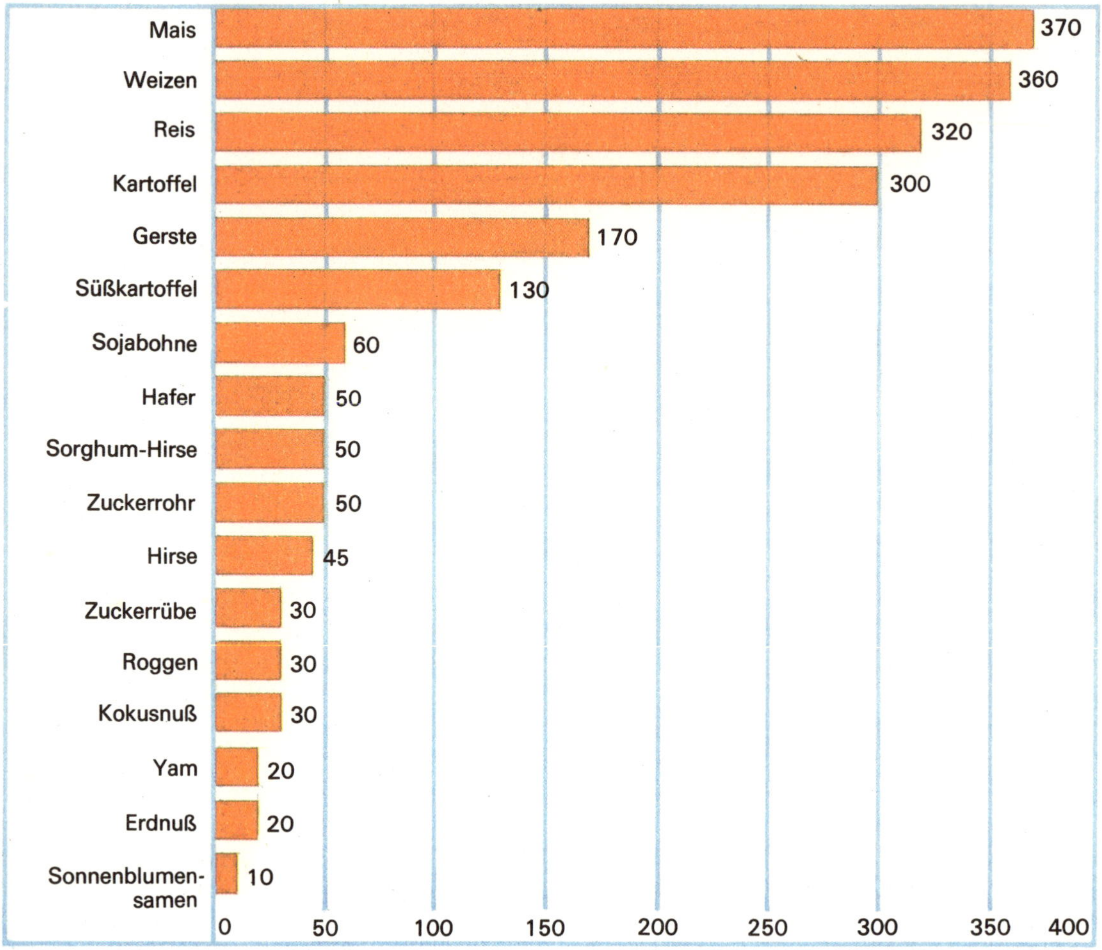

Jährliche Produktion von Kulturpflanzen der Weltwirtschaft in Millionen Tonnen

»Pain de Pape« (Papstbrot) und anderes mehr, während das Volk bevorzugt das runde Bäckerbrot, »Pain de Boulanger«, verzehrte. Antoine Auguste Parmentier, ein zur Zeit Goethes lebender französischer Heeresapotheker, hat die Wertschätzung des Brotes in Europa recht gut verdeutlicht: »Wenn wir krank sind, verlieren wir zu allerletzt den Geschmack am Brote; sobald wir ihn aber wieder erlangen, so ist das ein Zeichen der Genesung.«

Das Brot nimmt auch in der Lehre des Christentums einen zentralen Platz ein. Die Bitte um das tägliche Brot steht noch vor der Bitte um die Vergebung der Sünden. Martin Luther (1483–1546) bezeichnete in seinem »Kleinen Katechismus« als »täglich Brot« alles, was »zu des Leibes Nahrung und Notdurft gehört«.

Vom Reis werden 100 Prozent, vom Mais 75 Prozent und von den Hirsearten über 90 Prozent in der Landwirtschaft der Tropen und Subtropen produziert. Ein großer Teil der Sorghumhirsen und Gersteproduktion dient zur Bereitung von Bier und Pombe. Nebenprodukt der Müllerei ist die Kleie. Sie wird als eiweißreiches Futtermittel verwendet. Aus ihr wie auch aus Getreidekeimen kann Öl extrahiert werden, wobei insbesondere das Maisöl wirtschaftlich bedeutsam ist.

Stärkelieferanten sind auch die Knollenpflanzen Maniok *(Manihot esculenta)*, Batate *(Ipomoea batatas)*, Yam (*Dioscorea*-Arten) und Kartoffel *(Solanum tuberosum)*. Sie stammen alle aus den Tropen und werden – mit Ausnahme der Kartoffel – auch nur in warmen Ländern angebaut. Die Kartoffel kultiviert man heute hauptsächlich in der gemäßigten Klimazone, sie nimmt im Weltmaßstab eine größere Rolle ein als alle anderen Knollenfrüchte zusammen. Während Kartoffeln von keinem der Anbauländer in größeren Mengen expor-

Ernte des Weizens mit Mähdreschern

tiert werden, sind die getrockneten Produkte und die reine Stärke von Maniok, Batate und Yam für einige Länder wichtige Ausfuhrartikel. Entwässerte Bataten haben für die menschliche Ernährung und getrocknete Maniok- und Batatenschnitzel als Viehfutter Bedeutung. Wo Knollenfrüchte Hauptnahrungsmittel sind, stellt sich häufig Eiweißmangel bei der Bevölkerung ein. Trotz ihrer z. T. beachtlichen Eiweißgehalte sind Knollenfrüchte allein nicht in der Lage, einen ausreichenden Beitrag für die tägliche Eiweißversorgung zu leisten.

Die Verwendung vieler weiterer Stärkepflanzen ist oder war nur lokal bedeutsam, z. B. in Europa der Eßkastanie *(Castanea sativa)*, die seit der Römerzeit in Italien gegessen wird, oder der Wassernuß (*Trapa natans* var. *bicornis*), die früher häufig gesammelt und verzehrt wurde. Heute sind in Mitteleuropa ihre Bestände durch Nährstoffanreicherung (Eutrophierung) der Gewässer fast verschwunden. Manche Pflanzen besitzen stärkereiche Zwiebeln, Wurzelstöcke oder Stämme. Vor allem die Sagopalme und der Brotfruchtbaum waren schon früher in größeren Teilen der Tropen und Subtropen wichtige Stärkelieferanten. Sago wird noch immer von den nur einmal blühenden Palmen (*Metroxylon*-Arten) vor allem in Malaysia, Indonesien und im pazifischen Raum gewonnen. Sagopalmen sind in Süßwassersümpfen des tropischen Tieflandes beheimatet und werden heute in Sagogärten kultiviert. Der Brotfruchtbaum *(Artocarpus altilis)*, ein Vertreter der Maulbeergewächse, stammt von den Sundainseln und von Polynesien. Man begegnet ihm jetzt wegen seines schönen Laubes in allen Tropenländern als Zierbaum. In seinem Heimatgebiet ist er bis heute eine wichtige Nahrungspflanze geblieben. Das Fruchtfleisch wird durch Kochen oder Braten zubereitet und kann auch an der Luft getrocknet werden.

Die größte Bedeutung als Stärkepflanze hat heute wohl der Weizen. Von den zur Zeit etwa 15 angebauten Weizensorten ist der Saatweizen *(Triticum aestivum)* am wichtigsten. In vielen Ländern des Mittelmeergebietes, wo Weizenmehl zu Makkaroni und anderen Teigwaren verarbeitet wird, spielt auch der Durumweizen *(Triticum durum)* eine Rolle, da seine Grasfrüchte sehr eiweißreich sind. In den Tropen und Subtropen werden mehrere Weizenarten angebaut. Es handelt sich meist um sogenannte Weichweizen, z. B. *Triticum carthlicum, T. dicoccum, T. monococcum* u. a. Auch bei unserem Saatweizen unterscheidet man nach der Kleberqualität Hartweizen von halbhartem Weizen und Weichweizen. Die Weltweizenproduktion rangiert mit jährlich etwa 350 Mill.t vor

allen anderen Getreiden an erster Stelle. Die größten Weizenproduzenten sind die Sowjetunion, die USA, China, Indien, Frankreich und Kanada, die größten Weizenexporteure die USA, Kanada, Argentinien und Australien. Die meisten Hochleistungssorten brauchen 120 bis 150 Tage von der Aussaat bis zur Ernte. Der Weltdurchschnitt der Ernteerträge liegt heute bei über 1,6 t/ha und erreicht maximale Werte von mehr als 10 t/ha. Früher wurden die Weizenfelder von den Bauern und Landarbeitern mit der Sense gemäht, heute erntet man die riesigen Schläge mit Mähdreschern.
Neben Weizen ist Reis die wichtigste Nahrungsmittel liefernde Pflanze der Welt. Er stellt für etwa die Hälfte aller Menschen, insbesondere für Südostasien, die z. T. alleinige Nahrungsquelle dar. Zunehmende weltwirtschaftliche Bedeutung ge-

Anbau des Wasserreises in Südostasien

Manuelle Reisernte auf Bali

Erntereife Reisähren

wann der Reisanbau erst nach 1869. Der zu dieser Zeit fertiggestellte Suezkanal verkürzte den Transportweg von Asien nach Europa wesentlich. Damals avancierte Burma durch England gleichsam zur »Reisschale des Imperiums«, indem man die Dschungelgebiete des Irawadydeltas in Kultur nahm. Dadurch vergrößerten sich die Anbauflächen in Niederburma auf das Vierfache. Heute wird nur noch *Oryza sativa* angebaut, die viele tausend Sorten umfaßt. Man unterscheidet Trocken- und Wasserreis. Bei ersterem wird der Wasserbedarf ausschließlich durch Regenfälle gedeckt. Trocken- oder Bergreis kann auch im Bereich des gemäßigten Klimas kultiviert werden, so im Norden Koreas (KVDR) und Chinas. Im Hügel- oder Bergland der Subtropen ist Trockenreisanbau bis in Höhen von 2000 m über dem Meeresspiegel möglich.

Die für Asien typische Reiskultur ist jedoch der Naßanbau. Wasserreis gedeiht zwar bei niedrigem Sauerstoffangebot, doch braucht er (insbesondere als *Indica*-Sorte) zur Keimung viel Sauerstoff. Deshalb wird vorgekeimtes Saatgut direkt in Wasser gesät bzw. gepflanzt. Diese besondere Eigenschaft des Reises, auch im Wasser zu gedeihen – obwohl er keine Wasserpflanze ist –, hat dazu geführt, daß man die großflächigen Überschwemmungsgebiete der südostasiatischen Ströme pflanzenbaulich nutzen kann. Interessant ist, daß die Reispflanze Siliziumdioxid für normales Wachstum benötigt. Gedüngt wird mit Ammonsulfat oder Harnstoff, doch können Reisfelder auch mit Blaualgen (Cyanobakterien) »gedüngt« werden, die den Luftstickstoff binden. Dadurch steht nach ihrer Zersetzung – ähnlich wie bei der »Gründüngung« unserer Felder – organischer Stickstoff dem Reisfeld zur Verfügung. Übrigens liefert der Reis 2 bis 3 Ernten im Jahr, da nach dem Abschneiden der Rispen zur Zeit der Kornreife die Stengel und ein Teil der Blätter noch grün sind und die Pflanzen wieder austreiben können.

Jahrtausendelang erfolgte die Reisernte durch Absicheln jeder einzelnen Rispe von Hand mit einem Reiserntemesser. Das einige Tage nachgetrocknete Getreide wurde gedroschen. Dazu findet noch heute eine in Japan konstruierte Kleindreschmaschine Verwendung. Mit den herkömmlichen Anbaumethoden kann aber in Südostasien eine Bauernfamilie gerade einen Hektar Reisland bearbeiten, wobei der menschliche Arbeitsaufwand fast 20mal so hoch wie beim maschinellen Reisanbau ist. Heute wird in den Reisexportländern noch vor der Vollreife durch Mähdrusch geerntet, um Ernteverluste durch Kornausfall zu vermeiden. Insbesondere in Japan wurde mit hoher Investition eine moderne landwirtschaftliche Technologie entwickelt. Dadurch kann das Land jährlich rund 6,5 Mill. t Reis als Überschuß produzieren. Die Ernteerträge liegen im Weltdurchschnitt bei 2,3 t/ha. Bei den philippinischen HYV-Sorten (highyielding varieties), die Mitte der sechziger Jahre vom »International Rice Research Institute« gezüchtet wurden, liegen sie auch in den Tropen bei 6 bis 10 t/ha. Solche neuen ertragreichen Zuchtrassen sind kurzstrohig und auch bei hohen Stickstoffdüngergaben stand- und lagerfest. Sie besitzen eine »mittellange« Vegetationsdauer von 100 bis 130 Tagen. Die neuesten Sorten sind außerdem genügend krankheitsresistent und haben gute Koch- und Geschmackseigenschaften. Reisexportierende Länder sind die USA, Japan, Australien und einige andere.

Die besten Reisqualitäten werden durch Schälen und das sogenannte Polieren des getrockneten Korns erzielt. Wenn Reis vor dem Schälen eingeweicht, kurz gekocht und wieder getrocknet wird, entsteht der gelbliche »parboiled« Reis. Er ist vitaminreich und kann schneller gargekocht werden. Reisstroh bildet in den Reisanbauländern eine wichtige Futtergrundlage für die Viehhaltung und wird auch zur Papierfabrikation verwendet.

Eine weitere wichtige Getreidepflanze, der Mais *(Zea mays)*, stammt aus Zentral- und Südamerika (s. S. 32). Es ist das Getreide mit dem höchsten Ertragspotential. Die modernen Hochleistungssorten gehören zu dem Hartmais (Hornmais), der für die menschliche Ernährung am wichtigsten ist, zu dem Zahnmais, der die höchsten Erträge liefert, und zum Weichmais, der vor allem zur Stärkegewinnung dient. Zuckermais hat 30 Prozent Glykogen im Korn. Seit 1940 sind Hybridsorten im Großanbau (s. S. 216).

Mais braucht viel Sonne und Wärme, denn die optimalen Durchschnittstemperaturen liegen bei 20 bis 24 Grad Celsius, nachts sollte die Temperatur nicht unter 14 Grad Celsius sinken. Die Maispflanze ist gegen Trockenheit nicht widerstandsfähig, so daß Trockenperioden bei Blütenbildung und Befruchtung zu Mißernten führen können. Die Vegetationszeit für die ertragreichen Sorten liegt bei über 140 Tagen. Deshalb wäre die Züchtung eines frühreifen, kleinwüchsigen und dürreresistenten Maises von erheblicher Bedeu-

Prozentualer Anteil der Weizen-, Reis- und Maisproduktion wichtiger Länder an der Weltproduktion

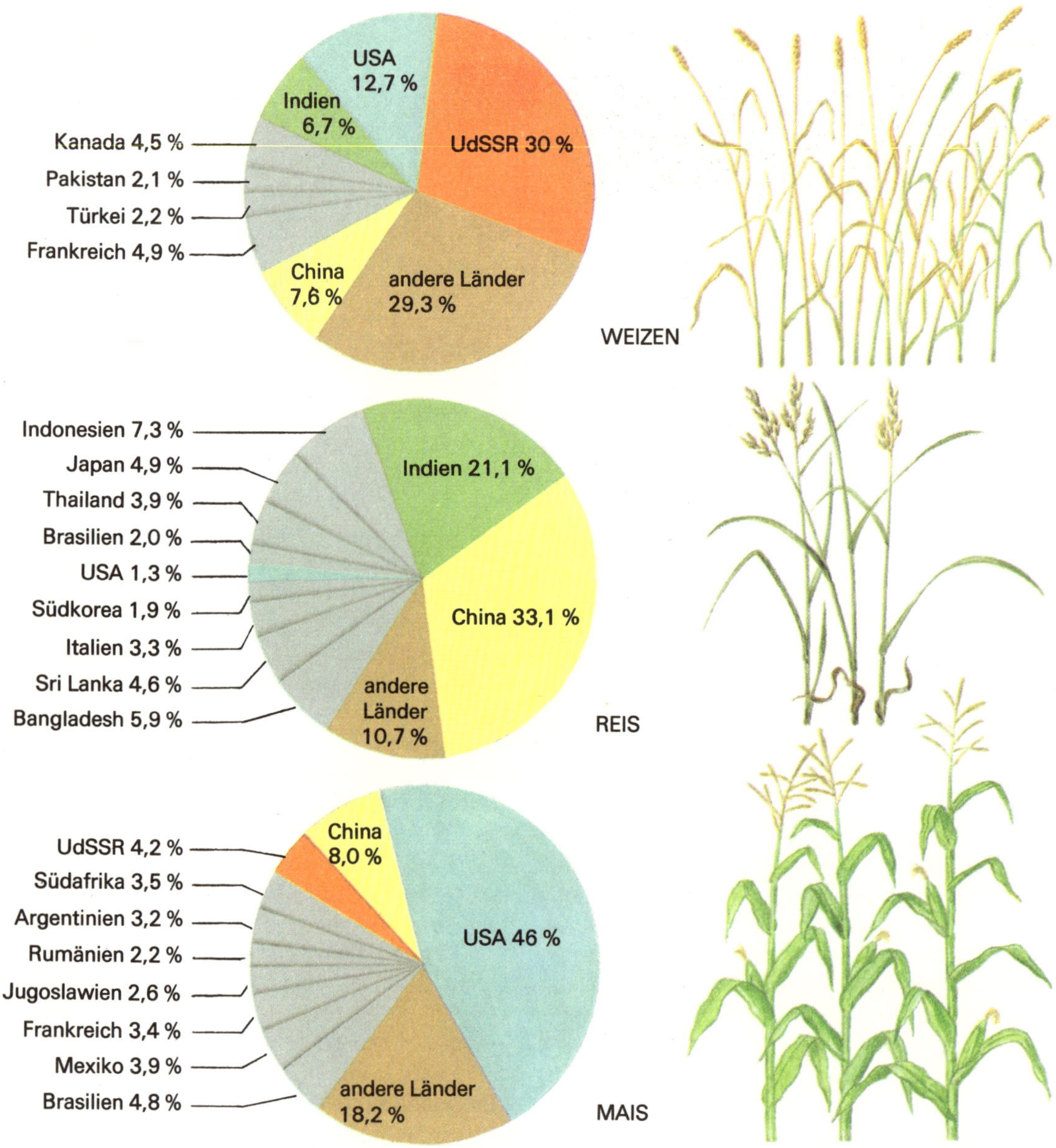

Mechanisierte Maisernte in Bulgarien

tung. Hartmais ist die wichtigste Maisform für die menschliche Ernährung, Zahnmais wird als Viehfutter, vor allem als Grün- oder Silomais und als Körnerfutter, verwendet.
In vielen Gebieten wird Mais in Mischkultur, z. B. zusammen mit Bohnen, Kürbissen oder Wassermelonen, angebaut. In Nordchina ist der gemeinsame Anbau von Mais mit Soja, in Ost- und Westafrika mit Bataten oder Yams verbreitet. Natürlich wird dadurch die maschinelle Ernte erschwert, doch bietet der Mischanbau Vorteile für die Erhaltung der Bodenstruktur und gegenüber dem Schädlingsbefall. In Jungpflanzungen von Kakao, Kaffee, Ölpalmen, Kautschuk u. a. dient Mais auch als Zwischenkultur. Die durchschnittlichen Ernteerträge liegen dann mit 2,8 t/ha recht niedrig. In Maisreinkulturen sind dagegen Erträge von 5 bis 8 t/ha zu verzeichnen. Zusätzliche Bewässerung, Düngung und geeignete Pflanzenschutzmaßnahmen können auch Spitzenerträge von mehr als 20 t/ha ergeben. Die reifen Maiskolben bleiben bis zur Ernte oft noch Wochen oder Monate auf dem Feld, da die Maiskörner nicht ausfallen und durch die »Lieschen«, die die Kolben umhüllen, vor Tierfraß ausreichend geschützt sind. In zahlreichen warmen Ländern wird Mais mit der Hand gepflückt, im modernen Großanbau erntet man ihn jedoch durch spezielle Maschinen, die die Kolben auch gleich »rebbeln«.
In den USA und einigen anderen Ländern dient Mais zu zwei Dritteln als Körnermais der Viehhaltung. In anderen Ländern, z. B. der BRD, werden sieben Achtel der Maisanbaufläche zur Silomaisgewinnung benutzt. In Mittelamerika und verschiedenen afrikanischen Ländern ist er jedoch das wichtigste Nahrungsmittel der Bevölkerung. Etwa 10 Prozent der Maisernte werden industriell zur Gewinnung von Maisstärke (Mondamin, Maizena) aufgearbeitet, wobei als Nebenprodukte Futtereiweiß und Speiseöl anfallen. Die trockenen Mais-

kolbenspindeln, das Maisstroh und die Lieschen werden als Brennstoff oder zur Papierherstellung verwendet. Außerdem sind überall in der Welt die getrockneten, gekochten oder gerösteten unreifen Maiskolben ein beliebtes Gemüse.

Sorghumhirsen *(Sorghum bicolor, S. durrha* u. a.) stellen das wichtigste Getreide für die menschliche Ernährung im tropischen Afrika, in Indien und China. Die USA sind der größte Sorghumproduzent. Mit über 20 Mill. t jährlich produzieren sie mehr als das Doppelte der auf dem afrikanischen Kontinent und in Asien erzeugten Menge. Die Zusammensetzung der Sorghumstärke gleicht der von Maisstärke (21–28% Amylose). Doch es gibt in Ostasien auch »Wachssorghum« (nur mit Amylopektin) und in Indien Zuckerformen. Mit 30 Prozent Glykogen sind sie sehr süß. Sorghumhirsen wachsen gut in den tropischen Sommerregengebieten. Im modernen Anbau wird das Saatgut auf stark gedüngten Böden gedrillt. Obwohl Sorghumhirsen ursprünglich mehrjährige Pflanzen waren, werden sie meist einjährig angebaut und gestatten unter Umständen eine mehrmalige Ernte im Jahr. Bei guter Düngung und Bewässerung erzielt man ähnliche Erträge wie beim Mais.

Aus Sorghummehl und -grieß wird in den afrikanischen und asiatischen Anbauländern Brei gekocht und Fladenbrot gebacken. In Afrika dient jedoch ein erheblicher Anteil der Ernte auch zur Bierbereitung. Bei der Stärkegewinnung fallen als Nebenprodukte Futtereiweiß, Öl und Wachs an. Aus den Spelzen wird ein Lebensmittel- und Textilfarbstoff gewonnen. Die bei vielen Sorten zur Erntezeit noch grünen Stengel und Blätter sind ein wertvolles Viehfutter.

Die Mehrzahl anderer Hirsearten, wie die Hiobsträne *(Coix lacryma-jobi)* sowie *Digitaria-, Panicum-, Pennisetum-, Phalaris-* und *Setaria*-Arten, haben heute nur noch örtliche Bedeutung als Nahrungspflanzen. *Phalaris canariensis* spielt im Welthandel als Vogelfutter eine wichtige Rolle und wird vor allem von Argentinien und Mexiko ausgeführt.

In den Tropen baut man jetzt auch den Maniok *(Manihot esculentum)* als eine wichtige Knollenfrucht überall an. Insbesondere in Brasilien, aber auch in Zaïre, Indonesien und Nigeria gibt es ausgedehnte Maniokkulturen. Maniok wird als mehrjähriger Strauch mit verholztem Stamm bis zu 4 m hoch und nimmt unter den Welternährungspflanzen die sechste Stelle ein. Seine Wurzelknollen liefern Stärke. Sie enthalten jedoch auch wie alle Teile der Pflanze das Blausäure entwickelnde (cyanogene) Glykosid Linamarin. Bei Zellzerstörung

Knollen der Süßkartoffel oder Batate (Ipomoea batatas)

kann aus ihm enzymatisch die sehr giftige Blausäure freigesetzt werden. Deshalb ist die Vergiftungsgefahr bei frischen Knollen geringer als bei verdorbenen, in denen durch das Enzym Linamarase Blausäure gebildet wurde. Um sie verzehren zu können, schält man gewöhnlich die Rinde, die besonders linamarinreich ist, und verwendet nur den Markteil der Knollen. Bei fabrikmäßiger Aufarbeitung wird lediglich die äußere Korkschicht entfernt. Bei der Herstellung von Trockenschnitzeln, die ein wichtiges Futtermittel darstellen, zerstört man fast alles Linamarin im Trocknungsvorgang. Bei der Gewinnung von Stärke aus den Knollen werden die Bitterstoffe und die Blausäure ausgewaschen. Es gibt auch süße Sorten mit einem stark verringerten Linamaringehalt. Heute bemüht sich die Züchtung um Formen, die weniger Linamarin, einen niedrigen Faser- sowie einen hohen Eiweißgehalt aufweisen und darüber hinaus mechanisch geerntet werden können. Im Weltdurchschnitt erntet man nur 9 t/ha, maximale Erträge liegen jedoch bei 60 bis 80 t/ha. Ein besonderes Produkt aus Maniok ist Tapioka, das man durch Erhitzen der feuchten Maniokstärke auf etwa 70 Grad Celsius erhält. Dadurch wird die Stärke verkleistert und leicht verdaulich. Die jungen eiweißreichen Maniokblätter sind in vielen Ländern ein geschätztes Gemüse.

Feldbestand der Batate (Ipomoea batatas)

Für China, aber auch andere Länder Ost- und Südostasiens spielt die Süßkartoffel *(Ipomoea batatas)*, auch Batate genannt, als Stärkepflanze eine große Rolle. Sie gehört zu den Knollenfrüchten, die einen verhältnismäßig hohen Nährwert besitzen und deren Anbau voll mechanisierbar geworden ist. Süßkartoffeln sind nicht nur stärkereich,

Feldbestand von Maniok (Manihot esculenta)

sondern enthalten auch Zucker, Vitamine und Geschmacksstoffe. Es gibt Tausende von Sorten, die in Form und Größe der Wurzelknollen (bis zu einem Meter lang), in der Farbe von »Fleisch« und Rinde ebenso variieren wie in der Blattform oder in der Länge der Vegetationszeit. Alle Pflanzenteile der Batate sind verwertbar, die Blätter als eiweißreiches Gemüse, Blätter, Ranken und Knollen sowie alle bei der Verarbeitung anfallenden Abfälle als Viehfutter.

Von den etwa 40 Kulturarten der Yam *(Dioscorea bulbifera, D. rotundata* u. a.) sind einige lokal, andere weltweit wichtige Nahrungspflanzen. Ihre großen Knollen werden in den Blattachseln gebildet. Der Bitterstoff der bitteren Arten, das Saponinalkaloid Dioscorin, wird beim Kochen zersetzt. Dadurch werden auch sie genießbar. Vor allem im tropischen Westafrika sind Yams noch heute das Grundnahrungsmittel. Der Hauptproduzent Nigeria führt Yams in großen Mengen aus. Eine vollmechanisierte Ernte der Knollen ist noch nicht möglich, doch steht die Pflanzenzüchtung beim Yam erst am Anfang.

Die Kartoffel *(Solanum tuberosum)* wird heute zwar vorrangig in Europa angebaut, doch wurde sie durch die Europäer auch überall in den Tropen und Subtropen verbreitet. In jüngerer Zeit wird der Kartoffelanbau von den Regierungen verschiedener Entwicklungsländer sehr gefördert, da die Kartoffel eine kurze Vegetationsperiode hat und die Kartoffelknollen (botanisch gesehen Sproßknollen) gut lager- und transportfähig sind. Die größte Kartoffelproduktion tropischer Gebiete finden wir in Indien. Aus den Ländern des europäischen Mittelmeergebietes und des Balkans wird in jedem Jahr rund 1 Mill. t Frühkartoffeln in die Industrieländer Westeuropas ausgeführt. Leider weist die Kartoffel aber viele Krankheiten und Schädlinge auf, wobei insbesondere Viruskrankheiten eine verhängnisvolle Rolle spielen. Aber es bedrohen auch die Erreger der Kraut- und Knollenfäule *(Phytophthora infestans)*, Nematoden und verschiedene Insekten die Rentabilität des Kartoffelanbaues.

Zu den wichtigsten Zucker liefernden Pflanzen gehören vor allem das Zuckerrohr *(Saccharum*-Arten) und die Zuckerrübe *(Beta vulgaris* var. *altissima)*, doch gibt es in den Tropen auch die Zukkerpalme *(Arenga pinnata)*, die Palmyrapalme *(Borassus flabellifer)*, die Kitulpalme *(Caryota urens)*, die Kokospalme *(Cocos nucifera)* und die Atap-Palme *(Nipa fruticans)*, von denen zuckerhaltige Säfte gewonnen werden. Beim Anzapfen scheiden diese Palmen einen Siebröhrensaft aus, der 12 bis 17 Prozent Rohrzucker (Saccharose) enthält. Bei den meisten Palmen wird aber der Blutungssaft gesammelt, der aus dem abgeschnittenen Blütenstandsschaft austritt. Es können 2 bis 4 oder mehr Liter pro Tag und Blütenstand gewonnen werden. Der überwiegende Teil des Palmsaftes dient heute zur Gewinnung von Palmwein (toddy), aus dem auch Arrak destilliert oder Speiseessig hergestellt wird.

In Afrika spielt auch Zuckersorghum (verschiedene Formen von *Sorghum bicolor* mit zuckerreichen Stengeln) eine Rolle für die Zuckergewinnung. Dies gilt insbesondere für Gegenden, wo die Regenfälle und die Bewässerung für den Anbau von Zuckerrohr nicht ausreichen. In Mexiko gewinnt man zuckerhaltigen Saft aus Agaven. In ihren von der Knospe befreiten, ausgehöhlten Blütenschäften sammelt sich der ausgetretene Saft. Er wird als Aguamiel frisch getrunken oder zu Pulque vergoren.

In Kanada und dem Osten der USA gewinnt man Zucker auch aus dem Zuckerahorn *(Acer saccharum)*. Im zeitigen Frühjahr, wenn es nachts noch friert, am Tage aber schon taut, werden in etwa einem Meter Höhe Rohre in die angebohrten Stämme geschlagen, aus denen dann einige Wochen lang der Zuckersaft in daruntergestellte Behälter abfließt. Man zapft aber erst etwa 35 Jahre alte Bäume an, die jährlich 2 bis 3 kg Zucker liefern. Zuckerreich sind auch einige Obstfrüchte, vor allem Datteln.

Kristallisierter Zucker dient heute sowohl zum Süßen von Getränken (Tee, Kaffee, Kolagetränken und Limonaden) als auch zur Herstellung von Konditoreiwaren, zur Geschmacksverbesserung vieler Speisen und ihrer Konservierung sowie für Leckereien vielerlei Art. Im frühen Mittelalter wurde in Europa noch mit Honig gesüßt. Der später von den Großen und Kleinen Antillen in Europa eingeführte, aus Zuckerrohr gewonnene Rohrzukker war lange Zeit ein Luxusartikel und dem Rübenzucker ökonomisch überlegen, dessen Gewinnung sich nur allmählich durchsetzte (s. S. 34).

In den letzten Jahren ist in vielen Ländern der Zukkerverbrauch enorm angestiegen. Zucker wurde zu einem ausgesprochenen Genußmittel, und man konsumiert ihn heute in vielen Ländern nicht mehr wegen seines kalorischen Nährwertes, der dem von Stärke vergleichbar ist, sondern wegen seiner Süße. So kann er bei überreichlichem Genuß zur Überernährung mit ihren bedrohlichen gesundheitlichen Folgen beitragen. Die Weltzukkerproduktion soll augenblicklich bei etwa 40 Mill. t jährlich liegen. Der jährliche Zuckerverbrauch pro Kopf der Bevölkerung betrug 1975 in der Sowjetunion 40 kg, den USA 38 kg, Großbritannien 45 kg, der BRD 36 kg und der DDR 37,4 kg.

In Asien und Lateinamerika gewinnt man aus Zukkerrohr hauptsächlich »nichtzentrifugierten« Zukker, sogenannten Rohzucker, einen durch Kochen eingedickten, erstarrten Saft. Als »zentrifugierter« Zucker werden dagegen die Saccharosekristalle bezeichnet, die von der Melasse genannten Zukkerlösung durch Abschleudern getrennt wurden. Die handelsüblichen Zucker erhält man also erst nach einem Fabrikationsprozeß aus wasserreichem Pflanzenmaterial. Dieser Prozeß ist sehr energieaufwendig, da das Wasser aus dem Erntematerial verdampft werden muß. Bei der Saccharosegewinnung aus Zuckerrohr fallen 20 bis 30 Prozent des Frischmaterials als sogenannte Bagasse an, die einen Feuchtegehalt von rund 50 Prozent hat und nur in geringem Umfang als Futterzusatz dient. Bagasse wird überwiegend als Heizmaterial in der Zuckerfabrik selbst verbrannt oder aber für die Herstellung von Papier und Baumaterial verwendet. Das wichtigste Nebenprodukt der Saccharosegewinnung aus Zuckerrüben, die Melasse, macht etwa 7 bis 8 Prozent des Frischmaterials aus und enthält noch rund 50 Prozent Zucker als Saccharose und Monosaccharide (Glukose, Fruktose). Sie dient als Ausgangsmaterial für die Herstellung von Gärungsprodukten, vor allem von Ethanol, sowie als Viehfutter (in verschiedenen Futtermischungen und als Silagezusatz) und in einigen Ländern auch der menschlichen Ernährung. Ein Melasseprodukt ist z. B. der ägyptische »schwarze Honig«. Alle Nebenprodukte des Zuckerrübenanbaus, wie die Blätter und die Rübenschnitzel, nutzt man als Viehfutter.

Die kommerziell angebauten Sorten des weltwirtschaftlich wichtigen Zuckerrohrs sind Kreuzungen zwischen dem aus Melanesien stammenden Edelrohr und 3 anderen *Saccharum*-Arten, die jeweils wichtige Eigenschaften beisteuerten. Zuckerrohr weist eine jährliche Weltproduktion von rund 600 Mill. t auf. Man kann daraus etwa 42 Mill. t Rohrzucker gewinnen. Die Hauptproduzenten sind Indien, Brasilien, Kuba, China, Mexiko und einige andere Länder. Zu den Hauptexporteuren gehören Kuba und Australien. Zuckerrohr zählt unter günstigen Klimaverhältnissen zu den ertragreichsten Kulturpflanzen. Heute befinden sich die Anbaugebiete der vielen Sorten zwischen dem 33. Grad nördlicher und dem 30. Grad südlicher Breite. Gleichmäßige Wärme zwischen 25 und 28 Grad Celsius ist am günstigsten, die Pflanzen vertragen jedoch kein stagnierendes Grundwasser.

Die bis zu 7 cm dicken markigen Halme des Zuckerrohrs haben einen Zuckergehalt, der je nach Herkunft, Varietät und Alter der Pflanzen zwischen 7 und 17 Prozent liegt und stengelabwärts zunimmt. Außerdem treten noch 0,4 bis 1,4 Prozent Invertzucker (Glukose und Fruktose) auf. Zur Reifezeit werden die Zuckerrohrpflanzen kurz über dem Boden mit einem Haumesser (Machete, Panga) gekappt, die grünen Spitzen abgetrennt und die Blattscheiden abgestreift. Danach transportiert man die gebündelten Stengel sofort in die

Kartoffelvollerntemaschine im Einsatz

Fabrikationshallen, damit sie möglichst innerhalb von 48 Stunden nach dem Schneiden verarbeitet werden können. In Großplantagen erfolgt die Ernte mit schweren Maschinen, die das Rohr köpfen, abschneiden oder losreißen und z. T. schon zerkleinern. Da die Wurzelstöcke der Pflanzen wieder austreiben, kann auf einem Feld bis zu 20 Jahre lang geerntet werden; doch erreicht man Höchsternten nur bei Neupflanzungen.
In den tropischen Anbauländern des Zuckerrohrs wird frisches Rohr auf den Märkten auch zum Kauen angeboten oder frisch ausgepreßter Saft als Getränk verkauft. In Zentral- und Südamerika destilliert man aus vergorener Melasse Rum. Das Originaldestillat kommt mit 70 bis 80 Prozent Alkohol in den Handel und wird dann auf Trinkstärke verdünnt.
Die Anbaugebiete der Zuckerrübe in den gemäßigten Zonen Europas befinden sich in milden feuchten Lagen mit sonnigem Herbst, wobei tiefgründige humose Lehm- oder Schwarzerdeböden, wie z. B. in der Magdeburger Börde, günstig sind. In den subtropischen Regionen eignen sich vor allem die Gebiete mit Winterregen für die Kultivierung der Zuckerrübe. Nach dem zweiten Weltkrieg nahm der Anbau der Zuckerrübe zur Eigenversorgung in einigen Ländern, die, wie Griechenland, der Iran, Marokko und die Türkei, bis dahin fast allen Zucker importiert hatten, stark zu. Wichtige subtropische Erzeugerländer sind heute auch Italien und Spanien. Die jährliche Ernte von rund 240 Mill. t Rüben auf der Welt ergibt eine Rübenzuckerproduktion von rund 30 Mill. t.

Erntereifes Zuckerrübenfeld

Die Ernte der Rüben wird in subtropischen Anbauländern noch immer mit der Hand durchgeführt. Man hebt die Rüben mit der Rübengabel aus dem Boden und entfernt die Rübenkappe mit den Blättern. Bei der maschinellen Ernte werden umgekehrt die Rüben erst geköpft und dann aus dem Boden herausgeholt. Unter günstigen Bedingungen liegen die Ernteerträge bei über 100 t/ha, in den Subtropen im Durchschnitt bei 30 bis 40 t/ha. Die Blätter dienen frisch, getrocknet oder siliert als Viehfutter.
Die in den Zuckerrübenfabriken geschnitzelten Rüben werden mit Wasser von 70 bis 80 Grad Celsius ausgelaugt. Dabei hat der gewonnene Rohsaft einen Zuckergehalt von etwa 15 Prozent. Die ausgelaugten Zuckerrübenschnitzel können naß oder getrocknet als Viehfutter dienen. Aus Rohsaft erhält man durch Filtern den Dünnsaft, und daraus wird in mehrstufigen Verdampfern Dicksaft gewonnen, den man mit Schwefeldioxid bleicht. Gebleichter Dicksaft wird dann im Vakuum so lange gekocht, d. h. eingedickt, bis bei Abkühlung Zucker auskristallisiert. Aus diesem schwach gelblichen Rohzucker gewinnt man in den Weißzuckerfabriken durch Zentrifugation mit Wasser und Dampf den Weißzucker. In den Zuckerraffinerien stellt man auch verschiedene Verarbeitungsformen von Kristallzucker her: Kandis- und Würfelzucker, Zuckerhüte und -platten sowie Puderzucker.
Viele Pflanzen enthalten in Früchten und Samen auch Öle und Fette als Speicherstoffe. Sie werden zu 90 Prozent für die menschliche Ernährung und zu 10 Prozent für technische Zwecke genutzt. Öl-»Früchte« sind z. B. Oliven, Erdnüsse, Lein- und Baumwollsamen, Sojabohnen, Kokosnüsse, Palm- und Sonnenblumenkerne, Hanf- und Sesamsamen oder Maiskeimlinge. In der Welterzeugung nimmt die Produktion von Ölfrüchten hinter der von Stärkepflanzen und Obstfrüchten immerhin den 3. Rang ein. 97 Prozent der Ölfrüchte werden in der Landwirtschaft der Tropen und Subtropen produziert, ein Drittel davon dient dem Export. Unter ihnen nehmen Sojabohne, Sonnenblume, Erdnuß, Baumwolle, Ölpalme, Kokosnuß und Olive die vorderen Plätze ein. Allerdings werden z. B. Baumwolle und Erdnuß nicht vorrangig zur Ölgewinnung angebaut. Seit etwa 1968 steigt die Produktion von Raps- und Palmöl stark an,

während die weltwirtschaftliche Bedeutung von Leinöl zurückging. Weitere wichtige Öle und Fette pflanzlichen Ursprungs sind z. B. das Maisöl, Saflоröl, Nigersaatöl, Tungöl und die Kakaobutter. Die Anzahl der Öl- und Fettpflanzen ist überaus groß, doch sind viele für die menschliche Ernährung nur lokal bedeutsam. Einige werden in erster Linie als Gemüse- oder Gewürzpflanzen angebaut, wie der Chinakohl, die Rauke oder die Gartenkresse. Ihre ölreichen Samen werden wie die der Kürbisgewächse (z. B. *Cucurbita* ssp. oder *Citrullus lanatus*) in einigen Gebieten zur Ölgewinnung genutzt.

Mechanische Zuckerrohrernte

Zuckerrohrfeld mit erntereifem Zuckerrohr

Häufig sind Öle Nebenprodukte der Pflanzenproduktion, z. B. die Öle aus verschiedenen Getreideembryonen (Mais- und Weizenkeimlingsöl u. a.), aus Gemüsesamen (Tomaten) und Samen von Obstfrüchten (Aprikosen, Pfirsichen, Trauben usw.) sowie aus Faserpflanzen (Baumwolle, Kapok, Hanf) oder aus Nüssen (Mandeln, Walnüssen u. a.).
Öle, also flüssige Fette mit einem hohen Anteil an ungesättigten Fettsäuren, und (Hart-)Fette sind bekanntlich sehr energiereich, besitzen also einen hohen kalorischen Wert. Die Eigenschaften der Neutralfette werden durch die Kettenlänge der in ihnen enthaltenen Fettsäuren sowie die Zahl und Stellung ihrer Doppelbindungen bestimmt. Deshalb unterscheidet man aus praktischen Gründen mehrere Hauptgruppen. Öle bzw. Fette der Laurinsäuregruppen haben einen extrem niedrigen Anteil ungesättigter Fettsäuren, einen hohen Schmelzpunkt, sind also bei Zimmertemperatur fest und werden nicht ranzig. Bei Aufbewahrung an Luft und Licht sowie durch Bakterien werden sie nicht gespaltet und zersetzt. In der Industrie verwendet man sie für Detergenzien. Aus ihnen hergestellte Seifen wie die aus Palmkernölen gewonnenen besitzen eine hohe Reinigungskraft. Auch die Pflanzenbutter wird kaum ranzig, da sie einen hohen Anteil gesättigter Fettsäuren hat. Dadurch eignet sie sich für die Herstellung von Konfekt und von Zäpfchen in der Pharmaindustrie. Insbesondere spielt die teure Kakaobutter in der Schokoladenfabrikation eine große Rolle. Die Öl- und Linolsäuren mit mehreren ungesättigten Bindungen sind vor allem in den kommerziell genutzten Pflanzenölen vorhanden. Sie dienen als Salat- und Kochöle sowie für die Margarineherstellung.
Alle Speiseöle sind pflanzlicher Herkunft und im allgemeinen raffiniert, also von unerwünschten Begleitstoffen befreit. Tafel-, Salat- oder Vollöl ist kalt gepreßt, d. h., die geschälten und zerkleinerten Samen (oder Früchte) werden bei Temperaturen bis zu 40 Grad Celsius in Ölmühlen ausgepreßt. Dadurch enthalten sie nur wenig unerwünschte Trüb-, Farb-, Geschmacks- und Geruchsstoffe. Die üblichen Speiseöle werden unter Erwärmung gepreßt. Anschließend extrahiert man das auf einen Fettgehalt von 16 bis 20 Prozent ausgepreßte Material mit Fettlösungsmitteln. Im Extraktionsschrot bleibt schließlich ein Fettrückstand von weniger als einem Prozent. Preßkuchen und Extraktionsschrot dienen wegen ihres hohen Eiweißgehaltes als Viehfutter. Für technische Zwecke benötigtes Öl wird immer heiß gepreßt oder mit organischen Lösungsmitteln extrahiert. In neuerer Zeit härtet man die Öle auch durch Umesterung. Ein hauptsächliches Anwendungsgebiet des Verfahrens ist die Herstellung von Margarinefetten, Back- und Bratfetten sowie Kakaobutterersatzstoffen.
Bei Margarine handelt es sich um eine Emulsion von pflanzlichen und tierischen Fetten, Milch, Emulgatoren, Salzen, Vitaminen, Farb-, Aroma- und Konservierungsstoffen sowie Säuren. Zur Gewinnung der Delikateßmargarine dienen hauptsächlich Erdnußöl, Baumwollsaatöl, Sonnenblumenöl, Palmöl und ihre Härtungsprodukte. Für Tafelmargarine werden auch Palmkernfett, gehärtetes Sojaöl und gehärteter Waltran benutzt. Haushaltsmargarine wird aus Kokos- und Palmkernfetten sowie größeren Mengen von gehärteten Fischölen und oft auch Rindertalg hergestellt. Diätmargarine darf nur Kokos- und Palmkernfette neben Pflanzenölen enthalten, jedoch keinerlei hydrierte (gehärtete) Öle. Wirtschaftlich wichtige Öle der Linolensäuregruppe sind das Lein- und das Sojaöl.
Seit alter Zeit werden Pflanzenöle vom Menschen auch als Brenn- und Beleuchtungsmaterial (Kerzenherstellung), Anstrich- und Schmiermittel sowie zur Seifenbereitung verwendet. Die Kunst des Seifensiedens ist ein altes Handwerk. In neuerer Zeit kommt die Verwendung von Pflanzenölen in Kunststoffen, Detergenzien (Stoffen,die die Oberflächenspannung herabsetzen), als Weichmacher bei Waschmitteln und für chemische Synthesen hinzu.
In der Weltwirtschaft spielt nur eine kleine Anzahl von Ölpflanzen eine wichtige Rolle. Hierzu zählt die aus Ostasien stammende Sojabohne *(Soja hispida = Glycine max)*. Diese einjährige Pflanze aus der Familie der Schmetterlingsblütler ähnelt unserer Buschbohne und wird zur Fett- und Eiweißgewinnung, als »Stickstoffsammler« (s. S. 233), aber auch als Grünfutter angebaut. Ihre Hauptanbaugebiete liegen in China, Korea, Japan und Indonesien. Doch hat sich die Kultur von Sojabohnen heute auf der ganzen Erde in geeigneten Gebieten ausgebreitet und besonders in den USA an Bedeutung gewonnen. Die Samen enthalten bis zu 20 Prozent Fett, etwa 40 Prozent hochwertiges Pflanzeneiweiß und fast 2 Prozent Lecithin. Sojaöl ist reich an essentiellen Fettsäuren. Die Preßrückstände liefern ein wertvolles Viehfutter, den Sojaschrot. In Ostasien wird die Sojabohne vielseitig bei der Zubereitung von Nahrung, so auch von Soßen, Sojamilch und Sojakäse, verwendet. Die Samen werden gekocht, geröstet oder zu Mehl

Sonnenblumen (Helianthus annuus) im Feldbestand

vermahlen. Junge Keimlinge liefern einen feinen Salat, die grünen Bohnen ein schmackhaftes Gemüse.

Ein wertvolles Speiseöl ist das aus den Samen der Sonnenblume *(Helianthus annuus)* gewonnene Sonnenblumenöl. Nach der Sojabohne ist die Sonnenblume die zweitwichtigste Ölpflanze. Insbesondere Züchtungsarbeiten in der Sowjetunion führten nicht nur zu neuen ertragreichen Sorten, sondern auch zu zwerghaften Wuchsformen, die eine maschinelle Ernte der Sonnenblumenkerne gestatten. Der mit Abstand größte Produzent ist die Sowjetunion, wo man die Sonnenblumen vor allem am Schwarzen Meer anbaut. Die verholzte Fruchtschale und die Samenschale werden geschält, das Öl wird durch Auspressen und Extraktion gewonnen und zur Herstellung von Speisefett in großen Mengen gehärtet. Die Ernteerträge bei den Hochleistungssorten können 4 t/ha und mehr erreichen. Kalt gepreßtes Sonnenblumenöl ist ein wertvolles Salatöl. Die großkernigen Sorten werden in Osteuropa auch gern roh sowie geröstet und gesalzen gegessen. Ölarme Sorten sind ein wichtiges Vogelfutter. Sonnenblumen ergeben auch ein gut silierbares Grünfutter.

Die Erdnuß *(Arachis hypogaea)* aus der Familie der Schmetterlingsblütler, eine alte Kulturpflanze der Indios, stammt aus Bolivien und wird heute wegen des ungewöhnlich hohen Nährwertes ihrer wohlschmeckenden Samen vorwiegend in den

Pflegearbeiten in einem Erdnußfeld in Südostasien

Einzelne Erdnußpflanze mit Früchten

subtropischen Ländern angebaut. Die sich nach der Befruchtung der Blüten stielartig verlängernden Fruchtknotenträger (Gynophoren) der krautigen Pflanze krümmen sich nach unten und werden etwa 10 bis 15 cm tief in die Erde eingebohrt. Erst dort entwickeln sie reife Früchte. Solche trokkenen Hülsen mit 1 bis 4 Samen erntet man wie Kartoffeln. Die manuelle Bergung ist sehr arbeitsaufwendig. Deshalb wurde in einigen Ländern die Ernte voll mechanisiert. Erdnußsamen enthalten zwischen 45 und 53 Prozent Öl, das durch Auspressen und Extraktion gewonnen und vor allem für Fischkonserven und die Margarineherstellung verwendet wird. Aus ihm kann man darüber hinaus die verschiedensten Weich- und Hartfette herstellen. Den größeren Teil der Ernte verbraucht man in den Erzeugerländern, unter denen Indien, China und Nigeria die Hauptproduzenten sind. Nigeria und einige andere westafrikanische Länder exportieren auch Erdnußprodukte, wie Öl, geschälte Nüsse und Preßkuchen sowie die bekannten Erdnußsamen in der Schale. Erdnüsse sind nicht nur reich an Öl, sondern haben auch einen hohen Eiweißgehalt von 24 bis 25 Prozent und reichlich B-Vitamine sowie Vitamin E. Der Preßkuchen enthält 40 bis 50 Prozent gut verdauliches Eiweiß. Preßkuchenmehl kann für die Ernährung des Menschen verwendet werden. Die Schalen dienen als Brennmaterial sowie zur Herstellung von Faserplatten und Düngemitteln.

Eigentlich ein Nebenprodukt ist das Baumwollsaatöl, da die Kultivierung von Baumwollpflanzen (*Gossypium*-Arten) in erster Linie der Fasergewinnung dient (s. S. 123). Aber die dunklen Samen, an denen die langen, weißen Samenhaare, die Baumwollfasern, sitzen, enthalten 15 bis 25 Prozent Öl. Zur Ölgewinnung werden sie von den an ihnen verbliebenen kurzen Haarresten, den »Linters«, befreit und dann geschält. Das tiefbraune Rohöl mit einem scharfen Geschmack wird zu einem hellgelben, gut schmeckenden Speiseöl verarbeitet.

Eine der wichtigsten tropischen Kulturpflanzen ist die afrikanische Ölpalme *(Elaeis guineensis)*. Sie hat ihre Heimat in den feuchtheißen Tiefländern Westafrikas und breitete sich von hier über den gesamten tropischen Tieflandgürtel der Erde aus. Die Ölpalme bevorzugt mittlere Jahrestemperaturen zwischen 24 und 28 Grad Celsius und jährliche Niederschläge zwischen 1000 und 3000 mm, stellt jedoch – bis auf ihren Bedarf an Kochsalz – keine besonderen Bodenansprüche.

Seit Beginn unseres Jahrhunderts wird die bis zu 30 m hohe stattliche Palme in größeren Plantagen kultiviert. An jedem Baum werden in den Blattachseln 33 bis 34 Monate vor der Blüte weibliche und männliche Blütenstände in periodischem Wechsel angelegt, deren Geschlecht erst 24 Monate vor der Blütezeit festgelegt wird. Die Entwicklung der Frucht von der Bestäubung bis zur Reife dauert 5 bis 7 Monate. Die Palmen beginnen 4 bis 5 Jahre nach der Auspflanzung in die Plantagen die 15 bis 25 kg schweren Fruchtstände zu tragen. In ihnen sind 1000 bis 4000 eiförmige, 3 bis 5 cm lange Früchte enthalten. Das meiste Öl (60–70 %) befindet sich im Fruchtfleisch (Mesokarp), der wertvollere Teil (Palmkernöl) im Nährgewebe des Samens. Die Fruchtstände werden mit den reifen Früchten abgeschnitten oder mit einem Messer abgeschlagen. Dabei ist wichtig, den günstigsten Reifegrad zu erkennen, da unreife Früchte zu wenig Öl, überreife Früchte Öl von

Fruchtstand der Ölpalme (Elaeis guineensis)

schlechterer Qualität enthalten. Die abgeernteten Fruchtstände werden zunächst in Fabriken unter Druck und erhöhter Temperatur sterilisiert und anschließend die Einzelfrüchte aus dem Fruchtstand ausgedroschen.

Bereits beim Erwärmen mit Wasser gibt das Fruchtfleisch viel Öl ab, das man abschöpft. Der Rest wurde früher in Handpressen ausgequetscht. Heute geschieht dies hydraulisch. Danach wird zentrifugiert oder mit Fettlösungsmitteln extrahiert. Aus den Preßrückständen liest man die harten Palmkerne aus. Sie werden maschinell aufgeknackt, und die freigelegten Samen dienen zur Gewinnung eines blaßgelben Palmkernöls. Es wird von den Eingeborenen als Speiseöl verwendet, dient aber in der Weltwirtschaft vor allem als wertvoller Rohstoff für Speisefett und feine Toilettenseifen. Während die Wildpalmen Afrikas, die Buschpalmen, nur 0,5 bis 1 t Öl pro Hektar und Jahr brachten, liegen die jährlichen Erträge der heute angebauten Tenera-Hybridformen bei über 6 t/ha. Die besten Tenera-Pflanzungen liefern optimal 30 t Fruchtstände pro Hektar und Jahr, woraus 7 t Palmöl und fast eine Tonne Palmkernöl gewonnen werden können. Auch niedrigwüchsige Hybridformen von *Elaeis guineensis* mit der amerikanischen Ölpalme *(Elaeis oleifera)* sind heute für die Palmölgewinnung

von Bedeutung, die außer im tropischen Westafrika vor allem in Mexiko, Brasilien und Kolumbien einen bedeutenden Wirtschaftsfaktor darstellt. 1972 war Malaysia der Hauptproduzent und wichtigste Exporteur von Palmöl.
Neben dem Öl der Früchte liefern Stamm und Blätter der Ölpalme den Eingeborenen auch Fasern als Flecht- und Baumaterial. Die obersten jungen Blätter werden gelegentlich als Salat oder Palmkohl gegessen, und der Blutungssaft, der aus geköpften männlichen Blütenständen austritt, kann zu Palmwein vergoren werden.
Im melanesischen Raum ist die Kokospalme *(Cocos nucifera)* beheimatet. Heute baut man sie aber in allen Tropengebieten an. Die Philippinen, Indonesien, Indien, Sri Lanka und Malaysia sind die hauptsächlichsten Produzenten von Kokosnüssen im südostasiatisch-pazifischen Raum. In Südamerika sind Mexiko und Brasilien, in Afrika Moçambique und Tansania die wichtigsten Produktionsländer. Exportiert werden Kopra, Kokosöl und frische Kokosnüsse, aber auch Kokosflocken. Für gute Erträge braucht die Kokospalme eine durchschnittliche Jahrestemperatur von 26 bis 27 Grad Celsius und nur geringe Unterschiede der Tag- und Nachttemperaturen sowie viel Sonnenschein. Sie wächst häufig am Meeresstrand, wo ausreichend Grundwasser verfügbar ist. Gleich der Ölpalme benötigt sie sortenabhängig Natriumchlorid für ein optimales Wachstum. Fernab der Meeresküste sind für ihr Wachstum jährliche Regenmengen von 1250 bis 2500 mm erforderlich.
Die Fruchtstände mit den vollreifen Früchten schneidet man mit an Bambusstangen befestigten Messern vom Boden aus ab, oder die Palmen werden erklettert. Herabgefallene reife Früchte sammelt man auf. Eine Palme liefert 30 bis 50 Nüsse pro Jahr. Ihre harten Schalen dienen als Heizmaterial, während die Faserhüllen die Kokosfaser liefern. Die Kokosnuß ist innen von einem fett- und eiweißreichen Nährgewebe (Endosperm) ausgekleidet und im verbleibenden Hohlraum von einer eiweißhaltigen zuckrigen Flüssigkeit, der Kokosmilch, angefüllt. In einigen Gegenden dienen Stämme und Flechtwerk aus Kokospalmenblättern als Baumaterial für Behausungen und Ställe. Schließlich wird wie auch bei anderen Palmen der aus den geköpften Blütenständen austretende süße Blutungssaft zum Süßen von Nahrungsmitteln und zur Palmweinbereitung verwendet.
Raps *(Brassica napus)* aus der Familie der Kreuzblütler baut man vor allem in Westeuropa und Kanada zur Gewinnung von Öl für Speise- und technische Zwecke an. Da der Preßkuchen nach der Ölgewinnung Glukosinolate enthält, die nicht ganz unbedenklich sind, ist seine Verwendung als Futtermittel eingeschränkt.
Vom Lein *(Linum usitatissimum)* wurde neben dem Faserlein auch ein Öllein gezüchtet, aus dessen Samen das Leinöl gewonnen wird. Es dient frisch als Speiseöl. Warm gepreßt und extrahiert findet es vor allem bei der Firnis- und Lackherstellung Verwendung. Leinöl ist ein stark trocknendes Öl. Beim Erhitzen wird es zu einem wichtigen Bindemittel, während das erhitzte, stark belüftete Öl, sogenanntes Linoxyn, Ausgangsmaterial für die Linoleumherstellung liefert.
Andere trocknende Öle sind das Tungöl (Chinesisches Holzöl) aus den Samen der bis zu 10 m hohen baumförmigen Wolfsmilchgewächse der Gattung *Aleuritis*, das aus den Samen des Schlafmohns *(Papaver somniferum)* gewonnene Mohnöl oder das Kürbiskernöl aus Samen des Kürbisses *(Cucurbita pepo)*. Die beiden letzteren sind »halbtrocknende« Öle. Sie dienen auch zu Speisezwecken, während das stark giftige Tungöl nur technisch verwendet wird.
Aus dem Fruchtfleisch und den Samen des im Mittelmeergebiet beheimateten Ölbaumes *(Olea europaea)* wird Olivenöl gewonnen. Man kultiviert den Ölbaum heute in Spanien, Italien, Griechenland, Tunesien, Algerien und im Libanon, aber auch in anderen subtropischen Gebieten. Die Oliven, bei der Reife braune, rötliche oder schwarze Früchte, liefern ein gelbliches süßes Öl, das sowohl im Fruchtfleisch als auch in den Samen vorkommt. Durch kalte Pressung gewinnt man daraus ein hochwertiges Tafelöl.
Das am besten bezahlte Speiseöl ist Sesamöl. Als wohlschmeckendes Öl ist es durch seine Inhaltsstoffe Sesamin und Sesamolin, die das Ranzigwerden verhindern, außerordentlich haltbar. Es kommt in den Samen des Sesams *(Sesamum indicum)* vor. Diese Pflanze stammt aus dem Sommerregengebiet des tropischen Afrikas; sie wird höchstens 2 m hoch. Doch nur einen kleinen Teil der geernteten (ungeschälten) Samen verbraucht man zur Ölgewinnung. Der überwiegende Teil der geschälten Samen wird in den Erzeugerländern (Indien, Sudan, Äthiopien, Burma) zur Bereitung von Speisen, in der Bäckerei, als Gewürz und in der Medizin verwendet. In Vorderasien und Ägyp-

Kokospalmen (Cocos nucifera) an der Küste des Pazifischen Ozeans

Blühendes Rapsfeld (Brassica napus)

ten ist Sesam daher wohl eher ein »Getreide« als eine Ölpflanze. In Westafrika ißt man die jungen Triebspitzen und zarten Blätter als Gemüse. Bei der Ölgewinnung fällt ein sehr eiweißreicher Preßkuchen an, der einen auffallend hohen Gehalt der Aminosäure Methionin besitzt. Dieser Preßkuchen stellt ein wertvolles Viehfutter dar. Er eignet sich aber wegen seines hohen Fasergehaltes nicht für die menschliche Ernährung.

Schließlich sei noch auf die Rizinuspflanze *(Ricinus communis)*, ein Wolfsmilchgewächs aus den Tropen der Alten Welt, hingewiesen, die heute in den Tropen und Subtropen angebaut wird. Die Pflanzen, die wir auch in unseren Gärten im Sommer als Ziergewächse kultivieren können, erreichen Höhen von 2 bis 10 m und entwickeln in ihren stacheligen Früchten 3 bohnenförmige, gescheckte Samen, aus denen man Öl für pharmazeutische und technische Zwecke preßt. Entwässertes (dehydratisiertes) Rizinusöl wird in großen Mengen in der Kunstfaser- und Kunststoffindustrie gebraucht. Bekannt ist die Verwendung von Rizinusöl als Abführmittel. Rizinussamen sind aber wegen ihres Gehaltes an einem toxischen Eiweiß giftig.

Rund ein Drittel der Weltbevölkerung leidet an chronischem Eiweißmangel. Davon sind besonders die Länder der feuchten Tropengebiete betroffen, weil dort tierisches Protein selten zur Verfügung steht. Deshalb sind die Eiweiß liefernden Pflanzen sehr wichtig. Akuter Eiweißmangel stellt sich in diesen Ländern bei Kindern sowie Schwangeren und stillenden Müttern recht häufig ein. Wie bei anderen Nahrungsmitteln ist das Kernproblem der Eiweißversorgung nicht die unzureichende Eiweißproduktion auf der Erde, sondern die unterschiedliche Versorgung und Nutzung der landwirtschaftlichen Produkte. Die jährliche Roheiweißproduktion durch Landpflanzen wird auf rund 750 Mill. t veranschlagt. Selbst wenn

als »verdauliches« Protein nur 50 Prozent des Roheiweißes eingesetzt werden, müßten durch den Anbau von Getreide, Knollenfrüchten, Sojabohnen, Ölsamen und Körnerleguminosen jährlich mehr Proteine bereitstehen, als die Menschheit mit etwa 75 Mill. t benötigt.
Pflanzliches Protein ist aber dem tierischen für eine vollwertige Ernährung unterlegen, da es vom Körper z.T. nur ungenügend genutzt werden kann und einige essentielle Aminosäuren häufig in ungenügenden Mengen vorhanden sind. So ist beispielsweise im Maisprotein der Gehalt an Tryptophan und Lysin gering, und im Protein von Körnerleguminosen kommt nur wenig Methionin vor. Die Armut an Tryptophan, einer Vorstufe der Nikotinsäure, beim Mais war am Anfang dieses Jahrhunderts die Ursache einer Vitaminmangelkrankheit. In den Südstaaten der USA erkrankten einige tausend Menschen an Pellagra. Diese Vitaminmangelkrankheit wird durch das Fehlen von aus Tryptophan hervorgehender Nikotinsäure verursacht. Die Erkrankten hatten sich einseitig von Mais und Maisprodukten ernährt. Essentielle Aminosäuren, die der Mensch selbst nicht bilden kann, müssen in seiner Nahrung enthalten sein. Der relative Mangel läßt sich durch eine kombinierte Nahrung oder Zusätze dieser Aminosäuren ausgleichen. Heute werden auf mikrobiologischem Wege im großtechnischen Maßstab essentielle Aminosäuren als Nahrungszusätze produziert (s. S. 210). Man beschreitet auch völlig neue Wege der Pflanzenzüchtung, um neue Getreide- und Körnerleguminosensorten mit biologisch vollwertigen Proteinen zu erhalten (s. S. 218).

Die Bedeutung von Gemüse und Obst für die menschliche Ernährung

»Wer Früchte unreif
vom Baum pflückt,
der hat weder Saft von ihnen,
noch trägt der Same
ihm neue Früchte.«

Indische Spruchweisheit

In der Ernährung des Menschen spielen Obst und Gemüse eine nicht zu unterschätzende Rolle. Sind sie doch nicht nur als ballast- und mineralstoffreiche Pflanzenkost, sondern auch als Spender der lebensnotwendigen Vitamine von Bedeutung. Die Blattgemüse stellen außerdem wertvolle Energieträger dar und sind für die Bevölkerung der tropischen Feuchtgebiete eine wichtige Proteinquelle. Viele Gemüse regen uns durch ihre Farbe, z.B. Tomate und Rote Rübe, oder den Geruch und Geschmack, z. B. Gurke und Rettich, zum Verzehr an.

Die Anzahl der Pflanzenarten, die als Gemüse genossen werden, ist so groß, daß wir hier nur wenige erwähnen können. Auch die Blätter zahlloser Pflanzen, die man für ganz andere Zwecke kultiviert, werden häufig als Gemüse benutzt. Einige hundert Gemüsepflanzen sind Wildpflanzen, von denen die Blätter oder jungen Sprosse (z.B. Palmherzen, Bambussprosse) gesammelt werden. Auch typische Unkräuter gehören dazu, wie die Brennessel *(Urtica dioica)*, deren zartgrüne Blätter man als Salat oder Suppe zubereiten kann. Sicher ist die Nutzung von Wildpflanzen als Gemüse aus jener Zeit überkommen, da das Sammeln von Wildpflanzen Vorrang vor dem Kulturpflanzenanbau hatte. Insbesondere in den Tropen und Subtropen werden auch heute noch viele Wildpflanzen als Gemüse gegessen, die nicht immer gut schmecken und z.T. sogar für den Menschen gesundheitlich nicht ganz unbedenklich sind. Manche müssen – wie in Europa einige Speisepilze – erst durch Wässern oder Kochen genießbar gemacht werden.

Eine solche alte Sammelpflanze ist der Sanddorn *(Hippophae rhamnoides)*. Er wächst häufig als anspruchsloser Strauch auf sandigen Böden an der Ostseeküste und auf dem Kiesschotter an unseren Flußufern und bindet symbiontisch Luftstickstoff. Durch häufigen Anbau kann er schon fast als Kulturpflanze bezeichnet werden. Seine leuchtend orangeroten Früchte enthalten neben Karotin reichlich Vitamin C und werden zur Gewinnung von Sanddornsaft ausgepreßt.

Welche Pflanzenarten man zum Gemüse rechnet, ist recht willkürlich. Vor allem gegenüber den Knollenpflanzen und dem Obst, aber auch den vielen Gewürzpflanzen sind die Grenzen fließend. So werden einige tropische Obstfrüchte wie Mango unreif als Gemüse gegessen, während Obst üblicherweise in reifem Zustand roh verzehrt wird. Viele Pflanzenarten und -produkte, die herkömmlicherweise zum Obst gerechnet werden, liefern eigentlich Gemüse, und die Bezeichnung »Fruchtgemüse«, z. B. für Tomaten und Gurken, stellt jede vernünftige Einteilung auf den Kopf. Tomaten wie auch Gurken sind strenggenommen Beerenobst, das vor allem als Gemüse verzehrt wird, obwohl gerade in diesen Fällen der kulinarischen Verwendungsart fast keine Grenzen gesetzt sind. Tomaten benutzt man beispielsweise als Salatfrucht für Tomatensalat, als ganze Früchte zum Garnieren von Salat-, Wurst- und Fleischplatten, als »gefüllte Tomaten« (mit Eiern, Fisch- oder Fleischsalat, Pilzen oder Reis), als Tomatensoße und Tomatensuppe und in verarbeiteter Form als Tomatenpüree, Tomatenmark, Ketchup und Tomatensaft sowie als »Letscho« (aus Tomaten und Paprika bereitet).

Gemüse zählen zu den lohnendsten Produkten der Pflanzenproduktion, obwohl der Gemüseanbau in allen Erdteilen noch immer vorwiegend mit traditionellen Gerätschaften betrieben wird und arbeitsintensiv ist. Eine statistische Erfassung der Gemüseproduktion in den Ländern der Welt ist nicht möglich, da überall in den Hausgärten Gemüse für den Eigenverbrauch erzeugt wird. Große lokal begrenzte Märkte für Frischgemüse gibt es vor allem in den stark wachsenden Städten von Entwicklungsländern. Die entwickelten Industrienationen haben wegen der steigenden Lohnkosten im Gemüseanbau und der hohen Energiekosten für Gewächshauskulturen einen zunehmenden Bedarf für Gemüseimporte. Der Hauptteil des in Europa und Nordamerika verzehrten Gemüses wird vorwiegend in der gemäßigten Zone erzeugt. Einige Gemüsearten kommen allerdings als Frischgemüse in bedeutenden Mengen aus warmen Ländern auf die Märkte, so die Tomate, die Speisezwiebel und der Spargel. Auch sind einige Gemüse sehr gefragt, die in den gemäßigten Klimaten schlecht gedeihen, z. B. Gemüsepaprika, Eierfrucht (Aubergine) und Artischocke. Da sich die meisten Gemüsearten nur begrenzt lagern lassen, wird der Export vor allem mit Gemüsekonserven und entwässertem (dehydratisiertem) Gemüse durchgeführt. So sind besonders Tomaten, grüne Bohnen, grüne Erbsen, Karotten, Spargel und Champignons recht gut konservierbar.

Wie bereits erwähnt, weist gerade die Tomate

Fruchtender Sanddornstrauch — ein Vitamin-C-Spender

eine beachtliche Anzahl von Zubereitungs- und Verwendungsformen auf. Deshalb leistet sie z. B. in den USA den wichtigsten Beitrag unter allen Gemüse- und Obstarten für die Ernährung, obwohl ihr Vitamin- und Mineralstoffgehalt nicht sehr groß ist. Die Tomate ist eine uralte Kulturpflanze, die bereits im 5. Jahrhundert v. u. Z. von den Indianern Mittel- und Südamerikas als Nahrungspflanze angebaut wurde. In Europa hat sie sich von einer exotischen Frucht der Liebhaber im vorigen Jahrhundert zu einem heute massenhaft konsumierten Nahrungsmittel entwickelt. *Lycopersicon esculentum* gehört wie die Kartoffel zur Familie der Nachtschattengewächse. Wahrscheinlich wurde sie aus der wildwachsenden tropischen Kirschtomate *(Lycopersicon esculentum cerasiforme)* gezüchtet. Der Botaniker Kaspar Bauhin führte für die Kulturtomate 1596 den aus dem Mexikanischen entlehnten Namen »Tumatle americanorum« ein. Aus der Bezeichnung Tumatle entstand schließlich der Name Tomate. In Europa wurde die Tomate nachweisbar erstmals 1554 erwähnt: Der italienische Arzt Matthioli berichtete, daß in Italien Tomaten mit Öl, Salz und Pfeffer gegessen wurden. Hier nannte man sie poma aurea (Goldapfel) oder poma amoris (Liebesapfel), da sie angeblich Liebeswahn hervorrufen sollte. Später nannte man sie auch Paradiesapfel. Davon abgeleitet, heißen Tomaten in Österreich »Paradeiser«.

1977 waren in den USA 200000 ha (ohne Privatgärten) mit Tomaten bepflanzt, die eine Jahresernte von 8 Mill. t mit einem Wert von fast einer Milliarde US-Dollar brachten. Dort werden jährlich etwa 25 kg Tomaten pro Kopf der Bevölkerung gegessen. Man unterscheidet Püree- und Marktomaten, von denen die ersteren vor allem zur Tomatenmarkgewinnung angebaut werden. In wenigen Jahrzehnten konnte man durch planvolle Züchtung die Hektarerträge stark erhöhen, so daß z. B. in den EWG-Staaten heute Durchschnittserträge von 35 t/ha erzielt werden. Gewächshauskulturen bringen Hektarerträge bis zu 100 t. Vielfach spielen Hybridsorten eine große Rolle, wie z. B in den Tomatenplantagen Japans. Durch Kreuzung wurden eckig-runde, mechanisch sehr widerstandsfähige Tomaten, die Buschtomaten, gezüchtet, die maschinell geerntet werden können (sogenannte Industrietomaten). Man setzt üblicherweise Tomaten als 1 bis 2 Monate alte Jungpflanzen, jedoch werden in manchen Ländern Tomatensamen wie Getreide in den Boden gedrillt. Tomaten lassen sich auch vegetativ vermehren. In Mitteleuropa werden sie erst nach

Ausgewählte Gemüsesorten auf einer Gartenbauausstellung

dem 15. Mai, also nach den sogenannten Eisheiligen, ins Freie gepflanzt, weil die jungen Pflanzen bei Spätfrösten erfrieren. Für den Anbau im Garten und Gewächshaus werden Stabtomaten, für die Feldkultur Buschtomaten bevorzugt, die allerdings empfindlich gegenüber Kraut- und Fruchtfäule sind. Von der Blüte bis zur Reife braucht die Tomate etwa 50 bis 60 Tage.

Der rote Tomatenfarbstoff wird Lycopin genannt und ist ein Verwandter des Karottenfarbstoffs, also ein Karotinoid. Die Ausreifung fördert das von den Früchten gebildete gasförmige Ethylen. Für den Transport erntet man grünreife bis rosa Früchte, die durch Begasung mit Ethylen künstlich nachgereift werden können. In den gemäßigten Klimazonen sollte man die Tomaten noch vor dem ersten Frost ernten und bei 12 bis 20 Grad Celsius nachreifen lassen.

Typische Fruchtgemüse sind auch Gurken und Melonen (Gattungen *Cucumis* und *Citrullus*) sowie Kürbisse (Gattungen *Cucurbita* und *Lagenaria* der Kürbisgewächse). Sie tragen vielfach sehr große Beerenfrüchte. In Mitteleuropa wird die Gurke *(Cucumis sativus)* häufig als Feld- oder Gartenkultur gezogen, z. T. verwendet man sie auch als Treibhauspflanze zur Versorgung mit Frischgemüse in der kalten Jahreszeit. Der Nähr-

Obst- und Gemüsemarkt einer nordeuropäischen Großstadt

wert der sehr wasserreichen Frucht ist allerdings gering. Fruchtform und -größe sowie Beschaffenheit der Rinde sind sehr vielfältig. Das feste Gurkenfleisch ist hellgrün und birgt in einem gallertigen Innengewebe viele Samen. Daneben gibt es auch samenlose (parthenokarpe) Gurken. Hochproduktive Hybridsorten finden eine zunehmende Verbreitung. Sie bringen hohe Erträge und sind auf Widerstandsfähigkeit gegenüber Pflanzenkrankheiten sowie auf Bitterstoffarmut gezüchtet worden. Gurken werden unreif als Gurkensalat oder Essiggemüse, als Salzgurken u. a. gern verzehrt. In östlichen Ländern sind Gurken auch in gekochtem Zustand begehrt.

Zur Gattung *Cucumis* gehört auch die Zuckermelone *(Cucumis melo)*, eine in Klein- und Mittelasien sowie in China beliebte Frucht. Sie ist in Mitteleuropa im Gegensatz zur Wassermelone *(Citrullus lanatus)* recht selten im Angebot. Die Wassermelone kann sehr verschiedenartige Fruchttypen besitzen. Neben kleinen, harten und bitteren Früchten gibt es bis zu 75 cm lange und bis zu 25 kg schwere Früchte. Der Anbau von Wassermelonen ist in warm-gemäßigten bis subtropischen Ländern mit ausgesprochenen Trockenperioden verbreitet.

In vielen Ländern der Erde wird der Kürbis *(Cucurbita)* kultiviert. Am bekanntesten ist wohl der Gartenkürbis *(Cucurbita pepo)*. Wegen seiner verhältnismäßig geringen Wärmeansprüche wird er vor allem in den nördlichen Gebieten Mitteleuropas angebaut. Man erntet ihn reif oder als sogenannten Gemüsekürbis in unreifem Zustand mit saftig-weichem Fleisch. Der Riesenkürbis *(Cucurbita maxima)* kann in der gemäßigten, subtropischen und tropischen Zone angebaut werden und hat gut haltbare Früchte. Der Moschuskürbis *(Cucurbita moschata)* stellt die wichtigste Kürbisart Zentralamerikas dar. Von ihr gibt es sehr haltbare Sorten mit einem wohlschmeckenden Fleisch. Beim Flaschenkürbis *(Lagenaria siceraria)* kennt man neben Sorten mit harter äußerer Fruchtwand weichschalige Sorten. Sie schmecken nicht bitter und werden vor allem in Indien und Afrika als Gemüse verzehrt. Ihre Samen dienen auch zur Ölgewinnung (s. S. 83). Aus den hartschaligen Sorten werden verschiedene Haushaltsgegenstände, wie Töpfe, Kannen, Körbe und Löffel, hergestellt.

Den Paprika *(Capsicum annuum)*, einen Angehörigen der Nachtschattengewächse, wie Tomate und Kartoffel, kennen wir vor allem als geschätztes Gewürz (s. S. 178). Die mild schmeckenden Formen werden als Gemüse gegessen, wobei man

Reife Tomate mit länglichen Früchten

Erntereifer Gemüsepaprika in Ungarn

die »Paprikaschoten« verzehrt. Sie sind Trockenbeeren. In vollreifem Zustand nimmt die Paprikafrucht eine tiefgelbe, orange, dunkelrote oder schwarzviolette Schalenfärbung an. Der Gehalt an Vitamin C (Ascorbinsäure) ist etwa doppelt so hoch wie von Zitronen. In Mitteleuropa kann der frostempfindliche Gemüsepaprika nur in Gewächshäusern lohnend gezogen werden.
Wertvolle Blattgemüse sind die Kohlsorten *(Brassica oleracea*-Varietäten), wie Weiß-, Rot- und Wirsingkohl, Rosen- und Blumenkohl. Sie zählen zur Familie der Kreuzblütler und stammen alle von einem an den Küsten des Atlantiks und des Mit-

telmeeres verbreiteten Wildkohl ab. Aus ihm haben sich durch Verlust eines Großteils der scharf schmeckenden Senföle und Zunahme der Anzahl und Zartheit der Blätter zuerst einfache Gemüsekohle entwickelt, die bereits in der Antike bekannt waren. Durch Kräuselung der Blätter gingen aus den Blattkohlarten unsere Krauskohlarten hervor, durch Fleischigwerden der sich einrollenden Blätter die Kopfkohle, wie Weiß- und Rotkohl oder Wirsing. Der Weißkohl hat glatte, im Inneren des Kopfes fast weiße Blätter. Die Blätter des Rotkohls erhielten ihre rote Farbe durch im Zellsaft der Außenhaut (Epidermis) gelöste Anthocyanidine.

Es kam nicht nur zur Umbildung der Blätter, sondern auch der Sproß war von Umbildungen betroffen. Durch Verkürzung und Verdickung der Sproßachse entstand der Kohlrabi. Bei den Kohlrabiknollen handelt es sich um gestauchte und verdickte Hauptsprosse. Sie werden roh oder gedünstet verzehrt und schmecken wegen ihres relativ hohen Zuckergehalts recht mild. Durch Strekken des Sprosses in die Länge und zugleich Fleischigwerden entstand der Markstammkohl, eine in Westeuropa geschätzte Futterpflanze. Beim Rosenkohl bleiben in den Blattachseln sitzende Sproßanlagen im Knospenzustand und wachsen zu Köpfchen heran, die man Röschen nennt. Eine Rosenkohlpflanze bildet etwa 50 bis 70 solcher Achselsprosse, die zusammen ein Gewicht von einem halben Kilogramm erreichen können. Rosenkohl ist gegenüber leichten Frösten relativ unempfindlich und deshalb ein wertvolles Herbst- und Wintergemüse. Die Röschen sind reich an Eiweiß und Vitamin C.

Durch Fleischigwerden des Blütenstandes entstand einerseits der Brokkoli und andererseits der Blumenkohl. Beim Brokkoli oder Spargelkohl sind die spargelähnlichen Haupt- und Seitenäste des Blütenstandes fleischig verdickt. Er wird vor allem

Erntereifes Rotkohlfeld

Kulturformen des Kohls (Brassica oleracea): 1 Weißkohl. 2 Blumenkohl, 3 Brokkoli, 4 Kohlrabi, 5 Rosenkohl, 6 Wirsingkohl, 7 Rotkohl

in wintermilden Gebieten Europas und Nordamerikas angebaut. Beim Blumenkohl ist der ganze Blütenstand fleischig sowie stark deformiert und bildet die vom Menschen genutzte, meist weiße polsterförmige »Blume«. Ähnlich wie die Blattkohle ist der Blumenkohl ein wertvolles, vielseitig verwendbares Gemüse, das auch zur Herstellung von Konserven und Feinfrosterzeugnissen dient.

Die große morphologische Wandelbarkeit des Kohls führte dazu, daß fast alle Teile der Pflanze in der menschlichen Ernährung genutzt werden. Viele »Spielarten« des Kohls, die früher Kulturpflanzen waren, sind heute nicht mehr im Anbau, z. B. der vielköpfige Kohl. Zu der Formenmannigfaltigkeit der kultivierten Kohle treten noch Unterschiede in physiologischen Eigenschaften, die von Bedeutung für die Verwendungsart und den Gebrauchswert sind: So gibt es »Winterkohle«, wie den Grün- und Braunkohl. Diese sind Krauskohlarten, die besondere Frosthärte zeigen und so den ganzen Winter über geerntet werden können. Auch im Treibhaus überwintern »frühe« und »späte« Kohle. Andere Sorten sind in Form, Größe und im inneren Bau der Köpfe sowie in Geschmack und Lagerfähigkeit unterschiedlich.

In Ostasien gewannen die Formen von *Brassica oleracea* erst in neuerer Zeit an Bedeutung. Früher waren dort 3 andere Kohlarten verbreitet, die noch heute in China wichtige Gemüsepflanzen sind: der Pekingkohl *(Brassica pekinensis)*, der Chinakohl *(Brassica chinensis)* und der Sareptasenf *(Brassica juncea)*. Hybridsorten zwischen Peking- und Chinakohl sind insbesondere in Japan gezüchtet worden.

Zur Pflanzengattung *Brassica* gehören schließlich noch die knollentragende Form des Rapses (s. S. 83), die Kohlrübe oder Wruke, und die heute in Mitteleuropa fast nur als Zwischenfrucht für die Futtergewinnung angebaute Wasser- oder Stoppelrübe, auch als Weiße Rübe oder Turnip bekannt.

Während wir im Verwandtschaftskreis der Kreuzblütler zahllose Gemüsepflanzen kennen, gibt es in der artenreichen Pflanzenfamilie der Korbblütler (Kompositen) nur einige Salatpflanzen. Der Gartensalat *(Lactuca sativa)*, auch Gartenlattich genannt, umfaßt eine vielgestaltige Formengruppe. Ihre Vertreter werden ganz unterschiedlich genutzt: Beim Spargelsalat verzehrt man die jungen Sprosse geschält und geschnitten wie Spargel. Beim Römischen oder Bindesalat bereitet man die Blätter wie Spinat zu. Von den Pflücksalaten — bei denen auch noch die gekrausten Blätter der geschoßten Sprosse geerntet werden können — und den Schnittsalaten, deren Blattrosetten keine Kopfbildung zeigen, sind die Blätter ein beliebtes Frischgemüse. Sie müssen aber schnell verbraucht werden. Das gilt auch für den Kopfsalat, dessen Blattrosetten dichte, rundliche Köpfe bilden. Pflück- und Schnittsalate werden vor allem in den Oststaaten der USA großflächig angebaut, in Europa sind Schnittsalate häufig in Haus- und Kleingärten anzutreffen. Beim Kopfsalat unterscheidet man zwei Sortentypen: Die Buttersalate werden vorwiegend in Europa kultiviert, die Krachsalate sind vor allem aus dem Westen der USA bekannt. Die festeren »austernschalenartigen« Blätter der letzteren Sorte eignen sich weitaus besser für den Transport auf die Obst- und Gemüsemärkte als die zarten Blätter der Buttersalate.

In Frankreich und Italien werden verbreitet Endivien *(Cichorium endivia)* und eine Sippe der Wegwarte *(Cichorium intybus)* als Gemüsepflanzen angebaut. Letztere ist in Europa und Sibirien als Unkraut verbreitet und liefert das als Chicorée bezeichnete Salatgemüse. Die Art umfaßt neben der Wildform zwei Kultursippen: die Wurzelzichorie, deren rübenartige Pfahlwurzeln, geröstet und vermahlen, als Zichorienkaffee (Kaffeeersatz) dienen, und den schon genannten Chicorée. Der Feldsalat oder das Rapünzchen *(Valerianella locusta)* aus der Familie der Baldriangewächse, ein Getreideunkraut in der mitteleuropäischen Flora, hat sich zu einem der ersten Gemüse des Frühjahrs entwickelt.

Bekannte und z. T. beliebte Wurzelgemüse sind die Rote Rübe *(Beta vulgaris)*, auch Rote Bete genannt, die Möhre oder Mohrrübe *(Daucus carota)*, der Sellerie *(Apium graveolens)*, die Schwarzwurzel *(Scorzonera hispanica)* sowie Rettich und Radieschen *(Raphanus sativus)*. Rote Rüben kultiviert man in größerem Umfang in der Sowjetunion, ihr Anbau reicht dort vom Süden bis in den hohen Norden. Die charakteristische Rotfärbung der Wurzeln beruht auf dem Gehalt an Betainen. Zunehmende Bedeutung gewinnt überall die Möhre. Ihre durch Karotin gefärbten Rüben, die Mohrrüben, enthalten neben Vitaminen Provitamine. Das Karotin geht im menschlichen Körper in das Vitamin A über und dient somit als Provitamin oder Vitaminvorstufe. Die Möhren besitzen auch Mineralstoffe, Spurenelemente und einen hohen Zuckergehalt. In ausgedehntem Maße werden Mohrrüben zu Konserven, Feinfrosterzeugnissen und Säften (Kindernahrung) verarbeitet. Das Wurzelgemüse läßt sich aber auch lange lagern.

Sellerie wird vor allem in Mittel- und Osteuropa angebaut. Seine Knollen, die reich an Vitaminen, Kalium und Kalzium sind, verzehrt man roh oder gekocht; es werden aber auch gefriergetrocknete Knollen zur Herstellung von »Fertigsuppen« verwendet. Die Schwarzwurzel, eine eurosibirische Wiesensteppen- und Trockenrasenstaude, erträgt Trockenheit und Frost. Deshalb kann die von einem braunschwarzen Korkmantel umhüllte, 30 bis 50 cm lange Pfahlwurzel über Winter im Boden bleiben und erst im zweiten Jahr geerntet werden. Sie wird wie Spargel (»Winterspargel«!) zubereitet und hat einen hohen Gehalt an Inulin. Dies ist ein für Korbblütler typisches Speicherkohlenhydrat, das im Unterschied zur Stärke aus Fruktose besteht. An der Bildung der Rübe des Rettichs sind Hauptwurzel und Hypokotyl (Sproßabschnitt zwischen Wurzel und Keimblättern) beteiligt, während es sich beim Radieschen um reine

Hypokotylknollen handelt. Rettiche haben ein festes, meist scharf schmeckendes Fleisch, Radieschen sind dagegen zarter und weniger scharf Sie werden von einer weißen oder roten Rinde umhüllt. Feldmäßig baut man Rettich und Radieschen vor allem in Ostasien an, wo diese Wurzel- und Knollengemüse wirtschaftliche Bedeutung besitzen.

Auch zahlreiche Obstarten bereichern den Speisezettel des Menschen. Es sind fleischige, saftige Früchte. Sie werden meist in rohem Zustand wegen ihres erfrischenden oder aromatischen Geschmacks gegessen. Viele Obstarten stammen von Wildpflanzen ab. Der Mensch nahm sie schon vor Jahrtausenden in Kultur. Hierzu zählen die aus Süd- und Ostasien kommenden *Citrus-* und *Prunus-*Arten sowie die in Vorderasien und dem Mittelmeergebiet beheimateten Weintrauben, Feigen und Zuckermelonen sowie die ursprünglich in Süd- und Zentralamerika heimische Ananas.

Obst spielt eine nicht zu unterschätzende Rolle für die gesunde Ernährung des Menschen. Seine Ballaststoffe und Fruchtsäuren regen die Verdauung an, und seine Ionen beeinflussen die Durchlässigkeit der Blutkapillaren. Viele Obstarten sind wichtige Vitaminquellen, z. B. Aprikosen, Mangofrüchte und Zuckermelonen, die viel Provitamin A enthalten, sowie die Zitrusfrüchte und Guaven mit reichlich Vitamin C. Obst erfrischt und fördert die Gesundheit. Zahlreiche Obstarten enthalten auch leicht bekömmliche, schnell verwertbare einfache Zucker (Monosaccharide). Sie können davon 10 bis 21 Prozent der Frischmasse besitzen und haben so einen hohen Nährwert, z. B. Avocados und Bananen oder die getrockneten Datteln und Feigen.

Für einige Länder stellen Obstfrüchte einen wichtigen Exportartikel dar. Dies gilt z. B. für die Bananen in Panama und Honduras. Sie kommen als beliebte Südfrüchte auf die Märkte der Länder der gemäßigten und kalten Klimazonen unserer Erde. Das Spektrum des Angebots als Frischfrucht, kandierte Frucht, Konserve, Konfitüre oder Fruchtsaft hat in den letzten drei Jahrzehnten ständig zugenommen: Avocado, Mango, Papaya, Granadille, Cherimoya, Guave, Kiwi, Litchi, Wasser- und Zukkermelonen verfehlen nicht, den Käufer anzulokken. Viele Käufer verhalten sich allerdings auch noch abwartend gegenüber den ungewohnten Früchten ferner Länder. Und man muß sich an viele tropische Früchte auch erst gewöhnen, entsprechen sie doch nicht immer unserer gewohnten Geschmacksrichtung.

Zu den ältesten Kulturpflanzen der Menschheit gehören 3 Gattungen der Rautengewächse; die aus China stammende und in Japan eingebürgerte Gattung *Poncirus*, die ebenfalls in China beheimatete Gattung *Fortunella* und die Gattung *Citrus*. Sie sind heute in allen tropischen und subtropischen Gebieten im Anbau. Die Gattung *Citrus* umfaßt etwa 13 kultivierte Arten. *Poncirus* dient häufig als Pfropfunterlage für *Citrus-*Arten oder auch zur Kreuzung mit diesen, ebenso veredelt man die *Fortunella-*Arten auf *Poncirus*. Die Früchte aus Kreuzungen von *Poncirus trifoliata* und *Citrus aurantium* werden als Citrangen, die Kreuzungen der Citrangen mit Arten der Gattung *Fortunella* als Citranquat bezeichnet, während Kreuzungen von *Fortunella* mit *Citrus aurantiifolia* Limequat heißen. Doch die große Variabilität dieser Gruppe dürfte wohl nur dem Fachmann vertraut sein.

Am wichtigsten ist unbestritten die Gattung *Citrus*. Ihre Vertreter sind Sträucher oder kleine Bäume mit lederartigen Blättern. Für das Gedeihen der hochwertigen Früchte ist viel Sonne nötig. Deshalb liegen die hauptsächlichen Anbaugebiete von Zitrusfrüchten heute im Süden der USA (in Florida und Kalifornien), in Brasilien, im Mittelmeerraum (Spanien, Italien, Griechenland, Libanon, Israel, Algerien und Marokko) sowie in Ost- und Südostasien (Indien, China, Japan). Im Mittelmeergebiet beginnt die Ernte im November bis Dezember und endet im März bis April. Die großen Zitrusplantagen in den USA haben durch Intensivwirtschaft mit maschineller Ernte schon lange den Charakter von Obstgärten verloren, wie er in den alten Anbaugebieten der Mittelmeerländer z. T. noch heute erhalten ist. Zitrusfrüchte erntet man kurz vor der Reife, desinfiziert die Schale mit verdünnter Borsäurelösung und erhöht die Haltbarkeit der Früchte durch Eintauchen in eine Lösung von Diphenyl. Zum Versand werden die Früchte oft in feines Seidenpapier eingepackt, auf dem der Herkunftsort aufgedruckt ist. Ein Großteil der Ernte wird an Ort und Stelle zu Marmeladen und Fruchtextrakten verarbeitet.

Wirtschaftlich wichtige Arten sind die Zitronatzitrone *(Citrus medica)*, die Zitrone oder Limone *(Citrus limon)*, die Pomeranze oder Bittere Orange *(Citrus aurantium)*, die Apfelsine oder Orange *(Citrus sinensis)*, die Mandarine *(Citrus reticulata)*, die Riesenorange oder Pampelmuse *(Citrus maxima)* und die Grapefrucht oder Grapefruit *(Citrus paradisi)*. Einzelne *Citrus-*Arten gelangten schon im Altertum als Heilpflanzen in das Mittelmeergebiet, später wurden sie von den Genuesen und

Orangenplantage mit reifen Früchten

Portugiesen nach Italien und auf die Iberische Halbinsel gebracht, wo sie heute außer Weintrauben das wichtigste Obst geworden sind.
Die hauptsächlichen Anbaugebiete der Zitrone liegen vor allem in Italien (Kalabrien und Sizilien) sowie in Spanien. Ausgedehnte Zitronenpflanzungen finden wir auch an der Levanteküste Libanons und Israels sowie im Süden der USA (Kalifornien, Florida), in Mexiko, Argentinien und Chile.
Die bei weitem bedeutendste *Citrus*-Art aber ist die Apfelsine, der »Apfel aus China« (sina = China). Von ihr werden jährlich etwa 30 Mill. t in der Welt produziert. Europäische Anbaugebiete liegen vor allem auf Korfu, Malta, Sardinien, Sizilien und Mallorca, in Süditalien, Südfrankreich, Spanien und Portugal. Es sind rund 1100 Sorten bekannt. Sie werden in mehrere große Sortengruppen unterteilt: die gewöhnlichen »Valencia«- und »Shamouti«-Orangen, die Navelorangen, Blutorangen und Zuckerorangen.
An zweiter Stelle stehen in der Weltproduktion die Mandarinen, die bevorzugt in Ostasien verzehrt werden, erst dann folgen die bereits besprochenen Zitronen und ihre Verwandten, die saure und die süße Limette *(Citrus aurantiifolia)*. Die der Apfelsine nahe verwandte Mandarine baut man heute in verschiedenen Kulturformen vor allem im Mittelmeergebiet und im südlichen Amerika sowie in Indien, Indonesien und Japan an. Ihre Früchte sind in reifem Zustand gelb, orangefarben oder rötlich und charakteristisch abgeflacht. Ihre Schalen lassen sich leicht ablösen. Kernlose (parthenokarpe) Sorten sind die Clementinen. Eine frostharte, früh reifende Sorte stellen die Satsumas dar.
Auch die Pampelmusen, die größten Früchte aller *Citrus*-Arten, werden in einigen Millionen Tonnen im Jahr produziert. Sie sind insbesondere in den USA sehr begehrt. Die Bittere Orange oder Pomeranze dient mit ihren Fruchtschalen der Marmela-

denbereitung, zur Herstellung von Orangeat sowie von Curaçao- und Cointreaulikören, während die dicke Fruchtschale der Zitronatzitrone zu dem für Backwaren verwendeten Zitronat verarbeitet wird.

Von Orangen und Pampelmusen ißt man das saftige Fruchtfleisch. Es besteht aus vielzelligen Saftschläuchen, die sich in dem gekammerten Fruchtinneren befinden. Außen ist die Fruchtschale der Zitrusfrüchte durch Karotinoide gelb oder orange gefärbt. Die gelbe Farbe der Zitronen beruht auf ihrem Gehalt an oxydierten Karotinoiden, den Xanthophyllen, während die Orangefärbung der Apfelsinenschale durch Karotine, Kohlenwasserstoffe mit sogenannten konjugierten Doppelbindungen, bedingt ist. Alle Zitrusbäume treiben 3mal im Jahr neue Blätter. Dabei ist im subtropischen Klima der Frühjahrstrieb der blütenreichste. Die meisten *Citrus*-Arten werden durch Pfropfung (Okulieren) auf aus Samen angezogene Unterlagen vermehrt. Mandarinen bringen 20, Orangen 40 Jahre einen vollen Ertrag und können bis zu 100 Jahren Früchte tragen.

Der Anbau von Weintrauben *(Vitis vinifera)* übertrifft bei weitem den jeder anderen Obstart, doch wollen wir uns dem Weinbau an anderer Stelle ausführlich widmen (s. S. 211).

Als wichtigste tropische Früchte sollen hier noch die Obst- und Kochbananen sowie die Mangofrucht erwähnt werden. Die Banane *(Musa paradi-*

Erntereife Weintraube

siaca) ist trotz ihrer baumähnlichen Gestalt eine Staude mit unterirdischem Erdsproß (Rhizom). An seinen Schößlingen bildet die Pflanze neue fruchtende Triebe. Der »Scheinstamm« der Bananenstaude kann 20 bis 30 cm dick und über 5 m lang werden und besteht aus den dicht aneinanderschließenden Blattscheiden. Als Heimat der Bananen gilt Südostasien. Durch Indo-Malayer oder Araber kam die Banane schon im 1. Jahrtausend v. u. Z. nach Afrika. In Amerika wurde sie aber erst nach 1500 eingeführt. Indische Wandfresken aus dem 5. Jahrhundert v. u. Z. zeigen bereits Bananenfrüchte. Die Portugiesen brachten Bananen Anfang des 16. Jahrhunderts zum ersten Mal nach Europa. Heute wird die Banane im gesamten Tropengürtel kultiviert. Eine widerstandsfähige Sorte, die Zwergbanane, faßte auch in den Subtropen Fuß. Man baut sie heute auf den Kanarischen Inseln, in Südspanien, der Türkei, in Algerien und einigen anderen Ländern an.

Die Klärung der biologischen Herkunft und die Entwicklung der Kulturbananen hat gezeigt, daß viele Formen Hybridsorten sind. Deshalb ist die alte Einteilung der Arten nicht mehr gültig. Aus praktischen Gründen empfiehlt sich aber die Unterscheidung von *Musa paradisiaca* und *Musa textilis* (Faserbanane). *Musa paradisiaca* wird heute als Mehlbanane und Obstbanane kultiviert. Die trocken-mehligen, süßlich oder süß-sauer schmeckenden Mehlbananen, Plantains genannt, bilden in tropischen Gebieten noch immer das wichtigste Grundnahrungsmittel einiger Länder. Allerdings sind diese Früchte sehr arm an Mineralstoffen und Eiweißen. Mehlbananen werden in frischem Zustand gekocht, geröstet oder gebraten, in Ostafrika bereitet man aus ihnen auch Bier. Sie sind sehr stärkereich, so daß sie die Eingeborenen auch zu Mehl verarbeiten, wovon ihr Name stammt. Besser vertraut sind uns die Obstbananen, die als verbreitetste Südfrucht auf die Obst- und Gemüsemärkte Europas kommt.

Bananenpflanzen kultiviert man vorwiegend in Plantagen, jeder »Scheinstamm« bildet nur einen einzigen Fruchtstand aus, das sogenannte Bündel. Es enthält 5 bis 10 »Hände« mit je 10 bis 20 Einzelfrüchten. Botanisch betrachtet, sind die Bananen Beeren, deren äußere Fruchtwand sich leicht abschälen läßt. Für den Export bestimmte Bananen werden »grünreif« geerntet. Man wäscht die sehr druckempfindlichen Früchte vor dem Transport im Packhaus und behandelt sie mit Desinfektionsmitteln (Natriumbisulfit, Natriumhypochlorit), um sie schließlich als Fruchtbündel (»Hände«) in Standardkartons zu verpacken. Auf

Bananenfruchtstand kurz vor der Ernte

Kühlschiffe verladen, werden sie bei 14 bis 15 Grad Celsius zu den Bestimmungshäfen transportiert. Dort bringt man sie in Wärmekammern bei 23 bis 25 Grad Celsius und in einer mit 0,1 Prozent Ethylen versetzten Atmosphäre zur »Gelbreife«. Dabei kommt es zur Verzuckerung eines Teils der Stärke (s. S. 59f).

Nach der Banane ist die Mango die wichtigste tropische Frucht. Doch spielt sie im Welthandel wegen der hohen Druckempfindlichkeit nur eine untergeordnete Rolle. Mango *(Mangifera indica)* ist ein bis zu 25 m hohes Obstgehölz aus der Pflanzenfamilie der Anacardiengewächse. Sie stammt aus dem indisch-burmesischen Monsungebiet und hat wegen ihrer wohlschmeckenden Früchte heute alle Tropenländer erobert. Die »Mangopflaumen« sind Steinfrüchte. Sie entwickeln sich an langen Stielen und wiegen in reifem Zustand 500 bis 2000 g. Die feste rote, gelbe oder grüne Schale riecht stark nach Terpentin und muß vor

Ananasplantage mit reifenden Früchten

dem Genuß entfernt werden. Mangos kann man recht vielfältig verwenden. Junge unreife Früchte mit noch nicht verhärteter Schale genießt man in Asien als Gemüse oder Salat, reife Früchte verzehrt man nicht nur als Frischobst, sondern verarbeitet sie vielseitig zu kandierten Früchten, Konfitüren, Konserven und Trockenpräparaten. Aus unreifen Früchten wird Chutney hergestellt, das unter anderem als Beilage zu Reisgerichten dient.

Wegen der Schönheit ihrer Blütenstände, die aus den Blatttrichtern hervorwachsen, sind Bromelien bei vielen Pflanzenfreunden recht beliebt. Die rund 1700 Arten umfassenden Bromeliengewächse stammen aus den »exotischen« Gegenden der Tropen und Subtropen der Neuen Welt. Zu ihnen gehört auch eine bekannte und beliebte Obstfrucht, die Ananas *(Ananas comosus)*; unter den Südfrüchten gilt sie wohl als die edelste. Kolumbus hat sie 1493 erstmals auf der Insel Guadeloupe entdeckt, und bereits im 17. Jahrhundert wurde sie in vielen tropischen Ländern kultiviert. Die Ananas ist eine an Trockenheit angepaßte Pflanze. Ihre Blätter gleichen einer Zisterne, in der Regenwasser, sich kondensierender Nebel und Tau aufgefangen werden. Doch sind Niederschlagsmengen von mehr als 600 mm im Jahr die untere Grenze für das Wachstum der Ananaspflanze. Aus der Mitte der Blattzisterne wächst bei älteren Pflanzen ein langer, kolbenartiger Blütenstand hervor. Aus ihm entwickelt sich die bis zu 4 kg schwere, gelbbräunliche Ananasfrucht, die oben einen Laubblattschopf trägt. Botanisch handelt es sich um eine Scheinfrucht (Fruchtstand), an deren Ausbildung die Blütenstandsachse beteiligt ist.

Heute wird die Ananas überall in den Tropen mit steigender Weltproduktion angebaut. Als wichtigste Produzenten sollen Hawaii, Brasilien, die Philippinen, Taiwan, Malaysia und Mexiko genannt werden. Aber auch an der afrikanischen Elfen-

Nahaufnahme einer sich entwickelnden Ananasfrucht

beinküste produziert man bedeutende Mengen Ananas. Die Frucht wird halbreif geerntet und ist so in viele Länder der Welt transportierbar. Das gelbliche, saftige Fleisch der Frucht enthält verschiedene Fruchtsäuren und fast 10 Prozent Zukker sowie Vitamine. Ein Großteil der exportierten Früchte wird im Handel als Konserve angeboten. Auch Marmelade, Saft und ananassafthaltige Getränke werden aus dieser Frucht in großen Mengen hergestellt.

Neben den Bananen sind Avocado sowie getrocknete Feigen und Datteln sehr nährstoffreich. Der zur Pflanzenfamilie der Lorbeergewächse *(Lauraceen)* gehörende, immergrüne, bis zu 10 m hohe Avocadobaum *(Persea americana)* stammt aus Mittelamerika und wird heute außer in den Tropen in Kalifornien, Südspanien und Israel kultiviert. Seine Früchte, die Avocado- oder Alligatorbirnen, ähneln in reifem Zustand in Größe und Gestalt einer Birne. Das rahmgelbe, butterweiche Fruchtfleisch der Steinfrucht hat einen hohen Eiweiß- und Fettgehalt, schmeckt schwach nußartig und wird, mit Salz und Pfeffer gewürzt oder gezuckert, ausgelöffelt.

Der Feigenbaum *(Ficus carica)* aus der Familie der Maulbeergewächse ist eine sehr alte Kulturpflanze. Bereits das Alte Testament der Bibel nennt ihn zusammen mit dem Rebstock. Hauptproduzenten von Feigen sind heute Portugal, Spanien, Italien und die Türkei. Ein Feigenbaum kann jährlich bis zu 200 kg frische Feigen liefern, die wegen ihrer leichten Verderbbarkeit meist in der Sonne getrocknet werden und gepreßt zum Versand kommen. Besonders beliebt sind die aus der Türkei stammenden Smyrnafeigen. Für die Bevölkerung der Erzeugerländer stellen Feigen ein wichtiges Nahrungsmittel dar. Es findet als Frisch- oder Dörrobst, aber auch als Mus und in Form einer besonders zubereiteten Feigenpaste Verwendung. Feigen sind wegen ihres hohen

Feigenbaum mit unreifen Früchten

Einzelne reifende Feigen am Baum

Zuckergehaltes ein gutes Ausgangsmaterial für die Herstellung von Wein und Schnaps.

Auch die Dattelpalme *(Phoenix dactylifera)* ist für die im heutigen Verbreitungsgebiet lebende mohammedanische Bevölkerung eine wichtige Nahrungspflanze. Ihr Anbau lohnt sich nur in warmen Trockengebieten. Sie bevorzugt grundwasserhaltige Sandböden und ist ein Charakterbaum der Oasen. Nach 30 bis 40 Jahren bringen die Palmen Höchsterträge bis zu 80 kg Datteln pro Baum im Jahr. Bei den pflaumengroßen Früchten handelt es sich um Beeren, die in ihren Samen steinharte Reservezellulose speichern. Reife Datteln haben ein zuckerreiches Fruchtfleisch. Für den Export bestimmte Früchte werden halbreif geerntet und anschließend in der Sonne getrocknet (gedörrt). Die Araber stellen aus den Datteln auch Sirup und sogenannten Dattelhonig her.

Unter den Obstfrüchten spielen auch Stein- und Kernobstarten eine größere Rolle, insbesondere in den Ländern der gemäßigten Klimazone. In der Weltproduktion steht an erster Stelle der Pfirsich *(Prunus persica)*. Er gedeiht auch im tropischen Sommerregengebiet und in Höhenlagen der Tropen. Seine Hauptanbaugebiete liegen allerdings in den Mittelmeerländern. Neben Pfirsichen sind Pflaumen *(Prunus domestica)* die wichtigsten Steinfrüchte. Bei ihnen bildet das Endokarp eine harte Schale um die Samen. Die Pflaume ist in Westasien und Südosteuropa heimisch und wird vor allem in vielen Ländern mit gemäßigtem und Mittelmeerklima kultiviert. Für die warmen Länder spielt die Aprikose *(Prunus armeniaca)* eine größere Rolle, während die Süßkirsche *(Prunus avium)* und die Sauerkirsche *(Prunus cerasus)* Steinfrüchte der gemäßigten Klimazone Europas und Westasiens sind.

Auch der zum Kernobst gehörende Apfel *(Malus sylvestris)* nimmt einen bedeutenden Platz in der Produktion von Obst ein. Es ist die wichtigste Obstart der gemäßigten Klimazone, weil viele Sorten gut lagerfähig sind und der Apfelbaum auch strengere Winter gut übersteht. Die Birne *(Pyrus communis)* verträgt dagegen nicht so hohe Kältegrade im Winter. Die Hauptmenge der Apfel- und Birnenernte wird als Frischobst, auch im Export, verkauft. Doch werden gerade Äpfel in ausgedehntem Umfang zu Konserven, Mus, Saft, Cider usw. verarbeitet. Ein wichtiges Nebenprodukt sind die Kerne (Samen), die der Pektingewinnung dienen.

Als Wildobst werden noch heute jedes Jahr besonders Himbeeren und Brombeeren tonnenweise in unseren Wäldern gesammelt. Doch haben ihre Kulturformen genauso wie die anderen Beerenobstarten, z. B. Stachel-, Johannis- und

Erdbeeren, längst Eingang in unsere Gärten gefunden. Vor allem die an Vitamin C reiche Gartenerdbeere *(Fragaria x ananassa)* erfreut sich großer Beliebtheit. Aus den amerikanischen »Everbearings« (»Jahreserdbeeren«) wurden Sorten gezüchtet, die heute den Anbau von Gartenerdbeeren in fast allen Klimagebieten erlauben. In warmen Gegenden können recht hohe Ernteerträge erzielt werden, obwohl hier die Qualität im Vergleich zu Früchten gemäßigter Breiten geringer ist. Neben ein-, zwei- und dreimal tragenden Sorten gibt es immertragende Erdbeeren. Bis zu 1,80 m hoch können ertragreiche Spaliererdbeersorten werden. Vom Juni bis zum November liefern sie in unserem Klima die vier- bis fünffachen Ernten üblicher Erdbeersorten. Erdbeeren sind ein beliebtes Tafelobst, werden aber auch in verarbeiteter Form vielfältig verwendet, so z. B. als verschie-

Apfelplantage

dene Konserven, Konfitüren, Marmeladen und Saft. Wie wir gesehen haben, ist die Anzahl der Obstfruchtarten außerordentlich groß. Viele Arten der Tropen und Subtropen haben keine größere wirtschaftliche Bedeutung. Die meisten werden im Erzeugerland verzehrt, können hier aber wichtige Nahrungspflanzen sein wie die Jackfrucht oder der Granatapfel. Auch Papayas *(Carica papaya)*, große Früchte des tropischen Melonenbaumes, spielen eine Rolle. Der Baum stellt eigentlich ein verholztes Kraut dar, da er nach 4 Jahren abstirbt. Aus dem schlanken, unverzweigten, nur wenig verholzten Stamm des Melonenbaumes tritt beim Anschneiden ein Milchsaft aus. Er enthält ein eiweißspaltendes Enzym, das Papain. Dieses Enzym wird nicht nur medizinisch verwendet. Auch Fleischgerichte werden mit Papain verdaulicher, weil es die eiweißspaltenden Enzyme des menschlichen Magen-Darm-Kanals in ihrer Arbeit unterstützt. Die Papayafrüchte sind Beeren mit einer grünen oder gelben ledrigen Schale. Das orangegelbe Fruchtfleisch schmeckt nach Aprikosen und wird eingezuckert roh gegessen.

Auch Cherimoya *(Annona cherimola)* gehört zu köstlichen Obstfrüchten der Tropen mit nur geringer Bedeutung. Ihr Fleisch soll zugleich nach Ananas und Erdbeeren schmecken. Cherimoyas müssen mit Luftfracht in Abnehmerländer außerhalb des Anbaugebietes verschickt werden, da sie recht schlecht haltbar sind.

Pflanzen für die Tierernährung

»Wer Schafe hat,
dem ist das Schicksal hold,
sie fressen das Gras
und kacken das reine Gold.«

Spanisches Sprichwort

Einen erheblichen Teil der auf Wiesen, Weiden und Äckern produzierten Pflanzenmasse verwenden wir für die Ernährung der Haustiere. So trägt sie auf dem Umweg über Fleisch, Milch und Eier zur menschlichen Ernährung bei. Es handelt sich um eine »Veredelung« pflanzlicher Biomasse zu kalorisch hochwertigen und eiweißreichen Tierprodukten. Doch bei dieser Nahrungskette kommt es zu einem erheblichen Verlust an ursprünglich von der Pflanze gewonnener chemischer Energie ihrer Kohlenhydrate, Eiweiße und Fette (s. S. 210). Riesige Rinderherden liefern Fleisch und Milch, aber auch Leder als Rohstoff. Dabei werden heute Schweine- und Geflügelaufzucht mit industriemäßigen Methoden betrieben: Man »produziert« in Geflügelfarmen Hühner, Enten, Truthühner und Wachteln; Broileraufzuchtstationen und »Eierlegefabriken« ermöglichen eine Intensivproduktion von tierischem Protein.

Darüber hinaus hat der Mensch auch heute noch viele andere Haustiere; doch ist die Bedeutung von Haustieren, z. B. als Zug- und Transportmittel, in den entwickelten Ländern erheblich zurückgegangen. Nur in einigen Entwicklungsländern spielen Rinderarten noch eine Rolle bei der Bodenbestellung und Ernte oder im Nahtransport. Reitpferde, Reit- und Lastkamele, Schlittenhunde und dergleichen haben stets nur eine lokale Bedeutung gehabt. Die Pferdezucht wird längst nicht mehr allein für die Landwirtschaft und das Brauereigewerbe betrieben, sie dient heute überwiegend der sportlichen Betätigung in der Freizeit. Demgegenüber ist die Schafzucht, die sich in Europa im 14. Jahrhundert in Spanien und Italien zu entwickeln begann, heute in allen europäischen Ländern weit verbreitet. Als Ergebnis einer rund tausendjährigen Züchtungsarbeit hält man vor allem sogenannte Wollschafe.

Tierhaltung und Viehzucht sind noch in jenen Gegenden möglich, wo kein zufriedenstellender Pflanzenbau wegen zu geringer Niederschläge, Flachgründigkeit oder Steilheit des Geländes, stauender Nässe oder Versalzung des Bodens durchgeführt werden kann. Auch in den Sommerregengebieten warmer Länder und selbst in den feuchtwarmen Tropen gewinnt die Tierhaltung immer mehr an Bedeutung. Kann sie doch gerade in diesen Ländern einen wichtigen Beitrag zur Eiweißversorgung der Bevölkerung leisten. Großflächige Rodungen des Urwaldes, wie sie z. B. zur Zeit in Brasilien vorgenommen werden, sind jedoch ein ungeeignetes Mittel, ertragreiches Weideland zu gewinnen. Sie werden nach Feststellung von Sachverständigen verheerende ökologische und sozialökonomische Folgen haben und bedeuten insgesamt einen Verlust an pflanzlicher Primärproduktionskraft (s. S. 231).

Die natürlichen Weidegebiete der Erde für Wildtierherden sind die Grassteppen. Überall sind diese Landschaften verändert, und ihr Tierbestand ist stark dezimiert worden, so daß Wildtiere nur noch in Reservaten leben können, wie die Bisons in der Prärie Nordamerikas.

Das Grasland der Wiesen und Weiden ist noch immer die wichtigste Futtergrundlage der Tierernährung. In vielen Ländern sind auch Stroh und

Karger Pflanzenwuchs des Hochgebirges — Nahrung für eine Schafherde

Pflanzenabfälle, die bei der Ernte von Kulturpflanzen als Nebenprodukte häufig in bedeutenden Mengen anfallen, für Nutztiere von großer Bedeutung. Man preßt Stroh zu Pellets, siliert Pflanzenabfälle wie auch viele Futterpflanzen, und das dabei entstandene Sauerfutter (Silofutter, Silage) ist eine wertvolle Nahrung für die Tierhaltung im Winter. So dienen viele Pflanzen neben der menschlichen auch noch der tierischen Ernährung. Denken wir etwa an Sorghumhirse, Weizen, Mais, Maniok und Sojabohne.

Von der Festlandsfläche der Erde besteht mehr als die Hälfte aus Grasland. Davon ist rund ein Drittel kultiviertes Wiesen- und Weideland, der Rest ist natürliche Vegetation, besonders in niederschlagsarmen Gebieten. Hier finden wir in der gemäßigten Klimazone Steppen, von Natur aus baumfreies Grasland, z. B. die eurosibirische Steppenzone, die von der Donaumündung bis in das Amurgebiet reicht. Zu ihr gehört auch das Steppen- und Waldsteppengebiet, das die nördlichen und mittleren Teile der Mongolischen Volksrepu-

Kamele — Nutzer des geringen Pflanzenwuchses in der Steppe Zentralasiens

Weideland mit Rindern

blik bedeckt. An die Grassteppen der Ostmongolischen Platte schließt sich eine Wüstensteppe an, die allmählich in die Wüste Gobi übergeht.
In den zentralen Teilen Nordamerikas erstrecken sich die als Prärie bekannten Steppengebiete vom Mittleren Westen der USA nach Süden bis Mexiko und in umgekehrter Richtung zum Ostabfall der großen Felsengebirge bis in das südliche Kanada. In der echten Prärie, der Langgrasprärie, fallen jährlich Niederschlagsmengen von 600 bis 1 000 mm. Hier ist es also nicht gerade niederschlagsarm. Doch ein Baumwuchs wird durch die hohen Gräser und durch immer wieder auflodernde, ausgedehnte Flächenbrände, die zum Teil auch durch den Menschen gelegt werden, verhindert. Früher haben die nach vielen Tausenden zählenden Herden der Indianerbüffel die Entwicklung zum Grasland gefördert. Heute wird die Langgrasprärie, die lokal über eine Mischgrasprärie in die Kurzgrasprärie übergeht, meist als Weideland für Haustiere oder in Reservaten durch Büffel genutzt. In ihr herrschen Mezquitegräser (*Bouteloua*-Arten) vor, und an vielen Stellen bildet das Buffalogras *(Buchloë dactyloides)* eine geschlossene Pflanzendecke. Schon in historischer Zeit wurden große Teile der Prärie in Ackerkultur überführt. Heute herrschen dort ausgedehnte Monokulturen von Mais und Weizen vor und gefährden durch Bodenerosion die Landschaft.
Ein natürliches Steppengebiet ist auch die Pampa Südamerikas, die eine Fläche von rund einer halben Million Quadratkilometer bedeckt, ein heute relativ dicht besiedeltes, durch Ackerbau und Viehzucht erschlossenes Gebiet. Doch die ursprüngliche Vegetation artenreicher Federgräser verschwand aus ihr fast völlig.
Natürliches Grasland kann in der modernen Landwirtschaft durch die Einsaat ertrag- und nährstoffreicher Futtergräser und Leguminosen verbessert werden. Dadurch lassen sich nicht nur durch Überweidung entstandene Bestandslücken schließen, sondern es wird auch die floristische Zusammensetzung des Ökosystems verändert und ein höherer Ertrag erzielt. Durch solche Maßnahmen kann man nicht zuletzt stark degradierte Weiden in einem oft langwierigen Prozeß wieder auf das frühere Ertragsniveau bringen.
In Gebieten, in denen die jährlichen Niederschlagsmengen für den Ackerbau ausreichen, lassen sich auch Gräser und Leguminosen zur Beweidung oder Futtergewinnung anbauen. Wenn die Niederschläge auf wenige Monate des Jahres – eine sogenannte Regenzeit – begrenzt sind, müssen einjährige Arten verwendet werden, wie Hirsearten, Sudangras, Hafer, Gerste und verschiedene Leguminosen, z. B. *Trifolium subterraneum* und *Medicago trunccatula*. In den Sommerregengebieten legt man 3 bis 6 Jahre genutzte Dauerweiden im Wechsel mit Ackerkulturen an. Dies ist für die Erhaltung der Bodenqualität recht vorteilhaft, denn unter Gras kann sich der Humusaufbau vollziehen, und Schaderreger, wie Nematoden oder schädliche Bodenpilze, werden hier zurückgedrängt.
Zu den besten Futterpflanzen gehört verschiedenes Futtergetreide. So geben Formen verschiedener Hirsearten, z. B. *Sorghum bicolor, Pennisetum glaucum* und *Pennisetum typhoides* oder *Pennisetum*-Hybriden, aber auch die Futterrübe (*Beta vulgaris* var. *alba*) und die Futterformen des Kohls *(Brassica oleracea)* und des Rübsens *(Brassica rapa)* gutes Futter.
Vor allem werden aber Gräser und Hülsenfrüchtler (Leguminosen) zur Futtergewinnung angebaut. Dabei haben die Hülsenfrüchtler meist höhere Gehalte an Eiweißen, Mineralstoffen und Vitaminen als die Getreidearten. Die Schmetterlingsblütler (Leguminosen) spielen eine bedeutende ökonomische Rolle, da zu ihnen viele wichtige Nahrungspflanzen für Mensch und Tier gehören. Wegen der symbiontischen Luftstickstoffbindung ihrer Wurzelknöllchen (s. S. 233) sind sie reichlich mit Stickstoff versorgt und können selbst auf ausgesprochen armen Böden gedeihen. Dementsprechend haben ihre Samen einen hohen Eiweißgehalt. Einige der kultivierten Arten sind auch wegen ihrer ölreichen Samen von wirtschaftlicher Bedeutung (s. S. 78). Leguminosen verlangen jedoch eine gute Wasserversorgung. Da das stickstoffbindende System als Metalle Eisen und Molybdän benötigt, muß man auch der Mineraldüngung besondere Aufmerksamkeit schenken, und der Sauerstoffbedarf der Wurzelknöllchen verlangt eine gute Bodendurchlüftung.
Manche Leguminosen enthalten einen Proteasehemmstoff, der der Eiweißverdauung entgegenwirkt, wenige andere auch giftige Glykoside. Doch wegen ihrer weiten ökologischen Verbreitung, ihrer Anpassungsfähigkeit an unterschiedliche Klimate und ihrer Unabhängigkeit vom Bodenstickstoff konnten sie eine Vorrangstellung unter den Kulturpflanzen sowohl für die menschliche Ernährung wie auch als Futterpflanzen erreichen. In Kombination mit Getreide oder anderen Gräsern sind Leguminosen ein ausgezeichnetes Viehfutter. Durch Anlage von Mischweiden aus Gräsern und Leguminosen kann dem Auftreten

Blühender Feldbestand der Futtererbse

von Mangelkrankheiten beim Vieh, die auf dem Fehlen bestimmter Mineral- oder Spurenstoffe beruhen, wirksam begegnet werden. Die Hektarerträge sind bei einigen Futterleguminosen sehr hoch, beispielsweise in subtropischen Gebieten bei Luzerne und bei verschiedenen tropischen Leguminosen.

Die im heutigen Iran oder Irak beheimatete Luzerne *(Medicago sativa)* wird vor allem in den USA auf ausgedehnten Flächen kultiviert. Sie gedeiht prächtig in Trockengebieten, wo eine Bewässerung möglich und der Boden gut durchlüftet ist. Die Farmer ernten hier 6- bis 8mal im Jahr ein stickstoffreiches vorzügliches Viehfutter. In Europa begrenzt das etwas kühlere Klima den Anbau von Luzerne. Hier spielen Futterklee-(*Trifolium*-)Arten eine vergleichbare Rolle, da sie nicht nur hohe Ernteerträge bringen, sondern auch wegen ihrer biologischen Ammoniaksynthese (Luftstickstoffbindung) bodenverbessernd wirken. Von den reifen Pflanzen lösen sich viele der kleinen Wurzelknöllchen ab und führen dem Boden, zusammen mit den nach der Klee-Ernte untergepflügten Pflanzenresten, große Mengen organischen Stickstoffs (Aminostickstoff) zu. Man kann auch das ganze Feld unterpflügen und dadurch eine Gründüngung vornehmen.

In der Regel wird Klee aller 3 Jahre als Zwischenfrucht in einer Fruchtfolge angebaut, die typischerweise Weizen, Kartoffeln und Klee einschließt. Die angebauten Kleearten, deren Blätter 20 bis 30 Prozent Protein enthalten, umfassen rotblühende und weißblühende Arten, wie Rotklee *(Trifolium pratense)*, Inkarnatklee *(Trifolium incarnatum)* und Weißklee *(Trifolium repens)*. In nördlicheren Gegenden mit kürzerer Vegetationsdauer kommen *Trifolium hybridum* und *Trifolium alexandrinum* zum Anbau. Im Westen Australiens spielte *Trifolium subterraneum* eine wichtige Rolle als Futterpflanze. Bei seiner Kultivierung kam es aber zu einer unvorhergesehenen Panne. Schafe, die auf solchen Kleefeldern grasten, zeigten Fortpflanzungsstörungen und wurden unfruchtbar. Wie man schließlich herausfand, enthält dieser Klee einen Genistein genannten Inhaltsstoff, der wie ein weibliches Sexualhormon (Oestrogen) wirkt.

In gewisser Hinsicht ist die tropische Leguminose *Pueraria phaseoloides (Pueraria thunbergiana)*, Kudan genannt, das Gegenstück zur Luzerne. Sie bindet im Jahr mit 60 kg Stickstoff pro Hektar Land deutlich geringere Stickstoffmengen und hat sich im Süden der USA zu einem lästigen Unkraut entwickelt.

Die Anzahl der als Futterpflanzen angebauten Pflanzenarten ist überaus groß. Der Pflanzenbauer muß unter ihnen nach den gegebenen Boden- und Klimaverhältnissen auswählen. Groß ist auch die Anzahl der züchterisch verbesserten Sorten, die durch ihre Anpassung an spezielle ökologische und betriebsökonomische Bedingungen meist einen viel größeren Futterwert als ihre wilden Ausgangsformen haben. Zahlreiche Futtergräser konnten in den letzten Jahren züchterisch verbessert werden, z. B. das Bermudagras *(Cynodon dactylon)*, dessen Varietät ›Coastal‹ recht ertragreich ist und wertvolle Futtereigenschaften aufweist. Nicht nur auf Ertragssteigerung und Erhöhung des Futterwertes wird gezüchtet, sondern

auch auf Resistenz gegenüber Schädlingen und Krankheiten sowie Trockenheit und hohem Salzgehalt der Böden. In Trockengebieten werden auf versalzten Böden gelegentlich salztolerante Pflanzen kultiviert, z. B. Melde-*(Atriplex-)*Arten aus der Familie der Gänsefußgewächse die als Futterpflanzen von gewissem Wert sind.

In den Gebieten, in denen sommerliche Trockenperioden das Pflanzenwachstum begrenzen, sind Futterpflanzen von Bedeutung, die auch in der Trockenzeit saftiges Futter zur Verfügung stellen. Hierzu eignen sich Futtermelone *(Citrullus lanatus)*, Futterkürbis *(Cucurbita pepo)* und Futterrübe *(Beta vulgaris)* oder auch in manchen Gegenden stachellose Formen des Feigenkaktus *(Opuntia ficus-indica)*.

Nicht vergessen werden soll, daß Pflanzen auch zur Futterversorgung domestizierter oder halbdo-

Ein Rotkleefeld – Nahrung für die Bienen

Pollensammelnde Biene an Weidenblüten

mestizierter Insekten angebaut werden. Bekanntlich liefert die Maulbeerseidenraupe *(Bombyx mori)* 98 Prozent der Weltproduktion an Naturseide. Ihre Hauptfutterpflanze ist die Weiße Maulbeere *(Morus alba)*. Sie wird als Baum, Strauch oder Spalier gezogen und liefert Blatterträge von 25 t/ha im Jahr. In Indien spielt die Eriseidenraupe *(Philosamia ricini)* eine Rolle, deren wichtigste Futterpflanze ein Wolfsmilchsgewächs, der Rizinus *(Ricinus communis)*, ist.
Wertvolle Haustiere sind auch unsere Honigbienen *(Apis mellifica)*, die nicht nur als Lieferanten von Honig und Wachs geschätzt werden, sondern auch die Bestäubung vieler Kulturpflanzen sichern, z. B. von Obstgehölzen und Sonnenblumen, Luzerne, Raps und anderen Kreuzblütlern, von Kokospalmen usw. Zu einer wichtigen Bienenfutterpflanze gehört auch der feldmäßig kultivierte Rotklee. Die Nitratdüngung der Wiesen hat aber das Nektarangebot für Bienen verschlechtert.
Ein bedeutender Exportartikel Indiens und Thailands, der Schellack, wird als harzige Ausscheidung von der Schildlaus *(Laccifer lacca)* gebildet, wenn sie Leguminosen wie *Butea monosperma* und *Maughania macrophylla* als Futter zur Verfügung hat. Der beste Lack wird auf der Sapindacee *Schleichera trijuga* produziert. Als Futterpflanzen der Chinesischen Wachsschildlaus *(Ericerus pela)*, die das sogenannte Weiße Wachs liefert, werden *Fraxinus chinensis* und *Ligustrum lucidum* kultiviert.

Der Wald als Holzproduzent

*»Holz ist heilig. –
Als die erste Zelle anfing
zu verholzen, begann es gemütlich
zu werden auf der Welt!
Holzbildwerke durchlebten schon oft
tausend Jahre.
Das hätte das Blatt nicht geglaubt,
als es die Stoffe für das Wachstum
des Holzes schuf!«*

Karl Foerster (1951)

Groß sind die Bedeutung und der Reichtum der Wälder der Erde. Sie sind nicht allein die natürlichen Produzenten für Rohstoffe, wie Holz, Kork, Harze u.a. Auch zum ökologischen Gleichgewicht im Haushalt der Natur, zur Sauerstoff- und Biomasseproduktion, zum Wasser- und Temperaturausgleich (s. S. 234) oder zur Staubfilterung (s. S. 264) tragen sie bei. Aber nur noch rund ein Drittel der Festlandsfläche der Erde (38 Mill. km^2) ist mit Wald bedeckt. Dabei befinden sich vier Fünftel der Wälder im borealen Nadelwald- und im tropischen Regenwaldgürtel, also in recht unzugänglichen Gegenden. Die nördlichen Nadelwälder sind ziemlich artenarm. In ihrer Baumschicht dominieren meist Reinbestände. In den nur dünn besiedelten, ausgedehnten kontinentalen Waldgebieten der Nordhemisphäre, wie in Skandinavien, der Sowjetunion und in Kanada, werden jedes Jahr große Mengen Industriehölzer, vor allem der Fichte, eingeschlagen und z.T. exportiert. Hier gibt es noch gewaltige Holzreserven.
In Mitteleuropa bildet die genügsame Fichte nur im höheren Mittelgebirge natürliche Wälder. Im allgemeinen fallen hier hohe Niederschläge bei geringen Temperaturen, es herrscht also ein kühlfeuchtes Klima, das die Bildung sogenannter Podsolböden (Bleicherden) begünstigt. Die Besiedlung der Mittelgebirge in Mitteleuropa, z. B. des Harzes oder Erzgebirges, geschah nicht durch Bauern, sondern durch Jäger und Hirten. Waldarbeiter, Köhler und Pechsieder, aber auch Bergleute drangen in die unwegsamen Gebirgstäler vor. Fichte und Kiefer sind heute die verbreitetsten Waldbäume der mitteleuropäischen Flora, und insbesondere das Fichtenholz wird auf mannigfachste Weise durch Handwerk und Industrie verwendet.
Die lichthungrige Waldkiefer, ein typischer Baum des borealen Nadelwaldgebietes, kommt in Europa überall dort vor, wo sie der Konkurrenz durch schattenertragende Bäume nicht ausgesetzt ist. Natürliche Kiefernwälder findet man in Mitteleuropa nur noch auf Extremstandorten. Die Kiefer meidet Gebiete mit ausgesprochen atlantischem Klima, im Süden wird sie zu einem Baum der Gebirge. Kiefernholz wird vielseitig verwendet, und sein Harz (s. S. 130) ist außerdem ein gesuchter Rohstoff.
Südlich an den borealen Nadelwaldgürtel schließen sich natürlicherweise die vielgestaltigen sommergrünen Laub- und Mischwälder unserer Heimat an: die Wälder des Hügellandes und der Ebenen, die Bach- und Auwälder, die Bruchwälder und Moorlandschaften. Früher war das Hügelland in Mitteleuropa von geschlossenen Buchenwäldern bedeckt. Bis auf örtlich erhalten gebliebene Reste sind diese längst verschwunden.
Naturnahe, blumenreiche Kalkbuchenwälder gibt es nur noch auf Muschelkalkflächen in z.T. größerer Ausdehnung. In ebenen und sanft gewellten Gebieten wuchsen früher Eichenmischwälder. Vom 13. bis zum ausgehenden 18. Jahrhundert erlangte in diesen Eichen-Buchen-Wäldern die Eiche die Vorherrschaft durch die Bewirtschaftungsweise des Waldes. Auch in den Hainbuchenwäldern sind häufig Eichen vertreten. Doch die Eichenholzproduktivität ist gering. So entstan-

Fichtenreinbestand, von Birken gesäumt

den besonders in den letzten 150 Jahren aus den Eichenmischwäldern trockener Standorte durch forstwirtschaftliche Maßnahmen überwiegend Kiefern- und Fichtenreinbestände. Diese kann man forstlich besser betreuen, wirtschaftlich rentabler nutzen, und ihr Holz ist vielseitiger einsetzbar. So werden heute Kiefern und Fichten weit über ihre natürlichen Verbreitungsgebiete hinaus auf riesigen Flächen zur Vergrößerung der Holzproduktion angebaut. Fichtenholz bringt derzeit etwa 1,7mal mehr Geld beim Verkauf als Buchenholz. Im gleichen Zeitraum produziert ein Fichtenforst 800 Festmeter Holz und ein Buchenwald nur 600 Festmeter.

Doch jede forstwirtschaftliche Maßnahme, ob Waldverjüngung oder Holzernte, hat Folgen für das Ökosystem Wald. Andererseits kann auf Holz als Rohstofflieferant nicht verzichtet werden. Deshalb muß eine gesunde Forstwirtschaft bei langfristiger und gleichmäßiger Berücksichtigung von ökologischen, forstwirtschaftlichen und ökonomischen Faktoren durchgeführt werden. Insbesondere ist die Produktionskraft der verschiedenen Waldgesellschaften zu berücksichtigen, damit der Holzeinschlag diese landesweit nicht übersteigt. Doch finden wir weltweit in Vergangenheit und Gegenwart immer wieder Beispiele für den Raubbau am Wald.

Die Nutzung des Waldes geschieht auf verschiedene Art. Schonend ist die Plenterwirtschaft, bei der in jedem Jahr immer nur einzelne Stämme pro Hektar herausgeschlagen werden (man nennt eine solche Entnahme von Einzelstämmen plentern). Gewöhnlich werden starke Stämme entnommen. Sie reißen in das schattige Halbdunkel des Plenterwaldes gleichsam ein Loch, so daß bisher durch Lichtmangel in ihrem Wachstum gehemmte Bäume nun plötzlich in die Höhe wachsen und sich entfalten können. So entsteht meist ein sehr schöner Wald. Doch durch das Bestreben, die Waldwirtschaft zu mechanisieren und zu intensivieren, wird das Plentern nur noch selten angewandt, wie im Schwarzwald, Allgäu und Bayrischen Wald.

Für viele Waldgebiete Mitteleuropas ist jedoch der Kahlschlag typisch. Durch örtlich und zeitlich abwechselnde, größere und kleinere Kahlschläge und ihre Wiederaufforstung erhält die Landschaft des Berglandes eine angenehme Vielgestaltigkeit, und nachteilige ökologische Folgen werden minimiert. Doch entstehen vielerorts durch den ganzjährig betriebenen Holzeinschlag und -abtransport sowie die schweren Fahrzeuge beträchtliche Schäden für Waldboden und -wege.

Für die Aufforstung von Kahlschlägen werden in intensiv bewirtschafteten Forstbaumschulen Jungpflanzen in großen Mengen angezogen. Dabei führt man die Pflanzarbeiten zum größten Teil mit der Hand aus. Bei der Neuanpflanzung von Forstbäumen auf Kahlschlägen im Tiefland können aber Scheibeneggen, die den Boden aufreißen, und Pflanzmaschinen eingesetzt werden. Die jungen Fichten wiederaufgeforsteter Flächen muß man vor Wildverbiß schützen. Neben der Einzäunung geht man heute immer mehr dazu über, auf die zarten Gipfel- und Seitensprosse einen für die Tiere widrigen Geruchsstoff in Sprayform aufzubringen.

Die Reinbestände unserer Forste und Wirtschaftswälder sind leider recht häufig von Katastrophen betroffen: Wind- und Schneebruch können große Schäden anrichten und Insekten und Pilze solche betroffenen Waldstücke weiter schädigen; nicht selten wüten verheerende Brände, so daß in trokkenen Jahren Feuersbrünste ausgedehnte Waldgebiete zerstören. Weitaus weniger gefährdet als die Fichten- und Kiefernwälder sind die Mischwälder, sie stellen, langfristig gesehen, eine Alternative zu den durch Witterungseinflüsse besonders gefährdeten Nadelholzmonokulturen dar.

Bis vor wenigen Jahrzehnten wurden die Bäume in schwerer Handarbeit mit Axt und Handsäge gefällt, heute bedient man sich der Motorsäge. Nur noch gelegentlich, z. B. an schwer zugänglichen Stellen, werden Pferde zum Herausziehen und Abschleppen der gefällten und entasteten Stämme zum Holzstapelplatz eingesetzt. Jetzt erledigen diese Arbeiten Lastkraftwagen mit Krananlagen, die ein einzelner Forstarbeiter relativ schnell mit langem Stammholz oder mit Kurzholz bis zu 30 m^3 beladen kann. In speziell konstruierten Holztransportern können sogar die längsten und stärksten Stämme schnell abgefahren werden. Schwerere Geräte übernehmen auch das Fällen und Entrinden der Stämme.

Wegen ihrer vielseitigen Einsatzmöglichkeiten beanspruchen Nadelhölzer einen bevorzugten Platz in der Weltholzversorgung. Holz der Gemeinen Fichte *(Picea abies)* stellt das wichtigste Ausgangsmaterial für die Zellstoff- und Papierherstellung dar. Das Holz der Waldkiefer *(Pinus sylvestris)* ist in seiner Qualität stark von der Herkunft abhängig, es dient als Bauholz und billiges Möbelholz. Das harte und dauerhafte Holz der Europäischen Lärche *(Larix decidua)* wird im Boots-, Bottich-, Brücken- und Erdbau bevorzugt, ist aber auch als Möbelholz und für Täfelungen geeignet.

Moderner Abtransport von Holzstämmen

Zersägen von gefällten Bäumen

Besonders zähes und elastisches Holz weist die Eibe *(Taxus baccata)* auf, ein in Mitteleuropa nur noch selten anzutreffender Baum.
Zu den begehrtesten europäischen Möbelhölzern zählt das Holz der Ulmen oder Rüstern (*Ulmus*-Arten), aber auch Birkenholz (*Betula*-Arten) wird gern in der Möbelindustrie verwendet. Vielseitig ist die Nutzung des besonders leichten und weichen, gleichmäßig strukturierten Holzes der Pappeln, vor allem der Schwarzpappel *(Populus nigra)*, das z. B. auch gern als Blindholz für Möbel sowie für Zeichentische genommen wird. Zäh, biegsam und elastisch ist das Eschenholz *(Fraxinus excelsior)*, hart und zäh dagegen das Holz der Weiß- oder Hainbuche *(Carpinus betulus)*. Eschenholz wird unter anderem zur Anfertigung von kunstgewerblichen Artikeln und Sportgeräten, z. B. von Skiern, verwendet, während sich das

Holztransport mit Pferden

Hainbuchenholz zur Herstellung mechanisch stark beanspruchter Teile, wie Räder, Keile, Kegel, Werkzeugstiele und Holzschrauben, eignet. Bestes Holz für Schnitzarbeiten liefert die Linde *(Tilia spec.)*.
Von den heimischen Ahornarten findet das Holz des Bergahorns *(Acer pseudo-platanus)* am meisten Verwendung. Es wird besonders für Möbel, bei denen das Holz »roh« bleiben soll, z. B. für Schlafzimmer- und Küchenmöbel, benutzt. Unter den mitteleuropäischen Laubhölzern weist das harte, rötliche Holz der Rotbuche *(Fagus sylvatica)* die vielfältigste Verarbeitung auf. Es dient unter anderem zur Herstellung von Möbeln, Sperrholz, Parkettböden und in der Industrie als Ausgangsmaterial der Holzverkohlung, die Holzkohle, Holzessig sowie andere Produkte liefert. In den vergangenen Jahrhunderten, als man mit der Holzkohle noch Erz und Glas schmolz, hatte diese große ökonomische Bedeutung. Natürlich sind Buchenscheite auch heute noch ein begehrtes Brennholz. Das Holz der Eichen (*Quercus*-Arten) ist besonders hart, fest und dauerhaft und für die Verwendung im Hoch- und Tiefbau sowie Wasser- und Brückenbau vorzüglich geeignet. Eichenmöbel wirken sehr massiv, Parkettfußböden aus Eiche sind besonders haltbar.
Als sehr wertvoll wird das Holz des Echten Walnußbaums *(Juglans regia)* angesehen. Dieser wahrscheinlich in den Gebirgen der Balkanhalbinsel und Südwestasiens heimische Baum wächst vor allem im südlichen Mitteleuropa stellenweise häufig in den Wäldern, stammt jedoch vermutlich aus verwilderten alten Kulturen, die schon in der Römerzeit gepflanzt wurden. Das aus Südeuropa, aber auch aus der Türkei und dem Iran eingeführte Holz des Buchsbaumes *(Buxus sempervirens)* dient für feine Holzschnitzereien und Drechslerarbeiten, da es sich um ein hartes, festes und gleichmäßig strukturiertes Holz handelt.

Silbriges Stammholz in einem Buchenwald

Auch das rötliche, schön gezeichnete Kirschbaumholz *(Prunus avium)* wird außer als Möbelholz häufig für Schnitz- und Drechslerarbeiten verwendet. Schließlich sei noch das Holz der Bruyère genannten Baumheide *(Erica arborea)* genannt, die im Mittelmeergebiet beheimatet ist. Es ist kieselsäurehaltig und schwer brennbar. Aus ihm werden die berühmten Bruyère-Pfeifen hergestellt.

Recht groß ist die Anzahl außereuropäischer Nutzhölzer der gemäßigten Klimazone, von denen wir hier nur einige bekanntere nennen wollen. So stammt vom amerikanischen Kontinent das Holz der Douglasie *(Pseudotsuga menziesii)*, auch Douglastanne oder Douglasfichte genannt. Douglasholz ist ein geschätztes Bauholz. Die Weymouthskiefer oder Strobe *(Pinus strobus)*, die bei uns in Parkanlagen oder auch auf forstlichen Versuchsflächen immer häufiger anzutreffen ist, hat ihre Heimat in Kanada und den nordöstlichen Staaten der USA. Sie besitzt ein besonders leichtes Holz. Die mit unserem Wacholder verwandte Bleistiftzeder *(Juniperus virginiana)*, auch als Virginischer Wacholder bezeichnet, liefert ein Holz, das sich für Bleistiftfassungen besonders gut eignet. Das schwere, elastische und zähe Holz der Hickorynuß (verschiedener *Carya*-Arten), die mit der Walnuß verwandt ist, wird zur Herstellung stark beanspruchter Gegenstände verwendet, z.B. von Skiern und Werkzeuggriffen. Ein festes und dauerhaftes Holz liefert schließlich die Pitch-Pine *(Pinus palustris)*, eine amerikanische Kiefernart, deren Holz wegen seines hohen Preises nur noch für spezielle Zwecke verwendet wird.

Von der Holznutzung gemäßigter Breiten unterscheidet sich die der Tropen und Subtropen beträchtlich. In den ehemaligen tropischen Kolonialgebieten wurde im Bereich der immergrünen Regenwälder (s. S. 22) eine Reihe von tropischen Edelhölzern entdeckt, die sich wegen ihrer besonderen Eigenschaften in verschiedenen Industriebranchen, vor allem aber in der Möbel- und Schiffsbauindustrie, bald einen festen Absatzmarkt eroberten und mit der raschen Entwicklung der Industrieländer zusehends an Bedeutung gewannen.

Im Unterschied zu den Forstgesellschaften der gemäßigten Breiten setzen sich die natürlichen tropischen Regenwälder (Primärwälder) aus einer sehr großen Anzahl von Baumarten zusammen, von denen für eine Nutzung als Edelholz nur einige wenige Arten in Frage kommen. Und von diesen lohnt sich wiederum oft nur bei einzelnen Stämmen der Einschlag. Nachdem durch Luftbild der Standort eines solchen Baumes ausgemacht wurde, werden Holzfäller in das Gebiet gebracht, die oft noch mit der Axt den stattlichen Baumriesen fällen. Dabei muß häufig in einigen Metern Höhe ein Holzgerüst um den Baum gelegt werden, um den Urwaldriesen von dort aus zu fällen, oder die in der Regel mächtigen Brettwurzeln sind zunächst Stück für Stück zu kappen. Dann wird der gefällte Baumriese zersägt und abtransportiert. Der Abtransport ist dabei ebenfalls recht schwierig, weil die Edelhölzer meist in abgelegenen, verkehrsmäßig kaum erschlossenen Waldgebieten geschlagen werden müssen. Günstig sind im Waldgebiet vorhandene schiffbare Flüsse, auf denen die Edelholzblöcke zu Flößen zusammengefügt werden können.

Die vom Profitstreben diktierte Jagd der großen Möbel- und Schiffsbaukonzerne nach tropischen Edelhölzern hat recht weitreichende ökologische Folgen. Denn das Fällen eines solchen Urwaldriesen stellt einen groben Eingriff in das geschlossene ökologische Gleichgewichtssystem eines derartigen Waldes dar. Heute machen viele Entwicklungsländer bei der Vergabe von Nutzungsrechten für Edelhölzer an ausländische Interessengruppen zur Bedingung, daß ein größerer Anteil der Hölzer im Lande selbst verarbeitet wird.

Weil meist im Mittel pro Hektar Regenwald nur ein Edelholzstamm geschlagen werden kann, kommt es bei fortschreitender Nutzung zwangsläufig zu einer Verknappung des Angebotes an Edelhölzern. Deshalb sind die staatlichen Forstverwaltungen einiger afrikanischer Länder dazu übergegangen, Edelholzarten in Plantagen zu kultivieren, wie beispielsweise den wegen seines edlen Holzes sehr geschätzten Teakholzbaum *(Tectona grandis)*, dessen Heimat in Südostasien (Burma, Indien, Thailand, Laos und Djava) liegt. Heute baut man ihn vor allem dort sowie in Afrika (Nigeria) und in Südamerika an. Man legt in den dortigen Regenwäldern zuerst Stichstraßen im Urwald an, schlägt die brauchbaren Hölzer heraus und führt mit den übrigen und dem Unterholz eine Brandrodung durch. Nur einige ein lichtes Kronendach bildende, hochgewachsene Bäume läßt man als Schattenspender für die neuen Kulturen stehen, die dann auf den jungen Ascheböden angelegt werden. Aber erst nach 50 bis 80 Jahren können die angezogenen Teakholzstämme geschlagen werden. Das Kernholz weist eine schöne braungoldene Farbe auf und ist oft von fast schwarzen Adern durchzogen. Es eignet sich besonders für Möbel und kunstgewerbliche Artikel, hat jedoch auch Bedeutung als Bauholz. Durch seinen hohen Ölgehalt rosten in Teakholz eingeschlagene Eisennägel nur schwer.

Sehr gefragt ist auch der afrikanische Mahagonibaum *(Entandrophragma cylindricum)*, der nach Sapel, dem wichtigsten Exporthafen für dieses Holz, auch als Sapeli-Mahagoni bezeichnet wird. Das rosarote Edelholz dunkelt rotbraun nach und hat eine streifige Zeichnung. Mahagoni gehört seit dem 18. Jahrhundert zu den begehrtesten Möbelhölzern. Allerdings wird eine ganze Reihe äußerlich mehr oder weniger ähnlicher Hölzer verschiedener Baumarten als »Mahagoni« bezeichnet. Sogenanntes Kuba-Mahagoni ist durch Raubbau schon extrem selten geworden und wurde von Honduras- oder Brasil-Mahagoni *(Swietenia macrophylla)* ersetzt, das aus den Regenwäldern des nördlichen Südamerikas und der mittelamerikanischen Landbrücke kommt. Die bis zu 50 m hohen Bäume sind sehr schnellwüchsig.

Ein begehrtes Holz ist auch das Kernholz des Makorébaumes *(Mimusops heckelii)*, dessen Furniere eine rötliche bis dunkelbraune Farbe aufweisen. Makoré wächst im tropischen Regenwaldgebiet Ostliberias, Ghanas und der Elfenbeinküste. Sehr harte und schwere, dunkle bis gleichmäßig schwarze Hölzer werden als Ebenholz bezeichnet. Das Makassar-Ebenholz *(Diospyros celebica)*, das vornehmlich in den nördlichen Küstenwäldern der Insel Sulawesi eingeschlagen wird, gehört zu den schönsten und wertvollsten tropischen Edelhölzern. Der bis zu 30 m hohe Baum hat einen langen, schlanken astfreien Stamm mit Durchmessern bis zu einem Meter.

Bekannte tropische Edelhölzer sind auch die als Palisander bezeichneten Hölzer verschiedener Pflanzen aus der Familie der Leguminosen, wie *Palisander claro* (syn. *Dalbergia stevensonii)*, *Dalbergia nigra* und *Machaerium*-Arten, die im nördlichen Südamerika bzw. auf der mittelamerikanischen Landbrücke vorkommen. Eine besondere Härte weist das Kernholz des Santos-Palisanders (*Machaerium*-Arten) auf. Es ist bläulich bis violett und wird von dunklen bis schwarzen Adern durchzogen. Noch mehr schätzt man das rostrote bis violette Kernholz des Rio-Palisanders, das durch unregelmäßige schwarze Einlagerungen sowie helle und dunkle Poren sehr apart wirkt. Rio-Palisander wächst in den tropischen Bergregenwäldern des östlichen Brasiliens. Für die in der Möbelindustrie zur Furnierherstellung, für Drechslerarbeiten und kunstgewerbliche Gegenstände nutzbaren Stammabschnitte von 4 bis 8 m Länge und 40 bis 50 cm Dicke werden bis zu 9000 Dollar bezahlt.

Die Holzproduktion der Bäume stellt eine besondere pflanzliche Leistung dar. Dank der jährlichen periodischen Absonderung von Holzzellen nach innen und Rindenzellen nach außen durch das Kambium entstehen bei den in der gemäßigten Klimazone wachsenden Bäumen die Jahresringe (s. S. 287). In die Zellulosewände der verschiedenen Holzelemente wird der Lignin genannte Holzstoff eingelagert. Er stellt in chemischer Hinsicht ein recht kompliziert und unregelmäßig zusammengesetztes polymeres Gemisch von aromatischen Pflanzenstoffen dar. Die verholzte Zellwand enthält schließlich nur noch 40 bis 60 Prozent Zellulose, denn der Anteil des Lignins am Holztrokkengewicht erreicht etwa 20 bis 30 Prozent. Lignin

Holzstapel mit den gut sichtbaren Jahresringen

Beginn des Verkohlungsprozesses in einem Meiler

wird gleichsam in die Zwischenräume des Zellulosegrundgerüsts der Zellwand ausgegossen, die hierdurch stark und irreversibel quillt, so daß eine hohe Festigkeit entsteht. Es kommt wie beim Eisenbeton unserer Bauindustrie zur Verbindung zugfester Elemente (der Zellulose) mit druckfesten (dem Lignin). Aber Holz ist im Unterschied zu Eisenbeton porös und wasserdurchlässig, weiß doch jeder Handwerker, daß der Baustoff Holz »arbeitet«, also seinen Feuchtigkeitsgehalt je nach der Luftfeuchte ändert.

Im Holz befinden sich neben den Holzfasern und den Ersatzfasern die Tracheen bzw. Tracheiden, die wasserleitenden Gefäße des Baumes, in denen der Transport des Wassers mit darin gelösten Nährsalzen aus den Wurzeln zu den Sproßenden erfolgt. Wenn im Frühjahr nach winterlicher Ruheperiode das Wachstum wieder beginnt, werden zuerst größere und dünnwandigere Gefäße angelegt, die das weitporige Frühholz bilden. Später kommt es zur Entwicklung allmählich immer dickwandigerer, kleinerer Gefäße, die das auf einem Stammquerschnitt dunkler erscheinende Spätholz aufbauen. Im Herbst wird die Holzbildung beendet. Diese Periodizität der Holzbildung können wir an den erwähnten Jahresringen erkennen (s. S. 287). Bei einigen Hölzern, z. B. der Eiche, verändern sich die das älteste Holz bildenden Jahresringe durch Einlagerung besonderer Stoffe, wie vor allem Gerbstoffabkömmlinge, sie machen es widerstandsfähiger gegen Pilzbefall und färben es meist dunkler. Es entsteht das sogenannte Kernholz, das sich deutlich gegen das umgebende hellere Splintholz absetzt.

Wenn man den Aufbau des Holzgewebes näher studieren will, muß man sehr dünne Holzschnitte unter dem Mikroskop betrachten. Jede der vielen tausend Baumarten zeigt einen charakteristischen Aufbau der Holzzellen. Dabei unterscheidet man zwischen Weich- und Harthölzern. Zu den weichen Hölzern unter den europäischen Holzarten gehört das Holz der Birken, Erlen, Linden, Pappeln, Weiden und der Roßkastanie, zu den Harthölzern gehören alle anderen Laubhölzer. Die Eigenschaften eines Holzes bestimmen seine technologische Verwendung. Beispielsweise hat das schwere und harte Pockholz, das zu den tropischen Edelhölzern gehört, ein spezifisches Gewicht von 1,25, es schwimmt also nicht im Wasser. Das sogenannte Balsaholz ist demgegenüber mehr als 6mal leichter als Wasser und deshalb ein geradezu ideales Material im Flugzeugmodellbau.

Die Bearbeitung und Veredelung des Holzes sind recht vielfältig. So kann Bauholz durch Imprägnierung vor Fäulnis geschützt werden, die Oberfläche von Hölzern wird durch Beizen, Lackieren oder Wachsen veredelt. Die in der Möbelindustrie verwendeten Furniere wertvoller Hölzer klebt man auf eine dickere Unterlage, auf das sogenannte Blindholz weniger kostbarer Hölzer. Furniere billigerer Hölzer, z. B. von Buchen, Kiefern, Birken, Erlen und Pappeln, werden in mehreren Lagen mit wechselnder Faserrichtung zu Sperrholz verleimt. Solche Sperrholzplatten finden in der Möbeltischlerei sowie im Flugzeug- und Bootsbau eine breite Verwendung. Seit den zwanziger Jahren dieses Jahrhunderts stellt man auch Faser- und Spanplatten aus Holzabfällen her, indem das zerkleinerte Holz unter Druck zu Platten verleimt wird. Man kann dem so verarbeiteten Abfallholz auch Kunststoffe als Bindemittel hinzusetzen.

Für eine Reihe von Handwerksberufen war früher

Holzaufschichtung zum Meiler bei der Holzkohlegewinnung in einer Köhlerei

Holz das wichtigste oder einzige Rohmaterial, z. B. für die Tischlerei (Schreinerei), Böttcherei, Zimmerei, Drechslerei, Stellmacherei, Köhlerei und Pechsiederei. Einige dieser traditionellen Gewerke sind heute nur noch von geringer Bedeutung. Aber trotz des unaufhaltsamen Vordringens der Kunststoffe, der Elaste und Plaste, werden noch immer zahllose Gebrauchsgegenstände aus Holz hergestellt, z. B. Werkzeugstiele, Fässer, Kisten und Kübel. Seinen Konkurrenten, dem Stahl, Stein, Beton und Kunststoff, hat Holz einige günstige Eigenschaften voraus: das geringe spezifische Gewicht bei relativ großer Festigkeit, die im allgemeinen leichte Bearbeitbarkeit und die schlechte Wärmeleitfähigkeit. Außerdem kommt bei allen Verwendungsarten, wo Holz an der Oberfläche sichtbar bleibt, z. B. bei Täfelungen, Parkettfußböden oder Möbeln, die »Schönheit der Holzmaserung« vorteilhaft zum Ausdruck.

Bei vielen bisher genannten Verwendungen von Holz bleibt die Holzstruktur erhalten. Dagegen wird sie bei der Herstellung von Zellstoff (Zellulose) zerstört. Man verarbeitet in der Papier- und Textilindustrie gewaltige Holzmengen zu Papier und Pappe oder Zellulosefaserstoffen und Zellulosederivaten. Bei Zellstoff handelt es sich um fast reine Zellulose. Dabei muß das Inkrustationsmaterial, das Lignin, aus dem Holz herausgelöst werden. Bei dem 1853 von Ch. Watt und H. Burges entwickelten Natronverfahren schließt man das Holz durch Kochen mit Natronlauge alkalisch auf, während bei dem 1874 von dem deutschen Chemiker Mitscherlich und dem Schweden Ekman entwickelten Sulfitverfahren das Lignin mit schwefliger Säure (Sulfit) gelöst wird. Dieses Sulfitzellstoffverfahren ist heute die in Europa vorherrschende Methode der Zellstoffgewinnung. Im Weltmaßstab werden rund 26 Mill. t Zellstoff jährlich gewonnen, die vor allem in der Papier- und Textilindustrie Verwendung finden. Zur Herstel-

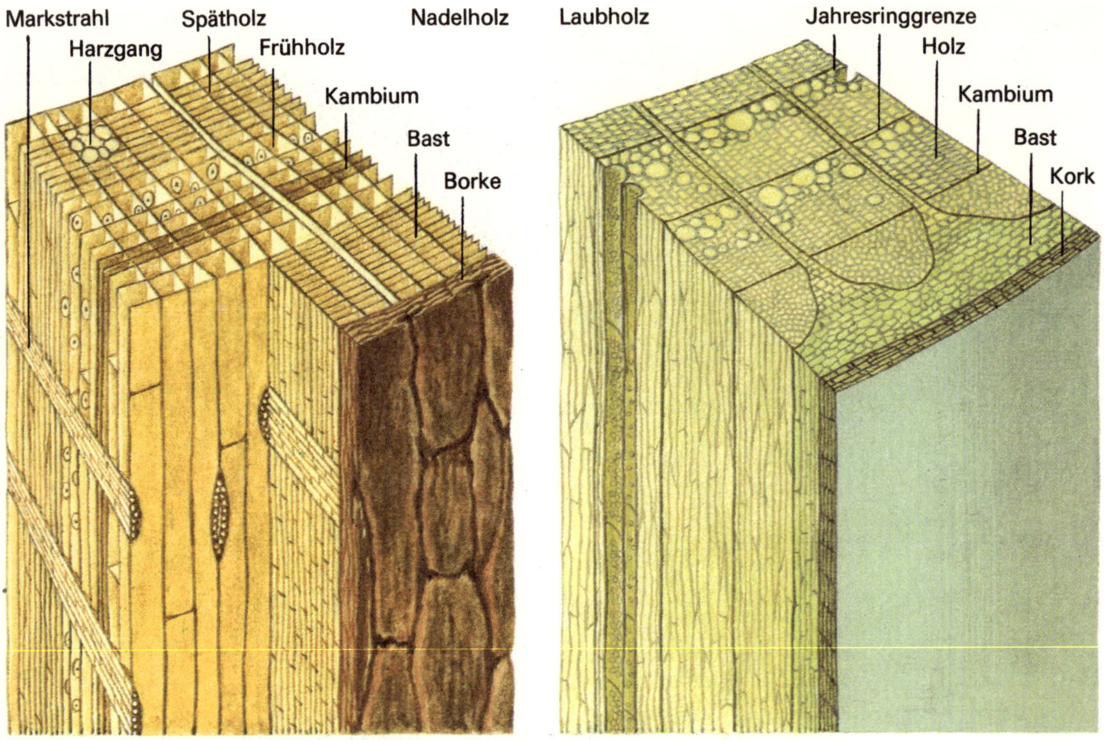

Längs/Querschnitt durch Nadelholz und Laubholz (Linde)

lung von Kunstseide und Zellwolle wird die chemisch gelöste Zellulose durch feine Düsen in eine Flüssigkeit eingespritzt, in der sie zu einem Faden erstarrt. Man kann ihn anschließend zerschneiden, kräuseln und verspinnen. Ähnlich wie solche Kunstseide läßt sich auch Zellglas (Cellophan) produzieren. Zelluloid gewinnt man aus Nitrozellulose und Campher. Es wird auch noch heute, trotz seiner leichten Brennbarkeit, vielfältig verwendet. Ungenutzt bleiben selbst heute die beim Holzaufschluß anfallenden großen Mengen von Ligninabbauprodukten.

Bekanntlich sind die Bäume nicht nur Holzfabriken, sie liefern auch noch weitere ökonomisch wertvolle Produkte, z. B. den Kork. Korkbildung ist bei mehreren Holzpflanzen sehr auffällig. Sie geht von einem in der Rinde gelegenen Bildungsgewebe aus. Dieses gibt nach außen, zur Stammoberfläche, Zellen ab, deren Wände von innen durch die Anlagerung von Korksubstanz, des Suberins, verkorken. Dadurch werden sie praktisch wasser- und luftundurchlässig und sterben ab. Sie nehmen durch Gerbstoffzersetzungsprodukte meist eine bräunliche Färbung an. An den Zweigen mancher Sträucher tritt der Kork leistenförmig hervor.

Besonders stark ist die Korkbildung der Korkeiche *(Quercus suber)*, so daß dieser Baum zum Lieferanten des technisch verwerteten Korks wurde. Die Güte des von der Korkeiche produzierten Korks nimmt mit dem Alter der Bäume zu. Sie produzieren mit 8 bis 15 Jahren noch einen technisch minderwertigen Kork (einen sogenannten männlichen Kork). Nach weiteren 9 bis 10 Jahren wird der sogenannte weibliche Kork gebildet, den man technisch verarbeiten kann. Erst 200 Jahre alte Bäume bilden keinen brauchbaren Kork mehr. Aus Kork werden unter anderem Flaschenverschlüsse, Fischereinetzkorken sowie Rettungs- und Schwimmgürtel hergestellt. Schlechte Korkqualitäten und Korkabfälle verwendet man gemahlen und unter Zusatz anderer Stoffe z. B. zur Herstellung von Linoleum. Stets nutzt man bei der technischen Verwendung die besonderen physikalischen Eigenschaften des Korks aus: seine Undurchlässigkeit für Flüssigkeiten und Gase, seine hohe Elastizität und sein schlechtes Wärmeleitvermögen. Die Korkeiche wird in Spanien, Portugal, Südfrankreich, Algerien, Marokko und Tunesien angebaut.

Die Verwertbarkeit von Holz und Holzprodukten hat sich im Laufe der Jahrhunderte ständig ge-

Geschälte Korkeiche in Südspanien

wandelt und auch heute in Abhängigkeit von der jeweiligen Weltwirtschaftslage eine unterschiedliche Bedeutung. Seine vorrangige Verwendung als Heizmaterial oder Baurohstoff ist, verglichen mit früheren Jahrhunderten und Jahrtausenden, stark zurückgegangen. Aber wegen der vielfältigen Verarbeitungs- und Verwendungsmöglichkeiten des Holzes war es immer eine entscheidende materielle Grundlage der menschlichen Kultur. Auch heute ist es noch ein überaus vielseitig einsetzbarer Rohstoff, der sich in der modernen Industriegesellschaft – trotz des Siegeszuges von Stahl, Eisen, Beton und Kunststoffen – einen bedeutenden Platz in der Wirtschaft erhalten hat. Es ist sogar nach dem Höhepunkt der Verwendung von Kunststoffen in den letzten beiden Jahrzehnten eine »Renaissance« der Holzverwendung zu beobachten, Holz als »lebendiger« Rohstoff wird wieder verstärkt eingesetzt. Auch in den Überlegungen zur Rohstoff- und Energieversorgung der Menschheit spielt Holz eine bedeutende Rolle – denn Bäume sind reproduzierbar. Ob die angestellten Kalkulationen über Rohstoff- und Energieplantagen der Zukunft aufgehen, wollen wir an anderer Stelle erörtern (s. S. 208 u. 243).

Wichtige Rohstoffe aus Pflanzen

»Kautschuk, der vor 100 Jahren noch völlig bedeutungslos war, wird heute neben Uran, Kohle, Öl, Eisen und Baumwolle zu den weltwirtschaftlich wichtigsten Rohstoffen.«

G. Franke (1967)

Die Pflanzenwelt liefert dem Menschen auch zahllose Produkte, die von ihm in Wirtschaft und Technik vielfältig eingesetzt werden: Pflanzenfasern, Elastomere (Naturgummi), Gerbstoffe, Schleime und Gummen, Wachse, Farben und Lacke. Es gehören aber auch natürliche Insektenbekämpfungsmittel (Insektizide) dazu. Für die Rohstoffgewinnung genutzt werden auch viele Gewürz-, Genuß- und Arzneipflanzen. Außerdem leisten zahlreiche Rohstoffpflanzen einen Beitrag für die menschliche Ernährung, obwohl sie in erster Linie nicht zu diesem Zweck kultiviert werden.

Eine ganze Reihe von Arten dient als Faserpflanzen, z. B. Lein (Flachs), Kenaf und Baumwolle. Sie zählen zu den ältesten Kulturpflanzen der Menschheit. Pflanzenfasern spielten schon immer eine große Rolle für die Bekleidung der Menschen sowie für die Herstellung von Hausrat. Sie haben bis heute ihren dominierenden Platz in der Textilfabrikation behauptet. Trotz der stürmischen Entwicklung der Kunstfaserindustrie, die uns Chemiefasern, wie die Polyester-, Polyamid- und Acrylfaser, sowie Zelluloseregeneratfasern brachte, liefern auch heute noch Pflanzenfasern 64 Prozent aller technischen Fasern. Demgegenüber decken Synthesefasern 30 Prozent und tierische Fasern nur 6 Prozent des Weltbedarfs. Unter den Pflanzenfasern nimmt die Baumwolle mit 68 Prozent den ersten Platz ein, ihr folgen Jute mit 14 Prozent, Kenaf mit 6 Prozent und Sisal mit 3 Prozent sowie Flachs und Hanf zusammen mit 4 Prozent. Von wirtschaftlichem Interesse sind auch die Kokosfaser und der Manilahanf (Abacá). Es wurde geschätzt, daß etwa 2000 Pflanzenarten technisch verwertbare Fasern bilden, doch viele erlangten keine wirtschaftliche Bedeutung, und andere sind nur von lokalem Interesse. Eine besondere Bedeutung haben alle jene Fasern, die sich zur Herstellung feiner Gewebe für Bekleidungszwecke eignen, wie die Baumwolle. Gröbere Fasern dienen zur Fabrikation von Verpackungsmaterial (Säcken usw.), Bodenbelägen und Vorhangstoffen (z. B. Jute und Kenaf) oder anderen Zwecken. Nicht ersetzbar durch Synthesefasern sind noch heute Palmfasern, die Flecht- und Bindematerial liefern, Kokosfasern für Fußmatten und Piassavefasern für Besen.

Die ökonomische Bedeutung von Pflanzenfasern ergibt sich in erster Linie aus ihrem niedrigen Preis gegenüber Seide, Wolle oder mancher Synthesefaser. Doch haben Pflanzenfasern auch einige technologische Vorteile, z. B. ein hohes Absorptionsvermögen für Wasser. Bei der industriellen Verarbeitung werden an Fasern beträchtliche Anforderungen gestellt. So sind wichtige Eigenschaften die Elastizität, die Reiß- und Zugfestigkeit, die Länge und Feinheit der Faser. Seit 1973 haben sich die Ölkrise und die Preissteigerungen für Holz und Holzprodukte zugunsten der Produktion von Pflanzenfasern ausgewirkt. Die Förderung des Umweltschutzgedankens verschafft der landwirtschaftlichen Produktion von Fasern weitere Marktvorteile, denn Naturfasern können im Unterschied zu Chemiefasern biologisch abgebaut werden. Andererseits wärmen Pflanzenfasern nicht wie Wolle und Seide. Sie besitzen auch nicht die hohe Reiß-, Scheuer- und Knitterfestigkeit wie manche Synthesefasern. Deshalb werden viele Textilien heute vorteilhafterweise aus Mischfasern hergestellt.

Die technisch verwertbaren Pflanzenfasern sind ihrer botanischen Herkunft nach entweder Pflanzenhaare, wie die Baumwolle (Samenhaare), die Woll- oder Kapokbaumfasern (Fruchthaare), oder es handelt sich um Sklerenchymfasern, d. h. langgestreckte zelluläre verholzte Bauelemente des Pflanzenkörpers, die durch Zelluloseauflagerungen verdickte Zellwände haben. Dabei führt ein hoher Zelluloseanteil in der Zellwand zu hoher Zugfestigkeit einer Faser. Sklerenchymfasern können aus Bastzellen, Leitbündelteilen oder gelegentlich – wie bei den Fasern der Fruchtschale der Kokosnüsse, den Kokosfasern – aus ganzen Leitbündeln bestehen. Die aus dem Stengel bzw. Stamm zweikeimblättriger (dikotyler) Pflanzen technisch gewonnenen Fasern bestehen aus Bastfaserbündeln oder deren Teilen (Flachs, Hanf, Jute u. a.). Ebenso liefern die Blätter einkeimblättriger (monokotyler) Pflanzen aus Leitbündelteilen Fasern (Manilahanf, Sisal- und *Sansevieria*-Faser).

Um die Fasern gewinnen zu können, müssen sie von den übrigen Pflanzenteilen möglichst weitgehend abgetrennt werden. Ein biologisch-chemisches Verfahren, das vor allem für die Verarbeitung von Flachs, Hanf, Jute und Kokosfasern angewendet wird, ist das Röstverfahren. Dazu sind bestimmte anaerobe Bakterien und Pilze erforderlich, die pektinabbauende Enzyme, sogenannte Pektinasen, besitzen. Diese lösen die Mittellamelle pflanzlicher Gewebe auf, so daß sich der Zellverband in die Einzelzellen trennen läßt. Die Mittellamelle ist eine Kittschicht. Sie hält im Gewebeverband benachbarte Zellen zusammen und besteht vorwiegend aus Pektinen. In chemischer Hinsicht stellt sie also ein polymeres Kohlenhydrat dar. Kettenförmige Polygalakturonsäuren sind im Pektin mit Methanol verestert. Bei der Spaltung der Molekülketten durch Pektinasen entstehen als Produkte der mikrobiellen Lebenstätigkeit Kohlendioxid, Methan und organische Säuren. Unter letzteren treten Milch- und Buttersäure auf, so daß ein unangenehmer Geruch verbreitet wird. Man führt diese sogenannte Röste in fließendem oder stehendem Gewässer durch. Die gewonnene Faser wird dann weiterbearbeitet.

Die Baumwolle als wichtigste aller spinnbaren Fasern stammt aus den Samenhaaren von 4 kultivierten Arten der Gattung *Gossypium* (Malvengewächse). Als alte Kulturpflanze kann man heute die vielen Sorten nur schwer einer bestimmten Art zuordnen, da sehr früh in der Geschichte Hybridisierungen vorgenommen wurden. Formen der Art *Gossypium herbaceum* sind vermutlich in Afrika beheimatet. In frühgeschichtlicher Zeit erfolgte die erstmalige Kultivierung der Baumwolle unabhängig voneinander sowohl in Asien als auch in Amerika. Während im südlichen Mittelmeerraum und in Asien vor allem *Gossypium herbaceum* und *Gossypium arboreum* angebaut wurden, kultivierte man in Amerika *Gossypium hirsutum* und *Gossypium vitifolium*. Im modernen Baumwollanbau liefern die beiden neuweltlichen Arten *Gossypium hirsutum* und *Gossypium vitifolium* zusammen 95 Prozent der Welterzeugung an Baumwolle, wobei erstere die Hauptbedeutung hat. Durch die Erfindung der Entkörnungsmaschine von Whitney im Jahre 1794 und die Entwicklung wirksamer Insektizide wurde die Baumwollpflanze zur wichtigsten Faserpflanze.

Die größten Anbaugebiete liegen heute in der UdSSR (Usbekistan, Turkestan, Krim, Kaukasusvorland), in den USA (»Cotton Belt« im Süden und Südosten), in China, Ostindien und Pakistan (Oberlauf des Indus und des Ganges). Ein bedeutender Baumwollproduzent der Südhemisphäre ist Brasilien. Große Baumwollkulturen wurden auch in Ägypten und dem Sudan durch ausgedehnte Bewässerungssysteme ermöglicht. Die Weltproduktion an Baumwolle hat bei etwa gleichbleibender Anbaufläche ständig zugenommen und liegt heute bei schätzungsweise 40 bis 50 Mill. t. Vergleichbar ist die Produktion von ölreichen Baumwollsamen gestiegen. Heute sind die UdSSR und die USA die größten Exporteure von unverarbeiteter Baumwolle. Die Einführung maschineller Ernteverfahren in den USA und in der UdSSR war an die Züchtung neuer, niedrigwüchsiger, gering verzweigter Sorten gebunden, die eine kurze Blütezeit und nicht zu fest haftende Samen besitzen (s. S. 220).

Baumwolle ist eine Pflanze der Monsunregion. Für ihr vegetatives Wachstum braucht sie viel Wasser und viel Sonnenwärme zur Fruchtreife. Der Baumwollanbau breitete sich vom Nordwesten Indiens über den Iran und Vorderasien nach Norden (Turkestan, Transkaukasien) und nach Westen (Kleinasien) aus. Er erreichte noch vor Beginn unserer Zeitrechnung die Mittelmeerländer. Baumwollgewebe verbreiteten sich im Mittelalter in Europa aber nur langsam. Sie kamen durch die Kreuzzüge nach Europa. Ihre Herkunft war hier noch lange Zeit recht geheimnisumwoben. Ein englischer Reisender berichtet zu Beginn des 14. Jahrhunderts in einer Reisebeschreibung von einem Barometz genannten Pflanzenschaf: Es trage eine Sorte Früchte, die wie Kürbisse aussehen und in denen man im reifen Zustand ein klei-

Manuelle Baumwollernte

nes Tier findet »aus Fleisch und Blut, wie ein kleines Lamm, außen mit Wolle bekleidet«. Doch, ungeachtet derartiger Pflanzenunkenntnis, verbreiteten sich im Laufe des 14. Jahrhunderts Baumwollspinnerei und -weberei in Deutschland, Holland, Frankreich und England.
Auch in Zentral- und Südamerika ist die Verwendung von Baumwolle zur Herstellung von Textilien sehr alt. So fanden die spanischen Eroberer in den Aztekengräbern Mexikos Mumien, die in mit Indigo, Cochenille und Brasilienholz gefärbte Baumwollstoffe gehüllt waren.
Die wilden Baumwollpflanzen sind mehrjährig. In Pflanzungen werden sie aber meist nur einjährig gezogen. Aus den Kapselfrüchten, die bei der Reife aufspringen, quellen die weißen Samenhaare hervor. Eine Kapsel enthält 20 bis 40 linsengroße Samen. Sie sind mit feinen, 9 bis 50 mm langen, einzelligen Samenhaaren bedeckt.
Über viele Jahrhunderte wurde Baumwolle ausschließlich mit der Hand gepflückt, und auch heute erntet man einen großen Teil noch auf diese Weise. Die Baumwollpflücker nehmen die weiche, watteartige Baumwolle aus den Kapseln durch leichte Drehung heraus. Nur bei *Gossypium herbaceum* bleibt die Kapsel geschlossen und muß im ganzen geerntet werden. Ein Pflücker sammelt pro Tag 50 bis 100 kg Saatbaumwolle. In der Baumwollentkörnungsanlage wird daraus maschinell die Rohbaumwolle gewonnen. Bei der Entkörnung anfallende Samen befreit man in anderen Maschinen von der anhaftenden Grundwolle (Filz, Linters), die vor allem für Zellulosefasern und andere Zelluloseprodukte, aber auch für grobe Garne und als Polstermaterial verwendet wird. Aus den Baumwollsamen preßt man ein Öl. Der Preßkuchen enthält über 40 Prozent Rohprotein und ist ein wertvolles Viehfutter vor allem für Wiederkäuer. Sie sind gegen den Gossypol genannten Inhaltsstoff nicht so empfindlich wie andere Tiere. Aber man kann das Gossypol auch chemisch oder mechanisch entfernen. Außerdem wurden gossypolfreie Sorten gezüchtet.
Wegen des sehr großen manuellen Arbeitsaufwandes bei der traditionellen Baumwollernte bestand in den ausgedehnten Baumwollplantagen Westindiens, Brasiliens und der nordamerikanischen Südstaaten im 18. Jahrhundert ein gewaltiger Arbeitskräftebedarf. Er war Anlaß zu einem blühenden Sklavenhandel. Die Hauptabnehmer der Negersklaven, die von der Westküste Afrikas vor allem nach Florida und Georgia gebracht wurden, waren die amerikanischen Baumwollpflanzer. Obwohl im Jahre 1808 die Einfuhr von Negern aus Afrika verboten wurde, ging der Menschenhandel zwischen den Plantagenbesitzern noch bis

Mechanisierte Baumwollernte

zum Ende des amerikanischen Bürgerkrieges weiter.

Auch in Deutschland hat die Baumwolle eine Rolle in der Geschichte gespielt, wie in Schlesien, einem Zentrum der damaligen Baumwollverarbeitung. Im 19. Jahrhundert war England führend in der Herstellung von Baumwollgeweben. Neue Methoden des Webens, Färbens, Bleichens, Wirkens und Zwirnens entstanden damals. Die Kolonien stellten beliebte Absatzmärkte für Textilien dar. Damit wurden selbst jene Länder (z. B. Indien) in starke wirtschaftliche Abhängigkeit gebracht, die lange vor den ersten maschinellen Spinnereien Englands ein Baumwollmonopol besaßen. Mahatma Gandhi brachte einst zu einer Konferenz mit der englischen Regierung das Spinnrad als Symbol der Befreiung mit. Er erklärte den englischen Baumwollstoffen den Boykott und forderte jede Inderin auf, täglich mehrere Stunden am Spinnrad zu verbringen.

Unter optimalen Bedingungen können die Baumwollerträge 40 dt/ha erreichen. Sie liegen im Weltdurchschnitt jedoch nur bei 11 dt/ha, da in einigen Ländern, z. B. in Indien, die Erträge recht niedrig sind. In manchen Industrieländern wurde die Baumwollkultur stark mechanisiert. Dies betraf die Bodenbearbeitung, die Unkraut-, Schädlings- und Krankheitsbekämpfung sowie die Ernte. Bei der maschinellen Ernte werden die Felder kurz vor der Reife durch Defoliationsmittel entlaubt.

Im eigentlichen Sinne des Wortes ist die Kapok genannte Faser tatsächlich eine »Baumwolle«. Handelt es sich bei dem Produzenten, dem Baumwoll- oder Kapokbaum *(Ceiba pentandra)* doch um ein verholzendes Gewächs, einen Baum. Er ist im tropischen Regenwaldgebiet Südamerikas beheimatet. Heute hat der Kapokbaum ein weites Verbreitungsgebiet. Kapok wird aus den Fruchthaaren gewonnen. Diese Fruchthaare besitzen eine mit Wachs imprägnierte Kutikula (Oberflächenhaut). Dadurch sind sie schwer benetzbar, und man verwendete sie früher zur Füllung von Schwimmgürteln. Heute dient die schwer verspinnbare Faser als Polster-, Stopf- und Füllmaterial.

Nach der Baumwolle nimmt die Jute den wichtigsten Platz in der Weltproduktion von Pflanzenfasern ein. Mehr als 98 Prozent der echten Jute werden in Asien erzeugt, die größten Produzenten sind Indien, Bangladesh und China. Echte Jute stammt von zwei *Corchorus*-Arten ab, Angehörigen der Lindengewächse: *Corchorus capsularis* und *Corchorus olitorius*. Diese sind nicht miteinander kreuzbar. In Indien und Bangladesh entstanden rund 100 Kultursorten, die sich in ihrer ökologischen Anpassung, Morphologie und Faserqualität unterscheiden. Die Faser besteht aus den Sklerenchymbündeln der Stengelrinde. Jutepflanzen sind besonders an das ostasiatische Monsunklima angepaßt. Dabei spielt *Corchorus capsularis* eine weitaus größere Rolle für die Juteerzeugung als *Corchorus olitorius*, die ein in den altweltlichen Tropen weit verbreitetes niedrigwüchsiges Unkraut ist und in vielen Ländern gern als Gemüse gegessen wird. Die hochwüchsige Form dieser Art kultiviert man nur in Bengalen als Faserpflanze.

Zur Fasergewinnung schneidet man die Stengel noch vor der Blüte. Dadurch ist die Ausbeute an Fasern zwar geringer, aber sie haben eine bessere Qualität. Die angewelkten und von den Blättern und Spitzen befreiten, gebündelten Stengel unterzieht man einer Wasserröste. Anschließend werden die Fasern gelockert, aus dem Stengel gezogen und gewaschen. Die Faser ist in frischem Zustand weißlich bis flachsgelb und wird ungebleicht zu Stricken, Seilen und Packleinwand verarbeitet. Gefärbt oder ungefärbt dient sie auch zur Herstellung von Teppichen und Dekostoffen oder wird mit Baumwolle, Wolle oder Flachs zu Anzugstoffen, Möbelrips, Juteplüsch u.a. verwebt.

Seit etwa 20 Jahren nehmen die juteähnlichen Fasern Kenaf und Roselle den 3. Platz in der Weltproduktion von Pflanzenfasern ein. Seit dem zweiten Weltkrieg stieg die Herstellung von Kenaf und verwandten Fasern etwa auf das Sechsfache, auf etwa 1,1 bis 1,5 Mill. t pro Jahr. Diese Entwicklung wurde durch das Bestreben vieler Länder gefördert, sich von den Juteimporten aus Asien (vor allem aus Thailand, Indien und China) unabhängig zu machen. Die aus den Malvengewächsen *Hibiscus cannabinus* und *Hibiscus sabdariffa* gewonnenen Fasern sind etwas gröber als Jute, können aber wie diese Verwendung finden. Kenaf- und Rosellepflanzen sind auch ein wichtiges Ausgangsmaterial für die Papierfabrikation.

Die harten, nur zu groben Fäden verspinnbaren Fasern von *Agave*-Arten nehmen unter den Pflanzenfasern den 4. Platz in der Weltproduktion ein. Weltweite Bedeutung hat die Sisalfaser aus den Blättern der Sisalagave *(Agave sisalana)*. Ihre Heimat befindet sich wie auch die der anderen zur Fasergewinnung angebauten Arten *Agave fourcroyoides* und *Agave letonae* in Mexiko und den benachbarten Trockengebieten Mittel- und Nordamerikas. Die rege Nachfrage nach Sisalfasern

Bestand von Kenaf (Corchorus capsularis)

führte bereits zu Beginn des 19. Jahrhunderts zum Plantagenanbau von *Agave sisalana* in Mexiko, später gelangte die Sisalagave nach Florida, auf die Westindischen Inseln und die Bahamas. Mit Beginn des 20. Jahrhunderts wurden Pflanzungen in Ostafrika, auf Java und den Philippinen angelegt. Es handelt sich um eine immergrüne Staude. Ihre Blätter stehen dicht gedrängt in einer Rosette und laufen zu einem spitzen, harten Endstachel aus. Man kann die Blätter zur Faserernte bereits von 2 bis 3 Jahre alten Pflanzen schneiden, wobei immer einige zur Weiterentwicklung an der Pflanze stehenbleiben müssen. Die Fasergewinnung erfolgt maschinell. Die bei der Entfaserung anfallenden Pflanzenreste, die sogenannte Pulpe (95 bis 96 Prozent der Blattmasse), können getrocknet als Heizmaterial dienen. Sie sind in hervorragender Weise auch als Dünger geeignet, doch ist der Transportaufwand hoch. Kleinere Mengen Pulpe stellen auch ein Viehfutter dar. Weitere Verwendungsmöglichkeiten sind unrentabel (Gewinnung von Hecogenin, Pektin und Wachs) oder noch in der technologischen Erprobung (Biogasgewinnung, s. S. 209).

Lein oder Flachs *(Linum usitatissimum)* und Hanf *(Cannabis sativa)* baut man in Ländern der gemäßigten Klimazone der Erde an. Der Faserlein wurde speziell für die Fasergewinnung gezüchtet und unterscheidet sich in einigen Eigenschaften vom Öllein. Aus den 2 mm dicken Stengeln des bis zu einem Meter hohen Faserleins werden die Fasern durch eine Wasserröste gewonnen und anschließend getrocknet, gereinigt und zerkleinert. Früher wurde Flachs mit der Hand »gehechelt«, heute erfolgen die Reinigung und Zerkleinerung maschinell.

Hanf kultiviert man in Europa, Asien, Nordafrika, Nordamerika, Chile und Australien, z. T. allerdings zur Gewinnung der Rauschdroge Haschisch (s. S. 158). Die männlichen Hanfpflanzen liefern feinere Fasern als die weiblichen. Das Abschneiden der Pflanzen knapp über dem Boden wurde früher ausschließlich mit der Hand durchgeführt. Wie die Flachsfaser legt man auch die Hanffaser durch eine Wasserröste frei. Dann werden die Stengel gebrochen und durch Hecheln (manuell) oder Schwingen (maschinell) gereinigt. Die Länge der Fasern beträgt 1 bis 2 m. Man verarbeitet sie meist im ungebleichten Zustand zu Segeltuch, Netzen, Seilen und Schiffstauen, die sich im Gegensatz zu den aus Manilahanf hergestellten Gegenständen »teeren« lassen.

Aus den Steinfrüchten der Kokospalme *(Cocos nucifera)*, den bekannten Kokosnüssen, kann die

Kautschukgewinnung bei Hevea brasiliensis — angeritzter Stamm mit Auffanggefäß

»Fällen« des Kautschuk

Kokosfaser gewonnen werden. Es handelt sich um die unter der dünnen ledrigen Außenhaut (Exokarp) liegende mehr oder weniger faserige Mittelschicht (Mesokarp), auch als Coir bezeichnet. Sie stammt aus den in großer Anzahl das Mesokarp durchziehenden Leitbündeln. Da bei der Fruchtreife das Fruchtfleisch austrocknet, können die erhalten bleibenden Leitbündel als Kokosfasern leicht gewonnen werden. Doch ist diese Faser hart und borstig. Deshalb müssen die Kokosnüsse zur Faserproduktion unreif geerntet werden, um möglichst feine und gut verspinnbare Fasern zu erhalten. Coir ist eine wichtige technische Faser, die zu Schnüren, Seilen, Bürsten, Läufern und Teppichen verarbeitet wird und neuerdings in Verbindung mit Kautschuk auch als Polstermaterial dient.

Eine ökonomisch wichtige grobe Faser ist auch der Manilahanf, als Abacá bezeichnet, der aus den Blattscheiden der Faserbanane *(Musa textilis)* gewonnen wird. Die Faserbanane ist der Obstbanane sehr ähnlich. Sie besitzt aber im Gegensatz zu dieser gerbstoffreiche, ungenießbare Früchte. Die Faserstränge müssen aus den fleischigen Teilen der frischen Blattscheiden herausgelöst werden. Die gewaschene und getrocknete Faser ist fest und sehr lang. Sie kann nicht versponnen werden, eignet sich jedoch hervorragend für die Herstellung von Schiffstauen, Netzen, Matten und Sackgeweben. Die Weltjahresproduktion liegt bei ungefähr 200000 t und stammt aus überwiegend kleinbäuerlichen Betrieben der Philippinen.

Auch heute noch werden rund zwei Drittel des technisch verwendeten Gummis aus Naturkautschuk gewonnen. Die Weltjahresproduktion von natürlichem Kautschuk liegt bei etwa 3 Mill. t. Kautschuk und Guttapercha kommen im Milchsaft (Latex) von rund 2000 Pflanzenarten vor, die vorwiegend in den Tropen und Subtropen wachsen. Doch die wirtschaftlich genutzten Kautschukpflanzen treten an Bedeutung weit hinter dem die Monopolstellung beanspruchenden Kautschukbaum *(Hevea brasiliensis)* zurück. Außerdem wird Kautschuk aus einer Vielzahl von Pflanzenarten der Familie der Wolfsmilchgewächse, Maulbeergewächse, Hundsgiftgewächse und Korbblütler (Kompositen) gewonnen. Ökonomisch wichtig sind außer dem genannten Kautschukbaum der Guayule-Strauch *(Parthenium argentatum)* und die seit 1935 in der UdSSR kultivierte Komposite *Taraxacum kok-saghyz*, ein naher Verwandter unseres Löwenzahns *(Taraxacum officinale)*.

Kautschuk ist ein Polymerisationsprodukt des Isoprens, ein Polyisopren oder Polyterpen, in dessen Kettenmolekülen 5000 bis 6000 Einzelmoleküle miteinander verknüpft sind. Jeder Isoprenbaustein hat eine Doppelbindung. Beim Rohkautschuk handelt es sich also um einen ungesättigten Kohlenwasserstoff.
Gelehrte Missionare berichteten schon zu Beginn des 16. Jahrhunderts von den südamerikanischen Indianern, daß sie Bälle besitzen, die springen, wenn man sie auf die Erde wirft. Mitte des 18. Jahrhunderts bereiste dann der französische Gelehrte La Condamine Brasilien und beschrieb die Gewinnung des Materials, aus dem jene Gummibälle bestehen: Die Einheimischen machen einen Schnitt in die Rinde eines dort wildwachsenden Baumes und fangen den austretenden milchähnlichen Saft in Kalebassen auf, lassen ihn gerinnen, trocknen ihn und kneten ihn zu einer elastischen Masse, die sie »cahutschu« (»Holzträne«) nennen. Der Baum wurde als »hévé« bezeichnet, was für den wissenschaftlichen Gattungsnamen *Hevea* Pate stand.
In Europa schritt die Verwendung des Kautschuks nur langsam voran. Zuerst benutzte man kleine Kautschukwürfel als Radiergummi. Seit 1823 stellte Mackintosh in Glasgow die nach ihm benannten Kleidungsstücke, wasserdichte Regenmäntel, her, indem er Textilien mit einer Kautschuklösung imprägnierte. Diese Gummimäntel waren in der Kälte spröde und bei Wärme klebrig, sie hatten auch einen unangenehmen Geruch. Als dann im Jahre 1839 dem Amerikaner Charles Goodyear die Technik der Vulkanisierung des Kautschuks mit Schwefel gelang, konnte Rohkautschuk in den elastischen und widerstandsfähigen Gummi verwandelt werden. Von dem englischen Chemiker Hancock wurde das Verfahren vereinfacht und patentiert. Hancock entwickelte auch ein technisches Verfahren zur Herstellung von Hartgummi (Ebenit). Beim Vulkanisieren wird der Schwefel an die Doppelbindungen der Kautschukmoleküle angelagert, so daß sich zwischen ihnen Brücken ausbilden, die jeder Verformung elastische Kräfte entgegensetzen. Man knetet den Schwefel in die auf 80 bis 160 Grad Celsius erhitzte Kautschukmasse ein. Bei einem Anteil von 2 bis 4 Prozent Schwefel erhält man Weichgummi, die zehnfache Menge Schwefel ergibt Hartgummi.
In den vierziger Jahren des 19. Jahrhunderts betrug der jährliche Weltverbrauch an Kautschuk nur 400 t. Nach der Erfindung der Vulkanisation stieg dann der Kautschukverbrauch ständig an. Die Gummifabriken stellten zuerst vorwiegend Gummischuhe und Kämme aus Hartgummi her. Nach der Erfindung der Hochräder wurden in den siebziger Jahren des vorigen Jahrhunderts Vollgummireifen produziert. Ein weiteres Ansteigen des Kautschukverbrauchs brachte die Einführung von Fahrradluftreifen durch Dunlop im Jahre 1888. Heute stehen die Autoreifen an der Spitze einer langen Liste von Gegenständen, die aus Naturgummi angefertigt werden. 1925 betrug der Jahresverbrauch an Kautschuk in der Welt 500000 t, 1934 überschritt er die Eine-Million-Marke. Insbesondere die sich stürmisch entwickelnde Automobilindustrie und die Elektroindustrie (Unterseekabel u. a.) trieben den Bedarf an Gummi in die Höhe.
Im 19. Jahrhundert stammte der Naturkautschuk auf dem Weltmarkt überwiegend aus Brasilien. Dort wächst der Kautschukbaum im Regenwaldgebiet des Amazonas wild und sehr zahlreich, kommt jedoch niemals in geschlossenen Beständen vor. Die Urwaldindios mußten ihn für den weißen Mann in harter Arbeit für einen Hungerlohn einsammeln. Bald erkannte die brasilianische Regierung ihre einzigartige Monopolstellung und verhängte unter Androhung der Todesstrafe ein strenges Ausfuhrverbot von *Hevea*-Pflanzen und -Samen. Manaus, in der zentralen Region des Amazonasgebietes gelegen, wurde zum Sammelpunkt des Wildkautschuks und zu einer schnell aufblühenden Stadt. Doch der in der Welt ständig wachsende Bedarf konnte nicht allein durch das Sammeln von Wildkautschuk gedeckt werden.
So wurden die Reisenotizen des jungen englischen Botanikers Henry Alexander Wickham, der den brasilianischen Urwald bereist und seine Notizen veröffentlicht hatte, von dem Direktor des bekannten Botanischen Gartens in Kew bei London sehr aufmerksam gelesen und der Vorschlag unterbreitet, die *Hevea*-Pflanze in Plantagen Indiens und Burmas zu kultivieren, um den wachsenden Bedarf an Naturkautschuk zu decken sowie auch einen Beitrag zur ökonomischen Stärkung des Britischen Empires zu leisten. Er entsandte den jungen Botaniker nochmals nach Brasilien, damit er die Samen des Kautschukbaumes nach England hole. 5 Jahre brauchte der junge Gelehrte, um seinen Auftrag zu erfüllen und auf abenteuerliche Weise 70000 Samen auf schnellstem Wege nach London zu bringen. So konnten 3000 der kurzlebigen Samen zu Jungpflanzen auskeimen, die in dem Botanischen Garten von Singapur zur Akklimatisation gebracht wurden.

Von dort versandte man vegetativ vermehrte Klone nach Malaysia, Java und Sumatra. Damit begann der Plantagenanbau des Kautschukbaumes. 1905 konnten die ersten 174 t Plantagenkautschuk nach England geschickt werden, 1910 waren es schon 11000 t, die auf den Plantagen in Asien produziert wurden. Dort entstanden riesige Monokulturen, während in Brasilien der Plantagenanbau wegen des Auftretens von einer durch Pilze *(Dothidiella)* verursachten Erkrankung nicht möglich ist.

Auf dem afrikanischen Kontinent begann die Kautschukgewinnung in den neunziger Jahren des vorigen Jahrhunderts aus *Landolphia*-Lianen. Vor dem ersten Weltkrieg wurde Kautschuk in Indien und Assam auch aus dem Milchsaft des Gummibaumes *(Ficus elastica)* gewonnen. Heute hat der Indische Kautschuk aber auf dem Weltmarkt seine Bedeutung verloren. Dafür wurden 1979 in Mexiko aus Guayule-Pflanzen 30000 t Kautschuk produziert.

Ein angepflanzter *Hevea*-Baum benötigt 6 bis 7 Jahre, gelegentlich sogar 10 bis 12 Jahre, bevor er angezapft werden kann. Trotzdem wurde der steigende Weltbedarf an Kautschuk immer mehr aus den englischen und holländischen Anpflanzungen gedeckt, und die Naturstandorte verloren zusehends an Bedeutung. Die wichtigsten Anbaugebiete von Plantagenkautschuk liegen heute in Malakka, Sri Lanka, Kalimantan und Indien.

Kautschukplantagen erstrecken sich meist über große Flächen von einigen tausend Hektar, doch gibt es in vielen Ländern Afrikas und Asiens noch kleine Eingeborenenfarmen, die Kautschuk im Familienbetrieb produzieren. Zur Latexgewinnung werden die jungen *Hevea*-Bäume angezapft, indem man einen in die milchsaftführende Rinde reichenden Schnitt spiralförmig um den halben Baum legt. Aus den verletzten Milchröhren tritt dann der Milchsaft aus und rinnt in einen Sammelbecher. Gute Bäume können etwa 30 Jahre genutzt werden. Die Hektarerträge liegen bei 2000 bis 2500 kg Latex pro Jahr. Die Kautschukmilch enthält etwa 25 bis 35 Prozent Reinkautschuk in Form feinster Tröpfchen, die in Eiweißhüllen eingeschlossen sind. Wenn diese Schutzhüllen zerstört werden, z. B. durch Bakterien oder durch Erhitzen, gerinnt (koaguliert) der Latex. Früher wurde die Kautschukmilch mit gerinnungshemmenden Chemikalien versetzt, durch Erwärmen leicht »angedickt« und dann in Tankschiffen in die Verbraucherländer transportiert. Heute wird aus dem Latex an Ort und Stelle Rohkautschuk gewonnen. Durch Säurezugabe flockt man in großen Becken den Kautschukanteil aus und erhält die sehr wasserhaltigen, stark plastischen »Felle«. Sie werden anschließend ausgepreßt, in Spezialwagen aufgehängt, getrocknet und geräuchert. In modernen Verarbeitungsbetrieben trocknet man die dünn ausgewalzten Felle an der Luft oder bei 70 Grad Celsius im Vakuum. Dabei entsteht sogenannter Crepekautschuk.

Weitaus geringere wirtschaftliche Bedeutung als Naturkautschuk haben Guttapercha und Chiclé. Guttapercha ähnelt dem Kautschuk, doch liegen die Isoprenbausteine nicht wie bei diesem in der cis-Form, sondern in der trans-Form vor. Unter den Guttapercha bildenden Milchsäften kommt dem Balata genannten Produkt von *Palaquium gutta* aus der Familie der Sapotegewächse größere Bedeutung zu. Der in Südostasien beheimatete Baum enthält im Milchsaft seiner Stämme und Blätter neben Polyterpenen noch 10 bis 30 Prozent Harze. Früher mußten die Bäume zur Milchsaftgewinnung gefällt werden. Guttapercha ergibt ein ausgezeichnetes Isolierungsmittel, das bei Zimmertemperatur hart ist und bei 60 bis 70 Grad Celsius plastisch verformbar wird. Man muß Guttapercha aber unter Wasser aufbewahren, sonst wird es leicht oxydiert.

Beim Chiclé handelt es sich um den eingetrockneten Milchsaft von *Achras sapota*. Dieses Sapotegewächs ist in Mittelamerika heimisch und wird dort angebaut. Die »Chicleros« sammeln den nach Anritzen der Bäume austretenden Milchsaft, das erste Ausgangsmaterial für die Herstellung von Kaugummi. Ein einziger Baum liefert gut 20 kg Chiclé. Heute wird Kaugummi aber aus einem Gemisch von Chiclé und synthetischem Material hergestellt.

Pflanzliche Rohstoffe von ökonomischer Bedeutung sind auch die sogenannten Gummen und Schleime. Es handelt sich um polymere Kohlenhydrate, die chemisch den Hemizellulosen und Pektinen näher stehen als der Stärke oder der Zellulose. Sie können in warmem Wasser, nicht aber organischen Lösungsmitteln quellen und sich lösen. Die als Rohstoffe verwendeten Gummen werden in der Rinde, im Endosperm (Vorratsgewebe der Samen) oder in der Samenschale bestimmter Pflanzen gebildet. Mit Ausnahme von Gummiarabikum, das im Sudan in einer Art Halbkultur des Mimosengewächses *Acacia senegal* aus der Pflanzenrinde gewonnen wird, erhält man Rindengummen meistens aus wildwachsenden Bäumen und Sträuchern. Die Weltproduktion an Gummiarabikum beträgt etwa 60000 t. Man kann den Rohstoff vielseitig verwenden, er dient vor-

wiegend jedoch in der Nahrungsmittelindustrie zur Stabilisierung, Emulgierung und Viskositätserhöhung.
Ein wichtiger Handelsartikel ist der aus wildwachsenden *Astragalus*-Arten gewonnene Tragant und der aus *Sterculia urens* in Indien gewonnene Karayagummi. Tragant wird als teuerster Pflanzengummi ausschließlich in der Arzneimittelherstellung verwendet. Auch das Guar genannte Produkt der alten indischen Futter- und Gemüsepflanze *Cyamopsis tetragonoloba*, einer trockenresistenten Leguminose, nimmt einen bedeutenden Platz unter den Pflanzengummen ein. Guargummi ist billiger zu produzieren als Gummiarabikum, da der Anbau von *Cyamopsis* voll mechanisierbar ist, wobei man das Produkt in gleicher Weise wie Gummiarabikum einsetzen kann. Die anderen kommerziell wichtigen Pflanzengummen, wie Johannisbrotsamen- und Tamarindensamengummi, treten dagegen an Bedeutung weit zurück.
Samenschleime gewinnt man schließlich vor allem aus *Plantago ovata*, einer Wegerichart, und aus Samen der Quitte *(Cydonia oblonga)*, die zu 75 Prozent aus dem Iran kommen. Quittengummi ist teuer und wird speziell in der Kosmetik eingesetzt. Heute erhalten die Pflanzengummen und -schleime starke Konkurrenz durch Algenschleime (s. S. 139), Bakterienschleime (Dextran, Xanthan) und halbsynthetische Produkte, wie Zelluloseether und Stärkederivate.

Harzgewinnung an Kiefern

Auch Harze, komplizierte Gemische von Diterpenen mit flüchtigen Terpenen, Lignanen, Gummen und aromatischen Pflanzenstoffen, sind wichtige pflanzliche Rohstoffe. Sie werden überwiegend von wildwachsenden Arten gewonnen, aber einige Sippen baut man auch zur Harzgewinnung an, wie *Pistacia terebinthus*, *Toxicodendron verniciflua* oder als Forstbäume *Pinus pinaster* u. a. *Pinus*-Arten. Bei letzteren ist die Harzgewinnung eine wichtige Nebennutzung. Die Harze werden in den Sekretgängen der Rinde und des Holzes ausgeschieden. Viele dieser flüssigen Harze erstarren an der Luft zu festen glasigen Produkten, indem die gleichsam als Lösungsmittel dienenden flüchtigen Bestandteile verdunsten. Doch gibt es auch sogenannte Weichharze und Balsame, die zähflüssig bleiben. In vielen Pflanzen findet eine natürliche Harzbildung statt, in anderen muß man durch einen Schnitt in die Rinde oder das Holz des Stammes den Harzfluß anregen.
In Kiefernwäldern begegnen wir häufig angeritzten Stämmen, aus denen in aufgehängte Gefäße ein Rohbalsam (Terpentin) tropft. Durch Wasserdampfdestillation gewinnt man aus diesem Rohbalsam das Terpentinöl, und der Rückstand der Destillation wird als Kolophonium genutzt. Kiefernrohbalsam erhält man aus den Stämmen verschiedener *Pinus*-Arten, neben der Waldkiefer *(Pinus sylvestris)* in Nord- und Mitteleuropa werden die Schwarzkiefer *(Pinus nigra)* in Österreich, die Seestrandkiefer *(Pinus pinaster)* in Frankreich und *Pinus australis* in den USA zur Terpentingewinnung genutzt. Man entfernt die Borke in kleinen Stücken bis auf eine etwa 3 mm starke Rindenschicht vom Stamm und legt vom Mai bis zum Oktober in Abständen von 4 bis 6 Tagen 3 mm tiefe V-förmige Schnitte in das Splintholz an. Die Schnitte münden in einer Tropfrinne, an deren unterem Ende das Auffanggefäß angebracht ist. Durch Besprühen mit Laugen kann die Ausbeute erhöht werden. Ein Baum liefert dann pro Jahr 1,5 bis 4 kg Balsam. Durch Wasserdampfdestillation oder Extraktion von Holzabfällen (Stubben, Äste) oder als Nebenprodukt der Sulfitzellstoffherstellung läßt sich sogenanntes Holzterpentinöl gewinnen. Auch Kiefernnadeln liefern dieses Öl.
Harze und ihre Produkte werden vielfältig gebraucht. Die flüchtigen aromatischen Bestandteile wie das Terpentinöl dienen als Lösungsmittel, oder man verwendet sie in der Kosmetik. Die harten Destillationsrückstände, z. B. das Kolopho-

Pflücken von Rosenblüten im »Tal der Rosen« in Bulgarien zur Rosenölgewinnung

nium, finden technische Verwendung. Noch immer sind Harze in der Kosmetik, als Aromatikum und in der Pharmazie unersetzbar.
Mehr noch als die Harze haben die in vielen Gewürzpflanzen (s. S. 174) vorkommenden ätherischen Öle eine große Bedeutung als Rohstofflieferanten. Sie werden heute mit Lösungsmitteln extrahiert und weiter zu Essenzen und Emulsionen verarbeitet. Man verwendet sie in der Lebensmittelindustrie, wegen ihrer hautreizenden, desinfizierenden und verdauungsfördernden Wirkungen in der Pharmazie, in der kosmetischen Industrie und auch in der Technik. Die Weltproduktion von ätherischen Ölen wurde 1979 auf rund 20000 t geschätzt. Hinzu kommen rund 250000 t Terpentinöl. Vor allem werden bedeutende Mengen an Zitrus-, Pfefferminz-, Eukalyptus-, Nelken- und Lavendelölen gewonnen. Ätherische Öle sind komplizierte Stoffgemische, aus denen bisher insgesamt mehr als 1500 verschiedene chemische Verbindungen identifiziert werden konnten. Sie gehören meistens zu den großen Naturstoffklassen der Terpene und Phenylpropane.
Zur Herstellung ätherischer Öle reicht in der Regel die billige Wasserdampfdestillation aus. Nur für kosmetische Zwecke muß man Öle extrahieren, um ihre Geruchsqualitäten voll zu erhalten. Zitrusöle gewinnt man dagegen durch Pressung; sie fallen als Nebenprodukt bei der Herstellung von Zitrussäften an.
Eines der am meisten angepriesenen und teuersten ätherischen Öle für die Parfümerie ist das Rosenöl. Es wird vorwiegend aus der Damaszener Rose *(Rosa damascena)* gewonnen, die man vor allem in Bulgarien (im »Tal der Rosen«) und in Südfrankreich anbaut. Die Rosenblüten werden kurz vor Knospenaufbruch am frühen Morgen geerntet. Die Aufarbeitung erfolgt durch Wasser-

Einzelpflanze des Färberwaid (Isatis tinctoria), des unentbehrlichen Spenders eines blauen Farbstoffs für die Tuchfärberei im Mittelalter

dampfdestillation, Extraktion mit organischen Lösungsmitteln oder in Frankreich in einem »Enfleurage« genannten Bearbeitungsvorgang. Hauptbestandteil des sehr teuren Rosenöls (aus 2 kg Blütenblättern wird nur 1 g Öl gewonnen) ist das Zitronellöl. Ihm sind in geringen Mengen Geraniol, Nerol und andere Terpene beigemischt.
Ein weiteres Parfümerieöl gewinnt man aus verschiedenen Arten von Jasmin (*Jasminum* spec.). Dabei müssen etwa 50000 Blüten für die Gewinnung von 500 g Jasminöl aufgearbeitet werden. Aus Veilchen wird vorwiegend in der französischen Provence Veilchenessenz gewonnen.
Gemische aus ätherischen Ölen dienen seit alters als Mittel des Gefallens, des »Geliebtwerdens«. Auch zur Kontaktherstellung mit der Götterwelt wurden sie benutzt. Sicher hat der durch Düfte angeregte Geruchssinn bewußt oder unbewußt, positiv oder negativ schon immer eine große Rolle im menschlichen Zusammenleben gespielt. Auch heute bemüht man sich, durch Rauch (»per Fumum«) oder Düfte gleich dem Rauch (»par Fumo«) zwischenmenschliche Beziehungen anzubahnen; in den Kirchen und Weihestätten vieler Religionen werden Balsame und Harze, wohlriechende Hölzer und Pflanzen verbrannt, um durch die aufsteigenden Düfte und Nebel ein Fluidum der Verbundenheit mit den Göttern zu schaffen. Nur mit Gold und Edelsteinen waren einst Myrrhe und Weihrauch aufzuwiegen. Neben vielen anderen Pflanzen spielte vor allem das Sandelholz eine große Rolle als Spender »heiligen Wohlgeruchs«.
Riechstoffe hatten in allen Kulturen ihren gewichtigen Platz. Parfüme, Duftwässer und Essenzen wurden in wertvollen Gefäßen untergebracht. Auch heute noch spielt ihre Aufbewahrung in kostbaren Flakons eine große Rolle. Eine schöne Sammlung von Behältern zur Aufbewahrung von Kompositionen ätherischer Öle befindet sich im Parfümmuseum in Barcelona. Poeten und Maler nahmen sich des Zaubers von Düften an —, aber auch die Psychoanalyse. So schreibt Marcel Proust in seinem Roman »Auf der Suche nach der verlorenen Zeit«: »Die Erinnerung an ein bestimmtes Bild ist wehmutsvolles Gedenken an einen bestimmten Augenblick; und Häuser, Straßen, Avenuen sind flüchtig, ach! wie die Jahre.« Und der französische Romanschriftsteller Gustave Flaubert beschreibt die Nasenflügel der sterbenden Madame Bovary »die so lüstern auf linde Lüfte und alle liebatmenden Wohlgerüche gewesen waren«.
Das Pflanzenreich hat uns auch eine ganze Reihe von Farbstoffen zu bieten. Der Mensch setzte sie in seiner vieltausendjährigen Geschichte für zahlreiche Zwecke ein: zum Verzieren seines nackten Körpers für die Liebe oder den Kampf, zur Verschönerung seiner Bekleidung, zum Schmücken seiner Behausungen oder zum Färben von Speisen und Getränken. Auch in unserer Zeit spielen Farbzusätze eine große Rolle in der Nahrungsmittel- und kosmetischen Industrie, obwohl heute synthetische Farbstoffe die natürlichen organischen Farbstoffe fast völlig verdrängt haben.
Der Mensch hat ein besonderes Verhältnis zur Farbe. Was wäre eine Welt ohne die Schönheit der Farbe? Farben und Farbstoffe (Pigmente) wirken durch psychische Momente auf uns. In der Malerei, aber auch in der Dichtkunst fanden sie ihre höchste Ausdruckskraft.
Natürliche Farbstoffe haben wichtige physiologi-

sche und ökologische Funktionen für die Organismen. Der grüne Blattfarbstoff, das Chlorophyll, ermöglicht den Pflanzen die Photosynthese, und verschiedene andere Blattfarbstoffe haben Hilfsfunktionen bei der Sammlung von Sonnenlicht. In den verschiedenen Algengruppen spielen Karotinoide (bei Kiesel- und Braunalgen) und Phykobiline (Biliproteine) bei der Umwandlung von Lichtenergie in chemische Energie eine Rolle. Im Bereich der Blüte und Frucht haben Färbungen eine Bedeutung für die Verbreitung (Fortpflanzung) der Art. Aber auch im Tierreich erfüllen Farben und Färbungen Aufgaben der Anlockung, des Imponierens oder der Abschreckung. Sie sind chemische, optisch wirksame Signale.
Die heute in der Nahrungsgüterproduktion und der kosmetischen Industrie verwendeten Farben gehören zu ganz verschiedenen chemischen Gruppen von Pigmenten. Rote Farbstoffe kommen aus den Stoffklassen der Anthocyane (Anthocyanidine), Betacyane (Rüben- und Kaktusblütenfarbstoffe) und Karotinoide (z. B. das Bixin von *Annatto*, das Capsanthin von Paprikafrüchten, das Lycopin von Tomaten oder das Carthamin von Saflor). Gelbe Pflanzenpigmente findet man in den Stoffgruppen der Karotinoide, der Flavine (wie das Riboflavin), der Flavone und Flavonole. Blau sind viele Anthocyanidine bei alkalischer Umgebung.
Unter den Pflanzenfarbstoffen verdient der von *Bixa orellana*, einem Zier- und Kulturstrauch der Tropen, gebildete Farbstoff Bixin besonders hervorgehoben zu werden. Er ist in den letzten Jahren zu einem wichtigen Exportartikel für einige Entwicklungsländer geworden. Die Welterzeugung an Bixin beträgt einige tausend Tonnen. Bixin und Norbixin werden in den Papillen abgelagert, die die Samen bedecken. Da Bixin fettlöslich und das Alkalisalz des Norbixins wasserlöslich ist, ergeben sich vielseitige Anwendungsmöglichkeiten dieser Stoffe zur Färbung von Nahrungsmitteln (z. B. Außenseite des Edamer Käses), Wolle, Seide und kosmetischen Erzeugnissen.
Große Bedeutung hatte die Verwendung von Pflanzenfarbstoffen für die Färbung von Teppichen. So wurden für die Farbgebung der alten orientalischen Teppiche Indigo, Krapp, Cochenille u. a. verwendet. Die richtige Farbmischung ergab ungewöhnlich schöne und dauerhafte Färbungen. Mark C. Whiting hat sich mit den Farben von Textilien und geknüpften alten Teppichen befaßt und dabei seine Leidenschaft als Teppichsammler mit seinem wissenschaftlichen Beruf verbunden, indem er Teppichfärbungen mit der modernsten wissenschaftlichen Analytik untersuchte. Dabei ließ sich nicht mehr entscheiden, ob der Indigofarbstoff aus dem Indigo *(Indigofera tinctoria)*, dem Färberwaid *(Isatis tinctoria)* oder einer anderen Pflanze stammt. Krapp aus der Krappwurzel *(Rubia tinctorum)* konnte von ihm in vielen Textilien aus Europa und dem Nahen Osten nachgewiesen werden, aber nicht in alten chinesischen Teppichen. Gerade mit Krapp, einem Beizenfarbstoff, der mit der Beize »Farblacke« bildet, ließen sich ganz unterschiedliche Farbtöne erzeugen, wie Rot-, Marron-, Violett- und Purpurtöne. Empfindliche chemische Analysen zeigten, daß man außer Pflanzenfarbstoffen auch Insektenfarbstoffe verwendete: Cochenille, den Farbstoff der Schildlaus *Dactylopius coccus*, und »Lac Dye«, aus Schellack, dem Produkt des parasitischen Insekts *Laccifer lacca*, gewonnen. Meist ist in der Pflanze nicht nur ein einziger Farbstoff, wie das Flavon Luteolin im Färberwau *(Reseda lutea)*, sondern es sind ganze Farbgemische enthalten. Beispielsweise besitzt die Persische Kreuzbeere *(Rhamnus oleoides)* ein Gemisch von Quercetin, Kämpferol, Rhamnetin und Rhamnazin.
Auch Hirsestroh ist eine alte Farbstoffquelle, enthält doch Hirse *(Sorghum durrha)* in ihrem Halm den Luteolin-7-methylether. In Europa werden übrigens die Zwiebelschalen wegen der in ihnen vorhandenen Flavonoide noch immer zum häuslichen Färben, z. B. in der Osterzeit, verwendet.
Im Mittelalter hatte in Mitteleuropa der Färberwaid *(Isatis tinctoria)* zur Gewinnung eines blauen Farbstoffs eine große Bedeutung. Der Waidanbau spielte in Deutschland besonders in der Umgebung von Erfurt eine große Rolle. Waidbau und -handel schufen die Grundlage des in der Stadt Erfurt vom 14. bis zum 16. Jahrhundert aufblühenden Wohlstandes seiner Bürger. Die Ausfuhr von Waid brachte ihnen damals jährlich mehr als 3 t Gold ein. Im Jahre 1597 gab es in Thüringen etwa 100 Waidhändler, wobei Erfurt der Haupthandelsplatz war. Die geernteten Blätter der Waidpflanzen wurden in der Waidmühle zerquetscht, ihre weitere Verarbeitung zu Pulver bildete ein Zunftmonopol der Erfurter »Waidjunker«. Mit dem Waidblau wurden dann von den »Schönfärbern« in der »Waidküpe« Woll- und Leinenstoffe gefärbt. Als aus Indien Indigo (*Indigofera*-Arten) eingeführt wurde, kam eine starke Konkurrenz auf; der Anbau von Waid ging zurück, und ein blühender Wirtschaftzweig verlor seine Bedeutung. Heute erinnert nur noch ein alter Vers an diese Zeit: »Waidt ist der Pferde leidt – der Knechte Arbeit – der Mägde Schalkheit.«

Alte Waidmühle auf der Internationalen Gartenbauausstellung Erfurt

Nicht nur die natürlichen organischen Farbstoffe verloren immer mehr an Bedeutung in der Wirtschaft, auch die zum Gerben von Leder benutzten Pflanzen und Pflanzenteile, die gerbstoffreichen Rinden, Wurzeln und Früchte sowie die Pflanzengallen. Noch vor wenigen Jahren wurde die Rinde gefällter Fichten zur Gewinnung von Gerbstoffen benutzt. Doch chemische Verfahren verdrängten herkömmliche Technologien. Ein gewisser Bedarf an pflanzlichen Gerbstoffen besteht allerdings noch immer, da sie dem Leder »Gewicht« und eine charakteristische Färbung verleihen. So wird z. B. in den USA auch heute Quebrachoholz in vielen tausend Tonnen verbraucht. Erwähnenswert ist die spezielle Verwendung von Pflanzengerbstoffen bei der Durchführung von Tiefbohrungen, da sie die Viskosität des Bohrschlammes verringern.

Als Rohstoffe von ökonomischem Wert sollen noch einige Pflanzenwachse erwähnt werden. Es handelt sich um Fettsubstanzen, die zwischen 50 und 90 Grad Celsius schmelzen und als charakteristischen Bestandteil mit mehrwertigen Alkoholen veresterte langkettige Fettsäuren besitzen. Viele Pflanzen scheiden Wachssubstanzen auf ihrer Epidermis aus. Bei einigen kann diese Wachsabscheidung so beträchtlich sein, daß Blätter, Stengel oder Früchte mit dicken Lagen wasserabstoßenden Wachses bedeckt sind. Ökonomische Bedeutung erlangten Carnaubawachs, Candelilla, Ouricury und Japanwachs. Carnaubawachs wird von der Carnaubapalme *(Copernicea cerifera)* gebildet, die Alexander von Humboldt schon bei seiner Südamerikareise beschrieb. Dieses Wachs besteht hauptsächlich aus dem Myricylcerotat, das bisher chemisch-synthetisch nicht zugänglich ist. Carnaubawachs findet z. B. in der Auto- und Schallplattenindustrie Verwendung.

Pflanzliche Nahrung und Rohstoffe aus dem Meer

»Vielleicht werden sich die Menschen einmal darauf verstehen, Plankton zu ernten, wie sie einst lernten, Korn einzusammeln. Ein einzelnes Korn taugt nichts, in großen Mengen ist es Nahrung.«

Th. Heyerdahl, 1948

Wir wissen heute: Das Meer war die Wiege des Lebens. Aber im Meer leben längst nicht so viele Pflanzenarten wie auf den Festländern. Vor allem zahllose niedere Pflanzen sind Meeresbewohner geblieben. Das im Wasser Schwebende, das Plankton, bildet den Beginn vielgliedriger Nahrungsketten. Es ist von großer Bedeutung für die biologischen Gleichgewichte. Die Küstenzonen der wärmeren und kaltgemäßigten Meere werden vor allem von makroskopisch großen Braun-, Rot- und Grünalgen bewohnt, die von der Küste bis in jene Tiefen des Meeres vorkommen können, wo das vom Wasser gefilterte Sonnenlicht noch mit Hilfe geeigneter Photosynthesefarbstoffe zum Aufbau von Pflanzensubstanz nutzbar ist. Die Tiefsee beherbergt neben tierischen Lebenskünstlern, die sich auf erstaunliche Weise an das Leben in großen Meerestiefen angepaßt zeigen, nur niedere Pflanzen, die ohne Licht und Luft leben.

Die Nettoprimärproduktion mariner Großalgenformationen ist im Vergleich mit der einiger Ökosysteme des Festlandes erstaunlich hoch. So zählen die Tangbestände der Küsten gemäßigt-temperierter Meere zu den produktivsten Pflanzengesellschaften der Erde.

Um klären zu können, ob im Meer unerschlossene Nahrungs- und Rohstoffquellen für die Zukunft liegen, muß man Phytoplanktonbildung und Großalgenproduktion unterscheiden. So kann das Phytoplankton aufgrund seiner 15fach höheren Bildungsrate organischer Masse gegenüber Landpflanzen als Nahrungsquelle der Zukunft gelten (s. S. 210). Die Großalgen sind dagegen durch ihre begrenzte Verbreitungsmöglichkeit von geringerer Bedeutung. Die als Tange bezeichneten großen Braunalgen kommen nur in Gebieten vor, die höchstens eine Mitteltemperatur des Juli von 20 Grad Celsius erreichen.

Außerdem brauchen die im Küstenbereich einiger Meere siedelnden Großalgengesellschaften, die neben Braunalgen vor allem aus Rotalgen bestehen, das Felswatt unterhalb der Hochwasserlinie zum Gedeihen. Daher ist der Algengürtel an Felsküsten nur 2 bis 10 m breit. In dem durch die Gezeiten beeinflußten Lebensraum, dem Litoral, können die Braunalgen (z. B. der Gattung *Fucus*) bei Niedrigwasser, aber auch untergetaucht bei Hochwasser assimilieren. Im Sublitoral (bis 25 m Tiefe) gedeihen die Vertreter der Meerestange genannten Laminariales aus der Gruppe der Braunalgen. Ihre Verteilung in der Tiefe wird durch das herrschende Lichtklima bestimmt. Sie sind in größerer Artenanzahl im Pazifik verbreitet, während im Atlantik nur relativ wenige Arten vorkommen. Meerestange sind mit ihren 3 Familien bis an die subtropischen Meeresküsten verbreitet. Ihre Hauptvorkommen befinden sich jedoch – wie bereits erwähnt – in den gemäßigt-temperierten Meeren.

Die marinen Großalgen fluten gleichsam in einer kompletten Nährlösung, die ihnen das Meerwasser bietet. Sie verfügen über hochwirksame Stoff-

Grünalgenbewuchs auf Felsbrocken in der Uferspritzzone

Blasentang (Fucus vesiculosus) an der Ostseeküste

aufnahmesysteme und sind bezüglich Assimilattransport und photosynthetischer Kohlendioxidassimilation erstaunlich leistungsfähig. So können sie eine beträchtliche Stoffwechselleistung und hohe Wachstumsraten aufweisen. Beispielsweise wurde für den Kalifornischen Riesentang *(Macrocystis pyrifera)*, der eine Länge von 40 bis 50 m erreicht, eine tägliche Zuwachsleistung von 1 bis 2 Prozent festgestellt, d. h., eine 20 m lange Pflanze wächst täglich um rund 20 cm. Die Art *Laminaria angustata* hat eine tägliche Zuwachsrate von 7 cm. Für den Zuckertang *(Laminaria saccharina)* konnte an den Küsten Schottlands im Jahr ein Massenzuwachs von 100 Tonnen je Hektar Meeresboden festgestellt werden. Solche Tange wachsen Tag und Nacht, assimilieren sie doch Kohlendioxid sowohl im Licht als auch im Dunkeln.

Die Nutzung von Tang durch den Menschen ist bereits einige Jahrtausende alt. Man verwendet

Vegetationsprofil an der Kanalküste unter und über dem Wasserspiegel

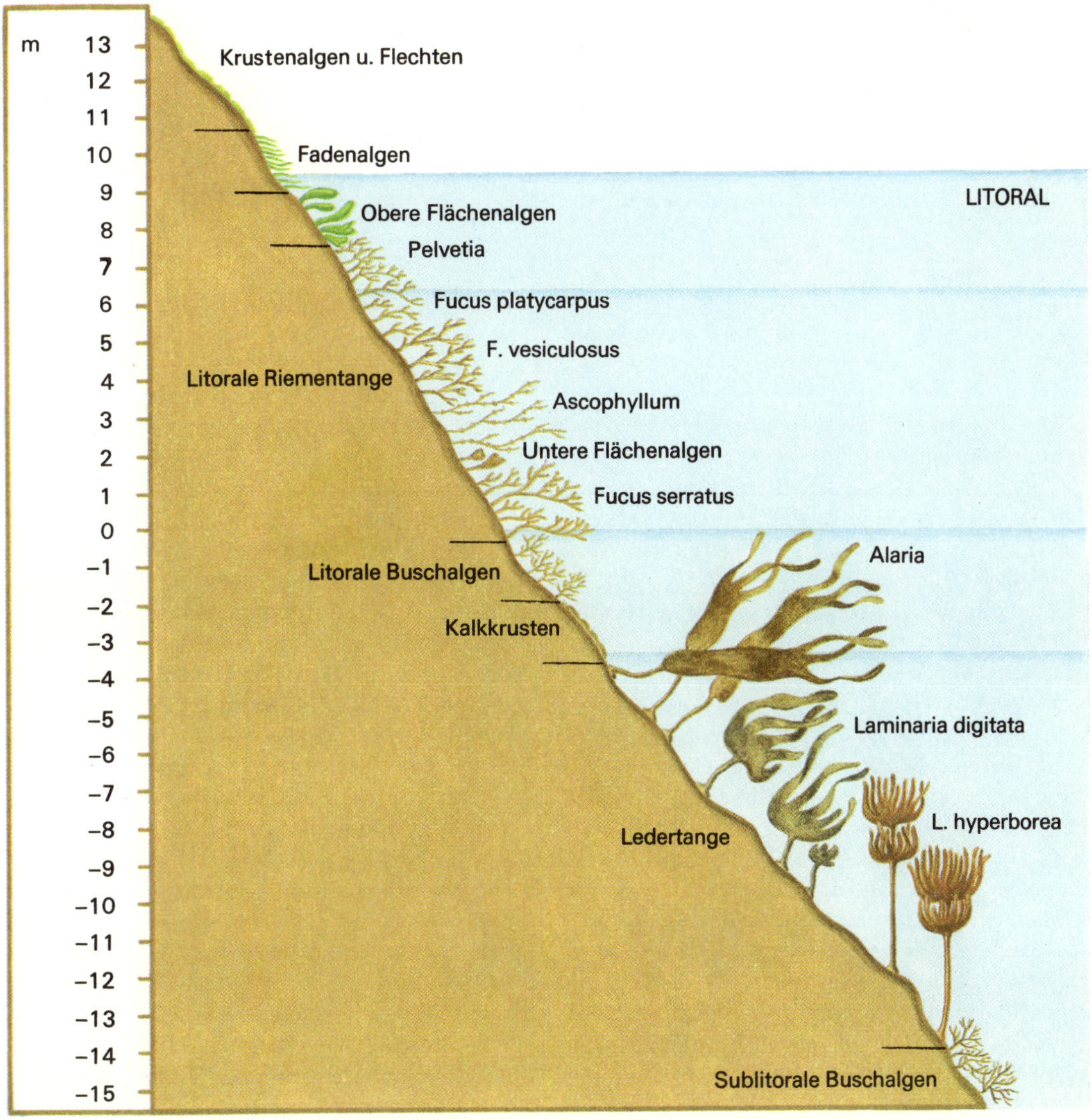

Tange an der Küste der Bretagne zur Ebbezeit

Ernte von geschnittenem Brauntang an der irischen Küste

Tange als Viehfutter und Düngemittel, an einigen Stellen der Erde aber auch für die Ernährung des Menschen und in der Heilkunde. Der Wert von Algenmehl als Tierfutter ist umstritten. Aber Wiederkäuer können dank ihrer mikrobiellen »Untermieter«, die im Magen-Darm-Trakt siedeln und Verdauungshilfe leisten, die Kohlenhydrate und Proteine der Algenkost aufschließen und verwerten. Im 17. Jahrhundert begann man in England und Frankreich, auch aus Tangasche Soda und Pottasche zu gewinnen. Schon lange vorher wurden Tange und Tangasche von den englischen und französischen Bauern an der Kanalküste als Düngemittel verwendet. Algenasche ist reich an Jod, da Algen über die besondere Fähigkeit der Jodspeicherung selbst aus sehr stark verdünnten Lösungen verfügen. Deshalb begann Anfang des 19. Jahrhunderts die Jodgewinnung aus Tangasche (Kelp). Über einen Zeitraum von 60 Jahren, zwischen 1820 und 1880, wurde der gesamte Weltbedarf an Jod aus Kelp gedeckt. Erst durch Ausbeutung der jodreichen chilenischen Salpeterlager kam es zu einem Ende der Algenindustrie. Sie erlebte aber im 20. Jahrhundert einen neuen Aufschwung, als man die vielseitige Verwendbarkeit von Pflanzenkolloiden, vor allem der Alginate, entdeckte.

Auf der japanischen Inselwelt hat die Verwertung von Meeresalgen eine besonders lange Geschichte. Heute wird die Braunalge *Laminaria angustata* an der Küste Hokkaidos vom Juli bis zum August in bis zu 12 m langen Stücken von den Laminarienfischern als Kombu geerntet. Sie reißen die Meerestange vom Boot aus mit hakenbesetzten Stangen vom Felsboden ab, trocknen sie am Strand, rollen die blattähnlichen Teile auf und verkaufen sie in Mengen von jährlich 37000 t an die Industrie. In Streifen geschnitten und gelegentlich mit Malachitgrün schön dunkelgrün aufgefärbt, dient Kombu sowohl als Gemüse als auch zusammen mit Fleisch und Fisch zur Zubereitung von Suppen. Ähnlich verwendet man Wakame, die in Massen geerntete Braunalge *Undaria*, doch wird Wakame auch als Tee zubereitet. Und schließlich stammt die Nori genannte Nahrung von der Rotalge *Porphyra*. Sie wird in getrockneter Form als Beilage zu Reisgerichten verzehrt. Der Nährwert dieser Meereskost als einer Zusatznahrung ist sicher nur gering, aber als organische Ballaststoffe tragen Kombu und Wakame dazu bei, die eintönige Fisch- und Reisnahrung der japanischen Küche abwechslungsreicher zu gestalten.

Meeresalgen haben in ihren Zellwänden stark quellbare und verschleimende saure Polysaccharide. Ihre Eignung für die Lebensmittelindustrie, Technik und Mikrobiologie wurde bald erkannt. So ist jedem Mikrobiologen und Mediziner das Agar genannte Produkt geläufig. Er stellt die Grundlage für die Herstellung verfestigter Nährböden dar, auf denen man Mikroorganismen und pflanzliche Kalluskulturen ziehen kann. Das jährlich zu Tonnen in den Nährbödenküchen biologischer Laboratorien und medizinischen Einrichtungen verarbeitete Produkt wird aus bestimmten Rotalgen gewonnen. Gleichfalls verwendet man das von Rotalgen produzierte Carrageen gegenwärtig in erheblichen Mengen in der Lebensmittelindustrie zur Herstellung von »Götterspeise«, »Flammeri« und »Aspik«.

Heute werden jedoch Agar und Carrageen an Bedeutung von dem bereits erwähnten Algin bzw. Alginat (Salze der Alginsäure) übertroffen. Man gewinnt es aus den Zellwänden von Tangen. Enthalten doch Braunalgen im Unterschied zu grünen Pflanzen in ihren Zellwänden nicht Pektin als organische Grundsubstanz, sondern das Algin genannte Wandpolymer. Algin oder Alginsäure ist ein saures Polysaccharid. Es kann bis zu 40 Prozent der Zellwandtrockenmasse bilden. Durch Wasseraufnahme ist die Substanz stark quellbar, wobei sie sich zu einer gelartig erstarrenden Masse verfestigt.

Alginate haben heute unter den Naturprodukten eine sehr breite und vielfältige ökonomische Nutzanwendung gefunden. In der Technik spielen die unlöslichen Schwermetallalginate eine Rolle, während die stark quellbaren, wasserlöslichen Alginate in der Lebensmittelindustrie eingesetzt werden. Sie dienen dort der Zubereitung von Milchprodukten, wie Instantpuddings, Speiseeis und Joghurt, von Mixgetränken und werden in der Zuckerbäckerei verwendet. Auch die »sattmachenden« Füllsubstanzen von Schlankheitsmitteln enthalten Alginate. Der menschliche Stoffwechsel kann Alginate nicht abbauen, und sie sind daher kalorisch wertlos. Alginate setzt man auch dem Bier zu, um die Haltbarkeit der »Blume« zu verlängern. Unlösliche Alginate finden in der Zahnheilkunde sowie in der kosmetischen und pharmazeutischen Industrie Verwendung. Sie dienen als Abdruckmasse für Zahnprothesen, als Tampons (Gazegewebe) für den Wundverschluß, als Salben- und Geleegrundlage sowie als Emulgatoren und Füllmittel bei der Tablettenherstellung.

Weniger bekannt ist vermutlich der Einsatz schwerlöslicher Alginate in der Bauwirtschaft sowie der Farben- und Papierindustrie. Man setzt sie dem Zement und Beton zu, um eine Verdickung und Elastizitätserhöhung zu erreichen; sie erhöhen als Dispersionsmittel die Streichfähigkeit von Farben und deren Stabilität, Papier und Karton werden mit Alginaten imprägniert; sogenannte Vulkanfibern erhalten durch Alginate ihre hohe Strapazierfähigkeit. Kunstfasern kann man mit Chrom- und Berylliumalginaten umspinnen, und schließlich lassen sich auch Bakterienfilter aus Alginatwolle herstellen.

In Ländern, an deren Meeresküsten ausgedehnte

Trocknung von Seetang in Japan

Japanische Fertigdesserts, mit Früchten aus dem Meer garniert

Tangbestände wachsen, hat die Alginatgewinnung eine nicht zu unterschätzende wirtschaftliche Bedeutung. Man gewinnt die Alginate aus den luftgetrockneten Tangmassen, die entsalzt, geschnitzelt und in Bottichen mit verdünnter Schwefelsäure eingeweicht werden. Dann behandelt man den ausreichend gewässerten Extrakt mit Soda, wodurch die Alginsäure als Natriumalginat ausfällt. Die reine Alginsäure stellt man dann in großen Becken mit verdünnter Salzsäure her. Sie ergibt, auf Walzen getrocknet, ein weißliches Pulver.

Meeresalgen enthalten noch weitere interessante Stoffe, z. B. das Laminarin. Es vertritt in Braunalgen die Stärke grüner Pflanzen und ist wie diese ein polymerer Riesenzucker. Auch der Zuckeralkohol Mannitol kann in Mengen von 5 bis 20 Prozent des Trockengewichts vorkommen oder das Fucoidin, das den Algenschleim aufbaut. Ihm kommt wohl eine ökologische Bedeutung als Schutzmittel gegen Austrocknung zu, wenn die Algen während der Ebbe zeitweilig freigelegt sind. Manche glauben, daß Laminarin und Fucoidin eines Tages neue ökonomisch wichtige Algenstoffe werden können, da man sie wegen ihrer besonderen gefäßverschließenden (antithrombotischen) Eigenschaften medizinisch verwenden kann.

In Japan bemüht man sich seit längerer Zeit um die Kultivierung von Meeresalgen, vor allem der Gattung *Porphyra*, aber auch der braunen Großalgen. Undarien und Laminarien werden aus den Sporen als mikroskopisch kleine Geschlechtspflanzen (Gametophyten) aufgezogen. Nach der Befruchtung der Eizellen durch Spermien auf den Geschlechtspflanzen beginnt sich dann die junge Sporenpflanze, der Sporophyt, zu entwickeln. Er heftet sich auf in die Aufzuchtbecken gehängten Seilen an. Solche »Zuchtseile« werden nach 2 bis 3 Monaten, wenn die Jungpflanzen erst wenige Zentimeter groß sind, an Bojen im Meer befestigt. Bereits nach einem knappen Jahr haben dann die schnellwüchsigen Tange eine Länge von einigen Metern erreicht.

In den USA laufen seit einigen Jahren Versuche zur kontrollierten Anzucht des Kalifornischen Riesentanges. In einer Seetangfarm vor der Küste Kaliforniens, die eine Ausdehnung von rund 1 000 m^2 hat, werden die Tange auf Nylonnetzen in einer für die photosynthetische Stoffbildung optimalen Wassertiefe gehalten. Während in Europa die wirtschaftlich genutzten Tange direkt am Strand geerntet oder in der küstennahen Zone vom Boot aus eingebracht werden, hat man zur Ernte des Kalifornischen Riesentanges besondere Bergungsschiffe wie die »Giant Kelp Harvesters« entwickelt, die eine Art Unterwassermähmaschine besitzen und Ernten von 125 t in 4 bis 5 Stunden ermöglichen.

Die Meerestange (Laminariales) könnten wegen ihres massenhaften Vorkommens und ihrer beträchtlichen Zuwachsraten an Algenmasse von größerem ökonomischem Interesse werden. Doch sie sind – wie bereits erwähnt – nur in relativ kalten Meeren anzutreffen. Außerdem ist nach der Auffassung von Kennern die Eiweißgewinnung aus Meerestangen mit den heutigen Verfahren unökonomisch. Doch könnten vielleicht neue Aufarbeitungstechnologien revolutionierend wirken und das weltweite ökonomische Interesse wecken. So wäre z. B. nach Berechnungen von Experten durch Vergärung von Algenmasse eine Methanproduktion im Werte von rund 600 000 US-Dollar pro Jahr möglich. Das Phytoplankton ist eine Nährstoffquelle der Zukunft. Im Meer gewachsen oder in Algenproduktionsanlagen kultiviert, liefert es schon heute rentable eiweißreiche, vitaminhaltige Kost.

Das Pflanzenreich – eine Schatzkammer für die Gesunderhaltung des Menschen

»In Leib: Odermenig
ist ein edel Kraut
zu der verstopften Lebern /
mit Wein oder Wasser gesotten /
oder den Krancken dargereicht.
Dieser Tranck ist ein gewiß
Experiment zu dem kalten Harn.
Das gebrandt Wasser getruncken /
mildert den Husten /
zerheilt Koder /
zertreibt Geelsucht /
bekompt den langwierigen
Fiebern wol /
und tödtet die Wurm im Leib.«

Anweisung zum Gebrauch des Odermennig (Agrimonia) im Kräuterbuch von J. Camerarius (1600)

Die Verwendung von Pflanzen zur Heilung von Krankheiten ist so alt wie die menschliche Kultur. Doch nahezu alle seit Jahrtausenden zur Heilung benutzten Pflanzen oder aus ihnen gewonnenen Zubereitungen enthalten chemische Verbindungen, die heute von den Chemikern oder Toxikologen als giftig bezeichnet werden. Deshalb müssen wir uns fragen, ob es eigentlich eine klare Trennung von Gift- und Heilpflanzen gibt. Daß Gifte nur in einer bestimmten Dosierung wirken, wird schon bei der Darstellung des Giftmordes von Nero an seinem Stiefbruder Britannicus im Jahre 55 u. Z. deutlich. Berichtet doch der römische Geschichtsschreiber Tacitus: »Als das Gift, das er von einer berüchtigten Giftmischerin empfangen hatte, allzu langsam wirkte und bei Britannicus bloß Durchfall erregte, ließ er das Weib zu sich bringen und prügelte sie mit eigener Hand, indem er sie beschuldigte, statt des Giftes ein Heilmittel gegeben zu haben...« Und er »nötigte sie, vor seinen Augen in seinem Schlafkabinett ihr schnellstes, augenblicklich wirkendes Gift zu bereiten. Darauf versuchte er es an einem Bocke, und da der Todeskampf bei diesem fünf Stunden währte, ließ er es wieder und wieder durch Einkochen verstärken und warf es dann einem Ferkel vor. Als dieses unmittelbar darauf starb, gebot er, das Gift ins Speisezimmer zu bringen und es dem Britannicus zu reichen, der mit ihm speiste. Und als dieser nach dem ersten Schluck zu Boden stürzte, log er den Tischgästen vor, es sei dies ein bei jenem gewöhnlicher Fall von Epilepsie, und ließ ihn tags darauf in großer Eile bei wolkenbruchartigem Regen ohne alles Gepränge bestatten.«

Anderthalb Jahrtausende später traf der Arzt Theophrastus Bombastus von Hohenheim, genannt Paracelsus (1493–1541), die noch heute gültige Feststellung: »All ding sind gifft / und nichts ohn gifft / Allein die dosis macht das ein ding kein gifft ist.« Paracelsus hat hier das Grundproblem der Verwendung von Pflanzen zur Heilung und Gesunderhaltung des Menschen formuliert. Neben der Dosis eines Pflanzenstoffes sind die Form, der Zeitpunkt und die Häufigkeit seiner Verabreichung sowie das Alter oder der Gesundheitszustand des Menschen entscheidend, ob eine Heil- oder Giftwirkung erzeugt wird. Für die Beurteilung eines Arzneimittels pflanzlicher Herkunft ist daher die Festlegung der Grenzdosis wichtig, von der an eine Substanz zum Gift wird. Das Testen an Tieren – wie bereits von Nero erprobt – liefert mit dem sogenannten LD_{50}-Wert, d. h. jener Dosis, die für 50% der Tiere tödlich (letal) wirkt, Hinweise für den Einsatz am Menschen.

Die heute in der Wissenschaft von den Giften, der Toxikologie, gebrauchte Definition der Gifte bezeichnet diese als Stoffe, die unter bestimmten Bedingungen und in bestimmter Menge und Form wegen ihrer chemischen Beschaffenheit auf ein bestimmtes Organ oder mehrere Organe von Lebewesen so wirken, daß der Gesundheitszustand vorübergehend oder bleibend geschädigt wird. Somit ist die seit altersher geübte Unterscheidung von Gift- und Heilpflanzen nur recht relativ, erst das konkrete Beispiel erlaubt die Einordnung. Nicht übersehen werden darf allerdings, daß es Substanzen pflanzlicher Herkunft gibt, die keinen derartigen Übergang von heilender zu giftiger Wirkung zeigen, d. h., die ausschließlich giftig wirken. So gelten z. B. Schierlingsarten (*Conium* spec.), der Goldregen *(Cytisus laburnum)*, die Herbstzeitlose *(Colchicum autumnale)* oder der Grüne Knollenblätterpilz *(Amanita phalloides)* als ausgesprochene Giftpflanzen (s. S. 167).

Auch der mit giftiger oder heilender Pflanzenwirkung in Verbindung stehende Begriff der Droge muß als relativ angesehen werden. Als Pflanzendroge bezeichnet man Pflanzenteile oder Stoffe aus diesen, die direkt oder nach Zubereitung Einfluß auf die menschliche Gesundheit haben. Im amerikanischen Sprachgebrauch nennt man dagegen allein die wirksamen chemischen Verbindungen der medizinisch genutzten Pflanzen »drugs«. Je nach der Herkunft unterscheidet man z. B. Blatt-, Wurzel-, Knollen-, Holz-, Rinden- und Fruchtdrogen. Dabei liegt nicht nur, wie bereits genannt, meist ein dosisabhängiger Übergang von heilender zu giftiger Wirkung vor, sondern auch von der Verwendung von Heil- zu Gewürzpflanzen. So begegnet uns in den folgenden Beispielen bei der Verwendung von Pflanzen für die Gesunderhaltung des Menschen die Heil- und Giftwirkung oft eng nebeneinander.

In früheren Jahrhunderten spielten bei der Verwendung von Heilpflanzen die »Wundermittel« mit ihren meist zu weit gespannten »phantastischen Indikationen« eine große Rolle. Man hoffte Allheilmittel und verläßliche Vorsorgemittel u. a. gegen das Altwerden, die Impotenz und den Leistungsabfall zu finden. Ewige Jugend und Wiederverjüngung sind ja uralte Menschheitsträume. Ärzte von Kaisern und Königen träumten einst davon, einen Universalheiltrunk zu mischen, so auch Neros Leibarzt Andromachus, der die Osterluzei (*Aristolochia* spec.) für eine wichtige Zutat hielt. Aber wer möchte wohl heute einem solchen mehr aus Ahnung und Angst oder aus purer Willfährigkeit und Wichtigtuerei zusammengestellten Trank Vertrauen schenken? Welcher Wissenschaftler möchte es erforschen? Es gibt mehrere Pflanzen, die in dem Ruf standen, Allheilmittel zu sein, wie Knoblauch, Pimpinelle, Ginseng, Gingko oder die Kwao-Wurzel.

Die Ginsengwurzel stammt von *Panax schin-seng*, einer an schattigen Standorten im Norden Koreas (KVDR) und in Nordostchina vorkommenden kleinen Staude aus der Familie der Araliaceen. Dort wird sie auch, ebenso wie in Südkorea und der UdSSR, angebaut. In der vielgerühmten Ginsengwurzel sind die Wirkstoffe, die Saponinglykoside, Ginsenoside. Sie führen im Tierversuch nach einigen Tagen zu einer lang anhaltenden Steigerung der physischen und psychischen Leistung und haben eine Antistreßwirkung. Es wird vermutet, daß die Verbindungen die Eiweißsynthese stimulieren, indem sie auf den Proteinsyntheseapparat der Zelle wirken. Die Ginsengwurzel wurde schon vor 5000 Jahren in der chinesischen Medizin verwendet. Aus dem 1. Jahrhundert u. Z. ist überliefert, daß Ginseng Gemüt und Geist beruhige, »aber auch zur Erleuchtung des Geistes tauge und die Weisheit fördere«. Ihr kontinuierlicher Gebrauch führe zu einem langen Leben. So werden Ginsengpräparate als Vorbeugungsmittel gegen zu frühes Altern und als Sexualtonikum benutzt. Wahrscheinlich sind sie keine Appetitzügler, obwohl sie auf fettsüchtige Patienten abmagernd wirkten. Die Ginsengwurzel umgibt ein Teil des Geheimnisses, das einst die Alraunwurzel (s. S. 42) umgab.

Ein in Siam, dem heutigen Thailand, lebender Engländer berichtete 1932, daß ältere Eingeborene ein ganz neues Lebensgefühl bekommen, wenn sie die von einer Urwaldkletterpflanze stammende Kwao-Wurzel essen. In einem vom Blitz zerstörten Tempel in Burma fand man eine auf Palmblättern aufgeschriebene, uralte medizinische Abhandlung. Auf ihrer Grundlage verfaßte ein thailändischer Beamter eine Schrift über die Wirkung der Kwao-Wurzel. Darin ging er auch den Berichten von der verjüngenden Wirkung der Vegetabilie nach. Er berichtete von einem Kwao-Esser, der ein Alter von 280 Jahren erreicht hätte. Seit 1948 wurden von englischen und australischen Forschern einige hundert Kilogramm Kwao-Wurzel aufgearbeitet und auf ihre Inhaltsstoffe untersucht. Sie entdeckten aber lediglich schon bekannte Östrogene (weibliche Sexualhormone), so daß die Droge ohne medizinisches Interesse geblieben ist.

Wohl kein anderes Arzneimittel ist heute für die Menschheit so interessant wie die sogenannte Antibabypille. Sie und ihre Vorläufer sind Pflanzendrogen, die Empfängnis, Schwangerschaft und Geburtenrate zu kontrollieren vermögen. Man erhofft sich von ihr eine »Beherrschung« der Bevölkerungsexplosion in allen Teilen der Erde. Sie verändert das Sexualverhalten der Frau und fördert ihre Emanzipation. Aber sie hat auch heikle religiöse und politische Fragen aufgeworfen, insbesondere in den streng katholischen Ländern. Ihre Geschichte reicht weit in die Vorzeit zurück. Aber erst sehr viel später fand man heraus, daß während der Schwangerschaft kein Eisprung (Ovulation) stattfindet und daß dieser Ovulationsstop, das Fehlen befruchtungsfähiger Eier, in erster Linie vom Gelbkörperhormon, dem Progesteron, ausgeht. Dieses Progesteron konnte anfangs nur aus tierischem Eierstockgewebe gewonnen werden. Dies war unergiebig und teuer. In den vierziger Jahren löste dann Russell Marker von der Pennsylvania-Universität die Kostenfrage. Er entdeckte in der mexikanischen Yamwurzel (*Dioscorea*-Arten) Diosgenin, ein Steroidsapogenin. Es eignet sich als billige Rohstoffquelle für die Produktion einer Vielzahl von hormonal wirksamen Steroiden sowie für die halbsynthetische Herstellung fast aller Steroide. Über die Diosgeningewinnung aus den Yamwurzelknollen war nach jahrelangen Tests unter der Leitung des Amerikaners Gregory Pincus die Produktion der ersten Antibabypille möglich. Sie enthielt die Steroide Norethynodrel sowie Mestranol und kam 1960 in den Handel. Ihre empfängnisverhütende Wirkung beruht auf dem Anteil an Progesteron- und Östrogen-Hormonen. Schon 1965 wurde die Antibabypille von schätzungsweise 5 Millionen amerikanischen Frauen erfolgreich angewendet.

Über zwei Jahrzehnte stellte Mexiko Diosgenin in einem Umfang bis zu 1000 t jährlich bereit. Dadurch drohten die dort vorhandenen Quellen schließlich zu versiegen, und der Weltmarktpreis stieg stark an. So mußte nach ähnlichen Verbindungen als Quelle für die Steroidhormonproduktion gesucht werden. Es erwies sich, daß Hecogenin aus *Agave sisalana* und Solasodin aus *Solanum xanthocarpum*, einem in Südostasien beheimateten, in Europa angebauten Nachtschattengewächs, ebenfalls geeignet sind. Solasodin kommt in zahlreichen *Solanum*-Arten vor, so auch in dem bei uns heimischen Schwarzen Nachtschatten *(Solanum nigrum)*. Auch ein anderes Steroidalkaloid von *Solanum*-Arten, das Tomatidenol, läßt sich wie Diosgenin gut in das Pregnadienolonacetat umwandeln, eine gemeinsame Zwischenverbindung für die halbsynthetische Gewinnung von wirtschaftlich wichtigen Steroiden. Tomatidenol, als Nebenalkaloid auch in der Kartoffelpflanze vorkommend, konnte kürzlich aus einer Chemovarietät des Bittersüßen Nachtschattens *(Solanum dulcamara)* isoliert werden. In der UdSSR prüft man auch *Yucca*-Arten auf ihre Eignung für die halbsynthetische Steroidproduktion.

Im Zusammenhang mit der Sexualsphäre des Menschen wird auch das Yohimbin gebraucht. Man gewinnt es aus der Rinde von *Pausinystalia yohimba*, eines bis zu 30 m hohen, in Westafrika beheimateten Baumes. Wohl seit Urzeiten verwenden die Eingeborenen Yohimbe-Rindenextrakte als Liebesmittel (Aphrodisiakum), weil diese Extrakte eine den Geschlechtstrieb steigernde Wirkung aufweisen. Vor etlichen Jahren wurden Yohimbin-Präparate mit großer Reklame in einigen kapitalistischen Ländern auf den Markt gebracht. Manche glaubten zunächst, daß ihre aphrodisierende Wirkung auf Selbsttäuschung beruhe. Doch brachten Tierversuche bald Klarheit. Bei Katern bewirkte Yohimbin eine Reizung des unteren Rückenmarkabschnitts und erhöhte das Erektionsvermögen der Genitalien. Nach intravenöser Injektion von nur 0,3 mg Yohimbin pro Kilogramm Körpergewicht kam es bei den Versuchstieren zum Samenausstoß (Ejakulation). Man verwendet heute die Verbindung als Mittel gegen Bluthochdruck und wegen seiner gefäßerweiternden Wirkung bei Menstruationsstörungen. In der Tiermedizin wird Yohimbin auch als Aphrodisiakum eingesetzt, während es in der Humanmedizin längst durch wirksamere Sexualhormone ersetzt worden ist.

Einst hatten die heilige Hildegard von Bingen Mistelpulver als Mittel gegen Engbrüstigkeit und der Pfarrer Kneipp Misteltee gegen Frauenleiden empfohlen, und in den alten Kräuterbüchern von Matthioli und Lonicerus wurde die Mistel als Heilpflanze gegen »fallende Sucht« (Epilepsie) angepriesen. Heute weiß man, daß die gegenwärtig in verschiedenen europäischen Ländern hergestellten Mistelpräparate auf das Immunsystem von Mensch und Tier wirken. Seit Rudolf Steiner, dem Begründer der »Anthroposophischen Medizin«, werden Mistelpräparate »gegen den Krebs« eingesetzt, was im Zusammenhang mit der genannten Wirkung stehen könnte. Die als Tee oder Pulver verabreichte Droge zeigt aber verschiedene therapeutische Effekte. Die moderne Forschung hat gezeigt, daß die Mistel *(Viscum album)*, ein Lektin (Glykoprotein) und ein mit ihm verbundenes Toxin enthält. Die Pflanze wächst als immergrüner Halbparasit, und die Verbreitung durch Vö-

Zweig mit Blüten von Catharantus roseus

gel wurde schon im »Kreutterbuch des Hochgelehrten Andreae Matthioli« aus Frankfurt am Main 1586 beschrieben: »Er wechst auf den Bäumen und sonderlich auff dem Eychelbaum, desgleichen auff dem Birn und Oepfelbaum... Diese Beer essen die Vögel, so auff den Bäumen ihre Wohnung haben, beschmeissen darnach mit jrem Kot den Baum...«

Tatsächlich enthalten mehrere Arzneipflanzen Stoffe mit krebswachstumshemmender (cancerostatischer) Wirkung, z. B. die in *Catharantus roseus* (einer Apocynacee) vorkommenden Alkaloide Vincaleukoblastin und Leurocristin. Ihre Wirkung beruht auf der Unterbrechung der mitotischen Zellteilung in der Metaphase, so daß die Krebszellen bei der Kernteilung absterben. Vincaleukoblastin wird unter anderem bei Brust- und Lungenkrebs, Vincristin, das Handelspräparat von Leurocristin, vorwiegend bei akuter lymphatischer Anämie (»Blutkrebs«) des Kindes verwendet. Leider ist der Gehalt an diesen Alkaloiden in der Pflanze nur recht gering, denn *Catharantus roseus* bildet mehr als 60 verschiedene Alkaloide und nur 6 von ihnen besitzen krebshemmende Wirkung. Sie ist ein auf Madagaskar beheimateter, heute in vielen Ländern der Tropen und Subtropen verbreiteter immergrüner Strauch. Er ähnelt unserem heimischen Immergrün *(Vinca minor)*, das gleichfalls ein therapeutisch wichtiges Alkaloid enthält, das Vincamin. Es kann die Durchblutung des Gehirns fördern. Ein gegen Karzinome des Magen-Darm-Kanals wirkendes Alkaloid, das Camptothecin, wurde aus den Früchten, der Rinde und dem Kernholz von *Camptotheca acuminata* (einer Nyssacee) isoliert. Es kommt auch in *Mappia foetida* (einer Icacinacee) vor. Ein sehr breites Wirkungsspektrum gegen Tumoren hat das in der Rinde von *Acronychia baueri* (einer Rutacee) enthaltene Acronycin, das bei bestimmten Leukämieformen und anderen Krebserkrankungen eingesetzt wird.

Ein gefährlicher Parasit für die Menschheit ist noch immer der Erreger der Malaria, das *Plasmodium malariae*, ein durch die *Anopheles*-Mücken übertragener Einzeller. Obwohl sich die Weltgesundheitsorganisation (WHO) auf der 8. Weltgesundheitsversammlung 1955 die Aufgabe gestellt hatte, die Malaria in 4 Etappen völlig auszurotten, hat man zumindest in Afrika noch nicht viel erreicht. Schätzungsweise gibt es gegenwärtig 400 Millionen Malariakranke. Von ihnen sterben jährlich etwa 1 bis 2 Millionen. Häufigste Todesursache ist das Schwarzwasserfieber, eine übersteigerte Auflösung der roten Blutkörperchen (Hämolyse) bei der gefährlichsten und jetzt am meisten verbreiteten Form der Malaria, der Malaria tropica. Bereits Robert Koch, der die Erreger der Cholera, der Tuberkulose und der Rinderpest entdeckte, hatte sich in seinen tropenmedizinischen Arbeiten eingehend mit der Chinintherapie der Malaria befaßt. Er empfahl, der gesamten infizierten Bevölkerung in Malariagebieten Chinin zu verabreichen.

Die Behandlung von Malaria mit Chinin war keineswegs neu. Wußten doch schon die Inkas, daß ein Rindenaufguß eines an der Grenze zwischen Peru und Ekuador wachsenden Baumes einen Menschen vom Malariafieber befreien kann. Das kostbare Heilmittel wurde vor den spanischen Eroberern verborgen, so daß sie über hundert Jahre nichts von dem Chinarindenbaum wußten. Erst 1638 erschien in Lima ein Soldat, der vorgab, die Gräfin Anne de Chinchona vom Fieber heilen zu können, was ihm mit Hilfe einer pflanzlichen Tink-

tur auch gelang. Die Gräfin schickte das Heilmittel nach Spanien, und es kam von dort zu dem aus Sevilla gebürtigen Kardinal de Lugo, dem Verwalter der päpstlichen Apotheke in Rom. Von hier aus erreichte es schließlich auch den Hof des französischen Königs Ludwig XIV.
Carl von Linné gab dem Baum den Namen der Gräfin Chinchona. Die gestoßene Chinarinde wurde bis Ende des 18. Jahrhunderts Jesuitenpulver genannt. Bis Mitte des 19. Jahrhunderts besaßen die Spanier das Handelsmonopol für diese Droge. Sie mußte von wildwachsenden Chinarindenbäumen durch die Eingeborenen gesammelt werden. Erst den Holländern gelang es, in ihren Kolonien Pflanzungen anzulegen. Hierzu verhalf ihnen der deutsche Botaniker J. K. Haßkerl, der 1854 mit gefälschtem Paß 2 Kisten Stecklinge des Chinarindenbaumes von Peru nach Java brachte. Dadurch entstand auf Java eines der Hauptanbaugebiete.
Ohne Chinin hätte man nicht den Panamakanal bauen, keine Eisenbahnlinien durch den Dschungel ziehen oder Kupfergruben in Katanga und Ölfelder in Venezuela anlegen können. Die Chinarinde besteht aus der Rinde der Stämme, Zweige und Wurzeln verschiedener *Cinchona*-Arten, hauptsächlich von *Cinchona succirubra, C. calisaya, C. ledgeriana* und ihren Hybridformen. Chinarindenbäume sind immergrüne, bis zu 30 m hohe, in den Anden des tropischen Südamerikas in 1000 bis 3500 m Höhe wachsende Bäume. Sie werden heute in vielen anderen tropischen und subtropischen Ländern angebaut, wie in Zaïre, auf Djava und in Sri Lanka, in Indien und Vietnam, Mexiko und Guatemala. Die Rinde ist reich an Alkaloiden, die an die Catechingerbstoffe gebunden sind. Daneben kommen glykosidische Bitterstoffe vor. Während in der Rinde von *Cinchona calisaya* und *C. ledgeriana* das Hauptalkaloid Chinin enthalten ist, tritt dieses bei *C. succirubra* hinter dem Cinchonidin zurück. Erstere sind wichtige Industriedrogen, bei letzterer handelt es sich um eine bevorzugte Arzneidroge.
Chinin ist ein Protoplasmagift. Es greift in den Kohlenhydratstoffwechsel ein und schädigt die ungeschlechtlichen Formen des Malariaerregers. Durch Angriff des Arzneistoffs am Zentrum der Temperaturregulation des menschlichen Körpers wirkt er fiebersenkend, aber auch schmerzbetäubend. Chinin wird ebenfalls zur Anregung der Wehentätigkeit benutzt. Chinidin, ein weiterer Inhaltsstoff, fördert die Synchronisierung eines unregelmäßig schlagenden Herzens und wird deshalb gegen Herzrhythmusstörungen eingesetzt.
Schon im Altertum wurde auch die Weidenrinde als fiebersenkendes Mittel verwendet. Offenbar war dieses Wissen aber wieder verlorengegangen. Deshalb schreibt man heute dem englischen Geistlichen und Hobbypharmakologen Edward Stone die Entdeckung der fiebersenkenden Wirkung von Weidenrindenabkochungen zu. Stone stieß 1763 auf der Suche nach Antifiebermitteln auf die Weidenrinde. Sie fiel ihm durch ihren ungewöhnlich bitteren Geschmack auf, der von jeher ein Zeichen für die Wirksamkeit einer Droge als Arznei war. Doch müssen bitterer Geschmack und Heilwirkung nicht gekoppelt sein, wenn auch ein bitterschmeckender Stoff mit größter Wahrscheinlichkeit eher eine pharmakologische Wirkung haben dürfte als eine geschmacklose Verbindung. Die von Stone bereiteten Weidenrindenabkochungen waren tatsächlich geeignet, das Fieber bei seinen Patienten zu senken. Weidenrinde enthält in Konzentrationen bis zu 7 Prozent das bitterschmeckende Salicin, ein Glykosid. Die Verbindung wurde 1830 isoliert und trat an die Stelle der Weidenrinde. Aus dem Salicin kann man Salicylalkohol abspalten, der sich zu Salicylsäure oxydieren läßt. Salicylsäure und ihr Natriumsalz dienten bald als Arzneistoff. Allerdings stellte man bei längerer Anwendung eine gewisse Unverträglichkeit fest. Deshalb kam es schließlich zur Entwicklung der Acetylsalicylsäure, des Aspirins® (Acesals). Es ist heute wegen seiner fiebersenkenden, schmerzstillenden und antirheumatischen Wirkungen ein fester Bestandteil des Arzneimittelangebotes in aller Welt.
Gegenwärtig bedrohen vor allem in den entwikkelten Industrienationen der Erde Herz- und Kreislauferkrankungen das Leben vieler Menschen. Deshalb steht die Entwicklung geeigneter Herz-Kreislauf-Mittel seit Jahren weltweit auf dem Programm der medizinischen Wissenschaften. Doch haben die bisherigen Bemühungen um neue wirksame Arzneimittel zur Bekämpfung von Herz-Kreislauf-Erkrankungen keinen durchschlagenden Erfolg gebracht. Man greift deshalb immer noch auf die vor allem von *Digitalis*-Arten gebildeten herzwirksamen Stoffe zurück. Der Bedarf an solchen Herzglykosiden nimmt ständig zu. So sind die Blätter von *Digitalis*-Arten eine der wichtigsten Industriedrogen. Man gewinnt aus ihnen die Arzneistoffe als Reinglykoside. Unter allen Arzneimittelverschreibungen nehmen *Digitalis*-Präparate den vordersten Platz ein.
Der am meisten benutzte Rote Fingerhut *(Digitalis purpurea)*, eine auffallend schöne, im Westen und Norden Europas heimische Pflanze, war schon im

18. Jahrhundert Bestandteil einer empirisch betriebenen Therapie. »Foxes glofa« wurde bereits im walisischen Arzneibuch Meddyon Myddfai beschrieben, die älteste Pflanzenabbildung finden wir im Kräuterbuch »De historia stirpium« von Leonhart Fuchs aus dem Jahre 1542. 1710 wurde die harntreibende Wirkung von Fingerhutblättern beschrieben, ein erster Hinweis auf die wichtige Herzwirksamkeit stammt von 1625. In den großen Arzneipflanzenbeschreibungen der Folgezeit, wie der französischen Pharmakopoe »Codex medicamentarius« (1732), der »Pharmacopoea Wirtenbergica« (1741) und der Londoner Pharmakopoe aus Amsterdam (1772/73), ist die Heilpflanze regelmäßig aufgeführt. Aber erst nach vielen irrtümlichen Verwendungen der Droge gelang es dem schottischen Arzt William Withering, der im Krankenhaus zu Birmingham tätig war, in einem alten harntreibenden Familientee unter rund 20 verschiedenen Bestandteilen die Blätter des Roten Fingerhutes als wirksame Komponente zu ermitteln. Erst 1845 wurde durch den Pariser Arzt E. A. Homolle ein Gemisch verschiedener Inhaltsstoffe der Blätter als »Digitalin« in die Therapie eingeführt. Wenig später, 1869, stellte dann der Apotheker Claude-Adolphe Nativelle annähernd reines Digitoxin als »Digitaline cristallisée Nativelle« dar.

Nachdem 1872 die besondere Arzneiwirksamkeit der *Digitalis*-Glykoside richtig erkannt worden

Blühender Roter Fingerhut (Digitalis purpurea)

war, entwickelte sich die medizinische Anwendung der Herzglykoside schnell weiter. Das erste standardisierte Arzneimittelpräparat wurde unter dem Namen Verodigen 1919 von der Arzneimittelfirma Boehringer/Mannheim auf den Markt gebracht. Anfang der fünfziger Jahre stellte man das wirksame Acetyldigoxin zur Verfügung, ab Anfang der siebziger Jahre kamen weitere halbsynthetische, in bestimmten Eigenschaften gegenüber den Naturstoffen verbesserte Cardenolidglykoside, wie z. B. das Lanitop® genannte β-Methyldigoxin, in der Herztherapie zum Einsatz. Heute sind mehr als 70 herzwirksame Stoffe aus *Digitalis*-Arten beschrieben worden. Sie bewirken in der vom Arzt verordneten Dosierung eine kräftigere Zusammenziehung (Systole) des Herzens und damit seine bessere Blutfüllung in der nachfolgenden Erschlaffungsphase (Diastole). So erhöht sich bei konstantem Sauerstoffverbrauch das Schlagvolumen, die Pumpkapazität des Herzens. Dadurch können Herzglykoside ein schwaches Herz in seiner Leistung verbessern.
Der Rote Fingerhut ist eine zweijährige oder ausdauernde, bis zu 2 m hohe krautige Pflanze, die vorwiegend auf kalkarmen Böden der Waldlichtungen der Mittelgebirge Mittel- und Westeuropas vorkommt. Im ersten Jahr bildet die Pflanze eine Blattrosette aus, und erst im zweiten Jahr entwickelt sich die Blüte. Heute werden züchterisch erhaltene Formen mit einem hohen Anteil an Digitoxin angebaut, wobei man aus ökonomischen Gründen die Blätter der einjährigen Pflanzen verwendet. Wegen der Instabilität der Hochleistungsstämme ist eine ständige Nachzüchtung erforderlich. Die Glykosidzusammensetzung wird außer von genetischen Faktoren auch von den Umweltbedingungen und der Art der Trocknung in erheblichem Umfang bestimmt. Deshalb muß die Handelsdroge auf einen festgelegten Wirkstoffgehalt eingestellt werden. Reine Herzglykoside konnte man erst nach 1930 darstellen. Heute werden für therapeutische Zwecke bevorzugt die Lanatoside, das Acetyldigitoxin, Acetyldigoxin und Digoxin eingesetzt.
Wegen des hohen Gehaltes an Herzglykosiden hat in den letzten Jahren der aus dem Balkan stammende, gelbblühende Wollige Fingerhut *(Digitalis lanata)* große Bedeutung erlangt. Er liebt kalkreichen Boden und wird heute in ausgedehnten Kulturen in Europa, Afrika, Mittelamerika und Indien angebaut. Für die Gewinnung von Herzglykosiden werden auch neue Wege der Synthese und Biotransformation durch Zellkulturen beschritten (s. S. 205).

Maiglöckchen (Convallaria majalis) am Standort

Auch das Maiglöckchen *(Convallaria majalis)* enthält in seinem Kraut herzwirksame Glykoside. Die alte Arzneipflanze wird bereits um das Jahr 1400 in einer Handschrift von Gabriel von Lehenstein in einem »Von den gebrannten Wässern« genannten Traktat als Herzmittel beschrieben: »Es sterkt das Hertz und macht den Menschen frolich in allen seinen glidern«. Der gute Ruf der Droge veranlaßte einst bedeutende Persönlichkeiten, wie die Ärzte Conrad Gessner und Gregorius Nymanus oder auch Nikolaus Kopernikus, sich mit einem blühenden Maiglöckchen in der Hand porträtieren zu lassen. Maiglöckchenextrakte wurden Mitte des 16. Jahrhunderts so hoch geschätzt, daß man sie als »Guldenwater«, »Eau d'or« oder »Aqua aurea« (Goldwasser) nur in den kostbarsten Gefäßen aufbewahrte. Doch erfüllte das Maiglöckchen schließlich nicht die hochgesteckten Erwartungen und geriet wieder in Vergessenheit. Erst in der zweiten Hälfte des vorigen Jahrhunderts konnten

Echte Kamille (Matricaria chamomilla) zur Blütezeit

herzwirksame Stoffe aus ihm isoliert werden. Heute finden standardisierte Drogenextrakte sowie die Reinglykoside Convallatoxin oder Convallatoxol therapeutischen Einsatz.

Pflanzliche Drogen werden nicht nur als Arzneimittel verwendet oder zur Isolierung der Reinsubstanzen, also den Arzneistoffen, eingesetzt. Sie dienen auch der Zubereitung von Gesundheitspflegemitteln, als Nahrungs- und Genußmittel und als technische Rohstoffe für gewerbliche und industrielle Zwecke. Gesundheitsfördernd wirken aufgrund zahlreicher Inhaltsstoffe oft ungeklärter Zusammensetzung z. B. Tees, Gewürze wie Pfeffer, Einreibungsmittel mit hautreizendem Effekt, Rizinusöl, das gegen Verstopfung eingenommen wird, Eibischsirup (aus der Eibischwurzel), verschiedene Tinkturen, Extrakte und Salben, die z. B. auch in der Kosmetik Verwendung finden.

Unersetzlich sind auch die verschiedensten Heilkräutertees, die man aus den frischen oder getrockneten Pflanzen bereitet. Fleißige Sammler bringen in die Annahme- und Aufkaufstellen jährlich viele Tonnen Hagebutten, Heidekraut oder Kamillenblüten. In den getrockneten Kamillenblüten, den Blütenkörbchen der Echten Kamille *(Matricaria chamomilla)*, die in Europa und Asien auf Brachland, an Wegrändern und in Getreidefeldern weit verbreitet ist, befinden sich ätherische Öle, Flavonoide und deren Glykoside, Oxycumarine und Schleimstoffe. Darunter ist auch das Matricin

(Proazulen). Es geht bei der Teebereitung in das entzündungshemmend wirkende Chamazulen über, das man durch Wasserdampfdestillation zusammen mit den ätherischen Ölen austreiben kann. Von den Sammelstellen angekauft werden auch die Blätter der Walderdbeere, der Himbeere, der Brombeere und der Heckenrose sowie Fenchelsamen, Holunderblüten, Lindenblüten und vieles andere mehr.

Moderne Monographien und Heilpflanzenlexika führen etwa 200 bis 400 Drogen aus dem Pflanzenreich auf, die als offizinelle Pflanzendrogen, als Arzneimittel (Phytopharmaka) genutzt werden. Bei den meisten handelt es sich um »Mehrstoffgemische«, also mehr oder weniger angereicherte Präparate aus Pflanzen, oder um getrocknete Pflanzenteile, die neben den Wirkstoffen noch Begleitstoffe enthalten. Die meisten Pflanzendrogen sind Drogen mit »weicher Wirkung«. Sie werden weniger bei ernsthaften Erkrankungen als vielmehr bei leichteren Gesundheitsstörungen eingesetzt, wie z. B. bei Husten und Verschleimung der Atemwege, bei Schlafstörungen und nervöser Unruhe, bei Verstopfung und Magenverstimmung, zur allgemeinen Kräftigung usw. Bei falscher Indikation können sie aber auch Unheil stiften.

Neben einer Vielzahl überwiegend heilend oder gesundheitsfördernd wirkender Pflanzenarten bzw. der aus ihnen gewonnenen Drogen kennt man seit Jahrtausenden Pflanzen, die sehr giftig sind.

Bereits im Altertum wurde der sogenannte Schierlingsbecher bei Selbstmorden und Hinrichtungen gereicht. Plato berichtete über den Tod des Sokrates, der mit dem Gift des Gefleckten Schierlings *(Conium maculatum)* wegen »Verführung der Jugend« getötet wurde. Der Schierling ist eine in ganz Europa, Asien und Nordafrika heimische, bis zu 2 m hohe, zweijährige krautige Pflanze. In ihren unreifen Früchten enthält sie besonders reichlich die Alkaloide Coniin und Conicein. Coniin wirkt wie Curare lähmend auf die quergestreifte Muskulatur und führt in Mengen von 0,5 bis 1 g zum Tod durch Atemlähmung.

Hochgiftig ist auch der Wasserschierling *(Cicuta virosa)*, der in seinem scharf schmeckenden Saft die stickstofffreien Gifte Cicutoxin und Cicutol enthält. Die in einem einzigen Wurzelstock der Pflanze enthaltenen Giftstoffe reichen aus, um einen Menschen zu töten. Etwa eine halbe Stunde nach Aufnahme der Pflanze stellen sich Erbrechen, Tobsuchtsanfälle und starke Krämpfe ein, und schließlich tritt nach einer weiteren halben Stunde infolge Atmungslähmung der Tod ein.

Der bei uns häufig als Ziergewächs angepflanzte, strauch- oder baumförmige Goldregen (*Cytisus laburnum*, syn. *Laburnum anagyroides*) enthält in allen seinen Teilen das stark giftige Cytisin. Dieses Alkaloid ist insbesondere in den Samen in hoher Konzentration (bis zu 3 Prozent) enthalten. Allerdings sind Vergiftungsfälle, die zum Tode führen, sehr selten. Das Cytisin verursacht starken Brechreiz, so daß ein Bissen meist bald wieder erbrochen wird.

Die Herbstzeitlose *(Colchicum autumnale)*, auch Michelsblume oder Hundstod genannt, enthält gleichfalls ein giftig wirkendes Alkaloid, das Colchicin, in den Samen und Knollen. Während die hellila bis rosafarbenen Blüten im September bis zum Oktober aus den tief im Boden liegenden Knollen hervorbrechen, erscheinen die Blätter dieser auf feuchten Wiesen Mittel- und Südeuropas verbreiteten mehrjährigen Pflanze gleichzeitig mit den Früchten erst im folgenden Frühjahr. Colchicin wirkt auf alle Warmblütler stark giftig. Es hemmt die Zellteilung, d. h., die Ausbildung des Spindelapparates wird verhindert. Diesen Effekt nutzt man in der Pflanzenzüchtung zur Polyploidisierung aus (s. S. 221).

Auch Pilze (s. auch S. 163) enthalten hochgiftige Stoffe. Der wohl giftigste Pilz in den Wäldern Mit-

Grüner Knollenblätterpilz (Amanita phalloides) am Standort

teleuropas, der Grüne Knollenblätterpilz *(Amanita phalloides)*, enthält als hochwirksame Gifte die Cyclopeptide Phalloidin und α-Amanitin. Beide wirken vor allem auf die Leberzellen. Ersteres zerstört die Membran der Leberzellen, während α-Amanitin durch Hemmung eines Enzyms der Ribonukleinsäuresynthese im Zellkern die Eiweißbildung zum Erliegen bringt. Die letale Dosis für α-Amanitin beträgt 0,1 mg pro Kilogramm Körpergewicht.

Die Verwendung von Giften pflanzlichen Ursprungs reicht bis in die Anfänge der Jagd zurück. Solche alten, für die Erlegung von Tieren verwendeten Pfeilgifte sind Strophantin und Curare.

Strophantin, auch Ouabain genannt, kommt in den Samen von *Strophantus gratus*, einer in den westafrikanischen Küstenwäldern zwischen Sierra Leone und Angola weit verbreiteten Liane, und *Strophantus kombé*, einem im südostafrikanischen Seengebiet wachsenden Strauch, vor. Es gehört zu den herzwirksamen Stoffen. Von den Indianern Südamerikas werden seit jeher mit Curare vergiftete Blasrohrpfeile für die Jagd eingesetzt. Das Pfeilgift gewinnt man durch Extraktion der Rinden von bestimmten *Strychnos*-Arten und von *Chondrodendron*-Arten mit kochendem Wasser und Eindicken des Saftes. Es wird in ausgehöhlten Flaschenkürbissen (sogenanntes Kalebassencurare) oder in Bambusröhren bzw. Tontöpfen (sogenanntes Tuben- oder Topfcurare) aufbewahrt. In Curare sind hochgiftige Alkaloide, wie Toxiferin, Kevin und Kurarin, enthalten. Sie werden im menschlichen Verdauungskanal nur langsam resorbiert, so daß das Beutetier bedenkenlos verzehrt werden kann.

Die besonders wichtige *Strychnos nux-vomica*, die Brechnuß, ist ein in den Wäldern Vorder- und Hinterindiens, Sri Lankas, des Malaiischen Archipels und Nordaustraliens verbreiteter, bis 15 m hoher Baum. Er enthält in allen seinen Teilen giftige Alkaloide. Strychnin bildet etwa 50 Prozent der Samenalkaloide, weitere 50 Prozent bestehen aus Brucin und anderen Nebenalkaloiden. Strychnin wirkt am stärksten und ruft in toxischen Mengen Muskellähmung und schließlich den Tod durch Atemlähmung hervor. Man weiß heute, daß Strychnin und Brucin die Erregungsübertragung vom Nerv auf die quergestreifte Muskulatur unterbinden. In geringen (therapeutischen) Dosen steigert dagegen das Strychnin, das etwa 50mal wirksamer als Brucin ist, den Spannungszustand (To-

Blüten der Herbstzeitlose (Colchicum autumnale)

Zweig und Blütenstand von Rauwolfia serpentina

nus) der Muskeln und regt die Atmung und den Kreislauf an, so daß Strychnin ein wichtiger Arzneistoff ist.

»Gifte«, richtig dosiert, können also auch Heilung bringen. Diese Erkenntnis ist uralt und war einst Bestandteil des behüteten Geheimwissens von Medizinmännern, Zauberern, Priestern, Tempelhüterinnen und »weisen Frauen«, denn nur sie durften Gifte mischen oder Heilmittel bereiten. Dieses Wissen wurde an verschiedenen Stellen der Welt Bestandteil der alten Hochkulturen und so z. B. als Erfahrungs- und Volksmedizin aus dem alten Griechenland in das römische Imperium und von dort in das frühmittelalterliche Europa überliefert.

Die therapeutisch wichtigen Inhaltsstoffe der Pflanzenwelt sind trotz ausgedehnter und intensiver Arbeit von Botanikern und Pharmazeuten bis heute nur zu etwa 10 Prozent erforscht. So kennen wir bisher ungefähr 6000 verschiedene Alkaloide aus rund 5000 Pflanzenarten, aber es gibt mehr als 400000 Arten (s. S. 17). Auf der internationalen phytochemischen Tagung, die im Juli 1980 in Straßbourg stattfand, wurde eingeschätzt, daß man heute die Hoffnungen vor allem auf die zum großen Teil noch unbekannte Pflanzenwelt der weniger entwickelten Länder setzt. So führen z. B. in Indien staatliche Institute und private Firmen um-

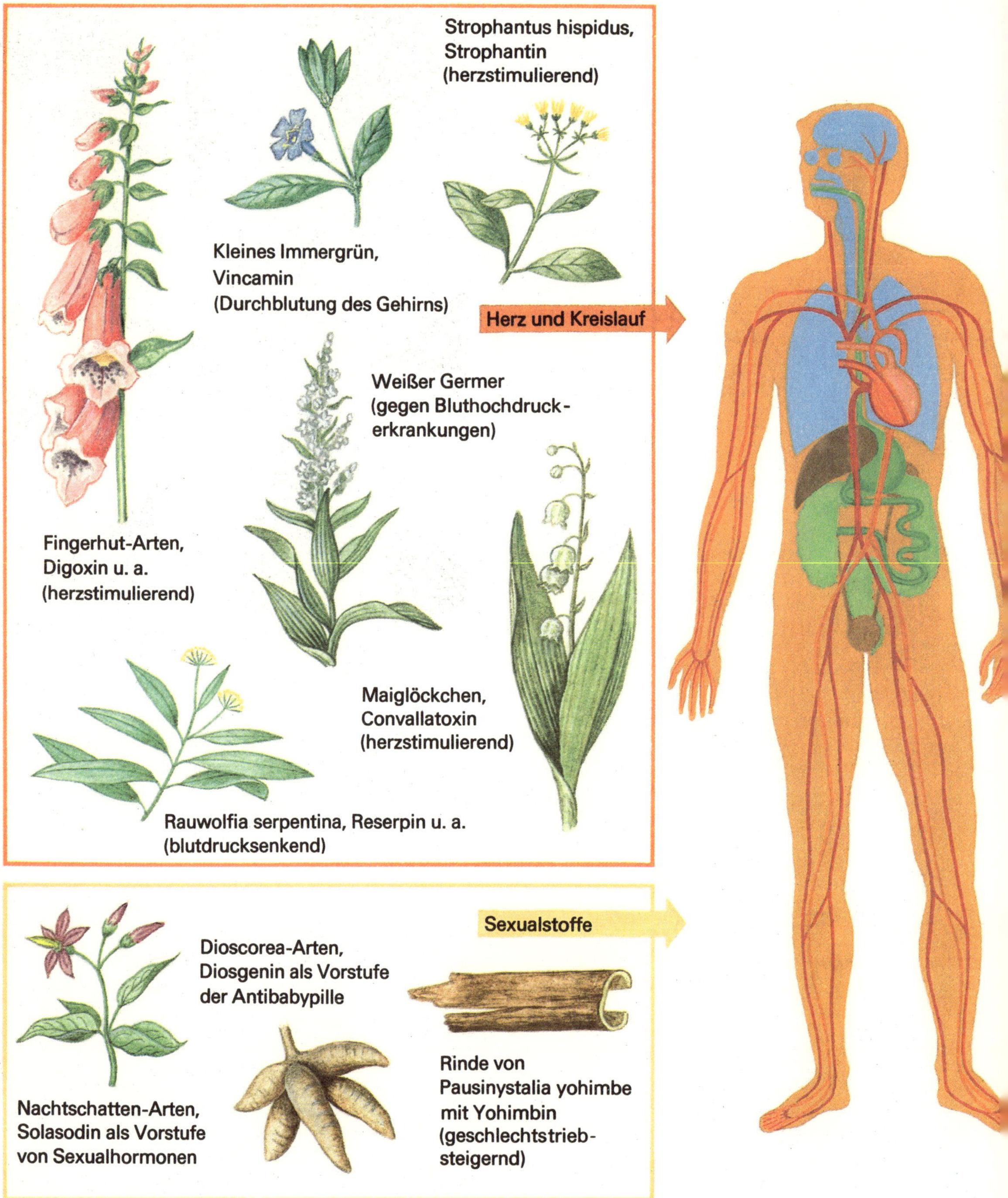

Wirkung von verschiedenen Pflanzeninhaltsstoffen auf die Organe des menschlichen Körpers

fangreiche Suchaktionen durch. Das Ergebnis war allerdings bisher wenig ermutigend. Schließlich gab man die ungerichtete Suche wieder auf und orientiert sich vorerst nach alten Schriften der traditionellen einheimischen Medizin.

Gerade die indische Volksmedizin lieferte mit dem Reserpin ein Beispiel dafür, daß die Drogensuche in alten Mitteln von Erfolg gekrönt sein kann. Seit alters wurde in der Ayurweda-Heilkunde eine Droge zur Behandlung von Geistesstörungen ein-

gesetzt. Die Drogensucher einer Arzneimittelfirma fanden in den Wurzeln und Rhizomen von *Rauwolfia serpentina* (einer Apocynacee) das wirksame Prinzip. Die *Rauwolfia*-Pflanze ist ein in den tropischen Gebieten Vorder- und Hinterindiens sowie auf Djawa und Sumatera beheimateter Strauch, der mehr als 50 verschiedene Alkaloide enthält. Hauptwirkstoffe der Droge sind Reserpin, Deserpidin und Rescinnamin. Sie zeichnen sich durch eine langanhaltende beruhigende und blutdrucksenkende Wirkung aus. Die *Rauwolfia*-Alkaloide dämpfen, ohne zu narkotisieren, so daß sie einen psychisch kranken Menschen beruhigen und zugleich »ansprechbar« machen.

Heute organisieren große Arzneimittelfirmen kostspielige Expeditionen, um neue Wirkstoffe in alten Mitteln zu finden. Diese Expeditionen beginnen in der Regel im Düsenflugzeug und enden auf dem Rücken eines Maulesels oder in einem Kanu. Die Frage ist aber, ob sich das Interesse am Arzneibeutel eingeborener Medizinmänner immer so auszahlt wie im Falle des Reserpins oder der Wirkstoffe der mexikanischen Rauschdrogen. Doch sind in vielen Ländern der Erde, besonders im Orient, gegenwärtig neue Bestandsaufnahmen von alten Hausmitteln im Gange. Für Entwicklungsländer, die sich teure Arzneistoffe in großem Umfang nicht leisten können, dürften natürliche Heilmittel in Zukunft durchaus eine noch größere Rolle spielen.

Die Suche nach neuen Arzneimitteln erfolgt aus zwei Gründen: Man benötigt entweder völlig neue Pharmaka, die in der Lage sind, eine »therapeutische Lücke« zu schließen, oder man möchte die medikamentöse Behandlung einer Krankheit verbessern. Obwohl die erfinderische Synthese völlig neuer Arzneistoffe ohne natürliches Vorbild ein praktikabler Weg sein kann, werden meist Naturstoffe, die man als wirksam erkannt hat, zielstrebig chemisch abgewandelt, oder es wird eine nachahmende Synthese oder Partialsynthese von Naturstoffen vorgenommen. Aber es ist durchaus möglich, daß man in dem bisher unerforschten Teil der Pflanzenwelt noch auf neuartige Wirkprinzipien stößt. Dazu ist ein Screening nötig. Hierbei werden alle neu beschriebenen Naturstoffe und alle neu synthetisierten Verbindungen einem gut überlegten System pharmakologischer Tests unterzogen. Doch dies ist recht kostspielig. Wenn auch die Aussicht auf eine Neuentwicklung verhältnismäßig gering ist, kann dieses Verfahren jedoch in bisher unbekanntes wissenschaftliches Neuland führen.

Brauch und Mißbrauch von Pflanzen: Sucht- und Rauschmittel

»Kostet einer des Weins,
mit dieser Würze gemischet;
dann benetzet den Tag ihn
keine Träne die Wangen,
wär ihm auch sein Vater
und seine Mutter gestorben...«

Homer in seiner Odyssee IV zum Zaubertrank Nepenthes, dessen Wirkstoff wahrscheinlich Opium war

1969 ermittelte H. Berger die Kosten der Drogenwelle für die Stadt New York mit 5 Milliarden Dollar. Darin sind nur die Kosten für das Aufspüren der Süchtigen und Händler, ihren Prozeß und Gefängnisaufenthalt sowie Wohlfahrtskosten für Süchtige und ihre Angehörigen enthalten. »Der wirklich unermeßliche Preis wird von dem bedrohten Leben, den verschwendeten Talenten, den zerstörten Familien und dem Elend bezahlt.« Mit 2935 lag allein in New York die Zahl der Herointoten im Jahre 1969 über der Verkehrstotenziffer. Seither steigen derartige alarmierende Zahlen in allen Teilen der westlichen Welt.
Was sind Rausch- und Suchtmittel? Warum sind sie Ausdruck für ein soziales und gesellschaftliches Desaster?
Die Pharmazie und Medizin kennen seit alters zahlreiche pflanzliche Inhaltsstoffe, die als Tonika und euphorisierend wirkende Mittel den körperlichen Spannungszustand erhöhen, als Halluzinogene die menschliche Psyche beeinflussen, als Beruhigungsmittel (Tranquillizer) nervöse Spannungen lösen, als Schlafmittel den Schlaf erleichtern oder als Narkosemittel Schmerz ausschalten und Schlaf erzeugen. Hinzu kommen eine stetig wachsende Palette und ein steigender Konsum von synthetischen Pharmaka, die als Antidepressiva, Schmerzmittel, Hypnotika, Energetika oder Tranquillizer die »Psychokrücken« des Menschen geworden sind und zu potentieller Sucht nach medikamentöser Hilfe Anlaß geben. Doch während in früheren Jahrhunderten und Kulturen derartige Drogen pflanzlicher Herkunft durch ihre festumschriebene rituelle oder religiöse Funktion, wie etwa beim Gebrauch des Peyote-Kaktus (s. S. 38), kaum zu Suchtmitteln wurden, sind sie in unserem Jahrhundert der ursprünglichen Integration in ihre jeweilige Kultur weitgehend entzogen und zu einem wuchernden Geschwür gesellschaftlicher Unzulänglichkeiten geworden.
Alle Drogen, die aktuelle oder potentielle Suchtmittel sind, wirken meist in vielfältiger Weise auf das zentrale Nervensystem und sind extrem dosisabhängig. Für alle gilt, daß sie in nichttoxischen Dosen Veränderungen in der Sinneswahrnehmung (Halluzinationen), im Bewußtsein und in der Gemütslage hervorrufen, selten jedoch geistige Verwirrung, Gedächtnisverlust oder Desorientierung in bezug auf Personen veranlassen. Sie verursachen tiefgreifende Veränderungen im Erlebnis der Wirklichkeit einschließlich Raum und Zeit und im Ich-Bewußtsein bis hin zur Entpersönlichung.
Brauch und Mißbrauch von Euphorika und Halluzinogenen, d. h. Rauschdrogen, und den eigentlichen Suchtmitteln, wie Morphin und Heroin, reichen aus unserer Zeit jedoch weit zurück in der menschlichen Kulturgeschichte. Eine bedeutende,

Mohnfeld (Papaver somniferum) zur Blütezeit und beginnenden Fruchtreife

lang bekannte Gruppe sind die Opiate Morphin, Kodein und Opium aus dem Milchsaft der Kapsel des Schlafmohnes *(Papaver somniferum)*. Bereits auf sumerischen Ideogrammen wird Mohn als Rauschmittel genannt, die alten Ägypter kannten ihn, und bei den Griechen wurde die Mohnkapsel zum Symbol ihres Schlafgottes Morpheus. Mit dem Islam erfuhr Opium eine weite Verbreitung, auch bis nach Indien und China, wo schon Haschisch beheimatet war. Das Opium bürgerte sich östlich, Haschisch westlich vom Iran ein.

Anfangs gegessen, kam das Opiumrauchen in China 1644 mit dem Tabakrauchverbot auf. Das Ausfuhrmonopol des Kaisers wurde durch Lord Clive gebrochen, der es auf die Ostindische Kompanie übertrug. Sie belieferte Indien und China und verdiente bis zu 30 Millionen Mark jährlich daran. Im 18. Jahrhundert zählten die gewohnheitsmäßigen Opiumraucher in China nach Millionen. Als China 1820 die Opiumeinfuhr verbot, worauf die Ostindische Kompanie mit einem großangelegten Schmuggel reagierte und China wiederum 1000 t unbezahltes Opium vernichtete, brach der sogenannte Opiumkrieg zwischen England und China aus. Im Ergebnis kam neben kolonialen Eroberungen Hongkong als Pacht bis 1997 unter englische Verwaltung. Unter dem Druck der Haager Opium-Konvention wurde der Opiumhandel endgültig unterbunden. Die Konvention sieht ein Verbot der Opiumausfuhr nach allen Staaten vor, die seine Einfuhr verbieten. Dieses Verbot betrifft auch andere Rauschgifte, z. B. Kokain, während nationale Gesetze den Umgang mit Opiaten auf medizinische Anwendung beschränken.

Alle Opiate wirken in ähnlicher Weise. Opium, der getrocknete Milchsaft unreifer Samenkapseln des Schlafmohns, der Morphin, Kodein, Papaverin u. a. Alkaloide enthält, ist besonders bei Injektion aktiv. Das schmerzlindernde Morphin oder das hustenstillende, nicht suchterregende Kodein sind in der medizinischen Anwendung bisher unentbehrlich, so daß eine breitangelegte Forschung nach dem Wirkungsmechanismus und nach suchtfreien Opiaten durchgeführt wird. Alle Opiate wirken schon in außerordentlich geringen Mengen, da es im menschlichen Körper spezifische Bindungsstellen (Rezeptoren) für Opiate gibt. Für das Verständnis ihrer Wirkung und ihrer Suchtursachen waren die von Snyder und seinen Mitarbeitern (USA) durchgeführten Untersuchungen zur Natur der Opiatbindungsstellen von großer Bedeutung. Die Forscher stellten fest, daß Natriumionen die Neigung des Rezeptors erhöhen, Gegenspieler der Opiate zu binden, durch die die Drogen verdrängt werden. Mit dieser Erkenntnis ausgerüstet, stellte man Antagonisten, also Gegenspieler der Opiate, wie das Naloxan und das Naltrexon, her, die schmerzstillend wirken und nicht suchterregend sind. Doch als Arzneimittel waren sie ungeeignet, weil sie die Patienten ängstlich und aggressiv machten.

Die Bindungsstellen für die Wirkstoffe sind in den Nervenverbindungen, den Synapsen der Neuronen, lokalisiert. Man konnte sie nicht nur im Gehirn und Rückenmark, sondern auch im Magen-Darm-Kanal nachweisen. Da Morphin, seine Gegenspieler Naloxan und Naltrexon und auch seine synthetischen Abkömmlinge Heroin und Etorphin (5000–10000fach wirksamer) nicht natürlich im menschlichen Körper vorkommen, tauchte die Frage auf, warum sie sich in geringen Konzentrationen so perfekt an die Rezeptorstellen der Synapsen binden können. Nutzt der Körper etwa eigene Opiate, wenn in Schockzuständen nach Unfällen der Verunglückte kurzzeitig keinen Schmerz empfindet?

Die molekularbiologische Forschung der letzten Jahre hat gezeigt, daß es in der Tat im Gehirn chemische Stoffe, die Endorphine (endogene Morphine), gibt, die schmerzstillend und euphorisierend wirken und auch für psychisches Fehlverhalten verantwortlich sein können. Endorphine sind Peptidhormone. Bevor man sie 1975 entdeckte, waren bereits verschiedene Peptide im Gehirn und in der Hirnanhangdrüse (Hypophyse) aufgefunden worden. Sie erwiesen sich als Spaltstücke der Endorphine. Das β-Endorphin ist ein Neurohormon, das als Überträgerstoff bei der Nerventätigkeit wirkt und sich wie auch seine Spaltpeptide an die Opiatrezeptoren gleich dem Morphin bindet. Die Rezeptoren sind also, wie man vermutet hatte, Bindungsstellen für Hormone.

Diese hochbedeutsamen Befunde helfen die Sucht nach Opiaten, den Morphinismus, zu erklären. Sucht bedeutet eine physische Abhängigkeit von der Droge, begleitet von ständig steigendem Bedarf zur Erzielung gleicher Wirkung, während ein Entzug der Droge zu Magenkrämpfen, Durchfall, Schlaflosigkeit, nervöser Erregung sowie schließlich zu Halluzinationen und völligem Zusammenbruch mit Delirium tremens führt. Bei Opiumsucht »überladen« Morphin oder Heroin die überzählig vorhandenen, nicht von Endorphinen besetzten freien Rezeptoren. Wenn nun die zugeführten Opiate aufgebraucht sind, reichen die körpereigenen Opiate, die Endorphine, nicht aus, um den Ausgangszustand der Teilbesetzung wiederherzustellen. Der Körper hat sich bereits auf das große Angebot von außen eingestellt. Außerdem blockieren Opiate jenes Enzym, das Zyklo-AMP bildet, einen wichtigen Botenstoff und Vermittler vieler Hormonwirkungen. Neues Enzym wird produziert, um Zyklo-AMP in ausreichender Menge aufzubauen. Dadurch aber werden immer mehr Opiate gebraucht, um die neu gebildeten Enzymmoleküle auszuschalten. Opiate regen also Rezeptoren und Zyklo-AMP-Bildung zu ständig steigendem Bedarf an: Das System wird »süchtig« und bricht über kurz oder lang zusammen.

Morphin ist noch immer – trotz vieler Versuche, es durch ungefährliche, nichtsuchterregende Schmerzlinderer zu ersetzen – ein wichtiges Analgetikum. Da es aber als illegal gehandeltes Euphorikum, besonders in seiner halbsynthetischen Form Heroin (Diacetylmorphin), eine unheilvolle Rolle in vielen Teilen der Welt spielt, sucht man nach einer kodeinhaltigen morphinfreien Mohnart. Morphin entsteht in der Mohnpflanze aus Kodein. Deshalb ist eine Mutante denkbar, die diesen Schritt nicht mehr vollzieht. Die Suche nach einem »Kodein-Mohn« scheint jüngst erfolgreich gewesen zu sein. Andererseits kann man ein anderes Mohnalkaloid, das Thebain, chemisch wie mikrobiologisch in Kodein umwandeln, nicht aber Kodein in Morphin. Somit wurde die Suche nach einem Thebain-Mohn als einem neuen ungefährlichen Arzneimohn aufgenommen. Dies geschah durch eine von K. Mothes angeleitete Forschergruppe, anfänglich in Gatersleben, später in Halle. Die Forscher fanden in der Art *Papaver bracteatum* einen rauschgiftfreien Thebain-Mohn, der inzwischen als »Halle III« bezeichnet wird. Er enthielt nach weiterer züchterischer Verbesserung nur noch Thebain als einziges Alkaloid in Mengen von etwa einem Prozent des Wurzeltrockengewichtes. Für die Alkaloidproduktion er-

wies sich jedoch ein Anbau dieser mehrjährigen, im nördlichen Kaukasus sowie in Nord- und Westiran beheimateten Pflanze als unökonomisch.
Neben den Opiaten zählt Kokain wegen seiner suchtbildenden Wirkung zu den gefährlichsten Rauschmitteln. Kokain wird aus dem Blattextrakt des Kokastrauches *(Erythroxylon coca)*, der im tropischen Südamerika und in Indonesien wächst, gewonnen. Es wirkt einerseits stimulierend und leistungssteigernd und fand deshalb früh als Dopingmittel unrühmliche Anwendung. Andererseits euphorisiert es wie Opium und berauscht wie der Genuß von Peyote. Sein Gebrauch geht in Südamerika auf vorchristliche Zeit zurück, und er diente im Inkareich rituellen und religiösen Handlungen der Priester. Gekaut sind Kokablätter weniger gefährlich, da keine euphorisierende Eigenschaft und Suchtbildung auftreten. Mit dem Verbot durch die spanischen Eroberer entartete aber im Inkareich der Kokagebrauch. Kokain wurde zu einem Rauschmittel vieler Inkas, gefördert durch seine hungerstillende Wirkung. Im Europa des 19. Jahrhunderts fand Kokain wegen seiner euphorisierenden Wirkung in gefährlicher Weise Befürworter wie etwa S. Freud. Doch die »Kokain-Wellen« am Ende des 19. Jahrhunderts, im ersten Weltkrieg sowie auch in der deutschen Unterwelt der zwanziger Jahre unseres Jahrhunderts brachten die Schäden durch Sucht klar zutage. Heute wird der Kokaingebrauch durch seinen hohen Preis begrenzt.
Die physiologische Wirkung besteht in einer Betäubung der Ganglien des peripheren Nervensystems, so daß es früher zur Lokalanästhesie genutzt wurde und noch heute in der Augenheilkunde Anwendung findet. In der Psyche des Menschen erzeugt Kokain nach anfänglich tiefen Angstzuständen bei den hohen Dosen eines Süchtigen Sinnestäuschungen, Visionen von Fabelwesen sowie Senkung natürlicher Hemmungen in Bewegung, Rede und sexuellem Verhalten. Ähnlich der Alkoholsucht folgen »Kater« und Depression.
In der Literatur spielte Kokain verschiedentlich eine Rolle. So stellte Conan Doyle seinen Sherlock Holmes als Kokainisten dar, und R. L. Stevenson soll seine berühmte Novelle »Dr. Jekyll und Mr. Hyde« unter Einfluß von Kokain geschrieben haben. In ihr wird die nächtliche Wandlung eines gütigen Dr. Jekyll in einen bösen, mordenden Mr. Hyde, verursacht durch ein weißes Pülverchen, erzählt.
Von einer der ältesten Kulturpflanzen, dem Hanf *(Cannabis)*, werden zwei Formen einer Rauschdroge gewonnen: Marihuana in Amerika und Haschisch in Asien und Afrika. Die meterhohen Stauden von *Cannabis sativa* var. *indica* wachsen im Vorderen Orient, in Indien, Nordafrika, Zentralafrika und Mexiko, während unser europäischer Hanf durch mangelnde Sonneneinstrahlung nur ganz geringe Drogenmengen enthält. Marihuana wird als tabakähnliches Gemisch aus getrockneten Blättern und Blüten weiblicher Pflanzen präpariert. Haschisch dagegen ist ein unverändertes Harz ihrer Blütenspitzen. In beiden Rauschdrogen ist das Δ^1-Tetrahydrocannabinol (THC) die psychoaktiv wirkende Verbindung. Sie »erweitert« die Persönlichkeit bei sinkender kritischer Reflexion. Die Grenze zum Unbewußten wird verschoben. Neben steigendem Hunger leiten die Ausdehnung des Zeitgefühls und die Zunahme von Sinneswahrnehmungen für Farbe, Geruch und Geschmack zum Rausch über, der bei häufigem Gebrauch zwar nicht zur Sucht, doch zu Persönlichkeitsveränderungen und Psychosen führt.
Marihuana und Haschisch sind nach dem Alkohol (s. S. 203) die verbreitetsten Rauschdrogen, und man schätzte bereits 1950 200 Millionen Konsumenten in der Welt. Der größere Teil davon lebt in den moslemischen und indischen Ländern, wo Alkohol verboten ist. Für medizinische und reli-

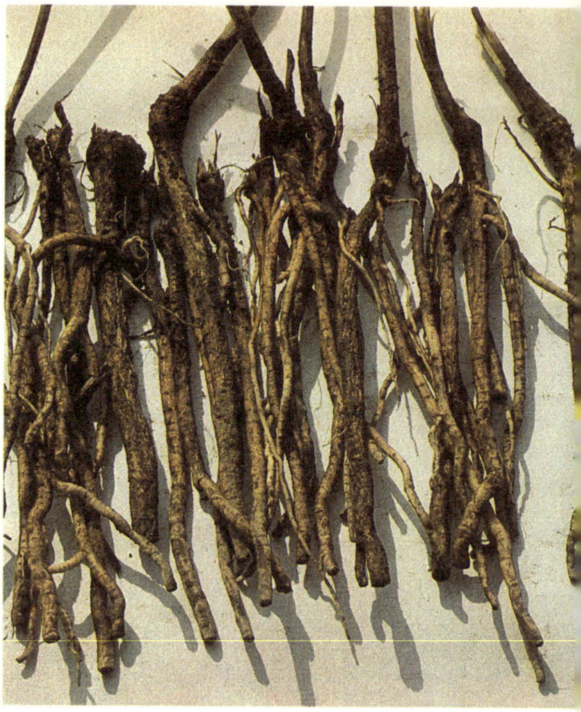

Wurzeln des morphinfreien Papaver bracteatum, die Thebain enthalten

giös-rituelle Zwecke wurden Marihuana und Haschisch seit Jahrtausenden genutzt, ohne aber den entarteten Gebrauch unseres Jahrhunderts zu haben. Die indische Literatur nennt Haschisch seit dem 8. Jahrhundert als Mittel gegen psychische Leiden und seinen Gebrauch bei Festen und Riten. Im indischen Himalajagebiet und im Hochland von Tibet waren und sind zahlreiche Zubereitungsarten bekannt: als Tee (Bhang), als Süßigkeit (Maajun) oder als Rauchwerk (Ganja). Der griechische Historiker Herodot schrieb um 500 v. u. Z. vom Haschischgebrauch der zentralasiatischen Skythen: »Im Innern des Zeltes wird eine Schüssel auf den Boden gestellt, in die sie eine Anzahl glühender Steine legen, auf die sie dann Hanfsamen streuen. Sogleich fängt es an zu rauchen; es entsteht ein Dampf, wie ihn kein griechisches Dampfbad übertreffen kann, und die entzückten Skythen schreien vor Lust.«

Haschisch hat auch einen festen Platz im kultischen Leben afrikanischer Eingeborenenstämme, wie der Buschmänner, Kaffern und Hottentotten. Stark verbreitet war Haschisch im Mittelalter unter den Arabern. Zahlreiche Miniaturen zeigen haschischrauchende Mädchen. Eine politisch-religiöse Geheimorganisation der Mohammedaner zur Zeit der Kreuzzüge, die sogenannten Assassinen (Haschischleute), sollen zum Erreichen ihrer religiösen Ekstase und im terroristischen Kampf Haschisch gebraucht haben. In Europa machte sich Haschisch als Rauschdroge nach Napoleons Rückkehr aus Ägypten breit. Heute sind es in Amerika besonders Jugendliche, die Marihuana als Mittel angeblicher Bewußtseinserweiterung, aus Protest gegen die etablierte Generation und als Mittel gegen Neurosen rauchen. So bleiben sie aber allzuoft erst recht im Räderwerk gesellschaftlicher Unzulänglichkeiten hängen. Trotz

Hanf (Cannabis sativa), links weibliche Pflanze, deren Blüten die Rauschgift enthaltenden Harzdrüsen besitzen, rechts männliche Pflanzen

Rauschgiftsüchtige am Piccadilly-Rondell in London, Heroinspritzung inmitten der Passanten

weltweiten Handelsverbots blüht das Geschäft gewissenloser Drogenschmuggler in der westlichen Welt.

Eine synthetische Rauschdroge unseres Jahrhunderts stellt LSD (**L**yserg**s**äure**d**iamid) dar. Es ist chemisch dem Mutterkornalkaloid Ergotamin (s. S. 109) verwandt. A. Hofmann synthetisierte LSD im Naturstofflabor der Sandoz AG in Basel und erkannte durch Zufall seine hochwirksame psychoaktive Wirkung. Arbeitsunfähig, da völlig ruhelos und wie betäubt, mußte Hofmann am 16. 4. 1943 sein Labor verlassen und erlebte zu Hause phantastische Visionen mit intensiven Farben, die erst nach 2 Stunden nachließen. Bei Rekapitulation seines Tagesablaufes erkannte er LSD als Ursache. Er mußte winzige Spuren von LSD eingenommen haben. Nach Untersuchungen nutzte man es in den fünfziger Jahren als Mittel für die psychiatrische Forschung und Psychotherapie. Der Patient erlebt bei gesteigerter Farbwahrnehmung die Aufhebung seiner inneren Selbstkontrolle und sieht äußere Einflüsse in phantastischen Farben und Formen. Das Ich-Selbst, das normalerweise alle Wahrnehmungen und inneren Kombinationen filtert, wird geändert, böse Kindheitserfahrungen werden entkrampft und schizophrene Strukturen kurzzeitig aufgehoben. Die Ich-Du-Schranke wird eingerissen, der Kranke

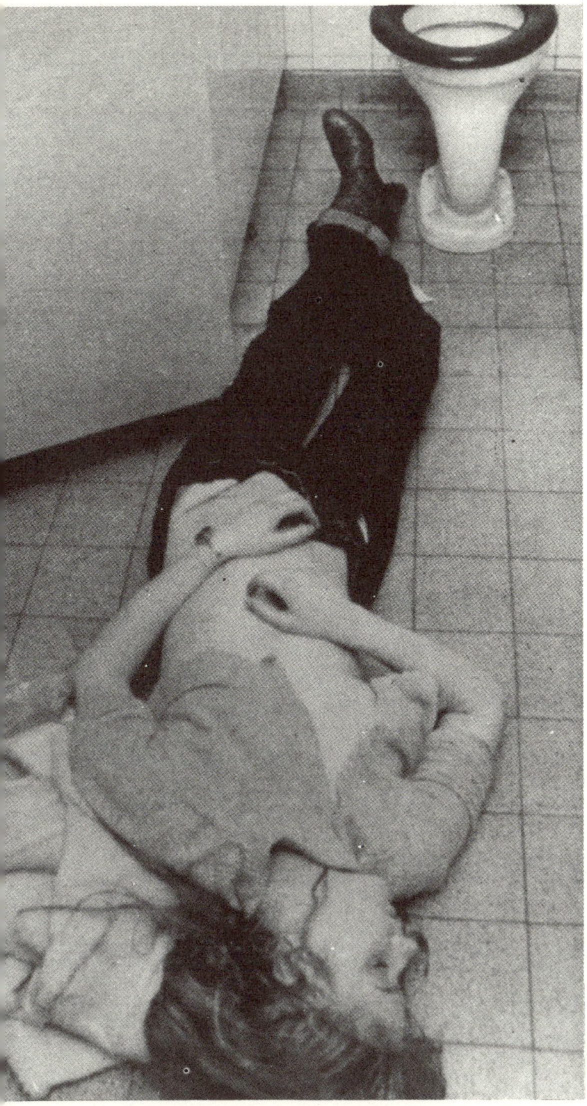

Ein 18jähriges Mädchen in Westberlin – Opfer einer Überdosis Heroin

zeigt sich bereit, mit dem behandelnden Arzt über seine Konflikte zu sprechen. Damit wird er der psychotherapeutischen Behandlung und einer möglichen Heilung zugänglich. Längst verschüttete Erinnerungen werden beim klinischen Einsatz dieser Rauschdroge wach und wiedererlebbar, so daß sich der Kranke von einem Stück unbewältigter Vergangenheit trennen kann.
Doch bis heute gilt der schwierige vielschichtige Mechanismus seiner Wirkung als ungeklärt. Deshalb wurde in Zusammenhang mit dem zunehmenden Mißbrauch, von Sensationsschilderungen in Medien und Presse gefördert, ein Herstellungsstop und Verbot von LSD-Präparaten vorgenommen. Im Gegensatz zu anderen halluzinogenen Drogen hat LSD erst nach seinem medizinischen Gebrauch heute besonders unter Jugendlichen zu mystischer pseudoreligiöser Anwendung geführt. Die Gefahren des LSD-Mißbrauchs sind äußerst vielschichtig und reichen von Affekthandlungen und Selbstmordgedanken zu psychischen Schäden. Indem die westliche Presse sensationslüstern LSD als Statussymbol von Hollywoodstars, Beatmusikern oder den Hippies der sechziger Jahre darstellte, hat sie nicht unerheblich an der Propagierung dieser Droge mitgewirkt und die Krankheiten gesellschaftlicher Zusammenhänge des Westens illustriert.
Auch bei den Psychostimulanzien trat dies klar zutage. Ohne Grenze von Mißbrauch und Sucht wirken sogenannte Wekamine (Amphetamine) als »Psychokrücken«. Sie beschleunigen die Denkfähigkeit und Gedankenflucht, unterdrücken den Schlaf und erhöhen die Initiative. Wekamine sind chemisch dem Hormon Adrenalin ähnlich und haben als Appetitzügler bzw. Dopingmittel im Radsport eine unrühmliche Rolle gespielt. Auf dem Drogenmarkt westlicher Länder in großen Mengen vertrieben, sind Wekamine durch Kombination mit Alkohol eine Ursache erhöhter Aggressivität krimineller Banden.
Heute ist der chemische Aufbau der psychoaktiven Inhaltsstoffe jener Pflanzen, von denen bisher eine halluzinogene Wirkung sicher bekannt ist, aufgeklärt. Alle diese Verbindungen sind als kristallisierbare Reinsubstanzen verfügbar. Ihre Verwendung wird durch Gesetze geregelt. Während man ihren Bedarf für die Medizin vorwiegend durch chemische Synthesen deckt, ist die Dunkelziffer des illegalen Anbaus und Handels schwer erfaßbar.
Bei den meisten Halluzinogenen handelt es sich um Alkaloide. Sie sind jenen im Gehirn vorkommenden Überträgersubstanzen chemisch ähnlich, die eine wichtige Aufgabe bei der Regulation der psychischen Grundfunktionen der höheren Nerventätigkeit ausüben. Das Meskalin des Peyote-Kaktus (s. S. 38) ist z. B. dem Noradrenalin (Norepinephrin) chemisch nahe verwandt. Noradrenalin zählt zu den Neurotransmittern, die eine Reizübertragung zwischen Nervenzellen (Neuronen) besorgen. Psilocybin und Psilocin (aus den mexikanischen Rauschpilzen, s. S. 167) sind wie das Hirnhormon Serotonin Abkömmlinge von Tryptamin und haben eine verwandte chemische Struktur. Auch die halluzinogenen Inhaltsstoffe der Zauberwinde (Ololiuqui, s. S. 39) sind Tryptophan- bzw. Tryptaminabkömmlinge, allerdings ist das Trypta-

min hier – wie auch bei den Mutterkornalkaloiden und dem LSD – in ein kompliziertes mehrgliedriges Ringsystem, das man Ergolin nennt, eingebaut. Halluzinogene Stoffe ähneln in ihrer räumlichen Struktur (Stereochemie) den Hirnhormonen. So wirken sie durch Eingriff in deren Funktionen.

Halluzinogene Stoffe können in der Hand des Arztes zu Hilfsmitteln bei der Untersuchung und Behandlung von psychisch Kranken werden.

Umstrittener ist die Anwendung von Halluzinogenen, insbesondere LSD, als »Sterbehilfe«, wenn z. B. bei unheilbar Krebskranken Schmerzzustände nicht durch Analgetika, sondern nur noch durch LSD gemildert werden können.

Der Drogenmißbrauch ist heute in vielen Teilen der Welt groß. So muß der illegale Suchtmittelumschlag in den USA in Milliarden Dollar jährlich kalkuliert werden. In der BRD gibt es derzeit schätzungsweise 40000 bis 60000 Süchtige (außer Alkoholikern), und jedes Jahr sterben etwa 100 bis 200 von ihnen den Rauschgifttod. Darunter sind auch viele »Geheilte«, die nach Jahren der Entwöhnung wieder zum »Stoff« greifen, wobei dann die alte Dosis tödlich wirkt. Die Drogensucht tritt gleich einer Modeerscheinung in der kapitalistischen Welt wellenartig auf, beeinflußt von der Verfügbarkeit auf dem illegalen Markt. Dabei gelingt es den zuständigen Staatsorganen nur, 10 bis 20 Prozent des illegal gehandelten »Stoffs« zu beschlagnahmen. Die Art und Weise der Verteilung hat sich in den letzten Jahren geändert. Es gibt nur wenige »große Fische« (die bekanntlich »schwer ins Netz gehen«), aber eine stärkere Streuung. Die Zentren der Rauschgiftszenerie und des Drogenschwarzmarktes liegen heute nicht mehr allein in den Vergnügungsvierteln der großen Städte. Sie haben sich in die »Provinz« verlagert und werden häufig gewechselt, um sich dem polizeilichen Zugriff zu entziehen. Bei der Rauschgiftsuche helfen heute nicht nur Spürhunde, sondern auch sehr empfindliche Detektoren, die, mit trägergebundenen Enzymen ausgestattet, bereits wenige Moleküle im Gasraum aufspüren können. Doch hinter dem Suchtmittelgeschäft steht eine internationale Organisation, die nicht nur mit »Zielprämien« für den illegalen Anbau arbeitet, sondern eine »Privatarmee« und sogar eine eigene Flotte unterhält.

Trotz strenger Kontrollen durch die UNO und die Weltgesundheitsorganisation (WHO) ist der Drogenmißbrauch nicht im Abklingen. Insbesondere nimmt der Kokainismus in den letzten Jahren bedrohlich zu. Ein Grund für den Drogenmißbrauch ist die Armut der Bevölkerung in den Hauptanbauländern des Schlafmohns und Hanfs im »Goldenen Dreieck« sowie in Thailand. So sind Aufklärung und Bestrafung wirkungslos. Nur besondere soziale Förderungsmaßnahmen könnten sich auswirken. Dabei stellen in der westlichen Welt nicht allein die sozial Unterprivilegierten die Drogensüchtigen, sondern auch viele aus der sozialen Mittel- und Oberschicht greifen zur Droge. Immer wieder wird eine Diskussion um die Gefährlichkeit oder Ungefährlichkeit des Haschischkonsums in den westlichen Ländern geführt und häufig die Freigabe von »Hasch« gefordert. Doch Hasch ist oft eine »Einstiegsdroge«, von der die Konsumenten auf härtere Mittel und schließlich auf das teuflisch wirkende Heroin, die stärkste Droge, umsteigen.

Die Erforschung der Rausch- und Suchtmittel durch die ständig wachsende pharmazeutische Industrie hat zwar einerseits dem Arzt wertvolle Hilfsmittel in die Hand gegeben, andererseits aber in der nach Marktgesetzen aufgebauten Medikamenten- und Drogenproduktion den Begriff der »Prothesengesellschaft« allzu wahr werden lassen und trotz der scharfen Gesetze den Drogenmißbrauch und die Rauschmittelsucht gefördert. Die Entwicklung der Rausch- und Suchtmittel mahnt zu verstärkter sozialer und gesellschaftlicher Reparatur statt zum Gebrauch der »Instrumente«.

Von schädlichen und nützlichen Pilzen

»Der Trank hat mich fortgerissen
wie ein stürmischer Wind ...
Das Denken hat sich
mir dargeboten
wie eine Kuh
ihrem kleinen Liebling ...
Die eine Hälfte meines Ichs
läßt die beiden Welten
hinter sich ...
Ich habe an Größe diesen Himmel
und diese Erde übertroffen ...
Ich merke,
daß ich Soma getrunken habe.«

Hymne aus der indischen Rig-Veda (1200 v. u. Z.), wahrscheinlich die Wirkung des Fliegenpilzes *(Amanita muscaria)* darstellend

Pilze wachsen meist im Halbdunkel schattiger Wälder, sie schießen rasch hervor und vermodern leicht wieder, ihre Form ist bizarr, vielgestaltig und zuweilen grotesk, tödliche Giftigkeit und doch verführerisch guter Geschmack können bei Pilzen nebeneinander vorkommen. So ist es verständlich, daß sich so mancher Volks- und Aberglauben, manche Legende um sie ranken. Eine Stinkmorchel *(Phallus impudicus)* z. B., die aus dem im Boden steckenden »Hexenei« schnell hervorwächst, erinnert in ihrem Aussehen an einen Phallus. Deshalb schrieb man dem Pilz früher vielfach die Kraft eines Liebesmittels zu. Wegen des Wachstums mancher Pilze in Form von »Hexenringen« und ihres plötzlichen Erscheinens brachte man sie im Mittelalter auch mit einem nächtlichen »Hexentanz« in Verbindung. In das Gebiet des Wunderglaubens gehören schließlich auch solche Rezepte wie, das Schwarzwerden eines Silberlöffels als Zeichen für Gift im Pilzgericht anzusehen.

In Mitteleuropa kommen 2500 Großpilze vor. Man teilt sie in Ständerpilze (Basidiomyceten) und Schlauchpilze (Ascomyceten) ein. Einige hundert mehr oder weniger gute Speisepilze sind unter ihnen. Zu den wertvollsten Sammelpilzen zählen der Steinpilz und Verwandte (*Boletus*-Arten), Rauhstielröhrlinge (*Leccinum*-Arten), der Maronenröhrling *(Xerocomus badius)*, der Pfifferling *(Cantharellus cibarius)*, Champignons (*Agaricus*-Arten) und die Trüffeln (*Tuber*-Arten). Nur wenige Ständerpilzarten können bisher kultiviert werden.

Einem statistischen Bericht zufolge betrug der Pilzverbrauch in der BRD im Jahre 1980 (dabei wurde nur der Anteil der gehandelten Pilze erfaßt) rund 11 000 t Dosenware (vor allem Kulturchampignons, Pfifferlinge und »Mischpilze«), 36 000 t Frischpilze (überwiegend Kulturchampignons, nur etwa 1 200 t in der freien Natur gesammelte Marktpilze) und 6 t Trockenpilze. Hinzu kamen jedoch 125 000 t Importe von konservierten und Frischpilzen.

Zu den begehrtesten europäischen Speisepilzen gehören die Perigord-Trüffeln *(Tuber melanosporum)* und Wintertrüffeln *(Tuber brumale)*. Trüffeln bevorzugen sonnige Standorte auf sehr kalkreichen Böden mit flacher Humusschicht und leben mit Eichen, Hainbuchen und Rotbuchen in Symbiose. Mit ihnen bilden sie wahrscheinlich eine Mykorrhiza (Wurzelverpilzung). Die 3 bis 10 cm großen, knollenartigen Fruchtkörper wachsen in 3 bis 15 cm Tiefe in der Humusschicht und enthalten einen besonders bei Schweinen wirksamen Sexuallockstoff. Deshalb helfen bei der Trüffelernte oft abgerichtete Sauen. Sie »erschnüffeln« die unterirdischen Trüffeln. Heute legt man mancherorts in Frankreich und Italien Trüffelwälder an, indem in den Waldboden entweder mit Trüffelmy-

Rumänische Pilzsammlerin mit reicher Ernte

zel infizierte Eicheln bzw. Eichensämlinge oder kleingeschnittene Fruchtkörper bzw. sterile Pilzbrut eingebracht werden. Die Gemüsemärkte dieser Länder preisen mit Trüffeln infizierte Eichenkeimlinge an.

In Ostasien beliebt und lange genutzt ist ein Shiitake *(Lentinus edodes)* genannter Pilz. Er zählt zu den Sägeblättlingen und ist in den Subtropen und gemäßigten Klimazonen Ostasiens beheimatet. In Japan wird er wegen seines festen Fleisches und hervorragenden Geschmacks mit einer Jahresernte von ungefähr 150000 bis 175000 t kultiviert. Die Kultur führt man auf feuchten Holzknüppeln der japanischen Pasanie durch. Geeignet ist auch Eichen-, Rotbuchen-, Hainbuchen-, Erlen- und Edelkastanienholz.

Der Anbau des Zuchtchampignons *(Agaricus bisporus)* ist seit dem 17. Jahrhundert aus Frankreich bekannt. Seine Kultur erfolgt auf einem sich zersetzenden organischen Substrat, also saprophytisch. Besonders geeignet ist Pferdemist mit Einstreu aus Weizen- oder Roggenstroh, dem Stickstoff-, Phosphor- und Kalziumdünger hinzugesetzt werden. Der Anbau erfolgt in Klimaräumen. Außerhalb von ihnen wird zuerst der unzersetzte Stallmist schnell von wärmeliebenden (thermophilen) Bakterien und Strahlenpilzen besiedelt. Er wird mehrfach umgeschichtet und erhitzt sich auf über 70 °C. Dabei kommt es zu einer »Heißrotte«. Einige Tage lang folgt eine Nachgärung und Abkühlung, so daß dann in Kisten oder Beeten klimatisierter Räume mit Pilzbrut beimpft werden kann. Das Myzel beginnt zu wuchern. 2 bis 3 Wochen nach der Beimpfung wird mit Deckerde überschichtet, und nach weiteren 1 bis 2 Wochen entstehen »Fruchtkörperanlagen« (Primordien). In den folgenden 50 bis 80 Tagen wachsen die Fruchtkörper in 5 bis 7 Ertragsschüben heran. Eine Intensivbewirtschaftung ergibt bis zu 20 kg/m^2 Beetfläche.

Stinkmorchel (Phallus impudicus), links „Ei", rechts entwickelter Fruchtkörper

Seit der Jahrhundertwende in Europa und Asien als Kultur versucht, macht heute der Austernseitling *(Pleurotus ostreatus)* zusammen mit einigen weiteren *Pleurotus*-Arten dem Zuchtchampignon Konkurrenz. Die Pilze eignen sich besonders für Kompaktholzkulturen im Freiland. Man beimpft im Frühjahr Stammholz von Rotbuche, Hainbuche, Ahorn und Eberesche. Die Ernte beginnt im Oktober des gleichen Jahres und kann im Schutzbeet (bei Bedeckung der Hölzer mit Plastfolie) bis zum April des folgenden Jahres andauern. Der jährliche Ertrag erreicht 9 kg/m^2. Von Kleingärtnern wird der Austernseitling gern auf Weizenstroh oder einem Gemisch aus Erbsen-, Raps- oder Weizenstroh mit Rotbuchenmehl in Holzkisten im Keller oder im Freiland gezogen.

Auch die Kultivierung des Riesenträuschlings *(Stropharia rugoso-annulata)* ist sehr beliebt geworden. Er wächst auf frischem Weizen- oder Roggenstroh und kann mehrfach bis in den Spätherbst geerntet werden. In den Tropen und Subtropen dagegen zählt der Schwarzstreifige Scheidling (*Volvariella volvacea*) zu den wichtigsten Kulturpilzen. Er verwertet vor allem Reisstroh. Anbauversuche in holländischen Gewächshäusern erbrachten Flächenerträge von rund 6 kg/m^2.

Bei uns sind einige Dutzend Pilzarten zum Verkauf als Frischpilze und einige weitere Arten zur Herstellung von Trockenpulver, Trockenpilzen, Extrakten und Konserven zugelassen. Doch die Anzahl der eßbaren Pilze ist sehr viel größer. Viele eignen sich aber wegen ihrer leichten Verderbbarkeit nicht als Marktpilze. Zahlreiche Großpilze sind schlecht bekömmlich oder durch Inhaltsstoffe, z. B. beim Gallenröhrling *(Tylopilus felleus)*, ungenießbar. Etwa 160 Pilzarten der nördlichen gemäßigten Zone sind giftig, von denen ungefähr 20 lebensgefährlich werden können. Doch nur relativ wenige Giftpilze führen immer wieder zu Pilzvergiftungen, weil sie mit ähnlich aussehenden Speisepilzen verwechselt oder aus mangelnder Kenntnis nicht richtig erkannt werden.

Als Symbol eines giftigen Pilzes gilt oft der Fliegenpilz *(Amanita muscaria)*. Mit seinem leuchtend roten, weiß betupften Hut ist er auffallend und schön zugleich. Einst wurde er als Gottheit betrachtet. Obwohl seit Jahrtausenden bekannt, wissen wir erst seit 1968, daß der Fliegenpilz mit der Quelle des heiligen Soma, eines so genannten Rauschmittels der alten Inder, identisch ist. Soma, die zur Gottheit erhobene Rauschdroge, der heilige Trank, »König des Pflanzenreiches«, nahm in den magisch-religiösen Zeremonien der Arier eine Vorrangstellung ein. Vor etwa 3500 Jahren drangen die Arier vom Norden her in das Industal ein und verbreiteten dabei den Soma-Kult. Er wird in den Hymnen der Rig-Veda ausgiebig besungen und verdrängte den Feuergott Agni. Es mag nicht nur eine linguistische Spielerei gewesen sein, als der dänische Schriftsteller Piet Hein während einer Vorlesung W. Heisenbergs über Quantenphysik und die Zerlegung des Würfels im Raum einen rätselhaften siebenteiligen Würfel ersann, den er Soma nannte. Gleich den berauschenden Visionen nach einem Soma-Trank ist dieses Spiel räumlicher Kombinatorik mit dem Soma-Würfel von berauschendem Reiz für seine begeisterten Anhänger geworden, ein »gesundes« Spiel des Intellekts.

Während in Indien der Soma-Kult verlorenging, blieb der Verzehr des Fliegenpilzes bis in unsere Zeit in Sibirien erhalten. Als der schwedische Offizier Philipp Johann von Strahlenberg 12 Jahre in sibirischer Kriegsgefangenschaft verbrachte, beschrieb er 1730 die halluzinogene Wirkung, wie er sie bei Korjaken und Schamanen anderer sibirischer Stämme angetroffen hatte. Diese Volksstämme kannten vor der Einführung des Alkohols kein anderes Berauschungsmittel. Sie trockneten die Pilze an der Sonne, würgten sie direkt hinunter oder bereiteten aus Wasser, Rentiermilch oder verschiedenen Pflanzensäften einen Trank. Das

Fliegenpilze (Amanita muscaria) an einer Birke

Rauschmittel, im Urin angekommen, wurde wiederverwendet: »Die Ärmeren, die sich keinen Pilzvorrat leisten konnten, lauern ... auf ... die Gäste, um ... den Urin aufzufangen. Sie trinken den Urin, dem noch immer etwas von der Wirkung des Pilzes anhaftet, gierig und werden dadurch ebenfalls betrunken«, heißt es in einer alten Schilderung. Bei der Besiedlung des amerikanischen Kontinentes von Asien über die Beringstraße ist der Gebrauch des Fliegenpilzes auch in die Neue Welt gekommen. Spuren seiner magisch-religiösen Bedeutung sind bei Volksstämmen in den kanadischen Gebirgen erhalten.

Halluzinogen wirken nicht das Muscarin des Fliegenpilzes, sondern die Ibotensäure und das Muscimol. Muscarin liegt im Pilzfruchtkörper in einer wasserlöslichen Form vor und geht z.T. beim Abbrühen der Pilze in das Kochwasser über. Die Rauschwirkung des Fliegenpilzes besteht in einer Verwirrung der Sinne, begleitet von impulsiven Bewegungen und Krämpfen bei einem Wechsel von Lebensfreude und Depressionen.

Ebenfalls halluzinogen wirksam sind einige mittel- und südamerikanische Arten der Gattungen *Psilocybe, Conocybe* und *Panaeolus*. Sie waren die Zauberpilze in den Hochkulturen der Neuen Welt, genannt Teonanacatl (»heiliges Fleisch«). Im Hochland von Guatemala, wo die Maya-Kultur zur Blüte kam, aber auch im südlichen Mexiko und in El Salvador wurden von Archäologen bis heute etwa 200 30 cm hohe Steinfiguren ausgegraben. Es scheinen Pilzsymbole zu sein, und ihr Alter wird auf über 2200 Jahre geschätzt. Ein schirmartiger Hut spannt sich über einem Stiel, in den ein Menschen- oder Tiergesicht modelliert ist. Erst in jüngster Zeit gelang es dem Ethnologen Gordon Wasson und dem Baseler Industriechemiker Albert Hofmann, das Geheimnis des alten, aber nur selten noch praktizierten mexikanischen Pilzkultes zu klären. Sie konnten an einer nächtlichen Zeremonie der Mazateken Mexikos teilnehmen und brachten von dort die Pilze mit. Dem bekannten Mykologen Heim gelang es bald, einen der mexikanischen Rauschpilze, *Psilocybe mexicana*, in Kultur zu nehmen. Als psychoaktive Stoffe fand man die Indolalkaloide Psilocybin und Psilocin (s. S. 161).

Heute werden besonders in Oaxaca (Mexiko) noch mehr als zwei Dutzend verschiedener Rauschgiftpilze gesammelt und bei zeremoniellen Weissagungen, Heilungen und religiösen Riten verwendet. »Die Pilze werden bei Neumond von einem unschuldigen Mädchen im Walde gesammelt und in einer Kirche eine Zeitlang auf den Altar gelegt ... Die Pilzzeremonie dauert eine ganze Nacht lang und schließt manchmal ein Heilungsritual ein. Der Hauptteil der Feier wird von Gesängen begleitet. Der Rauschzustand ist von phantastischen Farbvisionen in kaleidoskopischer Bewegung und von Gehörhalluzinationen begleitet; die Berauschten verlieren sich auf Flügen in überirdische Phantasiewelten«, berichtet A. Hofmann. Der Schamane besingt über Stunden die Fähigkeit, zu heilen und die göttliche Kraft zu verstehen. Ein europäischer Chronist, der eine größere Portion Pilze auf einmal zu sich genommen hatte, sah »geometrische, eckige Muster in reicher Farbenpracht, die sich zu architektonischen Strukturen weiterentwickelten; das Mauerwerk erschien in leuchtenden Farben, mit Gold, Onyx und Ebenholz verziert, und alles dehnte sich in maßlosen Dimensionen weit über den Horizont aus«. So ähneln Psilocybin-Halluzinationen jenen Visionen, die nach strengem Fasten, das Stoffwechselstörungen auslöst, beschrieben wurden. Wert und Risiken der Anwendung von Psilocybin-Präparaten in der Psychotherapie gleichen denen von LSD und Meskalin (s. S. 160).

Gefährlichster Giftpilz unserer Wälder ist der Grüne Knollenblätterpilz *(Amanita phalloides)*. Er wächst vom Juli bis zum Oktober oft unter Eichen oder Buchen, auch in Parkanlagen. Die wichtigsten Giftstoffe sind Phalloidin und Amanitine. Die Knollenblätterpilzvergiftungen verliefen bis vor etwa 10 Jahren in 40 Prozent aller Fälle tödlich. Der Pilz ist deshalb so heimtückisch, weil sich die Giftwirkung erst 8 bis 24 Stunden nach Aufnahme durch Übelkeit und Brechdurchfälle bemerkbar macht. Etwa vom 4. Tag an treten schwere Leberschäden auf, der Tod tritt durch Zerstörung der Leber ein. Die Giftmenge eines einzigen Pilzes reicht aus, um 2 bis 3 Menschen zu töten. Leider fehlte bisher ein Gegengift zur Bekämpfung. Wahrscheinlich sind aber in der Mariendistel *(Silybum marianum)* solche Gegengifte (Antidote) vorhanden. Rechtzeitige Einnahme der wirksamen Extraktionen, Silymarin genannt, schützen offenbar vor dem Eindringen der Knollenblätterpilzgifte in die Leberzellen. Eine bekannte Arzneimittelfirma berichtete, daß durch knollenblätterpilzhaltige Gerichte vergiftete Personen vor dem sicher scheinenden Tod gerettet werden konnten.

Die Gift- oder Frühjahrslorchel *(Gyromitra esculenta)*, die vom März bis zum Mai in lichten Kiefernwäldern vorkommt und gelegentlich mit der Speisemorchel *(Morchella esculenta)* verwechselt wird, ist ebenfalls häufig Ursache von Pilzver-

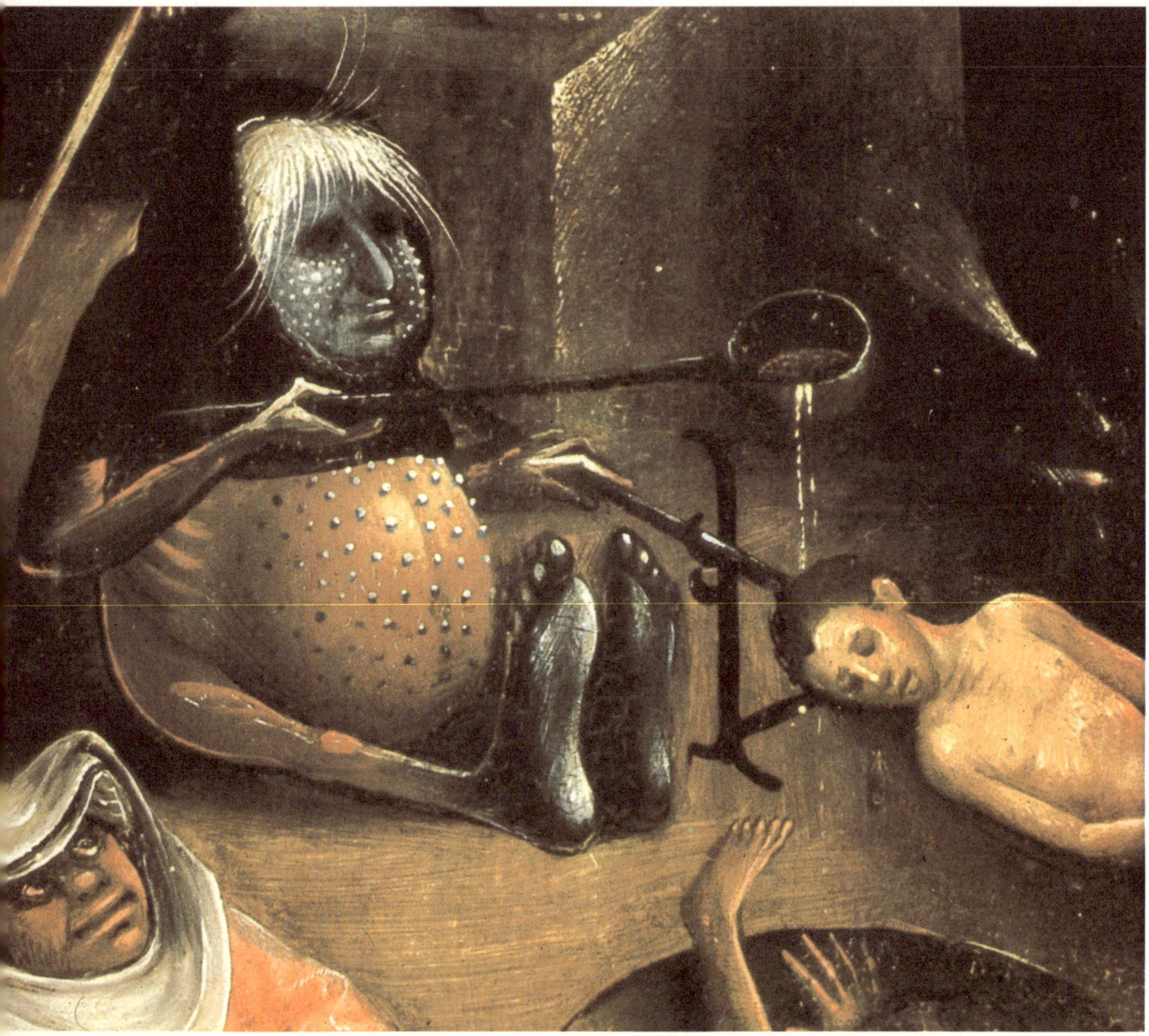

Mutterkornvergiftung (Ergotismus) in einer Darstellung von Hieronymus Bosch

giftungen. Der Pilz scheint ein toxikologisches Rätsel zu sein. Er soll eßbar und gut bekömmlich sein, wenn man ihn in viel Wasser kocht und das Kochwasser abgießt. Der Giftstoff ist leicht flüchtig und kann mehr oder weniger gut mit dem Kochwasser entfernt werden. Die Lorchel enthält neben dem Gyromitrin weitere Hydrazinverbindungen.

Einige Basidiomyceten befallen als sogenannte Brand- und Rostpilze die Pflanzen. Nicht beim Menschen, aber bei seinen Nutztieren, speziell bei Rindern und Pferden, treten gelegentlich Vergiftungen auf, die auf die Toxine dieser Pflanzenschädlinge zurückgehen. Brandpilze befallen Getreidearten, wie Hafer, Gerste und Weizen, während Rostpilze auch auf Leguminosen parasitieren können. Gegen sie resistente Sorten zu gewinnen ist eine Aufgabe der Pflanzenzüchtung (s. S. 215).

Zahlreiche Schädlinge kommen unter den Schlauchpilzen vor. So ist ein anderer Gräserparasit der Mutterkornpilz. Er hat als Giftpflanze vom Mittelalter bis in das 20. Jahrhundert eine unheilvolle Rolle gespielt, ist heute aber eine unentbehrliche Arzneistoffquelle geworden. Im Mittelalter wurden ganze Landstriche von einer bösartigen und folgenschweren Massenerkrankung, »Krummer Jammer«, Kriebelkrankheit oder Antoniusfeuer genannt, heimgesucht. Beispielsweise wütete 857 in Xanten am Niederrhein eine solche Plage, die viele Einwohner durch entsetzliche Fäulnis hinwegraffte. 994 wurden im Gebiet von Limoges in Frankreich etwa 40000 Menschen Opfer einer solchen Seuche. Ein Chronist berichtete: »Schreiend, jammernd und sich krümmend brachen Menschen auf der Straße zusammen. Manche standen von ihren Tischen auf und rollten sich wie Räder durch das Zimmer; andere fielen um und schäumten in epileptischen Krämpfen; noch andere erbrachen sich und zeigten plötzlich Zeichen des Wahnsinns. Von diesen schrien viele ›Feuer – ich verbrenne‹«. Die Erkrankung trat in zwei Ausprägungsformen auf, der Brandseuche (Ergotismus gangraenosus) und der Krampfseuche (Ergotismus convulsivus). Letztere macht sich, wie der Name besagt, mit Krämpfen bemerkbar, kündigt sich durch »Ameisenlaufen« (Kribbeln) in der Haut an und hat zu der Bezeichnung »Kriebelkrankheit« Anlaß gegeben.

Über 300 Epidemien wurden seit dem 6. Jahrhundert gezählt. Zuweilen waren sie mit einem plötzlich auftretenden Massenwahn verbunden, und man hielt sie damals für ein Werk der Hexen. Die Bezeichnungen »Göttliches Feuer« (ignis divinus) und »Heiliges Feuer« (ignis sacre) deuten an, daß man die Krankheit als eine »Strafe des Himmels« ansah. Deshalb erhofften die Kranken Hilfe durch den Heiligen Antonius. Er starb 356 u. Z. als Einsiedler in Ägypten und gilt als Schutzheiliger des Feuers, der Epileptiker und der Infektionskrankheiten. Seine Reliquien kamen während der Kreuzzüge in die Kirche St. Didier-la-Nothe, Dauphiné, Frankreich. Hier gründete nach der Überlieferung ein Edelmann namens Gaston Guerin aus Dankbarkeit für die Genesung seines Sohnes vom Antoniusfeuer die »Bruderschaft zum Heiligen Antonius«. Sie verschrieb sich der Pflege am Heiligen Feuer Erkrankter. Zur Zeit ihrer Blüte zählte sie 390 Niederlassungen und war über ganz Europa sowie den Vorderen Orient verbreitet. Die karitative Tätigkeit dieses Spitalordens fand ihren Niederschlag in der häufigen Darstellung des Heiligen Antonius, umgeben von Erkrankten, in der Malerei und Graphik des Mittelalters. Zu den bekanntesten zählt der Isenheimer Altar von Matthias Grünewald (1512–1515 entstanden).

Solche Erkrankungen, die auf Gifte des Mutterkornpilzes zurückgehen, sind heute selten geworden, weil strenge nahrungsmittelchemische Bestimmungen und hochwirksame technische Reinigungsverfahren existieren. Der Mutterkornpilz *(Claviceps purpurea)*, auch roter Keulenkopf genannt, parasitiert auf Roggenähren und einigen Wildgräsern und ist als schwarzviolette Überdauerungsform, Mutterkorn genannt, gleich einem Hahnensporn als hartes Gebilde erkennbar. Vom französischen Wort für Hahnensporn, ergot, leitet sich die Bezeichnung Ergotismus für diese Pilzvergiftungen (Mykotoxikosen) ab. Das Rätsel um den Ergotismus wurde unter anderem erst 1918 durch den Schweizer Chemiker A. Stoll gelöst. Er stellte als die Ergotismus auslösende Verbindung Ergotamin in reiner Form dar. Es ist ein dem LSD (s. S. 160) strukturverwandtes Alkaloid. Weitere Ergotalkaloide wurden im Naturstofflabor der Sandoz AG Basel, wo A. Hofmann 1943 das LSD entdeckte, aufgefunden. Die alten Griechen wußten offensichtlich um diese halluzinogene Wirkung. Bei ihnen fand das Mutterkorn in den eleusinischen Mysterien Verwendung.

Noch immer ist das Mutterkorn eine geschätzte offizinelle Drogenquelle. Doch trat an die Stelle seiner parasitischen Zucht in Roggenfeldern die saprophytische Kultivierung in Industriefermentern. Seine verschiedenen Alkaloide haben in reiner Form unterschiedliche pharmakologische Eigenschaften. Das Ergotamin nutzt man bei Migräne und als Beruhigungsmittel, kombiniert mit synthetischen Schlafmitteln (Barbituraten) und Bella-

Keimendes Mutterkorn mit den Konidienköpfchen des Mutterkornpilzes (Claviceps purpurea)

Sklerotien des Mutterkorns an reifer Roggenähre

donna-Präparaten (s. S. 41). Ergobasin dient dagegen zur Wehenanregung in der modernen Geburtshilfe. Es veranlaßt die Gebärmutter der Hochschwangeren zu rhythmischer Kontraktion. Schon die kräuterkundigen Hebammen des Mittelalters hatten hiervon durch Mutterkornzubereitung bei Entbindungen Gebrauch gemacht. Aus dem sakral genutzten Mutterkorn bei den alten Griechen der Antike und seiner gefürchteten Giftwirkung im Mittelalter wurde so eine bis heute nicht erschöpfte Fundgrube neuer unentbehrlicher Medikamente.

Auch in Schimmelpilzen kommen Gifte und wertvolle Arzneistoffe nebeneinander vor. Blaugrüner, bräunlicher oder weißlichpelziger Schimmel auf Marmelade, Obst, älterem Schnittbrot, Käse oder auch im Apfelsaft ist keine Seltenheit. Man entfernt die »schimmeligen Stellen«, das übrige wird verzehrt. Doch diese Verfahrensweise ist nicht unbedenklich. Solche Schimmelpilze können recht heimtückische, erst jüngst entdeckte Gifte (Mykotoxine) bilden. Zu diesen Giften zählen die krebserregenden Aflatoxine. Sie sind Stoffwechselprodukte der Schimmelpilze und werden von ihnen in die Umgebung ausgeschieden. Der sichtbare Schimmelpilzbefall ist nur die »Spitze eines Eisberges«. Der Pilzrasen, das Myzel, hat sein Substrat mehr oder weniger vollständig durchwuchert, nur die pinsel- oder gießkannenartigen Sporenträger (Konidien), also Träger der ungeschlechtlichen Fortpflanzungszellen des Pilzes, sind uns mit bloßem Auge sichtbar.

Viele Jahre sorgte sich nur der Tierarzt, nicht jedoch der Humanmediziner um Schimmelpilzvergiftungen. Bekannt wurden dadurch Mykotoxikosen bei Schwein, Schaf und Geflügel. Als 1960 in englischen Truthahnfarmen Schimmelpilzvergiftungen massenhaft auftraten, rückten sie in das Rampenlicht der toxikologischen Forschung. Riesige Verluste in amerikanischen Forellenfarmen

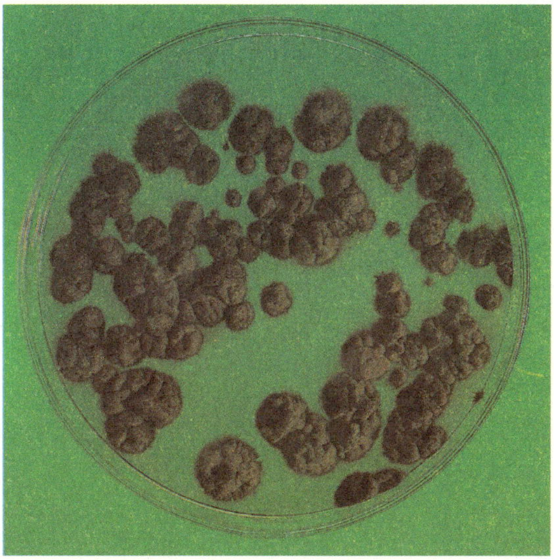

Saprophytische Anzucht von Mutterkorn

Penicillium-Art, auf einem Pfefferkäse wachsend

wurden ein zweites Alarmsignal. Die englischen Truthähne waren mit brasilianischem Erdnußmehl gefüttert worden. In ihm fand man den Schimmelpilz *Aspergillus flavus*. Er gedeiht bei warmfeuchter Lagerung vorzüglich. Dabei produziert er Giftstoffe, heute Aflatoxine genannt (von *A*spergillus-*fla*vus-*Toxine*), die er ins Medium ausscheidet. Jetzt wurden auch Erkrankungen von jenen Tierarten erklärbar, die mit schlecht gelagertem Erdnußmehl gefüttert worden waren, also z. B. bei Forellen. Die Veterinärmediziner und Toxikologen riefen Mikrobiologen und Chemiker zur Mitarbeit auf. Man erinnerte sich, daß während des zweiten Weltkrieges Menschen an toxischer Aleukie (drastischer Verringerung der Leukozytenzahl im Blut) gestorben waren, wenn sie sich mit überwintertem, von giftigen Schimmelpilzen befallenem Getreide ernährt hatten. In Japan waren Mykotoxikosen nach Verzehr von vergilbtem Reis aufgetreten.

Laborversuche ergaben, daß Aflatoxine, wie das von *Aspergillus-flavus*-Stämmen in großer Menge gebildete Aflatoxin B_1, bereits in kleinsten Mengen bei Ratten Leberkrebs erzeugen, also höchst gefährliche Kanzerogene darstellen. Die letale Dosis (LD), die bei 50 Prozent der Versuchstiere zum Tod führt, der sogenannte LD_{50}-Wert, liegt für das Aflatoxin B_1 bei nur 0,4 bis 10 mg/kg Körpergewicht.

Solche akut toxischen Mengen führen bei Labortieren zu inneren Blutungen (Hämorrhagien), Leberschrumpfungen (Leberzirrhosen) und zum Tod. Die krebsauslösende Wirkung greift gleichfalls vorwiegend an der Leber an und führt zu Lebertumoren. Wahrscheinlich ist das Aflatoxin B_1 ein Präkanzerogen, also eine Vorstufe eines krebsauslösenden Stoffes. In der »normalen« Entgiftungsfunktion der Leber unterläuft dem Organismus ein folgenschwerer Fehler: Das Aflatoxin wird oxydativ verändert, jedoch nicht entgiftet, sondern durch die Oxydation gerade in das Gift überführt.

Alarmierende epidemiologische Studien sind unter anderem aus Thailand, Taiwan und den Philippinen bekannt. Dort ist der Befall von Lebensmit-

Myzel von Aspergillus flavus mit Konidienköpfchen

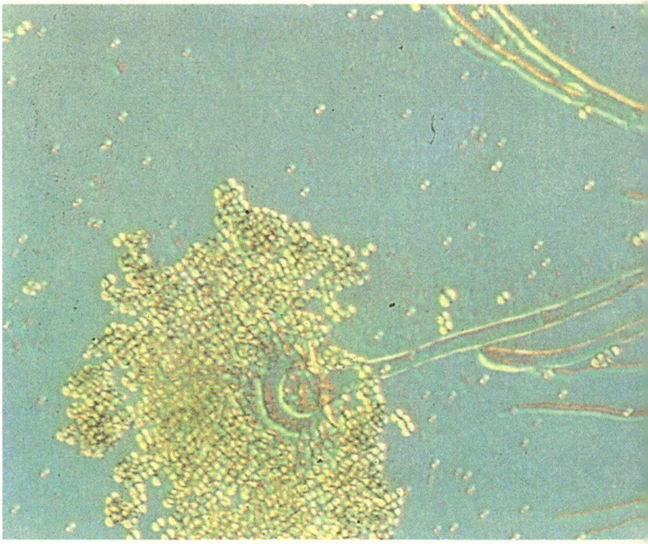

teln mit Schimmelpilzen durch hohe Temperaturen und Luftfeuchtigkeit sowie unsachgemäße Lagerung begünstigt. In der Tat geht in diesen Ländern ein hoher Befall von Erdnüssen, Reis und Bohnen durch toxische Pilzstämme mit einer hohen Rate an Leberkrebs in der Bevölkerung einher. In unseren Breiten kann man dem Pilzbefall mit verbesserten Lagerungs- und Konservierungsbedingungen von Lebens- und Futtermitteln wirksam begegnen. Die Frage bleibt offen, ob eine Anhäufung von Mykotoxinen in gesundheitsschädigenden Konzentrationen in tierischen Produkten, wie Fleisch, Eiern und Milch, erfolgen kann. Nur eine rückhaltlose Bekanntgabe von Statistiken in allen Ländern garantiert eine Aufklärung.

Die Aflatoxine sind derzeit die gefährlichsten Mykotoxine aus Schimmelpilzen. Auch als Krankheitserreger spielen Pilze eine ziemlich große Rolle. Fußpilze stellen nicht die einzigen für den Menschen pathologischen Hautpilze (Dermatophyten) dar. Die von ihnen verursachten Krankheiten (Mykosen) sprechen nicht auf Sulfone, Sulfonamide und antibakterielle Antibiotika an, sind also nur durch antifungale Mittel bekämpfbar.

Neben solchen bösartigen Schimmelpilzen gibt es Arten, die dem Menschen seit alters bei der Nahrungsbereitung nützlich sind. So erhalten Camembert und Roquefort ihren charakteristischen Geschmack durch eigene Schimmelpilzstämme, und die Salami wird mit dem »eßbaren« *Penicillium malgiovense* beimpft. Schimmelpilzarten sind wichtige Produzenten von Zitronensäure und Karotin. Beide dienen als »natürliche« Konservierungsmittel bzw. Farbstoffe der Lebensmittelindustrie. Selbst die so bösartigen Mykotoxine haben nach geringfügiger chemischer Strukturabwandlung wachstumsfördernde Stoffe für die Viehwirtschaft ergeben, z. B. das Zearolenon.

Das bekannteste Beispiel eines nützlichen Schimmelpilzes aber ist *Penicillium notatum*. Er produziert Penicillin. Die Entdeckung dieses Antibiotikums hat eine lange von Unterlassungen und Zufällen angefüllte Vorgeschichte. Schon 1871 hatte der englische Chirurg Joseph Lister festgestellt, »daß das Wachstum von Bakterien durch die Anwesenheit von Schimmelpilzen in der gleichen Kulturbrühe gehemmt wurde, daß eine Vermeh-

Antibiotischer Hemmhof von Penicillium notatum in der Bakterienkultur einer Agarplatte

Großtanks (Fermenter) zur Antibiotikaproduktion

Kultur des Aflatoxinbildners Aspergillus flavus auf Agar

Schimmelpilzflora mit Aspergillus flavus auf Weißbrot

rung unterblieb, daß dieser Einfluß mit der Anhäufung des Penicilliums in der Nährflüssigkeit zunahm«. Als 1891 Wehmer *Penicillium luteum* mit Citromyceten zusammenbrachte, wurden diese vom Schimmelpilz abgetötet. Bei diesen Beobachtungen blieb es. Wehmer war kein Bakteriologe. Erst 1928 fand Sir Alexander Fleming durch glücklichen Zufall die Erklärung: Eine Schimmelpilzspore war ihm in eine krankheitserregende Kokkenkultur gefallen und hatte auf der Agarplatte einen sichtbaren Hemmhof des bakteriellen Wachstums erzeugt. Fleming vermutete einen vom Pilz ausgeschiedenen Stoff und nannte ihn Penicillin.

10 Jahre später setzten Florey und Chain die Untersuchungen fort und isolierten chemisch reines Penicillin. Als Maß der Penicillinbildung und -wirkung führten sie die später so berühmt gewordene Oxford-Einheit ein. Sie wurde ein Maß für die durch Penicillin verursachte Kokkenwachstumshemmung. Der zweite Weltkrieg machte das Penicillin-Projekt wichtiger denn je. 1941 erhielt Florey vom Nationalen Forschungsrat der USA Geld zur Produktion dieses Antibiotikums. Als Amerika und England in den Krieg auf dem Kontinent eintraten, stand bereits Penicillin zur Versorgung ihrer Verwundeten bereit. Eine analoge Entwicklung begann in Deutschland 1942 bei den Farbwerken Hoechst. Sie wurde nach dem Kriege fortgesetzt und führte 1950 in der BRD zur Inbetriebnahme einer Großproduktionsanlage für Penicillin. In der DDR nahm Jenapharm die Produktion auf.

Penicillin war das erste einer ganzen Klasse von Antibiotika, die heute weitverbreitete unentbehrliche Heilmittel gegen Infektionskrankheiten geworden sind. Ihr molekularer Mechanismus wurde meist aufgeklärt. So hemmt Penicillin irreversibel die Zellwandsynthese grampositiver Bakterien. Bei dieser Synthese entsteht auch ein Peptidstück mit 2 Molekülen D-Alanin, der stereoisomeren Form der proteinogenen Aminosäure L-Alanin. Penicillin, das 2 Molekülen D-Alanin strukturähnlich ist, bindet am peptidbildenden Enzym der bakteriellen Zellwandsynthese und blockiert dessen Katalyse, ohne eine einzige der mehrere tausend anderen enzymatischen Reaktionen im menschlichen Organismus zu beeinträchtigen.

Schimmelpilze sind also nicht nur die heimlichen »Mitesser« in Lebensmitteln, sondern auch Produzenten hochwirksamer unentbehrlicher Arzneimittel. Sie können wie die Aflatoxine Krankheit bringen, aber ebenso wie das Penicillin eine starke Waffe im Kampf gegen Krankheiten sein.

Gewürze, Küchenkräuter und Bittergetränke

»In Leib: Der Pfeffer sterkt
den kalten Magen / und fuerdert
sein Daewung.
Vertreibt die Winde und Blaeste,
macht lustig zum essen.
Treibt den Harn. Zertheilet
und unterdrueckt alles / was
das Gesicht verfinsert.
Pfeffer und Wein getruncken / ist gut
wider das frieren und schütten
von Fieber / die nachlassen / und mit
einer Widerkunfft
den Menschen anstossen.«

Anweisung zum Gebrauch des Pfeffers im Kräuterbuch von J. Camerarius (1600)

Wer kennt nicht die Gewürze, die schon von jeher zur Verbesserung des Geschmacks und der Haltbarkeit von Speisen eingesetzt wurden. So heißt es in einem Lexikon aus dem Jahre 1732: »Gewürtz sind diejenigen Specereyen, welche theils um der Gesundheit, theils um des guten Geschmacks willen an die Speisen und Artzneyen gethan werden: Sie müssen einen angenehmen scharffen Geruch und Geschmack haben, überhaupt hitziger, flüchtiger und geistiger Natur seyn, denen Säfften und Geistern, Leben und Bewegung geben, indiciren, verdünnen, öffnen und zertheilen können ... ja hierher gehören auch die Pflantzen und Kräuter, welches deswegen gewürtzhafte Aromatica genenen werden.«

Gewürze sind fast immer Pflanzenprodukte. Außer jenen Pflanzen, die speziell für Gewürzzwecke angebaut werden, kann man dazu auch verschiedene Gemüse (z. B. Speisezwiebeln), Pilze, Obstarten (z.B. Zitronatzitronen), Nüsse (wie Pistazienkerne und Bittermandeln) und Ölsamen (z. B. Sesam) zählen. Bereits 812 wurde im Erlaß Karls des Großen, dem »Capitulare Caroli Magni de villis«, der Anbau von Gewürzkräutern ausdrücklich angeordnet. Man nannte Salbei, Rosmarin, Anis, Fenchel, Feld- und Schwarzkümmel, Bärenwurzel, Gartensenf, Kresse, Pfefferminze, Petersilie, Sellerie, Dill, Mohn, Zwiebel, Schnittlauch und anderes mehr.

Durch die Kreuzzüge, viele Kriege und den wachsenden Handel machte man in Europa schon früh mit exotischen Gewürzen Bekanntschaft, die noch schärfer und aromatischer als die einheimischen Küchenkräuter waren. Im frühen Mittelalter spielten solche als »Specereyen« bezeichneten fremdländischen Gewürze in den höfischen Küchen der deutschen Lande eine große Rolle. Darauf weist schon Wolfram von Eschenbach im 12. Jahrhundert hin: »Wenn man auf einen Teppich trat, Kardamom, Würznelken und Muskat lagen gestreut unter den Füßen.« Die großen Entdeckungsreisen in die Heimatländer der begehrten exotischen Gewürze, die Kultivierung von Gewürzpflanzen in den Kolonien und die Beauflagung der eingeborenen Bevölkerung mit »Gewürzsteuern« trugen dazu bei, daß immer häufiger viele feine, sehr teure exotische Gewürze auch in die Küchen der ärmeren Bevölkerungsschichten gelangten. So klagte 1780 der Pfarrer Christian Friedrich Germershausen, daß viele Bürgers- und Bauersfrauen ihre Speisen »nach Art der Vornehmen« mit viel ausländischem Gewürz, wie Pfeffer, Zimt, Kardamom, Kubebenpfeffer, Gewürznelken, Muskatnüssen und anderem, überladen, während die zu Hause im Küchengarten wachsenden Gewürzkräuter viel zu wenig beachtet würden.

Gewürzkräuter und -drogen haben sehr früh in der Geschichte eine große Bedeutung im Handel zwi-

Kultur von Schwarzem Pfeffer (Piper nigrum) an einer Stützpflanze rankend

schen den Völkern gehabt. Jahrhundertelang waren sie das wichtigste Handelsobjekt zwischen Europa bzw. Nordafrika und Asien. Der Handel mit Gewürzen bestimmte lange Zeit die europäischen Interessen in Afrika und Asien. Dabei stammen auch die meisten tropischen Gewürze aus Asien, während aus Amerika nur Paprika und Vanille kommen.

Der an der Malabarküste beheimatete Pfeffer war schon den Indern, Persern und Griechen bekannt. In der Römerzeit nahmen Pfeffer, aber auch Zimt, Ingwer, Muskatnuß, Gewürznelken, Safran u. a. ihren Weg von Osten durch Arabien nach Westen. Durch Seehandel wurden die Gewürze nach dem sagenumwobenen Königreich Saba im Gebiet des heutigen Jemen gebracht und von dort aus mit Karawanen durch die Sandwüsten Arabiens nach Alexandria und weiter über das Mittelmeer transportiert. Ein Chronist berichtet, daß das Land der Sabäer von einem solchen Wohlgeruch durchzogen sei, daß die Seefahrer ihn bereits von weitem wahrnehmen können. Das ist leicht zu erklären, da Gewürze seit alters auch verbrannt wurden, um Wohl- und Weihgerüche zu verbreiten. So leitet sich bekannlich die Bezeichnung Parfüm von »per fumum«, »durch den Rauch«, ab. Schon die ägyptischen Pharaonen hatten Schiffe nach Punt und Saba ausgerüstet, um von dort Gewürze zu holen, die von Indern und Malayen auf dem Seewege hingebracht worden waren. Über Jahrhunderte wog man Gewürze mit Gold auf. Man handhabte sie wie eine internationale Handelswährung, zumal sie nahezu unverderblich waren und leichter als Gold und Geldmünzen transportiert werden konnten. Die reichen Handelsherren des Mittelalters, die aus dem Gewürzhandel riesige Gewinne erzielten, bezeichnete man als »Pfeffersäcke«. Noch heute spricht man von »gepfefferten« Preisen, wenn etwas besonders teuer ist.

Der Traum von Indien, ein Traum von Gold und ungeahnten Schätzen, von Pfeffer und kostbaren »Specereyen«, veranlaßte Kolumbus und Vasco da Gama zur Suche nach neuen Seewegen. Vasco da Gama brachte von seiner ersten Fahrt im Jahre 1499 so viel kostbare indische Spezereien nach Lissabon heim, daß er ein Mehrfaches der Summe verdiente, die er für die Ausrüstung seiner Expedition gebraucht hatte. So ging schon nach 3 Jahren eine 2. Expedition mit 20 Schiffen auf Fahrt, die fast 2 Mill. kg der verschiedensten exotischen Gewürze in die portugiesische Heimat zurückbrachte. Von einer 3. Expedition mit 16 Schiffen kehrte Vasco da Gama nicht mehr zurück. Aber das Monopol der Venezianer im Gewürzhandel hatten die Portugiesen gebrochen. Es

Muskatnußbaum (Myristica fragrans) in Ghana (Afrika)

ging jedoch bald an die holländischen Handelskompanien über. Später nahmen Londoner Kaufleute den Pfefferhandel auf und machten Indien zur englischen Kolonie. Auf der Suche nach den Pfefferländern entdeckte übrigens Kolumbus 1492 Amerika.
Heute hat der Pfeffer seine überragende Bedeutung in Politik und Wirtschaft verloren, wenn auch Schwarzer und Weißer Pfeffer *(Piper nigrum)*, Aschantipfeffer *(Piper guineense)*, Bengalpfeffer *(Piper longum)* und Javapfeffer *(Piper retrofractum)* noch immer begehrte Gewürze sind. Die jährliche Weltproduktion von Schwarzem und Weißem Pfeffer beträgt mehr als 100000 t. Die Hauptexportländer stellen Malaysia, Indien, Indonesien und Brasilien dar. »Schwarzer Pfeffer« sind die ganzen, getrockneten, nicht ganz reif geernteten Früchte, die alle Aromastoffe, darunter das scharf schmeckende Piperin, enthalten. »Weißer Pfeffer« wird durch eine Wasserröste reifer Beeren gewonnen, schmeckt weniger aromatisch, aber noch schärfer als Schwarzer Pfeffer.
Man muß sich fragen, weshalb das Gewürz einst so wertvoll war, daß es mit Gold und Edelsteinen aufgewogen wurde. Sicher waren es nicht allein die fetten Speisen, die man früher bevorzugte, um sie, mit Pfeffer gewürzt, bekömmlicher zu machen. Vielleicht wurde das Gewürz auch deshalb viel gebraucht, weil die bäuerliche Bevölkerung einen Teil ihres Viehs vor Eintritt des Winters schlachtete, denn eine Futterkonservierung kannte man praktisch noch nicht. So mußte das eingelagerte Fleisch gepökelt werden, wozu man auch Pfeffer verwendete. Eine andere Erklärung könnte in dem früher verhältnismäßig einseitigen Nahrungsangebot liegen, man mußte daher zur Geschmacksverbesserung kräftig würzen.
Besonders begehrt waren als exotische Gewürze auch die Muskatnuß (der getrocknete Samen) und die Muskatblüte (der getrocknete rote Samenmantel) des Muskatnußbaumes *(Myristica fragrans)*, eines stattlichen, zweihäusigen Baumes. Er ist in Südostasien und auf den Westindischen Inseln beheimatet. Muskatnüsse wurden auch gerieben und mit Weihrauch und Ambra in Kirchen und Kapellen verbrannt. Im Jahre 1512 hatten die Portugiesen die Molukkeninseln in Besitz genommen, die Heimat vieler tropischer Gewürze, wie auch der Muskatnuß und der Gewürznelken. Heute kommt die Muskatnuß, das von der Samenschale befreite Nährgewebe oder Endosperm, getrocknet und steinhart, mit einem weißen Kalküberzug versehen, in den Handel.
Viele Gewürze enthalten ätherische Öle, andere die brennend scharf schmeckenden Senföle, wieder andere eine Reihe von Bitterstoffen (Amara). Vor allem die erstere Gruppe hat noch immer eine große Bedeutung bei der Aromatisierung fade schmeckender Fisch- und Fleischgerichte. Sie werden dadurch schmackhafter, appetitlicher und bekömmlicher. Eine gut gewürzte Speise regt den Speichelfluß an und fördert die Verdauung, sie läßt uns »das Wasser im Munde zusammenlaufen«. Die Erfahrungen vieler Generationen von Köchen und Küchenmeistern fanden ihren Niederschlag in den zahllosen Würzvorschriften und Kochrezepten. Vor allem die würzig zubereitete Soße bestimmt den Charakter einer erlesenen Speise. »Würzige Soßen mit Pfiff« werden mit Recht der französischen Küche zugesprochen. Charles-Maurice de Talleyrand-Périgord, Fürst von Benevent, hat einmal ironisierend bemerkt, daß es in Frankreich nur 3 Provinzen, aber 300 Saucen gäbe, in England dagegen 300 Provinzen und nur 3 Saucen. Heute erhält man in den Feinschmeckerrestaurants von Paris bis Hongkong, von Las Vegas bis Tokio die Menüs der internationalen Küche, aber ebenso die im Stil eines Landes gekochten Nationalgerichte. Berühmt ist auch die chinesische Kochkunst, bei der die zarte Würzung allen Gerichten einen einmaligen Geschmack gibt.
In der deutschen Küche werden heute meist einheimische Gewürze mit ätherischen Ölen eingesetzt. Man verwendet Beifuß, Thymian und Weinraute zu fettem Fleisch und Geflügel als Verdauungshilfe, Knoblauch macht Hammelfleisch be-

Längsschnitt einer Muskatnuß mit Arillus

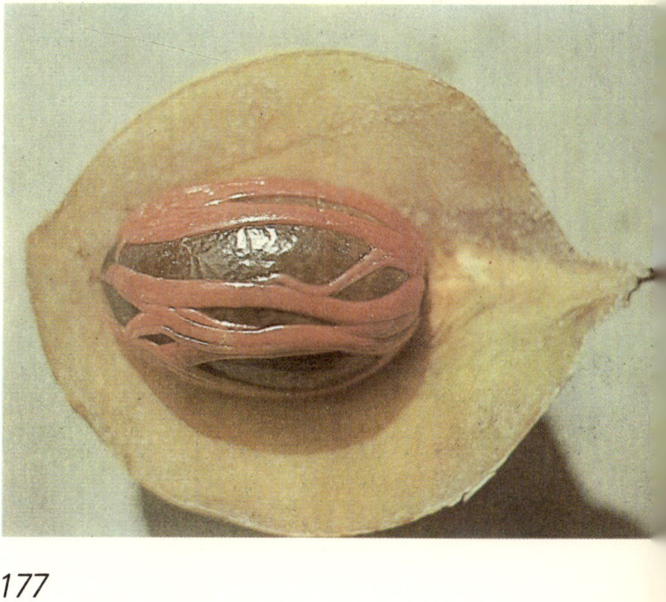

kömmlicher, für das jedoch in den osteuropäischen Ländern weitaus mehr Vorliebe besteht. Zur Würzung von Marinaden, Rohkost und Salaten werden seit jeher die »Essiggewürze« Estragon, Melisse und Pimpinelle benutzt. In Süßspeisen und Backwaren, z. B. in der Weihnachtsbäckerei, nehmen Anis und Fenchel einen festen Platz ein. Dem Anis wurde bereits durch den Römer Plinius ein Loblied gesungen, da er die Eßlust wecke. Zur Würzung von Wildgerichten verwendet man gern getrocknete Rosmarin- und Salbeiblätter, aber auch die frischen Blätter oder die getrockneten, unverholzten Sproßstücke von Wermut und natürlich die Wacholderbeeren.
Bei diesen, auch Kranawitt, Krammets- oder Machandelbeeren genannt, handelt es sich um die getrockneten Beerenzapfen (Scheinbeeren) des immergrünen Wacholders *(Juniperus communis)*, der in Europa als niedriger Strauch auf Heideland, aber auch im Gebirge wild wächst und als altes Exemplar baumförmig wird. Er steht unter Naturschutz, aber die Beeren sind zum Sammeln freigegeben. Sie brauchen bis zur Reife zwei Jahre, so daß man an fruchtenden Sträuchern neben den reifen blauschwarzen zugleich unreife grüne und rötliche Beerenzapfen findet. Eine alte Küchenweisheit besagt, daß Wacholderbeeren zur Zubereitung des Fleisches aller Tiere dienen können, die am Wacholderstrauch vorbeikommen, also von Hirsch und Reh, Hase und Kaninchen, Rebhuhn und Fasan. Der Wacholder ist seit alter Zeit so etwas wie eine grüne Apotheke: Sein Saft war nicht nur ein Mittel gegen Erkältungen, sondern auch Heilmittel gegen Gicht, Rheuma und Blasenkatarrh. Genever und Gin sind übrigens beliebte Wacholderschnäpse.

Reifende Beeren des Gemeinen Wacholders (Juniperus communis)

In der feinen französischen und italienischen Küche ist das würzig-bittere Aroma der Rosmarinblätter unentbehrlich. Italienische Gerichte wie die bekannte Saltimbocca sind auch oft mit Salbei gewürzt.
Für viele Entwicklungsländer haben heute der Anbau und die Ausfuhr von Gewürzen mit ätherischen Ölen erhebliche ökonomische Bedeutung. Mengen- und wertmäßig stehen Paprika, Pfeffer, Gewürznelken, Knoblauch, Zimt, Ingwer und Vanille an der Spitze der Exportlisten. Bekanntlich zeichnen sich Paprikaschoten durch ihren scharfen, Gewürznelken durch ihren hocharomatischen Geschmack aus. Ingwer besitzt dagegen eine Kombination beider Komponenten, die für viele tropische Gewürze bezeichnend ist.
Von allen Gewürzen der Tropen und Subtropen ist Paprika am weitesten verbreitet. Wir bezeichnen ihn auch als roten Pfeffer, spanischen Pfeffer, Chillies oder Cayennepfeffer. Alle außerhalb von Amerika angebauten Sorten dieses Nachtschattengewächses gehören zur Art *Capsicum annuum*. Dabei unterscheidet man den Gemüsepaprika als convar. *grossum* mit mildem Geschmack (s. S. 89) von dem echten Gewürzpaprika. Seine pikante Schärfe wird durch das Capsaicin hervorgerufen. Die Rotfärbung ist durch Capsanthin und andere Karotinoide bedingt. Wie der bekannte ungarische Biochemiker Szent-Györgyi feststellte, sind Paprikafrüchte reich an Vitamin C. Am meisten wird das gemahlene Fruchtfleich gehandelt. Die wichtigsten Exportländer für Gewürzpaprika sind China, Pakistan, Indien, Indonesien, Spanien und Ungarn.
Als Gewürznelken bezeichnet man die getrockneten kleinen braunen Blütenknospen einer der ältesten Gewürzpflanzen der Menschheit, *Syzygium*

Gewürznelkenbaum (Syzygium aromaticum)

Zweig eines Gewürznelkenbaumes mit Gewürznelken

aromaticum (syn. *Eugenia aromatica*). Die jährliche Weltproduktion an Gewürznelken liegt heute bei etwa 30000 t. Die Hälfte davon wird exportiert, hauptsächlich von Tansania und Madagaskar. Hauptverbraucher ist Indonesien. Hier werden etwa 12000 t jährlich für die Aromatisierung der sogenannten Kèrèkzigaretten verwendet.
Die mehr oder weniger dicke »Rinde« des immergrünen Zimtbaumes *(Cinnamomum zeylanicum)* liefert das Zimtgewürz. Der Baum ist in Sri Lanka, der früheren Insel Ceylon, beheimatet. Die Holländer legten nach Eroberung des Landes der einheimischen Bevölkerung eine hohe Zimtsteuer auf,

um von den wildwachsenden Bäumen gute Erträge zu bekommen. Sie verdienten so am Zimthandel ungeheure Summen. Gegen Ende des 18. Jahrhunderts wurden auf Ceylon riesige Zimtplantagen angelegt, mit denen man den europäischen Markt beherrschte. Um die Preise hochzuhalten, verbrannte man in Antwerpen große Mengen an Zimt, aber auch an Gewürznelken und Muskatnüssen. Zimt wurde von den Holländern auch auf Sumatra, Java und Borneo angebaut, während die Franzosen den Zimtbaum auf der Insel Mauritius kultivierten. Später ging das holländische Monopol an die Engländer über, als sie Ceylon in ihren Besitz brachten. Heute kommen Zimtstangen und Zimtpulver aus den großen asiatischen Anbaugebieten. Sie dienen in Europa nicht nur mit Zucker zum Würzen von Milchreis, sondern vor allem in der Weihnachtsbäckerei, für die Punsch- und Glühweinbereitung und die Aromatisierung von Kompott. Bei den »Stangen« handelt es sich um ineinandergesteckte dünne, getrocknete Rindenbaststücke.

In vielen Formen kommt Ingwer in den Handel: frisch als weißer oder schwarzer Ingwer, kandiert (ganz oder in Stücken) und gepulvert. Er wird aus dem Wurzelstock (Rhizom) von *Zingiber officinale* gewonnen. Die Pflanze baut man in vielen Ländern an, wie in China, Indien, Malaysia und Nigeria. Vor allem von den 3 letzteren Ländern wird Ingwer exportiert.

Ein sehr teures Gewürz ist die Vanille. Sie stammt von einer zu den Orchideen gehörenden tropischen Kletterpflanze, ist in Mexiko und Zentralamerika beheimatet, und ihre Blüten werden von Kolibris und Bienen bestäubt. Die Hauptanbaugebiete der Vanille *(Vanilla planifolia)* liegen in den 3 Ländern der »Alliance de la Vanille«, in Madagaskar, den Komoren und Réunion. Sie stellen 80 Prozent aller Exporte. Die Kultur wird an Stellagen oder lebenden Bäumen vorgenommen. Die Bestäubung erfolgt von Hand, da bestäubende Tiere in diesen Ländern fehlen. Handelsübliche Vanille gewinnt man meist noch immer durch einen umständlichen, sehr viel Handarbeit erfordernden Fermentationsprozeß. Er wird mit einer Heißluft- oder Heißwasserbehandlung (70 °C) eingeleitet. Im Laufe einiger Wochen spaltet sich das Glucovanillin, ein Glykosid, in Glukose und Vanillin. Letzteres, das eigentliche Gewürz, kann auch synthetisch durch Aufbereitung des billigen Holzstoffs, des Lignins, gewonnen werden. Man versuchte eine Zeitlang, durch ihn das natürliche Vanillin auf dem Markt zu ersetzen. Doch die Vanille eroberte sich erneut wegen ihres überragenden Aromas den Weltmarkt. Heute werden jährlich etwa 15000 t Vanille produziert. Sie dient zum Würzen von Süßspeisen.

Einzelne Blüte der Vanille (Vanilla planifolia)

In den Ländern Süd- und Osteuropas sieht man im Herbst an den Bauernhäusern und auf den Bauernmärkten neben den roten Girlanden der Paprikafrüchte und den gelben der Maiskolben die weißen Zwiebelzöpfe des Knoblauchs. Ohne ihn kann man sich dort die Zubereitung eines schmackhaften Mahls kaum vorstellen. Knoblauch bildet eine mehrzehige Zwiebel. Ihr haftet ein durchdringend scharfer, leicht schwefliger Geruch an. Deshalb war einst den ägyptischen Priestern geboten, das Gewürz zu meiden, obwohl es ebenso wie die Speisezwiebel *(Allium cepa)* zum Speisenangebot der alten Ägypter gehörte. Den beim Bau der ägyptischen Pyramiden eingesetzten Sklavenheeren wurden Zwiebeln und Knoblauch verabreicht, da gerade letzterer im Ruf stand, große körperliche Kräfte zu verleihen. Knoblauch *(Allium sativum)* hat eine sehr alte medizinische Verwendung. Bei vielen Knoblauchessern erhielt sich bis in unsere Tage der Ruf eines »Wundermittels«. Heute werden in der Homöopathie Knoblauchpräparate zur Darmberuhigung und zum Stillen von Durchfällen benutzt. Knoblauch gehört zur gleichen Gattung wie die Speisezwiebel, der Porree, der Schnittlauch, die Scha-

lotte und die Perlzwiebel. Als Gewürz verwendet man die jungen Blattröhren und die Zwiebel selbst. Ein Hauch von Koblauch verleiht vielen Gerichten erst den letzten Pfiff.
Einige Gewürze enthalten Senföle. Sie kommen aber als solche nicht in den Pflanzen vor, sondern als Glukosinolate. Aus ihnen entstehen erst beim Zerreiben oder bei der Zerstörung des Pflanzenmaterials die scharf schmeckenden Senföle. Dabei spielt das Enzym Myrosinase die entscheidende Rolle. Es baut bei der Zellzerstörung, wenn sich Vakuolensaft und Zellplasma mischen, die Glukosinolate ab. Der Schweizer Professor Matile hat diesen Prozeß genauer untersucht und gefunden, daß z. B. die Meerrettichwurzel damit wie eine Art »Senfölbombe« funktioniert. Die Glukosinolatspaltung durch Myrosinase wird schon lange bei der Herstellung von Senf genutzt. Der Senf des Handels stammt vorwiegend von 4 Pflanzen: *Brassica nigra* (Schwarzer Senf), *Brassica juncea* (Brauner Senf), *Sinapis alba* (Weißer Senf) und *Eruca vesicaria* (Persischer Senf). Am häufigsten ist bei uns der Weiße Senf, der überwiegend in der gemäßigten Zone angebaut wird. Grundlage des Speisesenfs sind die Senfkörner, die man als Gewürz auch Gurken, Fischkonserven und Wurstwaren zusetzt.
Meerrettich *(Amoracia rusticana)* verleiht, geschält oder gerieben, vor allem den faden Fleisch- und Fischgerichten einen brennend-scharfen Geschmack. Die weiße pfahlartige Wurzel enthält Sinigrin, das bei der Zellzerstörung zum Alloisothiocyanat genannten Senföl durch das Enzym Myrosinase abgebaut wird. Im Unterschied zum Sinigrin ist es eine stechend riechende, scharf schmekkende, wasserdampfflüchtige Verbindung. Beim Sinigrin handelt es sich um einen Vertreter der mehr als 70 verschiedene chemische Verbindungen umfassenden Naturstoffklasse der Glukosinolate. Sie sind für die Pflanzenordnung der Kapernstrauchartigen (Capparales) typisch. Zu ihr gehören neben den Resedengewächsen (Resedaceen) und Kapernstrauchgewächsen (Capparidaceen) mit dem Kapernstrauch die Kreuzblütler (Brassicaceen, früher Cruciferen).
Senföle wirken antibiotisch. Sie entfalten bei ihrer Aufnahme in den Körper mit der Nahrung oder Arznei ihre Wirkung insbesondere in den abführenden Harnwegen. Bei dem schon seit langem in der Volksmedizin für fiebrige Entzündungen empfohlenen Brustwickel mit zerstoßener Meerrettichwurzel wird diese antibiotische Wirkung von Senfölen ausgenutzt. Meerrettich ist frisch vom August bis zum Oktober bei uns im Angebot, aber auch in pulverisierter Form oder als Konserve. Die unansehnlich braungelbe Meerrettichwurzel, die zur Frischhaltung in Sand gebettet aufbewahrt werden kann, schält man vor dem Reiben, so daß sie fast schneeweiß wird.
Die ebenfalls Senföle bildenden Blütenknospen des Kapernstrauches, die Kapern, verwenden viele gern zur Herstellung von Kapernklops. Rettich und Radieschen liebt man wegen ihres scharfen Geschmacks, der ebenfalls auf Senfölen beruht. Noch viele andere glukosinolathaltige Pflanzen dienen der menschlichen Ernährung oder werden als Viehfutter verwendet, z. B. der proteinreiche Rapskuchen, der entölte Samen von Raps *(Brassica napus)*. Allerdings sind glukosinolathal-

Kultur der Vanille, am Baum kletternd

tige Pflanzenprodukte mitunter giftig. So entsteht beispielsweise aus dem im Rapskorn enthaltenen Glukosinolat Progoitrin das schädliche Goitrin. Es beeinflußt die Produktion der Schilddrüsenhormone ungünstig. Die Folge einer solchen Vergiftung kann recht schwerwiegend sein. Es kommt zur Einschränkung des Gesamtstoffwechsels und zu Wachstumsstörungen. Deshalb werden heute glukosinolatarme Rapssorten gezüchtet. Auch überreichlich genossener Wirsingkohl, der ebenfalls Glukosinolate enthält, wirkt schädlich. Man kann aber einer akuten Gefährdung der Schilddrüsenfunktion durch erhöhte Jodgaben entgegenwirken. Es gibt Beispiele, daß die einseitige Ernährung mit Kohlsorten recht ungünstige Folgen für die Gesundheit der Menschen gehabt hat. So kam es durch den überreichlichen Genuß von Steckrübengerichten nach dem Weltkrieg zur Erkrankung zahlreicher Menschen.

Zu den Gewürzen kann man in gewissem Sinne auch die Bitterstoffe rechnen. Sie erzeugen Appetit, regen die Sekretion der Verdauungssäfte an und tragen zur Vollendung einer typischen Geschmacksnote bei. Ein bitterer Geschmack wird oft schon bei sehr geringer Bitterstoffkonzentration festgestellt. Es müssen 2 bis 7 Sekunden vergehen, ehe sich die Wahrnehmung »das schmeckt aber bitter« auf unserer Zunge einstellt, doch hat ein bitterer Geschmack eine lange Nachwirkung. In ausgedehnten Versuchen mit der nordamerikanischen Bevölkerung konnte festgestellt werden, daß etwa 20 bis 30 Prozent kein Bitterempfinden besitzen. Nicht jeder Mensch kann also Bitterstoffe schmecken. Diese Eigenschaft wird vererbt. Auch Gewohnheitsraucher haben durch das Nikotin ein herabgesetztes Wahrnehmungsvermögen für den bitteren Geschmack. Gefährlich kann der Genuß von Mandeln für Personen werden, die kein Geschmacksempfinden für den Bitterstoff der Bittermandeln, das Amygdalin, besitzen. So kam es bei solchen Menschen durch Verwechslung mit süßen Mandeln in den letzten Jahren zu einigen tödlichen Vergiftungen.

Viele trinken die verschiedenen Bittergetränke gern, die der Handel anbietet: Tonicwässer, Zitrussäfte, Absinth, Wermutwein, Aperitifs und Bier. Bereits in einem Bericht von 1570 wird ein Wein genannt, der mit Wermut bereitet wurde. Wermut *(Artemisia absinthium)* enthält in seinen Blüten und den Drüsenhaaren seiner Blätter Bitterstoffe, wie das Artabsin und das aus ihm hervorgehende Absinthin. Ersteres ist der bitterste bekannte Naturstoff. Da die Droge aus Wermut giftige Begleitstoffe enthält, ist ihre Verwendung zur Zubereitung von Weinen jedoch seit rund 60 Jahren gesetzlich verboten. Die handelsüblichen Wermutweine, z. B. Vermouth di Torino, werden aus anderen giftstofffreien Wermutarten *(Artemisia ponticum, A. genipi)* bereitet. Sie enthalten die gleichen Bitterstoffe wie der bei uns heimische Wermut.

Ein anderes Bittergetränk, das »Tonic water«, hat sich aus chininhaltigen Getränken entwickelt. Sie wurden prophylaktisch gegen Malaria getrunken. Aus Chinarinde (s. S. 145), deren Hauptalkaloid das stark bitter schmeckende Chinin ist, werden Chinatinkturen und Chinamagenbitter bereitet. Wenn auch die wichtigste Anwendung von Chinarinde bzw. Chinin die Therapie und Prophylaxe der Malaria darstellt, sind die chininhaltigen Tonicwässer heute immer beliebter geworden. Es darf in ihnen maximal 80 mg Chininhydrochlorid pro Liter enthalten sein. Für ihre Herstellung eignen sich auch die Bitterstoffe der Pampelmuse und der Pomeranze. Mineralhaltige Bittergetränke kann man ebenfalls mit dem Bitterstoff der Artischockenblätter und -stengel bereiten. Sein Bitterwert ist doppelt so hoch wie der von Chinin, doch hat er auch eine 1,6mal höhere Giftwirkung.

Pampelmusen enthalten in den Fruchtfleischzwischenwänden und in ihrer Schale in Konzentrationen von etwa 0,4 Prozent den Naringin genannten Bitterstoff, ein Flavononglykosid. Der ausgepreßte Saft dieser Früchte enthält mit nur 0,03 bis 0,04 Prozent weitaus weniger Bitterstoff. Deshalb ist der bittere Geschmack von Pampelmusensaft vielen Menschen recht angenehm. Wenn sich der Bitterstoff auch verhältnismäßig schwer in Wasser löst, reicht er noch zur Herstellung von Bitterlemongetränken aus.

Der Saft der Navelorange enthält eine nichtbittere Vorstufe eines anderen Bitterstoffes. Sie wird bei längerem Stehenlassen von Orangensaft in das bittere Limonin umgewandelt. Solches Bitterwerden von Orangensäften ist ein großes wirtschaftliches Problem, ebenso wie das bekannte Bitterwerden von Salatgurken. Schließlich treten auch bei Käsesorten ähnliche Erscheinungen auf.

Kaffee, Kakao und Tee — Genußmittel gestern und heute

»Es gibt drei höchst bedauernswerte Dinge auf der Welt:
das Verderben bester Jugend
durch falsche Erziehung,
die Entwürdigung guter Gemälde
durch pöbelhaftes Begaffen
und die restlose Vergeudung
guten Tees
durch unsachgemäße Behandlung.«

Li-Chih-lai, Dichter der Sung-Dynastie
(960—1279)

Als Chair Bey im Jahre 1511 neuer Statthalter von Mekka wurde, traf er bis in die Moscheen heitere Kaffeegelage an. Im Glauben, dies verstoße gegen den Koran, der den Genuß aufregender Getränke verbot, berief er zwei persische Ärzte. Sie fällten, da bestochen, ein vernichtendes Urteil über das neue Gebräu. Doch der Vorgesetzte von Chair Bey, der Sultan von Kairo, frönte selbst dem Kaffee; so wurde das Urteil aufgehoben.
Zu dieser Zeit war Kaffee erst ein halbes Jahrhundert in Gebrauch. Als mutmaßliche Heimat gilt heute Äthiopien.
Nach der Legende wurde Mönchen eines abessinischen Klosters von Hirten über ihre »aufgeregten« Tiere berichtet. Die Mönche schrieben die »Aufregung« der Nahrung der Tiere zu, forschten nach und fanden auf den Weideplätzen den Kaffeestrauch. Von dessen Früchten bereiteten sie im Kloster ein heißes Getränk. Dies erregte sie angenehm, so daß sie die Nacht ohne Schlaf verbrachten. Durch Kaufleute, fromme Mekkapilger und die Schriften arabischer Gelehrter nahm dann die Kenntnis vom Kaffee in der zweiten Hälfte des 15. Jahrhunderts ihren Weg über Aden (Südjemen) und Mekka durch das ganze arabische Großreich.
Kaum zählbar wurden die Orte, an denen Kaffee sich immer größerer Beliebtheit erfreute. Um 1500 gab es in Kairo viele Kaffeeschenken. Sie wurden »Schulen der Weisheit« und »Häuser der Erkenntnis« genannt und waren Sammelplätze für Dichter und Künstler. Als der Sultan Selim I. in den Jahren 1516 bis 1518 Syrien, Palästina und Ägypten eroberte, kam der Kaffee auch nach Konstantinopel und in alle türkischen Länder. Doch über 150 Jahre wurde die »Lust des Kaffeetrinkens« in osmanischen Gebieten immer wieder kurzzeitig durch Verbote unterbrochen. Verstöße ahndete man dann durch Ausschneiden der Zunge oder Ertränken in einem Kaffeesack.
In Europa erwähnt 1574 jener Carolus Clusius erstmals den Kaffee, in dessen Hände auch die ersten Kartoffeln Europas gelangten. Durch den 1583 gedruckten Orientreisebericht des Arztes L. Rauwolf wird der Kaffee in Deutschland bekannt. Überall wo er auftauchte, ob in Venedig (1615), Marseille (1659), Paris (1658), London (1651), Amsterdam (1666) oder Hamburg (1679), stieß er auf hohe Begeisterung oder völlige Ablehnung. Ludwig XIV. förderte Kaffeehäuser, um der zunehmenden Trunksucht zu begegnen, Englands Bierbrauer befürchteten einen Absatzrückgang, und Friedrich II. von Preußen belegte, um wirtschaftlich autark zu sein, alle Kolonialwaren mit extrem hohen Zöllen. Statt dessen preist er seinen Untertanen Ersatzkaffee aus Eicheln, Gerste, Roggen, Rüben, Möhren oder Roßkastanien an. Als dies nichts half, erwarb er selbst das Kaffeemonopol für sein Land, so daß die Lust und Sucht des Kaffeetrinkens für ihn zu einem einträglichen Geschäft wurden. Auch in Dichtung und Musik wird der Kaffee besungen. Es sei nur an

Trocknung der vom Fruchtfleisch befreiten Kaffeebohnen durch Umschaufeln

J. S. Bachs Kaffeekantate erinnert, in der es heißt:

»Ei, wie schmeckt der Coffee süße,
lieblicher als tausend Küsse,
milder als Muskatenwein.«

Heute sind zwei Arten, die Kaffeebohnen liefern, wirtschaftlich bedeutsam: *Coffea arabica* (aus Mittel- und Südamerika, Ostafrika und Indien mit 75 % der Welternte) und *Coffea canephora* (aus West- und Zentralafrika und dem Kongogebiet). *Coffea*-Arten sind Sträucher oder kleine Bäume mit meist immergrüner Belaubung, in deren Blattachseln sich 1- bis 15blütige Blütenstände entwikkeln. Jede Frucht, deren Reifung 8 bis 12 Monate dauert, enthält zwei Samen, die beiden Kaffeebohnen. Ihr Coffeingehalt beträgt bei *C. arabica* 0,7 bis 1,5 Prozent, bei *C. canephora* 1,74 bis 2,42 Prozent.

Blühender und fruchtender Zweig des Kaffeestrauches (Coffea arabica)

Kaffeesträucher werden in riesigen Plantagen kultiviert und können bis zu 60 Jahre Früchte tragen. Bei einer mittleren Jahrestemperatur von 18 bis 22 Grad Celsius ohne Frost und meist hoher Sonneneinstrahlung sind sie besonders ertragreich. Entsprechend der zeitlich ausgedehnten Blüte erstreckt sich die Ernte über mehrere Monate. Man erntet die Früchte aber auch, unabhängig vom Reifungsgrad, nur einmal im Jahr. Die Aufbereitung erfolgt trocken bei maschinellem Schälen der Frucht- und Samenschale nach der Trocknung oder naß, wobei das Fruchtfleisch in Walzenquetschmaschinen mit Fruchtfleischrestbeseitigung durch Gärung entfernt wird. Versandt wird der graugrüne Rohkaffee, den man vor Gebrauch röstet, wobei die braune Farbe, die Mahlfähigkeit

Kolanußbaum (Cola vera)

und das Aroma entstehen. Sein Coffeingehalt beträgt etwa 1,3 Prozent, während ein sogenannter coffeinfreier Kaffee nur bis zu 0,08 Prozent Coffein enthält. Zu den Hauptproduzenten und Exporteuren zählen Brasilien und Kolumbien (s. Tabelle). Der Ernteertrag betrug 1972 im Weltmittel 514 kg/ha, doch werden bei guter Führung der Plantagen auch 4000 kg geerntet.

Knapp 6 Mill. t beträgt heute die Welternte des Kaffees. Neben Winterfrösten und Nährstoffmangel beeinträchtigt eine Vielzahl von Krankheiten und Schädlingen den Anbau und die Ernte von Kaffee, so vor allem der Kaffeebohrer oder der Kaffeerost, eine Pilzkrankheit. Letztere vernichtete nach 1896 auf Ceylon, Sumatra und Java sämtliche Kulturen von *Coffea arabica*. Ceylon wurde seither zum größten Anbaugebiet herber Teesorten.

Warum ist der Kaffee als Genußmittel weltweit so beliebt? Sicher trägt dazu neben seinem Geschmack die anregende Wirkung bei. Mäßiger Kaffeegenuß fördert die Herztätigkeit, die Durchblutung des Gehirns und die Anregung des Zentralnervensystems. Verantwortlich hierfür ist das Purinalkaloid Coffein.

Rituell wird der Kaffee, im Gegensatz zum Tee, nicht verehrt, sicher weil er ein vergleichsweise junges Genußmittel ist. Doch zählen heute zahlreiche Kaffee-, Mokka- oder Eiskaffeestuben zu den Anziehungspunkten städtischen Lebens. Mit Wien sind z. B. dessen Kaffeestuben untrennbar verbunden, die ihren Ursprung in der Zeit der Türkenbelagerung von 1683 haben. Damals retteten die vereinigten Heere deutscher Fürsten unter Karl von Lothringen und dem polnischen König Jan Sobieski die Stadt vor den Türken. Ein Pole namens Kolschitzky kreuzte als Kurier zwischen den polnischen und deutschen Heeren die türkischen Linien und erhielt aus Dank von der riesigen Beute flüchtender Türken mehrere Säcke Kaffee. Er errichtete ein Kaffeehaus in der Stadt, doch den Wienern schmeckte der »Türkische Kaffee« nicht. Kolschitzky »erfand« den Milchkaffee und bot dazu halbmondförmig gebackene Brötchen, sogenannte Kipfel, an.

Seither wuchs die Berühmtheit Wiener Kaffees mit den Jahrhunderten. Heute sind nicht nur in Wien Kaffeehäuser beliebte »Schwatzzentren«. Rund um die Welt werden beim Kaffee Neuigkeiten aus Politik und Theater, aus Gesellschaft und Wissenschaft ausgetauscht, oder es wird »Familientratsch« betrieben. Ja, selbst Entdeckungen der Wissenschaft »entstanden« in Kaffees. Die Engländer J. Watson und F. Crick skizzierten ihre erste Doppelspirale der Desoxyribonukleinsäure, den Träger der Erbinformation, im Jahre 1953 bei einem Kaffeehausgespräch.

Die Trinkgewohnheiten reichen heute vom Türkischen Kaffee (Mokka) über Milchkaffee zu gesüßtem Kaffee und sind in ihrer nuancierten Ausprägung zu landestypischen Merkmalen geworden. In Brasiliens Kaffeehäusern wird jedem Gast in die bereitstehende Tasse wortlos Kaffee gereicht, wenn er zuvor Zucker hineinlegt.

Während Kaffee in den nichttropischen Ländern zu den wichtigsten Genußmitteln zählt, nutzt man in Brasilien und Venezuela als Genußmittel auch Guarana *(Paullinia cupana)*, eine Urwaldliane. Die 6samigen Kapseln enthalten bis zu 4 Prozent Coffein. Die mit Maniokmehl zerstampften und mit Wasser gekneteten Samen werden zur Gerbstoffbeseitigung vergoren. So entsteht eine safrangelbe bittere Paste, die, mit Wasser bereitet, ein Mandiola-Guarana-Bier oder ein anregendes Frühstücksgetränk liefert.

In Afrika dient die koffeinhaltige Kolanuß als Anregungsmittel. Sie wird vom Kolabaum *(Cola nitida)*, der im Unterholz tropischer Regenwälder Westafrikas beheimatet ist, gewonnen. Die Samen (2% Coffein) werden gekaut oder mit Milch und Honig zu einem anregenden Getränk verarbeitet (wie im Sudan). Man verwendet sie aber auch zur Bereitung von Kola-Wein, Kola-Schokolade oder der weltweit als Erfrischungsgetränk beliebten Kola. Die Weltproduktion beläuft sich derzeit auf etwa 20000 t pro Jahr.

Eine weitere koffeinhaltige Frucht ist die Kakaobohne, die mit der Eroberung Mexikos durch F. Cortez für Europa bekannt wurde. F. Cortez berichtete seinem Kaiser Karl V. nach Spanien von einem Trinkgelage bei Montezuma, dem vorletzten Kaiser der Azteken. Dabei sollen Unmengen von Schokolade, mit Vanille gewürzt, verbraucht worden sein. Wegen des hohen Nährwertes zwang Cortez seine Soldaten, Kakao zu trinken. Die Schale der Kakaobohne wurde in Mexiko sogar als Münze verwendet. Mit den Spaniern kam die Kakaobohne nach Europa, erfuhr aber in Anbetracht ihres hohen Preises erst eine weite Verbreitung, als 1728 Philipp V. von Spanien das Monopol des Verkaufes an andere Länder abtrat. Ebenfalls gelangte die Kakaobohne durch die Spanier nach Asien und Afrika, wo heute die Hauptmenge produziert wird (s. Tabelle).

Verschieden geformte Kolanüsse auf einem Markt in den Tropen

Kakaobohnen werden aus den beerenartigen Früchten des 4 bis 8 m hohen Kakaobaumes *(Theobroma cacao)* gewonnen, an dem sie stammblütig (kauliflor) innerhalb von 5 bis 8 Monaten reifen. Noch auf dem Feld befreit man die Samen aus der Frucht, um ein Keimen zu verhindern, und entfernt nachfolgend die Fruchtschalenreste und Bitterstoffe durch Gärung. Nach dem Trocknen und Rösten werden die Samen gemah-

Produktion von Kaffee, Tee und Kakao für 1972 in 1000 t (aus FAO 1973)

Tee		Kaffee		Kakao	
Indien	452,0	Brasilien	1 500	Ghana	433
Sri Lanka	213,5	Kolumbien	680	Nigeria	244
China	203,0	Elfenbeinküste	270	Brasilien	185
Japan	94,7	Mexiko	222	Elfenbeinküste	185
Indonesien	72,0	Äthiopien	216	Kamerun	102
UdSSR	71,3	Angola	215	Ekuador	68
Kenia	53,0	Uganda	200	Dominikanische	
Türkei	39,0	Indonesien	185	Republik	43
Uganda	23,7	El Salvador	150	Ozeanische Inseln	30
Bangladesh	23,0	Guatemala	140	Mexiko	30
Malawi	21,0			Kolumbien	23
Iran	20,0			Togo	20
Argentien	19,9				

len, wobei die gewonnene Kakaobutter (bis zu 53%) der Schokoladenherstellung dient. Das verbleibende Kakaopulver besitzt mit 20 Prozent Eiweiß, 38 Prozent Kohlenhydraten und 24,5 Prozent Fett einen hohen Nährwert. Die anregende Wirkung des Kakaopulvers beruht auf seinem Gehalt an Theobromin (2,3%), einem koffeinverwandten Purinalkaloid, und Coffein (0,2%). Als tropische Unterholzpflanze gedeiht der Kakaobaum in Plantagen nur bei Beschattung durch andere Bäume, einer jährlichen Niederschlagsmenge von 2000 mm und von 24 bis 28 Grad Celsius mittlerer Jahrestemperatur. Im Mittel gewinnt man heute in der Welt 200 bis 500 kg trockene Bohnen pro Hektar.

Ebenfalls koffeinhaltig und weltweit verbreitet ist der Teestrauch *(Camellia sinensis)*. In Assam und

Ernte von Kakaobohnen durch Abschlagen mit einem Messer

Geerntete Kakaofrüchte

Teeplantage im südlichen Kaukasus, dem nördlichsten Teeanbaugebiet der Welt

Burma beheimatet, kam er um 2700 v. u. Z. nach China. Anfänglich als breiartige Suppe genossen, wurde er zwischen 600 und 800 u. Z. das Nationalgetränk der Chinesen. Durch den Buddhapriester Tenkyo gelangte der Teestrauch im 9. Jahrhundert nach Japan und wurde seit dem 12. Jahrhundert Mittelpunkt des Teeismus, einer Religion des Ästhetizismus (s. S. 192). In Europa fand der Tee erst 1550 durch die Araber Eingang und wurde seit 1630 auf den Karawanenwegen über Rußland oder auf dem Seeweg regelmäßig importiert. Später legten die Engländer große Pflanzungen in Indien und Ceylon an. Heute wird der Tee außerdem in der UdSSR, in Ostafrika, Argentinien und in der Türkei mit einem Weltdurchschnittsertrag von 991 kg trockener Blätter pro Hektar (s. Tabelle) angebaut.

Man nutzt die Knospen und jungen Blätter der Teepflanze, die strauchförmig, oft unter schattenspendenden Bäumen wie Gummibäumen (*Hevea*-Arten) kultiviert wird. Der Teestrauch benötigt mildes Klima von 18 bis 28 Grad Celsius Jahresmitteltemperatur und regelmäßige Niederschläge. Seine besten Sorten (Darjeeling, Ceylon) gedeihen in 500 bis 2000 m über dem Meeresspiegel. Die Ernte wird in 6wöchigem Abstand 3- bis 5mal (China, Japan, UdSSR) oder 15- bis 30mal (Indien, Indonesien) vorgenommen. Nach dem Welken in belüfteten Trögen und mechanischer Beschädigung wird durch 4stündige Gärung die Aromabildung und Katechin-Oxydation zur erwünschten Schwarzfärbung der Blätter vorgenommen. Durch anschließende Trocknung erhält man den handelsüblichen Schwarzen Tee, während beim Grünen Tee die erwähnte Gärung unterbleibt. Neben einem Coffeingehalt von 4 bis 5 Prozent (Knospen und 1. bis 2. Blatt) und einem Theophyllingehalt von 0,17 Prozent bestimmt

Blühender.Teestrauch (Camellia sinensis)

der hohe Gerbstoffgehalt von 28 Prozent in Knospen und Spitzenblättern und noch 15 Prozent im 4. Blatt (0% ab 6. Blatt) den Geschmack der Teesorten.

Auch die verschiedenen Zubereitungen beeinflussen die unterschiedlichen Geschmacksnoten im fertigen Tee. Während Coffein, Theophyllin und Aromastoffe durch heißes Wasser schnell extrahiert werden, gehen die bräunenden Gerbstoffe (vor allem Tannine) erst nach und nach in Lösung. Die Kunst der Teeverkoster besteht nun darin, die 5 verschiedenen Grundsorten und ihre je 20 Abarten zu »erschmecken«. Bis zu 1500 Mischungen können sie unterscheiden. So sind sie die unentbehrlichen Gehilfen der Teeimporteure bei den wöchentlichen Auktionen in Kalkutta, Colombo oder London.

Heute hat England mit 4 kg pro Kopf der Bevölkerung den höchsten Jahresverbrauch der Tee trinkenden Nationen. Die Teetradition der Engländer ist groß, und Tee bestimmt ihren Tagesrhyhtmus. Der »Fünfuhrtee« kam im vorigen Jahrhundert auf und gilt heute als ein Symbol englischen Lebensstils. Engländer sind wählerisch bei der Teesorte, der Art des Wassers und der Zubereitung sowie dem Teegeschirr und -gebäck. Edgar Wallace ging nie ohne silberne Teemaschine und einen großen Wasservorrat für die Teebereitung auf Rei-

Teetrinkergruppe am chinesischen Pavillon im Park von Potsdam-Sanssouci

sen. Ob mit dem Eistee der Amerikaner, dem Rumtee der Ostfriesen oder dem Tee aus dem Samowar in der Sowjetunion, überall erhielt die Art des Teetrinkens nationale Besonderheiten.

Bei den Völkern Ostasiens ist das Teetrinken mit verschiedenen Zeremonien verbunden. So sind aus China 3 Schulen der Teebereitung überliefert. In der Tang-Dynastie (618–907 u. Z.) wurden gedämpfte Teeblätter im Mörser zerstoßen, zu einem Kuchen geformt und anschließend mit Reis, Ingwer, Salz, Orangenschalen, Gewürzen, Milch und Zwiebeln gekocht. Ein Dichter und Apostel des Teetrinkens, Luh-jü, beschrieb in seinem dreibändigen Werk »Cha-king« (»Heilige Schrift vom Tee«) im 8. Jahrhundert ausführlich Herkunft, Zubereitung und Gerätschaft des Tees. Ein Rest dieser Teezubereitung ist heute bei den Tibetanern erhalten. Sie genießen Tee unter Zusatz ranziger Butter.

In der Sung-Dynastie (960–1279) wurde geschlagener Tee zubereitet. In kleinen Steinmühlen zu Pulver zerriebene Blätter schlug man mit einem feinen Besen in heißem Wasser. Ebenso wie in der Tang-Dynastie waren in der Sung-Periode die Teebereitung und sein Genuß ein Ritual, Ausdruck der Geistes- und Lebensauffassung dieser beiden so völlig verschiedenen Abschnitte chinesischer Geschichte.

Nach dem plötzlichen Einfall der Mongolenstämme im 13. Jahrhundert in China und der Errichtung der Ming-Dynastie (1368–1644) wechselten mit den Sitten und Gebräuchen auch die des Teetrinkens. Die Teeblätter wurden nun ohne Zusätze mit heißem Wasser in einer Schale gebrüht. Da Europa vor allem am Ende der Ming-Dynastie mit China in Berührung kam, wurde diese Art des Teetrinkens bei uns verbreitet.

Heute ist in Japan das Teetrinken aus allen 3 Schulen Chinas bekannt. Die Teerituale wurden selbständig weiterentwickelt und zu einer Religion der Lebenskunst. Die Teezeremonie ist in Japan ein improvisiertes Drama, dessen Handlung mit Gast und Gastgeber im eigens gestalteten Teeraum oder -haus mit Tee, Blumen und Malerei abläuft. Einfachheit, Harmonie und Natürlichkeit in Farbe und Ton des Raumes, in Rhythmus und Klang der Dinge, in der Bewegung des Teebereitens und im gesprochenen Wort sind Inhalt dieser Zeremonie. So entstand der Teeismus als ästhetische Form des Taoismus.

Heute wird die »Kunst des Teetrinkens« von Millionen Japanern geübt. Gleich der Kunst des Blumenordnens, dem Ikebana (s. S. 301), gibt es zahlreiche Schulen zum Erlernen der Handlungen und des Wesens dieser Zeremonie.

Eine Teezeremonie findet oft in einem Teepavil-

Teestunde unter schattenspendenden Ahornbäumen in Duschanbe (Tadshikistan)

Teezeremonie in Japan – der Kuchen wird gereicht

lon im Teegarten statt. Hier durchschreitet jeder Teegast einzeln im Sinne geistiger Vorbereitung den Garten, der einer realen Landschaft nachgestaltet ist. Der Teegast verläßt den Staub der Außenwelt, das Unwesentliche, und wartet auf einer Steinbank auf die Begrüßung durch den Gastgeber, die schweigend erfolgt. Nacheinander erreicht jeder Gast nach Reinigung der Hände in einem mit Moos umkränzten Steinwasserbecken den einzigen Raum des Teepavillons auf Knien über die Schwelle der niedrigen Schiebetür. Beruf, Rang und Stellung eines jeden Gastes sind im Inneren des Teepavillons gegenstandslos. Dieser ist nach ähnlichen ästhetischen Kategorien wie bei Ikebana gestaltet: Asymmetrie, zartes Licht und unaufdringliche Farben herrschen vor. In einer Nische steht eine Rauchwerkdose, ein Keramikgefäß oder eine Vase aus einem Bambusstamm. Ein Rollbild mit einer japanischen Tuschezeichnung wird eigens für die Zeremonie ausgewählt. Auf den Matten des Fußbodens nehmen die Gäste Platz und erhalten vom Gastgeber ein kleines Lacktischchen oder Tablett mit sorgsam ausgewählten und angeordneten alten Gefäßen gereicht, so daß Anlaß zu Gesprächen über Kunstwerke gegeben ist. Immer auf Knien bewegt sich der Gastgeber, vom Rascheln seines Gewandes begleitet, und reicht das Essen bei heiterer Unterhaltung.

Nach dem Essen warten die Gäste im Garten, während der Gastgeber den Innenraum reinigt, lüftet, mit einem anderen Rollbild versieht und nun das Teegeschirr und Teegerät in vorgeschriebener Anordnung bereitstellt. Ein Gong ruft die Gäste zurück. Beim Summen des Wasserkessels im Holzkohlebecken und dem Duft von Räucherwerk beginnt bei gedämpfter Unterhaltung der Gastgeber und Teemeister die Teebereitung: Nach symbolischer Reinigung von Teedose und Bambuslöffel, nach Reinigung der wohlgeformten Teeschale mit Wasser unter kreisenden Handbewegungen werden pulverisierter Tee, heißes und etwas kaltes Wasser mit verschiedenen Bambuslöffeln in die Teeschale gegossen und mit einem Teebesen zu einer dickflüssigen hellgrünen Flüssigkeit geschlagen. Der erste Gast erhält unter leichter Verbeugung die Teeschale, trinkt sie mit 3 ½ Schlucken leer oder gibt sie nach dem Kosten und dem Reinigen seiner Trinkstelle mit einem Teetuch an seinen Nachbarn weiter. Dies wiederholt sich, wobei kleine kunstvoll geformte Kuchen aus Reismehl stets vor dem Teegenuß gereicht und gegessen werden. Nach dem Teetrinken betrachtet man die Schalen und Gerätschaften und spricht über ihre Meister, Namen und Geschichte. Dann werden die Gäste unter leichter Verbeugung verabschiedet. Eine derartige Teezeremonie kann bis zu 4 Stunden dauern. Sie ist eine aus »dem Alltag herausgeschnittene Zeit«, dazu angetan, Gast und Gastgeber in harmonischer friedlicher Gemeinschaft zu vereinen.

Da der Japaner allen Dingen und Erscheinungen seine besondere Aufmerksamkeit widmet, nimmt er auch in der Teeästhetik die Schönheit der Natur wahr. Das ist weit entfernt von unserem europäischen Naturempfinden. Auch wenn besonders die jüngere Generation einer weitreichenden Amerikanisierung des Lebens folgt, bezeugt die Lebendigkeit der Teezeremonie in Japan, daß dies nicht eine elitäre Eigenschaft nur weniger Menschen ist. So wie in Europa Plätze oder ein Raum in einer Gaststätte reserviert werden, kann man in Japan Teepavillons mieten.

Teezeremonie in Japan – heißes Wasser, Besen und Schöpfkelle stehen bereit

Kaffee und Tee werden heute weltweit in allen Bevölkerungsschichten getrunken. Von einer gesundheitsschädigenden Wirkung, wie früher behauptet wurde, kann bei mäßigem Genuß nicht die Rede sein. Vielmehr darf man annehmen, daß der Genuß von Kaffee oder Tee die Ausbreitung des Alkoholismus eindämmte. Mindestens für das 17. und 18. Jahrhundert ist dies in verschiedenen Ländern Europas nachweisbar.

Nikotin und Alkohol

»Man saget, der Toback sey,
ein sehr nützlich Kraut
von Gott und der Natur
zur Menschen Nutz erbaut.
Und dieses geb ich zu,
doch deucht mich auch darbey,
daß er im Überfluß
des Teufels Rauchwerk sey.«

Anonym, 17. Jahrhundert

Im Jahre 1725 widerruft der Papst Benedict XIII. eine Bulle seiner Vorgänger: Auf kirchlichen Plätzen und in kirchlichen Gebäuden darf wieder geraucht werden. Was war dieser uns heute unglaublich anmutenden Entscheidung vorausgegangen?
Bei seiner ersten Amerikareise im Jahre 1492 traf Kolumbus auf Indianer, »die an einer Rolle aus Blättern mit Entzücken sogen. Vorn ... glühte Feuer, ... hinten sogen sie mit Wonne den Rauch, ..., daß sich eine erfrischende Beruhigung einstellte«. Bei den Mayas und Azteken war das Rauchen von Tabak in Rollen und Pfeifen seit Jahrhunderten in Gebrauch, und die Indianer Nordamerikas bestätigten ihre Vertragsabschlüsse mit dem Gebrauch der Friedenspfeife. Die Spanier brachten den Tabak nach Europa. Hier war er für ein halbes Jahrhundert eine Zierpflanze fürstlicher Gärten, und Jean Nicot, französischer Gesandter am Hofe Lissabons, lernte ihn dort kennen. Er unternahm mit Tabak im Jahre 1560 Wundheilversuche. Als Mittel gegen Kopfweh, Krätze, Flechten und Krebs sandte er die Tabakpflanze auch an den Pariser Königshof. Man nannte sie ihm zu Ehren *Nicotiana*. Erfolge und Lobpreisungen von Ärzten ließen sie schnell zu einem Heil- und Wundermittel werden, das sogar »die natürlich empfängnisz hindern oder gar abtreiben« sollte.
Das Rauchen des Tabaks wurde in Europa wahrscheinlich durch die aus Nordamerika (Virginia) zurückkehrenden englischen Seefahrer eingeführt. So erhielt Admiral Sir W. Raleigh 1586 eine Tabakspfeife geschenkt und sorgte für ihren Gebrauch in allerhöchster Gesellschaft Englands. Kein Kolonialprodukt verbreitete sich so schnell wie der Tabak. Das Tabakrauchen wurde zu einer Epidemie. Danach galt auf den Straßen Rauchverbot. So wurden »Tabagien« (Rauchstuben) zu Stätten mit blaudampfenden »Schornsteinen«. Das Tabakskollegium am preußischen Königshof entstand, Maria Theresia und Friedrich II. hielten ihre Soldaten mit großen Tabakrationen bei guter Stimmung. So war es kein Wunder, daß der Papst nachgab und das Rauchverbot in den Kirchen aufgab.
Während anfänglich vor allem Pfeifen geraucht wurden, überwog im 18. Jahrhundert das Tabakschnupfen. Ab 1800 verbreitete sich der Zigarren- und ab 1850 der Zigarettengebrauch. Doch ebenso wie heute besaßen die Raucher auch zahlreiche und heftige Gegner in Europa. Ob Jacob I. in England, Gustav Adolf II. in Schweden, Ludwig der XIII. in Frankreich, die Fürsten von Sachsen und Bayern oder J. W. von Goethe, sie und viele andere waren Gegner, doch fanden sie meist nur ein geringes Echo. Mitunter äußerte sich Gegnerschaft recht radikal: In Bern wurden Raucher gleich Ehebrechern bestraft, und Sultan Murad IV. (1623–1649) enthauptete in der Türkei Raucher eigenhändig. Mit der Einführung des Tabakmonopols im 18. Jahrhundert und der Besteuerung durch die Fürstenhäuser Europas wurde Tabak zu einer wichtigen Steuerquelle, die stetig mit dem europäischen Tabakanbau zunahm. So betrugen 1932 in Deutschland die Zoll- und Steuereinnahmen durch Tabak 900 Millionen Reichsmark. Das war die zweithöchste Steuerquelle im Lande.
Wirtschaftlich bedeutsam ist vor allem der Virginische Tabak *(Nicotiana tabacum)*, während der Bauerntabak *(N. rustica)* weniger Bedeutung hat.

Trocknung von aufgereihten Tabakblättern auf Stellagen in Bulgarien

Hauptanbaugebiete sind heute China, die USA, Indien, Brasilien, die UdSSR, die Türkei und die Balkanländer. Tabak gedeiht dort auf sandigen Böden bei viel Wärme (25–35 °C) und anfänglich reichen Niederschlägen. Während die unteren Blätter als Deckblätter zum Rollen von Zigarren dienen, erntet man das Hauptgut meist maschinell in hellgrünem (Zigarre) oder fast gelbem (Zigarette) Reifestadium. Als »Docken« gebündelt oder aufgefädelt, folgt eine Trocknung der Blätter in luftigen Räumen oder im Freien. Ihr schließt sich eine Fermentation in gepreßten Ballen oder Fässern an, wobei über Wochen unter Gärung, Wärmeentwicklung und Eiweißabbau Aroma- und Farbstoffe »freigelegt« werden. Je nach Blattqualität sortiert man dann in Zigarrengut oder Schneidgut für Zigaretten-, Pfeifen-, Schnupf- oder Kautabak. Boden, Anbauart, Düngung und Präparation bestimmen die Eigenart der Tabake ebenso wie die verwendeten Kulturrassen von *Nicotiana tabacum* bzw. *N. rustica*.

Wichtigster Wirkstoff des Tabaks ist das Nikotin. Dieses Alkaloid kommt nach seiner Bildung in der Wurzel zu 0,5 bis 5 Prozent in trockenen Blättern vor. Bereits in kleinsten Mengen wirkt Nikotin auf das Nervensystem und führt zur Steigerung des Blutdrucks über das Hormon Adrenalin. Doch der Anreiz zum Rauchen, der zur Sucht ausarten kann, erwächst wohl vor allem aus seiner doppelten Wirkung auf das autonome Nervensystem: Abhängig von der Stimmungslage, regt das Nikotin an und belebt, oder es entspannt und beruhigt. Wohl nur wenige Raucher wissen dabei, daß sie mit 20 Zigaretten pro Tag 50 mg Nikotin inhalieren. Diese Dosis, direkt in die Blutbahn gespritzt,

Blühendes Tabakfeld mit erntereifen Blättern

Die Ernte des Weines in einer altägyptischen Darstellung

würde tödlich wirken. Nur durch langsame Resorption und den Abbau in der Leber wird ähnlich wie bei Alkohol eine Vergiftung verhindert.
Die hohe Verbreitung des Rauchens und die Kenntnis, daß Rauchen, insbesondere von Zigaretten, einen statistisch gesicherten Risikofaktor für chronische Bronchitis, Lungenkrebs und Arteriosklerose darstellt, haben in vielen Ländern zahlreiche Maßnahmen zur Einschränkung des Rauchens ausgelöst. So wird vielerorts eine Werbung kontrolliert oder verboten. Wie beim Alkohol kann die »Droge Nikotin« nur im privaten und sozialen Umfeld, durch Aufklärung, Gesetzgebung wie Rauchverbote an bestimmten Orten oder zu bestimmten Zeiten und mit hohen Kosten bekämpft werden. Es gilt im Interesse der Gesunderhaltung, den erstaunlichen Widerspruch bei Rauchern zwischen Kenntnis des Schadens und Nikotinkonsum aufzuheben. Es ist geradezu grotesk, daß der moderne Mensch des Industriezeitalters einerseits Leistungszuwachs, neue Entdeckungen und Erfindungen zum Wohle der Menschheit anstrebt, andererseits aber trotz des Wissens um die Schäden durch die Drogen Nikotin und Alkohol nur ungern auf diese verzichten will.
Die wohl wichtigste und älteste »Droge« der Welt ist der Alkohol. Bereits in der Urgesellschaft wurden durch Jäger und Sammler alkoholische Getränke bereitet. Sie nahmen an Art und Umfang stark zu, als die Ackerbaugesellschaften entstanden. Ethnologen meinen sogar, daß Nahrungsgewinnung und Verlangen nach Alkohol die Herausbildung von Ackerbaugesellschaften gleichermaßen förderten. Lohnlisten im Alten Reich der Assyrer Mesopotamiens nennen um 2100 v. u. Z. Bier und Wein ebenso wie die Grabinschriften im Alten Reich der Ägypter. Reisende in alter und neuer Zeit trafen bei der Begegnung mit bisher unbekannten Völkern und Kulturen stets auch auf den Alkohol. Neuere Ausgrabungen auf dem Hügel Hissarlik, wo Schliemann das homerische Troja freilegte, förderten altminoische Städte von 3500 v. u. Z. zutage. Dabei fand man Samen der Weinrebe. Alluviale Tonschichten von 4000 v. u. Z. unter den Trümmern von Ur, dem Vorläufer Babylons, bestätigten die Angaben der Bibel und des Gilgamesch-Epos zum Weinanbau. Die berühmten riesigen Krüge im Palast von Knossos (Kreta, 3000–2700 v. u. Z.) dienten unter anderem der Weinaufbewahrung, und aus Ägypten sind Weinkelche von 3500 v. u. Z. erhalten. In der christlichen Religion wurde der Weinstock zu einem Christussymbol (s. S. 46).
Die Bereitung von alkoholischen Getränken kann aus Getreide (Bier, Whisky, Kornschnaps), Honig (Met), Trauben- und Fruchtsäften (Wein, Kognak, Apfelwein u. a.), Kartoffeln (Wodka), Zuckerrohr (Rum) und Reis (Arrak), Palmen (Wein), Getreide mit Wacholderbeeren (Gin) oder Agaven (Pulque) erfolgen. Dabei sind bei jedem Getränk Alkoholgehalt und Fremdstoffe (Gärungsnebenprodukte) recht unterschiedlich.
Wege und Verfahren zur Herstellung alkoholischer Getränke, wie von Wein und Bier, sind Jahrtausende alt. Wein wird aus dem Traubensaft der Weinrebe (*Vitis vinifera* ssp. *vinifera*) hergestellt. Ein erfolgreicher Weinanbau verlangt einen langen, regenarmen, warmen Sommer und wird vorrangig auf steinigen Böden betrieben. In feuchtem und kaltem Klima beeinträchtigen ihn zahlrei-

Feldanbau von Wein

che Krankheiten und Schädlinge, allen voran die Reblaus, die die Wurzeln beschädigt. Sie wurde in den sechziger Jahren des vorigen Jahrhunderts von Amerika nach Europa verschleppt und hat hier große Schäden verursacht. Ganze Weinberge mußten aufgegeben werden. In Frankreich wurde um 1910 ein Schaden durch die Reblaus in Höhe von 12 Milliarden Mark beklagt. Durch Pfropfung der geschmacklich guten europäischen Sorten auf die reblausresistenten amerikanischen Sorten und durch chemische Bekämpfung wird heute die Reblaus in Grenzen gehalten. Zu den wichtigsten Weinanbauländern Europas zählen Italien, Frankreich, die UdSSR und die Balkanländer.

Die im Herbst seit alters mit Festen begangene Weinlese wird bei dem höchsten Zuckergehalt der Beeren durchgeführt. Man preßt dann einen Most aus. Zur Herstellung von Rotweinen verbleibt er einige Zeit auf den festen Rückständen (Treber), so daß die Farbstoffe der Beerenhaut in den Most übergehen können. Die gelbe Farbe der Weißweine entsteht dagegen durch Abbau von Chlorophyll, dem Blattgrün, das auch in den Trauben vorkommt. Nach Trennung von Most und Treber (dem Keltern) erfolgt in großen Fässern, meist unter Zusatz von Zuchthefen *(Saccharomyces cerevisiae* var. *ellypsoides*) eine ein- bis zweiwöchige Hauptgärung bei 15 bis 20 Grad Celsius. Sie liefert 5 Prozent Alkohol. In den Weinbaugebieten wird bereits dieser junge Wein, Krätzer, Federweißer oder Sauser genannt, gern getrunken. Der Hauptgärung folgt eine mehrwöchige Nachgärung, an deren Ende durch einen ersten »Abstich« die abgesetzten Hefen entfernt werden. Standortqualität der Weinrebe, Heferassen und die unterschiedliche Weinbereitung geben den Weinsorten ihr charakteristisches Bouquet. An ihm erkennen die Weinverkoster selbst einzelne Weinberge, auf denen die Trauben reiften. Der Alkoholgehalt der Weine beträgt meist 7 bis 13 Prozent. Zuckerreiche Südweine können 13 bis 16 Prozent enthalten. Die hohe Qualität edler Weine entsteht durch Lagerung von mehr als 5 bis 7 Jahren.

Um 1700 gewann man in der Benediktinerabtei von Hautes-Villes in der Champagne (Frankreich) erstmals auch Schaumweine (Sekt, Champagner). Zur Herstellung von Champagner dienen junge Weine aus Trauben kalkarmer milder Humusböden. Nach der Hauptgärung erfolgt eine erneute Gärung unter Zusatz von Zucker und Hefen in dickwandigen Flaschen. Dabei entsteht Kohlendioxid, das einen Druck von 4 bis 5 Atmosphären verursacht. Die lange Tradition des Weinanbaues und die Zubereitung der Weine hat in den verschiedenen Ländern zu einer Vielzahl von Weinsorten geführt.

Hochprozentige alkoholische Getränke, wie Spirituosen und Branntweine, entstehen nicht durch einfache Gärung. Hefen sterben bei 16 bis 19 Prozent Alkoholgehalt ab. Deshalb wird nach Gärung der unterschiedlichen Fruchtsäfte eine Destillation (Brennen) angeschlossen. Bei der Gärung und Destillation werden die charakteristischen Geschmacks- und Aromastoffe der Fruchtsorten freigelegt.

Auch die Bierbereitung hat eine alte Tradition. Die Bierherstellung beginnt mit der Keimung der Gerste (seltener von Weizen, Mais und Reis) bei 15 bis 18 Grad Celsius unter Belüftung. Die Kohlenhydrate werden dabei zu Malzzucker und Dextrinen abgebaut. Es entsteht Grünmalz. Sein Wassergehalt von 40 Prozent wird durch Heißlufttrocknung auf 20 Prozent gesenkt. Im nachfolgenden Darrprozeß erhält man bei 80 bis 110 Grad Celsius Darrmalz, der im Brauvorgang nach Verschrotung bei 50 bis 70 Grad Celsius Malzzucker, Dextrine und Eiweiße in Lösung gehen läßt. Dieser Würze wird Hopfen zugesetzt. Darunter versteht man getrocknete unbefruchtete Blüten der Hopfenpflanze *(Humulus lupulus)*, die in großen Plantagen angebaut wird. Ihre Drüsen enthalten ein ätherisches Öl (Lupulin), das dem Bier den leicht bitteren Geschmack verleiht und Eiweiße im nachfolgenden Kochvorgang ausfällt. Nach »Abseihen« fester Bestandteile liegt ein vergärbarer Extrakt (Stammwürze) mit 85 Prozent Zucker vor.

In großen Gärbottichen dient dieser Extrakt bei der sogenannten Hauptgärung den zugesetzten Hefen als Wachstumssubstrat. Durch untergärige Hefen (für 90% der Biersorten) erfolgt bei 4 bis 8 Grad Celsius und Sauerstoffmangel ein Zuckerabbau mit anaerober Atmung (Gärung) über 6 bis 9 Tage. Dabei entsteht viel Alkohol (Ethanol). Mit obergärigen Hefen kommt es bei 10 bis 25 Grad Celsius unter starker Schaumbildung zu einem aeroben stürmischen Wachstum mit geringer Alkoholbildung (Kraft-, Malz- und Weißbier), wobei die Gärung bereits nach 3 bis 6 Tagen abgeschlossen ist. Durch Nachgärung bei niedrigen Temperaturen erfolgt eine Reifung des Bieres. Bockbier entsteht durch Zusatz von Melasse, dem Rückstand der Zuckergewinnung, zum Malz. Dunkles leicht süßliches Starkbier wird durch Nachgärung mit einer anderen Hefegattung *(Breta-*

Weinlese in Ungarn

Erntereifer Bestand von Hopfen (Humulus lupulus)

Hopfenernte – die Kletterpflanzen werden heruntergerissen und zum manuellen Pflücken abgefahren

nomyces) hergestellt. Die Menge zugesetzter Stammwürze bestimmt den Alkoholgehalt aller Biersorten. So ergeben 12 Prozent Stammwürze 3 bis 4 Prozent Alkohol.

Die Qualität der zahlreichen Biersorten wird durch den Brauvorgang, die Hopfensorte, die Heferasse und das Brauwasser bestimmt. Ausgezeichnete Hopfenarten wachsen in Böhmen (ČSSR), Bayern (BRD), Südengland und Oregon (USA). So wurden diese Gebiete auch wegen ihrer geeigneten Wasserqualität zu Zentren der Bierherstellung.

Salzarmes Wasser ergibt Pilsener und Münchener Biere, während hartes, an Calzium- und Magnesiumsalzen reiches Wasser die Eiweißstoffe fast völlig ausfällt und hellere Biere entstehen läßt. Im Mittelalter wurde das Brauereirecht an die verschiedensten Ständegruppen vergeben, heute ist die Bierproduktion ein eigener fabrikmäßig betriebener Industriezweig.

Sicher waren alkoholische Flüssigkeiten in allen Kulturen nicht nur als geschmackvolles Getränk beliebt, sondern auch wegen ihrer berauschenden Wirkung. Wir wissen heute, daß Alkohol (chemisch Ethylalkohol, Ethanol) vorrangig nach Passieren des Magens über den Dünndarm resorbiert wird und über die Blutbahn in die Leber, das Gehirn und andere Organe gelangt. Die Leber ist in der Lage, Ethanol und Azetaldehyd zu Essigsäure, die in fast allen Organen verwertbar ist, umzuwandeln, also zu beseitigen. Eine langsame und geringfügige Alkoholeinnahme führt deshalb nicht zum Rausch, weil die Leber 8 bis 10 g Ethanol pro Stunde abbaut. Mit der Überschreitung dieser Leberkapazität gelangt der Alkohol aber ins Gehirn. Hier wird die Organfunktion nicht stimuliert, sondern gehemmt. Es kommt in der Großhirnrinde mit ihren denkenden, lernenden und koordinierenden Fähigkeiten zur Desorganisation. Die Gedanken strömen freier und die Muskelkontrolle läßt nach (Lallen, Torkeln). Auch die Kontrolle der Blutgefäße und Nieren sinkt, so daß Körperwärme über die Haut abgeführt wird und die Nieren vermehrt Wasser ausscheiden. Bei hoher Alkoholkonzentration wird die Großhirnrinde direkt beeinflußt: Konzentration und Selbstkritik sinken, das Selbstvertrauen nimmt zu.

Die Alkoholmengen im Körper können am besten im Blut ermittelt werden. Ab 0,5 Promille verspürt man eine Wirkung, bei 1 Promille setzen lautes Sprechen und erste Gleichgewichtsstörungen ein, ab 2 Promille kommt es zum Torkeln, aufrechtes Stehen wird ab 3 Promille unmöglich, bei 4 Promille geht das Bewußtsein verloren, während 5 bis 6 Promille tödlich wirken. Eiweiß- und fetthaltige Nahrung verzögert die Alkoholresorption. Ob durch Hering und Kaviar beim Wodkatrinken in der Sowjetunion, ob durch Fleisch, Ölfrüchte und Paprika in den Balkanländern oder Fleisch und Nüsse beim Trinken von Martini in Amerika, immer wird der Weg des Alkohols verlangsamt. Zeit ist das einzige Mittel gegen den Rausch, weil dann der Abbau des Alkohols in der Leber möglich wird. Physiologische Nachwirkungen übermäßigen Alkoholkonsums sind Müdigkeit und Kopfschmerzen, der allbekannte »Kater«.

Bekanntlich hat der Alkoholkonsum heute bedrohliche Ausmaße angenommen. Nach dem Bericht der Weltgesundheitsorganisation (WHO) im Jahre 1980 hat sich in England und Wales zwischen 1950 und 1975 der jährliche Verbrauch von Alkohol für über 15jährige von 5,2 auf 9,7 l 100%igen Ethanols gesteigert, die Anzahl der durch Alkohol verursachten Leberzirrhosen verdoppelt und die Anzahl der Krankenhausbehandlungen wegen Alkoholismus und alkoholbedingter Psychosen verzwanzigfacht. 1965 trank in Frankreich jeder Erwachsene täglich 64 g reinen Alkohol (dies entspricht etwa 6 Gläsern Wein), in Italien waren es 41 g, in der Schweiz 34 g, in Großbritannien 16 g und in der BRD 13 g. 1976 verbrauchte aber schon jeder zweite BRD-Bürger über 16 Jahre täglich etwa 80 g reinen Alkohol, und es wurden 1,5 Millionen behandlungsbedürftige Alkoholiker (davon 150000 Jugendliche!) gezählt. In den USA rechnet man heute mit 5 Millionen, auf der ganzen Welt mit 20 Millionen Alkoholikern und mit einer Milliarde nichtsüchtiger Alkoholkonsumenten. In der Schweiz beliefen sich um 1970 die Gesamtschäden durch Alkoholismus auf 1,5 Milliarden Franken.

Zum großen Problem unserer Tage sind also die ständig steigende Zahl alkoholtrinkender Perso-

Bier und Zigarette – Ausgangspunkt vieler vermeidbarer Krankheiten

nen, die Zunahme im Konsum und der daraus folgende Alkoholismus, die alkoholbedingten Verkehrsunfälle, die Organschädigungen und Psychosen durch Alkohol geworden. Als Mittel des Vergessens, des Befreiens von den Sorgen des Alltags stellt der Alkohol gerade dort ein Suchtmittel dar, wo der Mensch in sozialen umweltbedingten Spannungen steht. So sind jene Staaten gut beraten, die im Interesse einer Gesunderhaltung ihrer Bevölkerung aufklärend und lenkend wirken, statt die Getränkeindustrie als profitablen Wirtschaftszweig und ergiebige Steuerquelle zu nutzen. Prohibition, das völlige Verbot von Alkohol, wie es in den USA 1809, 1826 und 1917 und in Finnland 1919 versucht wurde, hat sich eher als ein Mittel für statt gegen den Alkohol erwiesen. Da die Alkoholproduktion und der Alkoholkonsum nationale, gesellschaftliche und soziale Ursachen haben, scheint eine internationale weltweite Lösung des Problems Alkohol unglaubhaft. Wie die Sucht nach Medikamenten und »harten Drogen« (s. S. 155) läßt sich der Alkoholismus nur durch die Änderung des sozialen Umfeldes der einzelnen Menschen beseitigen. Er spiegelt Versäumnisse und Unzulänglichkeiten in vielen Staaten wider.

Pflanzen im Experiment und in neuen Einsatzgebieten

*»Die Pflanze übertrifft
als Chemiker bei weitem alles,
was von Menschenhand
bis in die überschaubare Zukunft
synthetisiert werden kann...
Pflanzliche Zellkulturen
stellen eine Möglichkeit dar,
an dieses unvorstellbare Potential
der Pflanze heranzukommen.«*

M. H. Zenk, 1982

Das 20. Jahrhundert erbrachte für die Menschheit nicht nur den bisher größten technischen, medizinischen und biologischen Fortschritt. Es hat auch stärker als je zuvor den Nachweis geführt und das allgemeine Bewußtsein gestärkt, daß die Natur der Erde nicht unerschöpflich ist. Gerade bei der Nutzung der Pflanzen als der natürlichen Großproduzenten organischer Masse auf der Erde ist deshalb ein Umdenken nötig. Einerseits müssen neue Landschafts- und Lebensräume erschlossen werden (s. S. 211), und andererseits sind Ertrag, Qualität, Produktivität und biologische Leistungsbreite von Pflanzen züchterisch bzw. experimentell zu verbessern (s. S. 207 u. 212). Doch dies ist nur ein Teil jener Möglichkeiten, Pflanzen durch das Experiment neuen Einsatzgebieten zuzuführen.

Die Pflanzen gewissermaßen ins Reagenzglas zu überführen und dort wachsen zu lassen, wurde in den letzten 15 Jahren zu einer zukunftsträchtigen und geradezu modischen Disziplin der pflanzlichen Zell- und Gewebekulturforschung und -nutzung. Worum handelt es sich dabei?

Seit 1838 ist durch Schleiden bekannt (s. S. 54), daß Zellen die Grundeinheit aller Lebewesen darstellen und in ihrer Struktur universell sowie ihrer Physiologie autonom sind. Jede Zelle eines komplizierten vielzelligen Organismus sollte danach auch außerhalb von diesem lebensfähig sein. Durch Wahl geeigneter Nährmedien mit Vitamin- und Hormonkombinationen können viele Zelltypen kultiviert, in vitro vermehrt werden. Pflanzenzellen sind darüber hinaus totipotent, d. h. sie können die sonst ruhende genetische Information ihrer Zellkerne überwiegend realisieren. Gleich einer befruchteten Eizelle, dem Vorläufer des Samens, kann aus einer Zelle eine vollständige Pflanze mit Wurzel, Sproß und Blüten heranwachsen.

Das gleiche gilt für Gewebestücke, die von Wurzeln, Stengeln, Blättern, Früchten oder Pollen einer Pflanze gewonnen werden. Dabei entsteht anfänglich ein Kallus. Aus ihm bildet sich über Wochen eine Ganzpflanze (Organogenese). Eine Anzucht von Pflanzenzellen in flüssigem Medium nennt man Suspensionskultur, wobei Sauerstoffzufuhr und Durchmischung mit stetem Schütteln erreicht werden. Wachstum von Gewebestücken auf fester Unterlage liefert eine Kalluskultur. Nachdem früher Kokosmilch, Hefeextrakt und andere komplexe Nährmedien Verwendung fanden, garantieren heute energieliefernde Zucker, Nährsalze mit Phosphat, Stickstoff und Schwefel, Aminosäuren, Vitaminen, Wuchsstoffen, wie Cytokininen, und Auxinen, bei bestimmter Konzentration ein Wachstum von Pflanzenzellen in Suspension oder auf Agar als fester Unterlage. Die Zellen sind gleich einem Mikroorganismus steril kultivier- und manipulierbar. Pflanzenzellen einmal in Suspension »genommen«, können durch stetes Überimpfen auf frische Nährlösung über Jahrzehnte kultiviert werden. Sie stellen ein ideales Objekt für biochemische und genetische Untersu-

chungen zu zellulären Leistungen und ihren Differenzierungen dar.
Überträgt man Pollen oder die Staubgefäße (Antheren) der Blüte auf Nähragar, so kann eine Pflanze oder ein Kallus mit einfachem (haploidem) Chromosomensatz entstehen im Unterschied zu den Pflanzen aus Samen, die durch die elterliche Befruchtung in der Blüte einen doppelten Chromosomensatz erhalten. Haploide Pflanzen wurden für genetische Untersuchungen sowie in der Züchtung besonders bedeutsam (s. S. 221), als die Gewinnung von Protoplasten, d. h. zellwandlosen, »nackten« Zellen, gelang. Jede Pflanzenzelle wird von einer sie stützenden Zellwand aus Zellulose oder im Zellverband durch eine pektinhaltige Mittellamelle abgegrenzt. Durch den Einsatz bestimmter Konzentrate von Enzymen, wie Zellulase und Pektinase, die die Zellwand und die Mittellamelle abzubauen vermögen, kann man heute »nackte« Protoplasten freilegen. Zellsuspensionskulturen oder auch Gewebestücke bzw. -schnitte liefern 1 bis 5 Millionen Protoplasten von einem Gramm Blattzellmasse. Solche Protoplasten bilden dann in Kultur eine neue Zellwand, teilen sich und können zu vollständigen Pflanzen regenerieren. Verwendet man dabei Protoplasten haploider Pflanzen, können z. B. durch ihre Verschmelzung (Fusion, somatische Hybridisation), durch Mutation und Mutantenselektion vielfältige Aufgaben der Pflanzenzüchtung ohne die zeit- und kostenaufwendige Kreuzung und Selektion gelöst werden (s. S. 221).
Neben diesen Aufgaben in der Pflanzenzüchtung eröffnen Zell- und Gewebekultur, Protoplasten- und Haploidenkultur zahlreiche Möglichkeiten in der Forschung und Anwendung.
Pflanzenzellen in Suspension oder in Kalluskultur können auch für die Produktion von Arzneimitteln und anderen Naturstoffen von Ganzpflanzen dienen. Dadurch erübrigen sich eine Naturstoff- und Arzneimittelproduktion durch mehrjährigen Feldanbau oder das unökonomische Sammeln der Arzneipflanzen und die aufwendigen Reinigungs- und Isolationsverfahren. In der Zellkultur fand man auch völlig neue, nur bei ihr gebildete Naturstoffe. Auch konnten Naturstoffe und Arzneimittelvorstufen durch Zellen in Kultur zum aktiven Wirkstoff umgewandelt werden. Die Pflanzenzelle vollzieht dabei Endstufen eines Biosyntheseweges, der chemisch-synthetisch nicht möglich ist. Zu den bekanntesten jüngst gelungenen Beispielen einer solchen bisher seltenen Biotransformation zählt die Hydroxylierung (Einführung einer Hydroxylgruppe) von β-Methyldigitoxin zu β-Me-

Weinbergschnecke – Quelle von Enzymen zum Abbau pflanzlicher Zellwände

Pflanzliche Kalluskultur auf einer Nähragarplatte

thyldigoxin, einem wertvollen Herzglykosid mit hohem therapeutischem Wert. Man bedient sich dabei eines wichtigen neuen biotechnologischen Prinzips, der Immobilisierung. Dazu wurden für die Herzglykosidgewinnung Zellen des Wolligen Fingerhutes *(Digitalis lanata)* in Polymeren, wie Kollagen oder Agar, eingekapselt. In Suspension konnten sie dann zwar nicht wachsen, aber gleich einem Mikroreaktor Stoffwechselleistungen der Zelle wie die genannte Hydroxylierung vollführen.

Eine Arzneimittel- und Naturstoffproduktion verlangt die Aufklärung komplizierter zellulärer Differenzierungsprozesse und viele technologische Bedingungen. Deshalb liegen derzeit die höchsten Ausbeuten an Naturstoffen wie etwa Antrachinonen, Shikimisäure oder Rosmarinsäure erst bei 1 bis 4 g/l Nährlösung. Die Biotransformation wird dagegen schon heute geringfügig genutzt und gilt als rentabler. Ob sie in der Zukunft durch trägerfixierte, d. h. immobilisierte, Enzyme, die derartige Umwandlungen vollziehen, ersetzt werden kann, ist noch nicht abzusehen, sie ist aber ein erklärtes Ziel biotechnologischer Forschung.

Lohnt sich die aufwendige Forschung mit pflanzlichen Zellkulturen zur biotechnologischen Arzneimittelproduktion? Dies muß eindeutig bejaht werden. Nach einer Computerstudie in den USA enthielten von 1,5 Milliarden in Krankenhäusern verschriebenen Rezepturen 23 Prozent Stoffe pflanzlichen Ursprungs (ohne Antibiotika). Für viele dieser Stoffe müssen Pflanzen tropischer oder subtropischer Herkunft verwendet werden. So beträgt der Marktwert von Arzneimitteln pflanzlichen Ursprungs in den USA 7,5 Milliarden DM pro Jahr. Pflanzen sind also als Arzneimittelquelle nicht durch synthetische Pharmaka ersetzbar, aber auch nicht unerschöpflich zugänglich. Deshalb stellen Zellkulturen einen Ausweg für die Zukunft dar.

Aber nicht nur zur Bildung von nützlichen Inhaltsstoffen, sondern auch zum Abbau unerwünschter Verbindungen mit herbiziden, insektiziden oder fungiziden Eigenschaften sind Zellkulturen in der Lage. Selbst substituierte Benzole, äußerst stabile Verbindungen, die bei der Abwasserreinigung ein großes Problem darstellen, können durch einige pflanzliche Zellkulturen zu umweltfreundlichen Substanzen abgebaut werden. Doch fehlt bisher die technologische Umsetzung, und die Rentabilität dieser Wege ist bisher unklar.

Große Möglichkeiten bietet die Zellkulturtechnik für die vegetative Vermehrung von Pflanzen (Vermehrung ohne Samenbildung). Um beispielsweise eine züchterisch wertvolle Pflanzenrasse schnell und zahlreich von der Vegetationsperiode unabhängig vermehren zu können, entnimmt man der Pflanze Bildungsgewebe (Meristem) des Sprosses und bringt es mit Blattvorläufern (Primordien) in vitro zur Sproßentwicklung, um nachfolgend daraus im Freiland eine Ganzpflanze anzuziehen. So liefert ein Gewebestück zahlreiche Nachkommen, die überdies meist virusfrei sind. Sie können Klone darstellen, d. h., sie gleichen in ihren phänotypischen und genetischen Merkmalen völlig der Ausgangspflanze, wenn keine genetische Instabilität auftritt. Auf diese Weise können phytopathogene Viren, Bakterien oder Pilze aus dem Pflanzenzuchtmaterial beseitigt werden. Wo die Pflanzenregeneration von Protoplasten noch nicht gelingt, bedient man sich der Regeneration von Gewebestücken. So werden schon heute besonders Nutzpflanzen, wie Getreide, Hackfrüchte, Hülsenfrüchte, Ölfrüchte, gärtnerische Nutz- und Zierpflanzen sowie Forstgehölze, vegetativ, unter Umgehung der zeitraubenden Vermehrung durch Samen, im Großmaßstab vermehrt.

Um die Steigerung der Produktivität und Anwendungsbreite von Pflanzen zu erforschen, werden sie auch einzeln oder in Gemeinschaften in künstlich nachgeahmter Umwelt kultiviert. Dies ist in einem einfachen Gewächshaus bis hin zum kompliziert aufgebauten Klimatron möglich. Das bis-

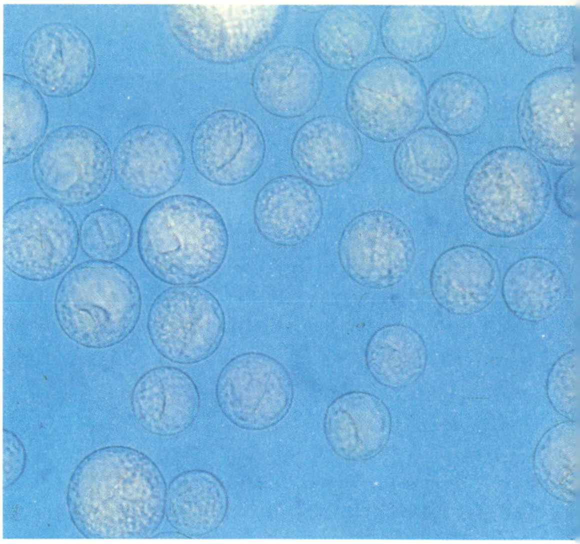

Protoplasten, aus Zellsuspensionskulturen der Tomate (Lycopersicon esculentum) frisch präpariert und mit Evans blue gefärbt (lebende Protoplasten ungefärbt, tote Protoplasten gefärbt) (Präparat von A. Tewes)

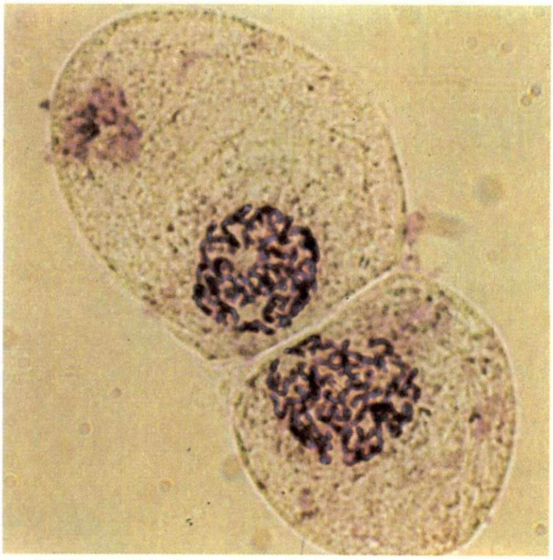

Tomatenprotoplasten, 40 Stunden nach Präparation im Zweizellstadium mit synchroner Teilung (Prophase) (Präparat von A. Tewes)

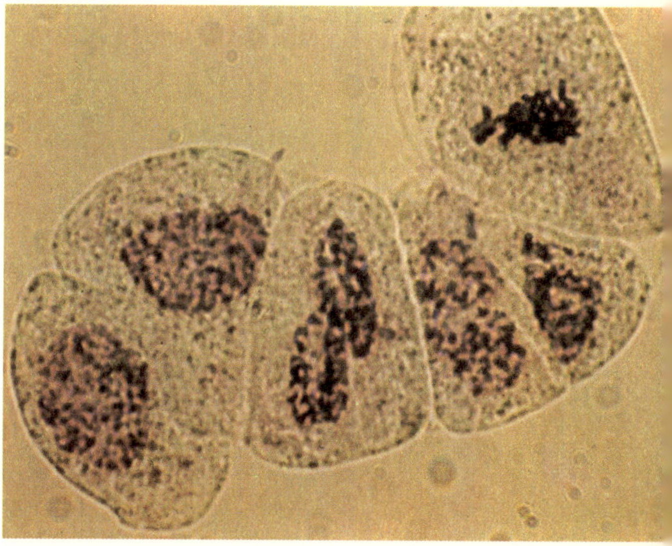

Tomatenprotoplasten, 40 Stunden nach Präparation im 6-Zellstadium mit verschiedenen Zellkernteilungsstadien (Telophase, Metaphase) (Präparat von A. Tewes)

her größte Klimatron steht im Botanischen Garten in St. Louis (USA). Unter einer 20 m hohen Plexiglaskuppel gedeihen auf 2000 m² 1500 tropische und subtropische Pflanzenarten verschiedener Gebiete der Erde nebeneinander in elektronisch gesteuerten Klimaten. Hier werden die kühlen Tage und Nächte mit hoher Luftfeuchtigkeit in den Bergen Djavas, das trockene Klima Indiens, die feuchte Hitze eines tropischen Regenwaldes sowie die kühlen Tage und warmen Nächte des Pazifiks nachgeahmt. Dadurch können die Botaniker verläßliche Daten pflanzlicher Produktivität gewinnen.

Während ein Klimatron Aussagen über das Wachstum in experimentell der Natur nachgeahmter Umwelt ermöglicht, sind zahlreiche andere Forschungsrichtungen darauf ausgerichtet, die molekularen Grundlagen der Lebensvorgänge der Pflanzen zu entdecken. Hierbei interessieren besonders jene Prozesse, die ausschließlich in Pflanzen vorkommen. Von der symbiontischen Stickstoffixierung sowie genetischen Experimenten zur züchterischen Verbesserung der Pflanzen wird auf den Seiten 212–223 berichtet. Ein anderer ausschließlich in Pflanzen vorkommender Prozeß ist bekanntlich die Photosynthese, die mit ihrer Umwandlung von Lichtenergie der Sonne in die chemische Energie organischer Verbindungen bei gleichzeitiger Sauerstoffbildung die Schlüsselreaktion für die Erhaltung des Lebens auf der Erde darstellt (s. S. 55). Liefert sie doch über 90 Prozent der von den Menschen für die Erzeugung von Licht, Wärme und andere Energieformen benötigten Energie. Man ist deshalb bestrebt, ihre Mechanismen aufzuklären, denn die Photosynthese ist ein hocheffizientes Energieumwandlungssystem, auf das die Techniker nur neidisch blicken können. Während der energetische Wirkungsgrad einer Lokomotive 8, einer Stromheizung 10 und eines Ottomotors 13 Prozent beträgt, liegt er in der Photosynthese theoretisch bei 38 Prozent. Dabei sind Pflanzen noch erstaunlich uneffizient, denn ihre Pigmente können nur einen bestimmten Wellenlängenbereich für die Lichtabsorption nutzen und damit nur einen Bruchteil der $8{,}36 \times 10^{22}$ kJ pro Jahr, die als Sonnenenergie die Erdoberfläche erreichen, verwerten. Auch haben Pflanzen im Laufe der Evolution für die photosynthetische Kohlendioxidfixierung ein extrem »schlechtes« Enzym entwickelt, dessen Bindungsbestreben (Affinität) zum Kohlendioxid, das nur zu 0,03 Prozent in der Luft zur Verfügung steht, sehr gering ist. Erst durch eine große Menge solcher Enzymmoleküle im Chloroplasten (bis 15% der Chloroplastenproteine) wird eine hinreichende Fixierung des Kohlendioxids garantiert. Der photosynthetischen Energieumwandlung und -speicherung arbeitet auch die Lichtatmung von C-3-Pflanzen (s. S. 60) in den gemäßigten Breiten entgegen. Ziel der Photosyntheseforschung ist es deshalb

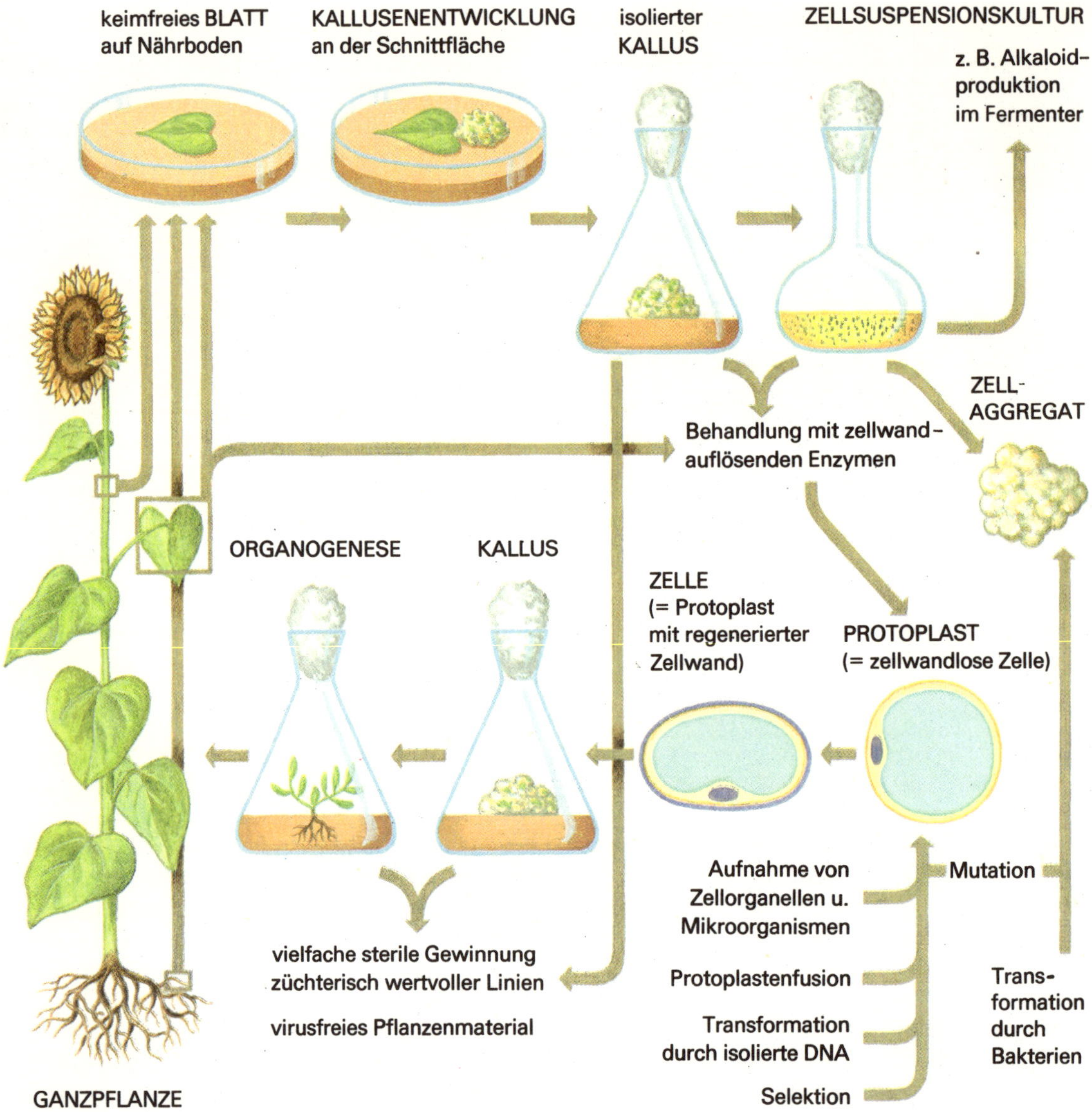

Arbeitsschritte beim Anlegen und der Verwendung einer Zellsuspensionskultur

einerseits, den Mechanismus der Reaktionen im Interesse einer eventuellen technischen Nutzung aufzuklären, und andererseits, durch Aufspüren von »Lücken« in der photosynthetischen Produktivität ihre Synthesekapazität zu steigern. So gelang es durch Erhöhung der Kohlendioxidatmosphäre in einem Bioreaktor bzw. durch Gewinnung von Lichtpflanzen, die eine erhöhte Chloroplastenanzahl besaßen, die Photosyntheserate zu vervielfachen.

Die Ausnutzung, Abwandlung und Umsetzung von »Erfindungen« der Organismen durch die Technik führte zu einem eigenen Wissenschaftszweig, der Biotechnologie. Sie ist mit eine Quelle, die Energie- und Rohstoffprobleme der Zukunft zu lösen. Gegenwärtig verraucht in unseren Schornsteinen, was Pflanzen über Jahrmillionen an organischer Masse produzierten, oder es wird als Baurohstoff unwiederbringlich verarbeitet. Dabei ist die Grenze unserer pflanzlichen Rohstoffpotentiale und -produktivität ebenso erkennbar wie die der geologischen Quellen. Die Papier- und Zellstoffproduktion verbraucht derzeit beispielsweise den Zuwachs aller Wälder der Erde von 3 bis 4 Generationen. Die pflanzliche Produktivität zu steigern, neue Naturstoffquellen für sie

Anzucht pflanzlicher Zellen im Fermenter

Steriles Arbeiten — Voraussetzung zur Kultivierung von Bakterien sowie pflanzlichen und tierischen Zellen

zu erschließen und effektiver mit ihnen umzugehen müssen deshalb gleichermaßen betrieben werden.

Dabei sollte vor allem ein Mißbrauch von Nahrungspflanzen vermieden werden. Der Einsatz solcher Pflanzen als Biomasse zur Belieferung der Industrie mit Grundstoffen, der sogenannte Industriepflanzenbau, birgt solche Gefahren. Die Vergärung von Zuckerrohr, Futter- und Zuckerrüben oder Weizen, um Ethanol als Kraftstoffersatz zu gewinnen, ist ein solches Beispiel. Als durch die weltweite Erdölverknappung Brasilien in den siebziger Jahren Milliardeninvestitionen zur Ethanolgewinnung aus Zuckerrohr vornahm, wurden dort notwendige Weiden in Zuckerrohranbauflächen umgewandelt. Deshalb kann Brasilien heute seinen Nahrungsbedarf nicht mehr selbst decken. Zwar ist prinzipiell die Ethanolgewinnung aus Nutzpflanzen oder ihren Abfallprodukten rentabel, liefert sie doch mit 3500 l/ha Zuckerrohr beachtliche Mengen und kann Benzin ganz oder teilweise ersetzen. Doch darf eine derartige Änderung der Nutzpflanzenfunktion nur dort erfolgen, wo Überschuß und zusätzliche Areale vorhanden sind. Der industriemäßige Charakter einer derartigen Biomassenutzung, gepaart mit den Gesetzen der marktwirtschaftlich orientierten Länder, birgt eher Gefahren als Erfolge in sich. Angesichts der mindestens 500 Millionen hungerleidenden Menschen auf der Erde bekommt das »Verheizen« von Nahrung als Ethanol in den Autos der Industrienationen einen mehr als bitteren Beigeschmack.

Es können auch neue Nährstoffquellen für das Wachstum von Organismen dienen. Besonders bei Hefen ist dies der Fall. So sind minderwertige Fraktionen des Erdöls durchaus als Wachstumssubstrat von Hefen wie *Candida lipolytica* rentabel. Eine große technische Anlage bei Marseille produziert jährlich schon 50000 t Protein und ein Gasöl von hohem Treibstoffwert. Dieses Hefeprotein ist biologisch vollwertig und für die Tierernährung nützlich. Auch Holzabfälle und Sulfitlaugen aus der Papierindustrie können zur Biomasseproduktion mit Hefen dienen.

So unwahrscheinlich dies auch klingen mag: Eine ergänzende Nahrungsquelle der Zukunft können die Algen sein (s. S. 135). Sie besitzen oft nicht nur einen hohen Eiweißgehalt, wie etwa die Blaualgengattung *Spirulina* mit 68 Prozent (vergleichsweise enthält Rindfleisch nur 20%), sondern sie enthalten auch reichhaltig Vitamine. Insbesondere verschiedene B-Vitamine, die bei Landpflanzen kaum vorkommen, sind in Algen enthalten. Das seltene Vitamin B_{12} kommt beispielsweise in der Alge *Macrocystis* in solchen Mengen vor, daß aus ihr hergestellte Tabletten erfolgreich in amerikanischen Krankenhäusern Anwendung fanden. Derartige Algennutzungen machen zahlreiche kostenaufwendige mikrobielle Vitaminsyntheseverfahren überflüssig. Die medizinische Nutzung der Algen einerseits und die Algenmasseproduktion zur Proteingewinnung andererseits haben eine große Zukunft. Dies hat seine Ursachen auch in dem schier unbegrenzten Produktionsreservoir des Meeres. Laborversuche in großen Tanks ergaben einen 25fachen Flächenertrag und ein Vielfaches an Eiweißgehalt gegenüber der Produktionskapazität von Landpflanzen. Die biologische Wertigkeit der Algenproteine liegt bei 80 Prozent (bezogen auf Hühnereiweiß), während sie bei Fischproteinkonzentrat 83 Prozent und bei Sojaprotein 84 Prozent beträgt. Doch um ein Kilogramm Fischprotein zu gewinnen, ist eine 1000fache Menge an Algenmasse erforderlich, denn über die Nahrungsketten der Ozeane geht der größte Teil der von den Algen eingefangenen Sonnenenergie bis zur Bildung des Fischeiweißes verloren.

Junge Pflanze aus einem Tomatenkallus regeneriert (Präparat von A. Tewes)

In vielen Ländern entstanden Algenfarmen. So liefert bei Třebon in der ČSSR eine Anlage von 200 m^2 Fläche mit der Alge *Scenedesmus* bei Kohlendioxiddüngung aus Druckgasflaschen und mit Abgasen der zur Bewegung der Nährlösung eingesetzten Pumpmotoren täglich eine Proteinausbeute im Werte »eines halben Schweines«. Keine Wiese gleicher Fläche kann so viel »produzieren«. Der entscheidende Vorteil derartiger Anlagen liegt nicht nur in ihrer Effizienz und Verwertung sonst unbrauchbarer Abfallprodukte, wie Abwasser oder Abgase. Sie sind ein kontinuierliche, d. h. kybernetische Systeme. Viele Großanlagen entstanden in den letzten Jahren in tropischen und subtropischen Gebieten. Dort können durch die kontinuierliche Sonneneinstrahlung fast das ganze Jahr Algen wachsen. Sie stellen nach der Trocknung als geschmackloses Pulver ein »Instantprodukt« zur Soßenbereitung dar, das für Diätküchen wertvoll ist oder das direkt als Tierfutter dienen kann. Die Steigerung der Algenproduktion in den Anlagen stellt »nur noch« ein technisches Problem dar. Doch auch die natürliche Produktionskraft des Meeres an Phytoplankton birgt enorme Reserven. Mit 90 Mrd. t organischer Masse als Trockensubstanz ist sie sehr hoch (s. S. 135).

Auch die Durchsatzrate von Kohlenstoff, d. h. die Zeit von seinem Einbau bis zu seinem Freiwerden durch Zersetzung, ist bei Meeresalgen sehr hoch. Sie beträgt 25 Tage, während dagegen Landpflanzen 25 bis 35 Jahre benötigen. Diese Zahlen verdeutlichen die gewaltige Produktionskraft der Meerespflanzen.

Die Weltraumfahrt hat den Algen auch neue Aufgaben zugewiesen. Sie sind mit ihrem Kohlendioxidverbrauch, der Sauerstoffbildung und der Eiweißproduktion ideal geeignet, in dem »geschlossenen System«, wie es eine Weltraumkapsel darstellt, eine Regeneration der Luft für den Raumfahrer durchzuführen und überdies Nahrung bereitzustellen.

Auch höhere Pflanzen wurden von sowjetischen Forschern in Weltraumversuche einbezogen. So erwiesen sich Kartoffeln, Rote Rüben und Mohrrüben als sehr geeignet. Eine »Weltraumplantage« von 15 bis 18 m^2 reicht aus, um die Nahrung für einen Raumfahrer bereitzustellen und die Luft zu regenerieren. Auch wenn es zahlreiche Probleme zu lösen gilt, wie Schwerelosigkeit, kosmische

Grünalgenmassenkultur

Strahlung und Art der Kultivierung, sind »Weltraumgärten« keine völlige Utopie.
Aktueller erweist sich eine Pflanzennutzung zur Bestimmung der ständig wachsenden Umweltverschmutzung (s. S. 240). Durch die z. T. empfindliche Reaktion der Pflanzen auf Luftverschmutzung, wie etwa Verunreinigungen durch Schwefeldioxid, oder auf Boden- und Wasserverschmutzung sind sie zu wichtigen Bioindikatoren geworden. Während Tabakpflanzen Smogsituationen anzeigen, reagieren Flechten besonders auf Schwefeldioxid. Der Einsatz von Pflanzen als Bioindikatoren ist zwar kein Ersatz für eine schnelle und sensitive physikalische Messung, doch bilden Pflanzen eine bedeutungsvolle Ergänzung solcher Messungen. Als Anzeiger langfristiger Änderungen liefern sie zeitlich und räumlich Durchschnittswerte für Umweltschadstoffe.
Die Forschung an Pflanzen und die Anzahl ihrer neuen Einsatzgebiete nehmen mit dem Erkennen der Grenzen des Energie- und Rohstoffpotentials zu. Nicht nur die Züchtung neuer Pflanzen mit verbesserten Eigenschaften (s. S. 212), sondern auch ihr Einsatz zur Abfallnutzung, zur Abwasserreinigung, als Anzeiger der Umweltverschmutzung, zur Arzneimittelproduktion, Industrierohstoffproduktion oder als primäre Proteinproduzenten wird ständig gesteigert und zum Teilgebiet der Biotechnologie. Darunter faßt man alle Umsetzungen biologischer Leistungen in technischen Produktionsprozessen zusammen.

Pflanzen in der Züchtung

»Solange die naturwissenschaftliche und vor allem biologische Grundlagenforschung ständig neue Erkenntnisse und Methoden erarbeitet, solange erhält die angewandte Wissenschaft der Pflanzenzüchtung neue Möglichkeiten und Impulse, die es erlauben, die Evolution der Kulturpflanzen zum Besten der Menschheit voranzutreiben.«

F. Schwanitz (1967)

Seit etwa 5000 Jahren sind Pflanzen in Kultur. Genausolange betreibt der Mensch auch züchterische Arbeit, da er von Anfang an ertragreiche Sorten auslas. Was einst jeder Pflanzenbauer selber ausübte, übernahmen im 19. Jahrhundert Züchtungsbetriebe. Wurden früher nur »Umweltvarianten« ausgewählt, so vermehrte man nun hochwertige Einzelpflanzen zur Gewinnung von Elitesaatgut. Die Züchtung der Zuckerrübe (s. S. 34), des Petkuser Roggens und des Squarehead-Weizens, einer dick- und kurzstrohigen Pflanze mit reicher Ähre, sind Beispiele für den Erfolg der jahrelangen und mühevollen Auslese (Selektion) im vorigen Jahrhundert. Mit der Wiederentdeckung der Vererbungsgesetze (der Mendelschen Regeln) und der Entwicklung der Genetik zu Beginn unseres Jahrhunderts erhielt die Pflanzenzüchtung einen neuen wissenschaftlichen Zuschnitt. Nicht mehr Zufall und langwierige Selektion, sondern die Kombinationszüchtung (sexuelle Kreuzung, Bastardisierung) bestimmten den Erfolg.

Die heutige Pflanzenzüchtung nutzt vor allem eine kombinierte Anwendung der Auslese (Selektion) von Einzelmerkmalen oder Merkmalskomplexen, der künstlichen sexuellen Kreuzung von Individuen einer Art, der Bastardisierung (Hybridisierung) von Individuen mit verschiedenen Genen oder von verschiedenen Arten, der Inzucht, der künstlichen Mutantenerzeugung und der Erhöhung der Chromosomensätze (Polyploidisierung). In jedem Fall werden die im genetischen Material (DNA) festgelegten Erbeigenschaften ausgelesen oder neukombiniert bzw. vervielfacht.

Bei der Auslese, dem ältesten Verfahren in der Pflanzenzüchtung, führt man eine Auswahl genetisch günstiger Varianten (Rassen) oder natürlich vorkommender bzw. künstlich produzierter Mutanten durch.

Die sexuelle Kreuzung kombiniert die genotypisch fixierten Merkmale verschiedener Individuen. Dabei sind nach den Mendelschen Regeln in der Kreuzung von einem Merkmal die Nachkommen in der ersten Tochtergeneration untereinander gleich (uniform), in der zweiten Tochtergeneration dagegen spaltet das Merkmal unter der Individuenanzahl im Verhältnis 1:2:1 (rezessives Merkmal) oder 3:1 (dominantes Merkmal) auf. Die Kreuzung führt also zu reinerbigen (homozygoten) und gemischterbigen (heterozygoten) Nachkommen. Ihr Wesen besteht in der Merkmalsneukombination, die dank der Sexualität der Pflanzen möglich ist und damit eine genetische Mannigfaltigkeit der Organismen erzeugt. Der Züchter nutzt diese Eigenschaften, die über lange Zeiträume auch in der Evolution wirksam sind. Bei der künstlichen Kreuzung muß die natürliche Selbst- und Fremdbestäubung verhindert und der in den Staubgefäßen, den Antheren, produzierte Pollen des einen Kreuzungspartners auf die weiblichen Blütenorgane (Fruchtknoten, Narbe) des anderen Partners »mit der Hand« übertragen werden. Hierzu kastriert man die Pflanzen durch Staubbeutelentfernung vor ihrer Reife, überträgt auf sie den Pollen und umhüllt danach die Blüte zur Vermeidung der Fremdbestäubung. Doch oft verhindern Kreuzungsbarrieren (Inkompatibilität) die Befruchtung innerhalb eines Individuums (Selbststerilität) bzw. einer Art oder Population. Dadurch werden in der Natur Selbstbefruchtung und die daraus folgende Inzucht unmöglich, und die Kreuzung genetisch verschiedener Individuen bzw. Populationen wird begünstigt.

Die Bastardisierung, also die Kreuzung von Individuen mit verschiedenen Genen oder verschiedener Arten, ist ein wesentliches Hilfsmittel der Züchtung. Obwohl in der Regel die Kreuzungsfähigkeit gerade bei Individuen einer Art am größten ist und mit wachsendem Unterschied der Genotypen abnimmt, neigen auch verschiedene mitunter entfernt verwandte Arten zur Bastardisierung. Der Züchter nutzt die Kombination verschiedenen Genmaterials aus, weil dabei verstärkt erwünschte Merkmale auftreten können.

Auch die Mutantenerzeugung durch UV- oder Röntgenstrahlen bzw. chemische Agenzien helfen dem Züchter. Es entstehen aufgrund der Variabilität des genetischen Materials innerhalb einer Vielzahl von Individuen mitunter wenige genetisch stabile Abweichungen in einem Merkmal. Nach Selektion geeigneter (positiver) Merkmale können diese nachfolgend durch Kreuzung verbreitet bzw. im Ursprungsgenom festgelegt werden.

Zu den wichtigen durch Kreuzung verbesserten Nutzpflanzen zählt der Weizen. So gelang dem Schweden Nielsson-Ehle durch Kreuzung des ertragreichen englischen Squarehead-Weizens mit dem schwedischen winterharten Landweizen ein großer Erfolg. Die Züchtung frühreifer Sommergetreide verschob deren Anbau in Europa und Kanada weit nach Norden. Gepaart mit verbesserter Ernährung der Pflanzen durch Düngung und Einsatz von Pflanzenschutzmitteln, gipfelten die Erfolge der Getreidezüchtung in ungeahnten Hektarerträgen. Ziele der Weizenzüchtung waren neben gesteigerten Erträgen vor allem eine ökologische Toleranz der Pflanzen gegen Trockenheit und Salzgehalt sowie ein verbesserter Eiweißgehalt der Körner. Doch die genetische Basis dieser Hochleistungssorten wurde immer schmaler. Die Anzahl der ursprünglichen Sorten, aus denen sie hervorgingen, war gering. Besonders in Mexiko wurde durch N. Borlaug Weizen züchterisch aufgebessert. Hohe Erträge, Kurzstrohigkeit, Halmstabilität und Anpassung an unterschiedliche Klimazonen sowie Tageslängen sind mit dem Verlust an genetischer Vielfalt erkauft worden.

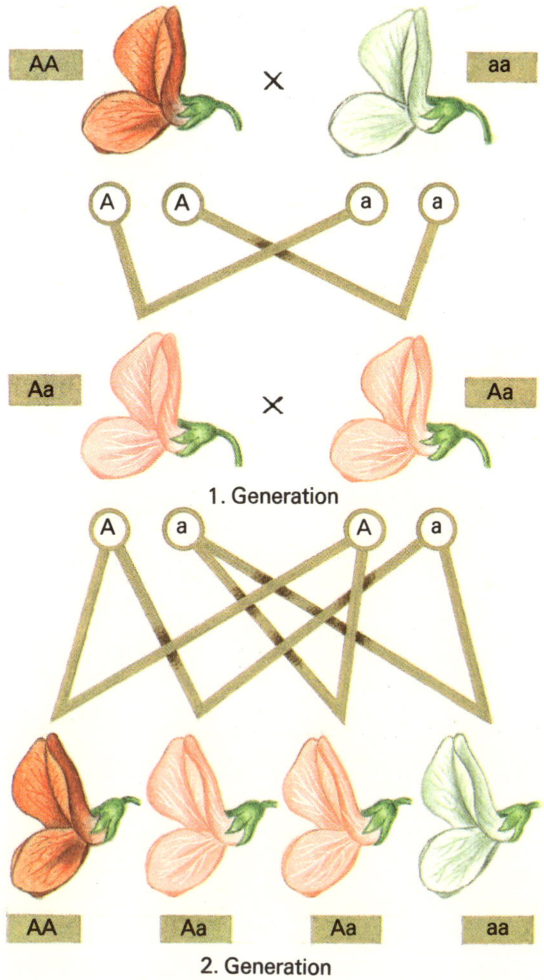

Die Mendelschen Regeln bei der Saaterbse (aa, AA = Kreuzungspartner)

Der ursprünglich von Borlaug erzielte Hochleistungsweizen war gegen starke Düngung empfindlich, schwere Ähren und dünne Halme führten zur »Lageranfälligkeit«. Durch Einkreuzung eines japanischen Zwergweizens gelang es ihm dann 1953, den mexikanischen Kurzstrohweizen mit hohem Ertrag zu züchten. Er wird heute rund um die Welt in riesigen Monokulturen genutzt und begünstigte in den kapitalistischen Ländern jene, die Hochleistungsweizen kaufen konnten. Sie schufen mit hohen Erträgen ihrer riesigen Monokulturen ein Preisdiktat. So genießen heute in Mexiko nur 3,2 Prozent aller Farmer über vier Fünftel jenes Fortschritts, der durch züchterische Verbesserung des Saatgutes erlangt worden war.

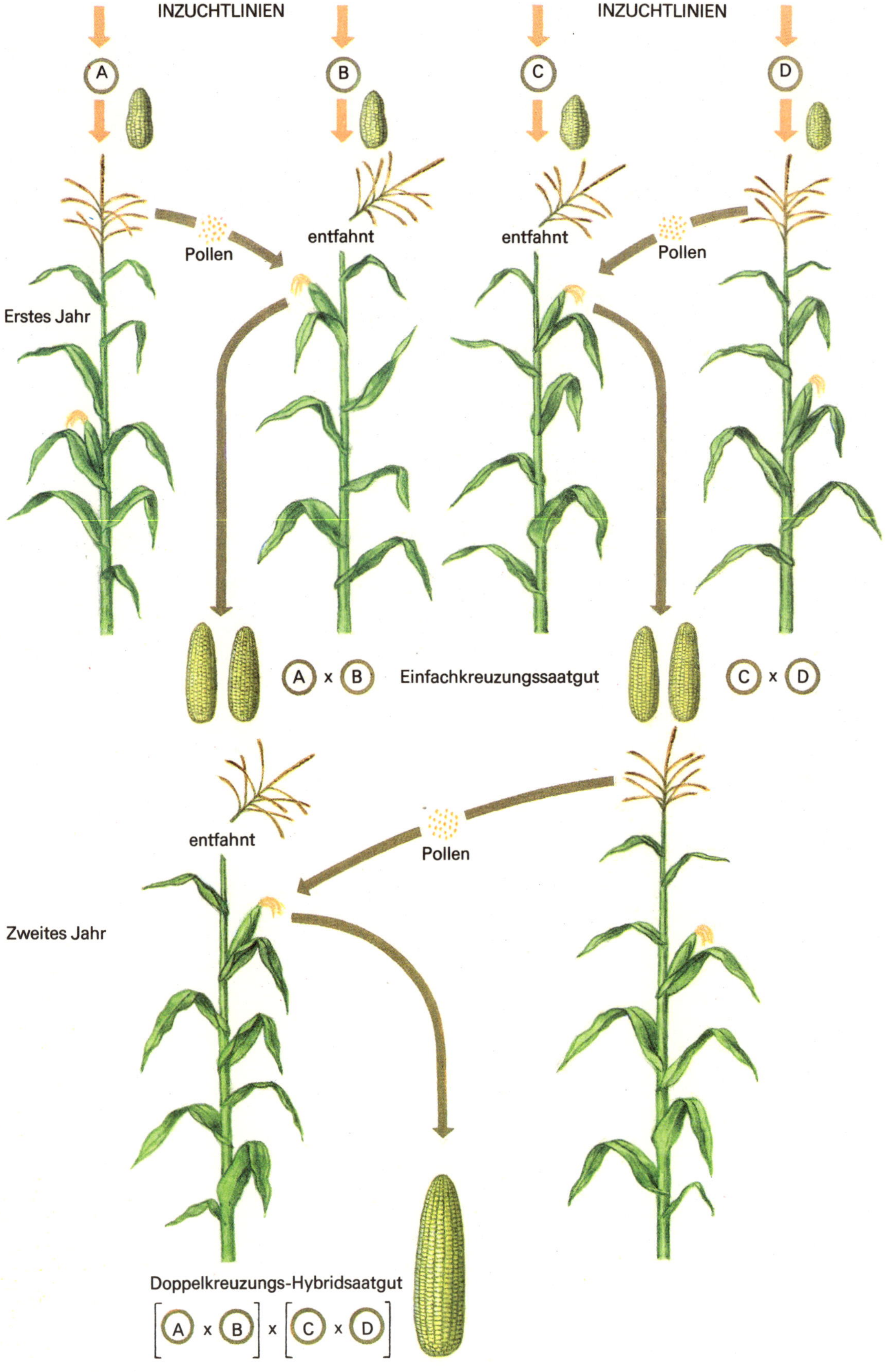
INZUCHTLINIEN
INZUCHTLINIEN
A
B
C
D
Pollen
entfahnt
entfahnt
Pollen
Erstes Jahr
A x B
Einfachkreuzungssaatgut
C x D
entfahnt
Pollen
Zweites Jahr
Doppelkreuzungs-Hybridsaatgut
[A x B] x [C x D]

Samensammlung im Herbar des Zentralinstituts für Genetik und Kulturpflanzenforschung Gatersleben bei Aschersleben

Die »Grüne Revolution« – die Ausbreitung der Hochleistungssorten von Weizen, Mais, Reis und anderen Kulturpflanzen vor allem in den Entwicklungsländern – geht heute um die Welt. In Mexiko stiegen innerhalb von 15 Jahren die Weizenhektarerträge auf das Dreifache.

So wertvoll und notwendig auch diese züchterischen Erfolge waren, die neuen Sorten wiesen eine mangelnde Widerstandsfähigkeit gegen Pflanzenschädlinge auf. Während Viren, Pilze, Bakterien und Insekten in den genetisch heterogenen Landrassen kleiner Anbauflächen mit Mischpflanzungen, Fruchtfolge und wechselnder Anbautechnik nur begrenzt auftreten konnten, bildete der genetisch homogene Hochleistungsweizen ein ideales »Arbeitsfeld« für Schädlinge. So vernichtete in den USA eine Pilzkrankheit 1953 und 1954 zwei Drittel der Hartweizen- und ein Drittel der Brotweizenernte. Ebenso schränkte ein Mehltaupilz in Indien in den siebziger Jahren die gerade erreichte verdreifachte Weizenernte ein. Was sich früher in der genetischen Vielfalt der Landrassen »biologisch« regelte, muß heute der Züchter korrigieren. Doch die Anpassungsgeschwindigkeit der Schädlinge wuchs mit der schmaleren genetischen Basis der Hochleistungssorten. So verloren in Mexiko zwischen 1943 und 1965 sechsmal jeweils neue Weizensorten ihre Resistenz gegen Schwarzrost.

Dem Züchter stehen heute nur 5 bis 7 Jahre zur Verfügung, um nach Auftreten von Schädlingen resistente Sorten durch Einkreuzung primitiver Rassen aus ihren Ursprungsgebieten zu züchten. So rettete der Pflanzengenetiker J. Harlan den Weizenanbau der USA vor einer Pilzkrankheit durch Einkreuzung eines Weizens aus der östlichen Türkei. Allein war diese türkische Rasse unbrauchbar in bezug auf Ertrag, Backfähigkeit und Winterhärte. Doch sie trug zahlreiche Resistenzgene. Auch Gattungsbastarde zwischen Roggen *(Secale)* und Weizen *(Triticum)*, Triticale genannt, können die Resistenz gegen Mehltau- und Rostpilze verbessern. Man kennt derartige Gattungsbastarde seit 100 Jahren, doch sie liefern geringe Erträge. Deshalb wird die Züchtung leistungsstarker Gattungsbastarde derzeit intensiv betrieben.

Die Kenntnis der Ursprungs- und Verbreitungszentren sowie der genetischen Vielfalt des Weizens und anderer Kulturpflanzen verdanken wir dem sowjetischen Genetiker N. Wawilow. Er entdeckte seit 1928 9 Zentren der Kulturpflanzenentwicklung: Äthiopien, die Mittelmeerländer, Vorderasien, Turkmenien, Indien, Thailand–Malaysia–Djava, China, Mexiko–Guatemala und das Andenhochland. Diese Zentren weisen bei starken geographischen und klimatischen Unterschieden alle eine Berg- und Hügellandschaft mit großer geologischer, klimatischer und ökologischer Vielfalt auf, die im Verlaufe von mehreren tausend Jahren des Kulturpflanzenanbaues durch den Menschen unterschiedliche evolutionäre Wege für die Pflanzen zuließ. Wawilow hat aus der genetischen Vielfalt solcher Primitivrassen beim Weizen hervorragende Sorten gezüchtet. Heute stellen dank Wawilows Vorarbeit die primitiven Weizenformen ihrer ursprünglichen Entfaltungsgebiete Rettungsanker für die Hochleistungszüchtung dar.

Die Gewinnung von Hybridmaissaatgut aus 4 verschiedenen Inzuchtlinien (A–D)

Die Bewahrung gegenwärtig vorkommender genetisch günstiger Pflanzenrassen ist zu einer Aufgabe der Züchtungsforschung geworden. Durch weltweite Sammlungen und Speicherung von Samen, Knollen und regenerationsfähigem Pflanzenmaterial hat man in vielen Ländern sogenannte Genbanken eingerichtet. Hier wird gleich einem Archiv die genetische Vielfalt der Kulturpflanzen aufbewahrt. So lagern auf den Philippinen im internationalen Reisforschungsinstitut (IRRI) 45000 Reissorten. Im Weizen- und Maisentwicklungszentrum in Mexiko (CIMMYT) werden 12000 Maissorten gespeichert, und im National Seed Storage Laboratory in den USA, der größten Genbank der Welt, bewahrt man 400000 Kulturpflanzensorten auf. Die »Genbanken« der ganzen Welt stehen untereinander im Austausch und dienen neben dieser Genkonservierung und Sammlung wildwachsender Verwandter der Kulturpflanzen der Erhaltungs- und Hochleistungszüchtung sowie der Saatgutvermehrung. Die Samenspeicherung erfolgt nach schrittweisem Wasserentzug bei Temperaturen von 0 bis −20 Grad Celsius, wodurch die Keimfähigkeit über Jahrzehnte erhalten bleibt.

Neben Weizen und Reis zählt auch Mais mit 370 Mill. t jährlicher Produktion zu den wichtigsten Nutzpflanzen. Seit den sechziger Jahren verzehnfachte sich in vielen Ländern der Welt die jährliche Ertragsmenge. Der wärmeliebende Mais ließ sich plötzlich auch bis in 4000 m Höhe und bis 60 Grad nördlicher Breite anbauen. Eine einzigartige züchterische Verbesserung hatte ihn für bis dahin unerreichbare klimatische Gegenden »zurechtgeschneidert«. Mais trägt die meist in einer Blüte vereinten Fortpflanzungsorgane auf einer Pflanze getrennt (einhäusige Pflanze). Die männlichen Blütenteile bilden eine endständige Rispe, die weiblichen sind in einem blattachselständigen Kolben vereint. Damit ist Mais als Fremdbestäuber ideal für die Hybridzüchtung geeignet, sind doch die einzelnen Maispflanzen einer Feldpopulation geringfügig in den Erbanlagen verschieden. Auch zeigt der Mais in Hinblick auf Vegetationsdauer, Pflanzenmasse, Korngewicht, Körneranzahl im Kolben sowie Zucker- und Eiweißgehalt, Standfestigkeit der Pflanzen und ihre Temperaturempfindlichkeit eine ungewöhnliche Variationsbreite.

Die Hybridzüchtung, 1908 von Eal und Shull in den USA entwickelt, verfolgt unter Ausnutzung dieser natürlichen Variationsbreite eine züchterische Aufbesserung zweier unterschiedlicher Genpools (Gesamtheit der Erbfaktoren einer Population). Die »Anreicherung« gewünschter Merkmale in beiden Genpools wird durch Inzucht stabilisiert, d. h., es wird eine Reinerbigkeit geschaffen und durch Kreuzung beider Genpools ein Hochleistungsmais erzeugt.

Wie erfolgt das? Entgegen der natürlichen Fremdbefruchtung wird bei der Inzucht jede einzelne Pflanze mit sich selbst über 6 bis 7 Jahre bestäubt. Dabei entstehen Reinerbigkeit und hohe Leistungsdepression. Die Pflanzen sind kleiner und haben bis zu einem Viertel geringeren Ertrag. Doch unerwünschte Merkmale, die in einer mischerbigen Kultur überdeckt sind, werden nun sichtbar und damit eliminierbar. Das verbleibende Material unterwirft man dann einer mehrmaligen Kreuzung mit dem anderen Genpool, bis das gewünschte Merkmal, etwa ein hoher Ertrag, »angereichert« ist. Aus einer solchen reinerbigen Inzuchtlinie wird durch Kreuzung mit einer Inzuchtlinie eines anderen Genpools ein Hybridmais gewonnen, der sich in der ersten Generation durch ein stark erhöhtes Leistungspotential hinsichtlich der angestrebten Merkmale (Heterosiseffekt) auszeichnet. Doch seine züchterisch »aufgeputschte« Leistung wie etwa ein hoher Ertrag geht durch Aufspaltung der genetischen Merkmale und Fremdbestäubung in den folgenden Generationen schnell wieder verloren. Deshalb muß Hybridmais jährlich neu aus den Zuchtstationen bezogen werden. Dort wird er auf riesigen Feldern aus zwei gespeicherten Inzuchtlinien immer wieder angezogen, indem zwei Reihen von »Vaterpflanzen« Pollen für mehrere Nachbarreihen der kastrierten rispenlosen »Mutterpflanzen« liefern.

Hybridsaatgut schuf eine weltweite drastische Erhöhung bzw. Ausdehnung der Erträge und der Anbauareale des Maises. Doch wie bei Weizen bergen diese Hochleistungszüchtungen auch Gefahren: Die schmale genetische Basis des Hybridmaises macht ihn besonders anfällig gegen Schädlinge, Trockenheit oder Klimaschwankungen. Dies führte 1970 in den USA fast zu einer Katastrophe. Wegen der hohen Kosten der manuell durchzuführenden Kastration nutzten alle Züchter die mütterlich und plasmatisch vererbte Pollensterilität zur Gewinnung kastrierter mütterlicher Eltern. So trugen 1970 80 Prozent aller Maishybriden diese Pollensterilität. Aber ein Pilz *(Helminthosporium maydis)*, der Erreger einer Blattwelkekrankheit, hatte sich gerade auf pollensteriles Plasma

Blühende Rhododendronhybride

spezialisiert. So entstand nach seiner epidemischen Ausbreitung ein Ernteausfall in den Südstaaten der USA bis zu 50 Prozent. Um 1970 dienten nur 6 Inzuchtlinien als Vorstufe des Hybridmaises und bestritten 72 Prozent der nordamerikanischen Maisproduktion (50% der Welternte). Heute ist man nicht nur bestrebt, die genetische Basis von Hybridmais zu verbreitern, sondern auch in den Entwicklungsländern statt anfälliger Hybridformen lediglich verbesserte Populationen einzusetzen, die genetisch »gepuffert« sind.

Da Mais in diesen Ländern oft die einzige Nahrungsquelle darstellt, muß hier vor allem eine Verbesserung der Eiweißqualität erreicht werden. Mais enthält etwa 10 Prozent Eiweiß, das aber biologisch nicht vollwertig ist. Zwei notwendige (essentielle) Aminosäuren, Lysin und Tryptophan, kommen in ungenügender Menge vor. In der Genmutante »Opaque-2« entdeckte man aber 1964 doppelte Mengen dieser Aminosäuren. Durch Einkreuzung dieser Mutante gelang es im CIMMYT, biologisch vollwertigen Mais zu erhalten. Er ist auch für die Tierernährung bedeutsam, denn zwei Drittel der Weltmaisernte werden als Futtermittel verbraucht.

Die Beiträge der klassischen Züchtung zur Schaffung neuer Obstsorten, Zierpflanzen bzw. landwirtschaftlich, medizinisch oder industriell genutzter Pflanzen sind ungezählt. Unter unseren einheimischen Obstsorten finden wir zahlreiche Artkreuzungen, wie Johannisbeere, Apfel und Birne. Aber auch bei vielen Zierpflanzen, wie Pfingstrosen, Lilien, Narzissen, Schwertlilien und Tulpen, handelt es sich um Artkreuzungen. Ebenso zahlreich sind hier Zuchtformen, die aus Kreuzungen zwischen Sippen und Rassen (Varietäten) einer Art oder durch Mutation entstanden. Die Gartenbauausstellungen vieler Städte der Welt bieten ein buntes Bild jener züchterischen Bemühungen.

Seit 2000 v.u.Z. (zuerst in Persien) wird die Rosenzüchtung betrieben. Gerade bei der Rose scheint die Vielfalt aus Farbe, Form und Duft unbegrenzt zu sein und wird durch die häufige Hybridbildung begünstigt. Die aus Südchina stammende stark duftende »Hume's Blush-scented China« war im England des vorigen Jahrhunderts als »Teerose« beliebt. Garten- und Beetrosen wurden in unserem Jahrhundert zu Züchtungsobjekten ungezählter Liebhaber. So kennt man heute mehrere tausend Rosenarten und -sorten, wobei die Rosenzüchtung zu stark und apart duftenden Rosensorten tendiert. Vielleicht trägt das Überangebot optischer Reize in heutiger Zeit dazu bei.

Auch Gattungsbastarde sind zuweilen möglich. So gingen aus der Kreuzung verschiedener Arten der Gattung *Citrus* mit Arten der nahe verwandten Gattungen *Fortunella, Poncirus, Mikrocitrus* und *Eramocitrus* neue Kulturpflanzen, wie Citrumquat, Limequat, Orangequat, Citrangequat u. a., hervor (s. auch S. 94).

Ein besonders eindrucksvolles Beispiel für eine jahrhundertelange Auslesezüchtung geben uns die heute angebauten Kohlsorten. Aus dem Wildkohl *Brassica oleracea* wurde durch Auslese auf Ausprägung des Blütenstandes der Blumenkohl, der Blätter der Grünkohl, der Seitentriebe der Rosenkohl, des Haupttriebes der Kopfkohl (Rot- und Weißkohl) und des Strunkes der Kohlrabi herausgezüchtet.

Natürlich auftretende Mutationen waren das wesentlichste Hilfsmittel für die Züchtung der Lupinen. Drei Arten sind im Anbau: Weiße Lupine *(Lupinus albus)*, Gelbe Lupine *(L. luteus)* und Blaue Lupine *(L. angustifolius)*. Jahrhundertelang wurde die Lupine wegen der Hartschaligkeit der Samen, des Aufplatzens der Hülsen und des Alkaloidreichtums, der sie bitter und giftig machte, nur als Grünmasse zur Bodenverbesserung (Lupinen fixieren Stickstoff) angebaut. R. von Sengbusch gelang in den dreißiger Jahren mit seinen Mitarbeitern, durch Mutantensuche die alkaloidarme »Süßlupine« zu züchten. Bis zu 15000 Einzelpflanzen wurden dabei täglich analysiert. Nach jahrelanger Suche fand man von der Gelben Lupine 3, der Blauen Lupine 2 und der Weißen Lupine eine Mutante mit geringem Alkaloidgehalt. Doch die Züchtungsarbeit galt auch platzfesten Hülsen. Solche traf man nur bei einer von 10 Millionen Einzelpflanzen an. Auch das Abbrechen ganzer Hülsen konnte nach weiterer Auslese und Kreuzung »überwunden« werden. So besitzt unsere heute angebaute Kulturform dank der Mutantenselektion und Kreuzung alkaloidarme Hülsen, die weder aufplatzen noch abbrechen.

Die bei der Lupine begonnene Mutantenzüchtung erlangte mit der künstlichen Erzeugung von Mutationen einen großen Aufschwung. Dabei werden die Erbinformationen, verschlüsselt in der DNA, durch UV- oder Röntgenstrahlen bzw. chemische Agenzien (Mutagene) geringfügig geändert, d.h., es werden genetische »Abweicher« (Mutanten) künstlich erzeugt. Sie bilden dann die Basis für Kreuzungen.

Während die Züchtung von Nahrungspflanzen vorrangig auf die Verbesserung des Ertrages, seiner Qualität sowie der Schädlingsresistenz ausgerichtet ist, steht die Züchtung von Rohstoffpflan-

Hybride von Tulipa kaufmanniana im Botanischen Garten Halle

Blüte der Parkrose ‚Conrad Ferdinand Meyer'

zen vor anderen komplexen Aufgaben. Die Qualitätszüchtung bei Baumwolle hat z. B. einerseits Sorten bereitgestellt, die einen höheren Fruchtansatz durch vielfache Verzweigungen im Blütenbereich besitzen. Andererseits entstanden auch Sorten, bei denen nicht nur die Zahl der Samenhaare (Baumwollfasern) erhöht ist, sondern die Fasern gleichmäßiger, reißfester und besser färbbar sind. Als es gelungen war, die altweltliche diploide Herbacea-Gruppe (Genom A, 2 n = 26 Chromosomen) zu polyploidisieren, konnte man auch Kreuzungen mit der neuweltlichen Hirsuta-Gruppe (Genom AD, 2 n = 52 Chromosomen) vornehmen. Diese Kreuzungen wurden für die Resistenzzüchtung wichtig. So sind heute frost- und krankheitsresistente Sorten bekannt. Mehr als irgendeine andere Kulturpflanze leidet Baumwolle an

Krankheiten und Schädlingen. Doch gibt es bereits erste Erfolge bei der Züchtung insektenresistenter Varietäten. Die nektarlose Form ›Nectaryless‹ lockt z. B. weniger Insekten an. Ein spektakulärer Erfolg aber war die Züchtung der Sorte ›Lokett 4789 A‹, die für eine maschinelle Ernte hervorragend geeignet ist. Ihre Züchtung gelang durch Einkreuzung von Erbmaterial aus *Gossypium hirsutum* (s. S. 124).

›Lokett 4789 A‹, weltweit auch am stärksten angebaut, unterscheidet sich vom natürlichen Habitus der Baumwollpflanze in mehrfacher Hinsicht deutlich. Sie ist schmalwüchsig, bildet die Früchte nahe dem Stamm aus, läßt sie fast gleichzeitig reifen und wirft die aufgesprungenen Kapseln nicht ab. Seitdem entwickelte man in der UdSSR und den USA weitere Sorten, die hohe Erträge bei der maschinellen Ernte garantieren.

Noch sind nicht alle Kulturpflanzen Gegenstand züchterischer Bemühungen. Insbesondere viele Arten der Tropen und Subtropen, wie etwa Sorghumhirse und Maniok, können züchterisch noch stark verbessert werden. Diese beiden Pflanzen ersetzen in den warmen Klimaten Weizen und Kartoffeln als Kohlenhydratquelle. Bei Sorghumhirse müßte der Gehalt an essentiellen Aminosäuren erhöht und bei Maniok der Anteil giftiger Glykoside gesenkt werden.

Trotz großer Erfolge durch die klassische Züchtung sucht man insbesondere wegen ihrer zeitraubenden Verfahren nach prinzipiell neuen Methoden. Sie sind durch Nutzung von Protoplasten, die Anwendung der Zellkulturtechnik (s. S. 204) sowie die Genmanipulation möglich. Sogenannte Haploidenzüchtung kann die klassische Züchtung ersetzen. Haploide Zellen enthalten einen einfachen Chromosomensatz, sind reinerbig, treten bei jeder diploiden Pflanze in den weiblichen und männlichen Geschlechtszellen der Blüte (Embryosack bzw. Pollenkorn) auf und stellen die Träger

Staudenlupine (Lupinus polyphyllus) am Standort

neuartiger Erbkombination dar, die der Züchter sucht. Bei haploiden Zellen prägen sich die Neukombinationen, unabhängig von der Dominanz, wie sie sonst bei der klassischen Züchtung auftritt, phänotypisch voll aus. Wenn aus einem Staubgefäß (Anthere) die Regeneration der Ganzpflanze gelingt, kann an ihr die neuartige Erbkombination (Genotypus) phänotypisch beobachtet werden. Doch erfordert dies einen hohen Arbeitsaufwand und war bisher nur bei einigen Pflanzen erfolgreich. So sind mitunter 50000 Antherenkulturen nötig, um eine haploide Pflanze mit den neuen erwünschten Merkmalen zu erhalten.

Durch Behandlung mit Colchizin, einem Hemmstoff der Zellkernteilung, gewinnt man aus der haploiden wieder eine diploide und damit fertile, d. h. blütenbildende Pflanze. Dieser arbeitsaufwendige Weg umgeht die klassischen Züchtungsverfahren, die von der Vegetationsperiode abhängig sind. Auf diese Weise wurden bisher neue Sorten von Tabak, Reis, Mais und Weizen geschaffen. Doch sind die Erfolge, gemessen am Aufwand, noch gering. Aber unerschöpflich scheinen die Möglichkeiten für die Züchtung höherer Leistungsfähigkeit der Rohstoff-, Arznei- oder Nahrungspflanzen zu sein, wenn man Protoplasten aus haploiden Pflanzen gewinnt und an ihnen Mutationsauslösung, Aufnahme von Zellorganellen oder Transformation (Inkorporation) isolierter DNA durchführt (s. S. 222).

Ebenso intensiv, weil zukunftsträchtig wird an der Fusion von Protoplasten gleicher oder verschiedener Arten gearbeitet. Hierbei entstehen zunächst verschiedenkernige Zellen (Heterokaryon), deren Zellkerne verschmelzen können, d. h. eine Hybridzelle liefern. Durch die sogenannte somatische Hybridisation kann das genetische Material artgleicher oder verwandter artverschiedener Partner in einer Pflanze vereint werden. So wird die Kreuzungsunverträglichkeit (Inkompatibilität), wie sie bei der sexuellen Kreuzung auftritt, umgangen. Während eine solche Protoplastenfusion heute relativ leicht erreicht werden kann, bildet aber die Selektion der somatischen Hybride aus der Vielzahl gleichfalls fusionierter elterlicher Protoplasten eine schwierige Aufgabe.

Das bisher aufregendste Beispiel einer somatischen Hybridisation war die Verschmelzung von Protoplasten der Tomate und der Kartoffel, also sogar von Arten verschiedener Gattungen, durch G. Melchers im Jahre 1977. Die aus den Hybridzellen regenerierten Pflanzen, »Kartomate« bzw. »Tomoffel« genannt, trugen zwar weder verwendbare Tomaten noch Kartoffeln, sind aber zellbiologisch ein wichtiger Fortschritt. In Melchers Kartomate zeigte sich jedoch wie bei den 40 anderen bisher gelungenen Beispielen somatischer Hybridisation ein entscheidender Nachteil. Bei derartigen Hybriden kommt es zu einer vermehrten anormalen Verteilung der Chromosomen während der Zellkernteilung (der Mitose), so daß genetische Information durch Chromosomenverlust bei der Mitose »verlorengehen« kann.

Während eine somatische Hybridisation die Kombination aller elterlichen Merkmale anstrebt, scheinen gentechnische Verfahren bei Protoplasten hoffnungsvoller zu sein. Wege dazu sind bereits mit den Genmanipulationen an bakteriellen und tierischen Organismen aufgezeigt worden. Prinzipiell sind folgende 4 Schritte erforderlich: die Isolierung und Anreicherung des gewünschten Gens, die Übertragung des Gens oder der Gene in den Protoplasten, die Selektion der veränderten (manipulierten) Protoplasten und die Regeneration ganzer Pflanzen aus solchen manipulierten Protoplasten. Während es für den ersten Schritt keiner grundsätzlich neuen Erkenntnisse bedarf, bereitet die Einschleusung gewünschter genetischer Information in pflanzliches Erbgut große Schwierigkeiten. Das vergleichsweise kleine Genstück eines gewünschten Merkmals (etwa die vermehrte Samenproteinbildung) muß in die »riesige« Erbmasse eines pflanzlichen Protoplasten eingebaut, dort in zelluläre Leistungen umgesetzt werden und bei der Zellkernteilung sowie sexuellen Fortpflanzung erhalten bleiben (s. S. 222). Wenn es gelingt, derartige Genmanipulation zur »Herstellung« neuer Pflanzen einzusetzen, kann man gewünschte Veränderungen gegenüber der klassischen Züchtung von Pflanzen 10000mal schneller erreichen.

Das derzeit wohl ehrgeizigste Projekt der Genmanipulation an Pflanzen ist die Übertragung der sogenannten nif-Gene auf unsere wichtigsten Kulturpflanzen, wie Mais, Reis und Weizen. Solche nif-Gene tragen die Erbinformation für die Bildung der Nitrogenase, eines Proteinkomplexes, der z. B. in den Wurzelknöllchen der Leguminosen die Stickstoffixierung ermöglicht (s. S. 233). Diese Nitrogenase ist allerdings extrem sauerstoffempfindlich und wird in den Wurzelknöllchen durch ein anderes Protein, Leghämoglobin genannt, vor Sauerstoff geschützt. Gelingt es, derartige nif-Gene in wichtige Kulturpflanzen zu übertragen und das Problem der Sauerstoffempfindlichkeit zu lösen, würde die umweltbelastende teure Nitratdüngung entfallen und trotzdem ein hoher Ernteertrag erreicht werden.

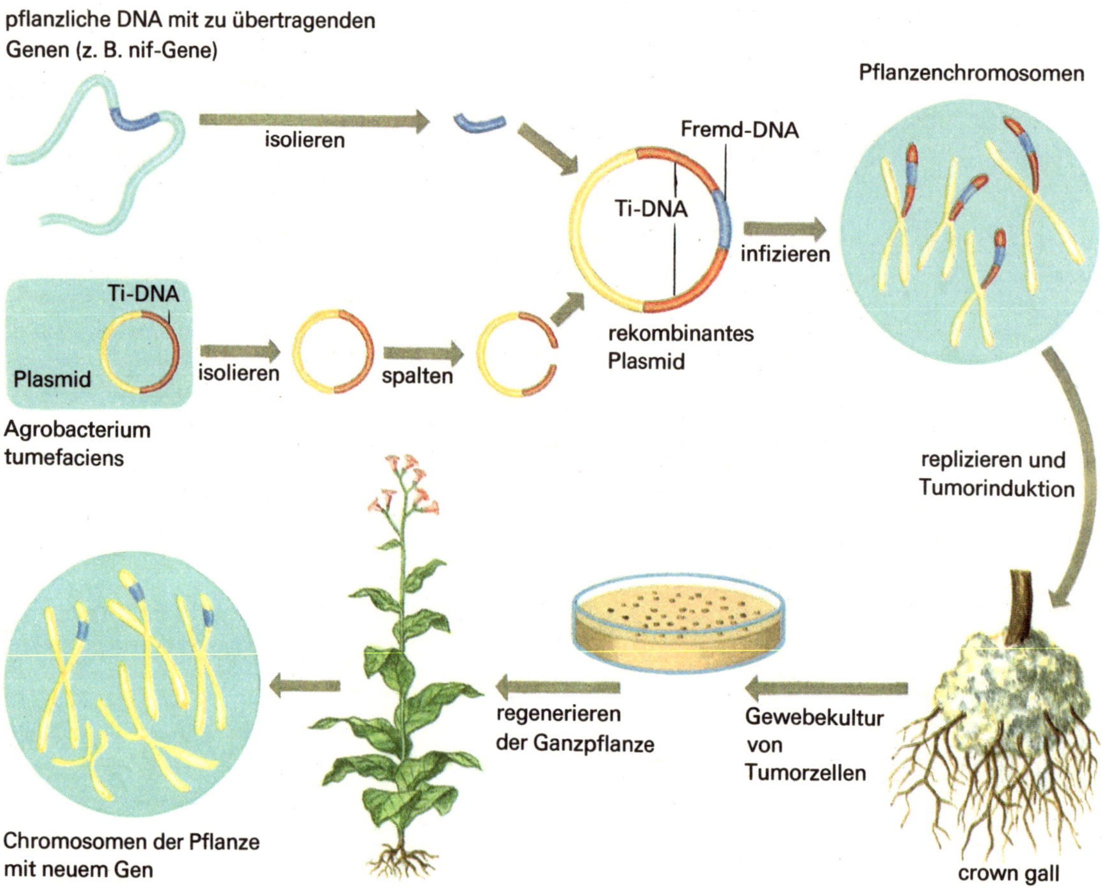

Schritte des Gentransfer bei Pflanzen unter Nutzung des Ti-Plasmids als Vektor

Auch die Übertragung der Samenproteingene erscheint durch Genmanipulation möglich. Der Einbau solcher Proteine in leistungsschwache Kulturpflanzen oder Bakterien (industrielle Bildung von pflanzlichen Samenproteinen bei Bakterienwachstum) würde zahlreiche Ernährungsprobleme lösen.
Die nif-Gen-Übertragung studierte man zuerst an biochemischen Modellobjekten, wie dem Darmbakterium *Escherichia coli* und der Bäckerhefe *Saccharomyces cerevisiae*. Hier gelangen die nif-Gen-Übertragung und die Auslösung der Stickstoffixierung. Immer wird von der Isolierung jener 17 nif-Gene aus solchen Bakterien ausgegangen, die in der Symbiose mit Leguminosen eine Stickstoffixierung vollführen können. Nach dem Einschleusen der nif-Gene in die Bakterien und ihrer Vermehrung sind sie in vielfacher Kopie und Menge isolierbar. Sie können auch in die Protoplasten jener Pflanzen eingeschleust werden, die später nif-Gene tragen sollen. Hauptprobleme sind derzeit jedoch nach der nif-Gen-Einschleusung die Realisierung und Erhaltung jener genetischen Information (Expression).
Besonders hoffnungsvoll scheint eine von A. Schell eingeschlagene Richtung zu sein; er nutzt mit seinen Mitarbeitern das Ti-Plasmid als Vektor zur Einschleusung der nif-Gene. So kennt man seit langem tumorartige Wucherungen (crown galls) an Blütenpflanzen wie Leguminosen, die durch Einbau eines winzigen DNA-Stücks (hier Ti-Plasmid genannt) aus dem Bakterium *Agrobakterium tumefaciens* hervorgerufen werden. Es handelt sich um einen natürlichen Einbau fremder DNA in pflanzliches Erbgut. Das Ti-Plasmid kann, wie bereits durchgeführt, um gewünschte Gene vergrößert werden. Gelingt also sein Einbau in das Erbgut einer Kulturpflanze, so kann man damit weitere erwünschte Gene in diese einschmuggeln. Bisher war der Einbau des Ti-Plasmids in die DNA von Tabakprotoplasten und deren Regeneration zur Ganzpflanze erfolg-

reich, wobei die Ti-Plasmid-Geninformation erhalten und realisiert wurde. Auch bleibt das Ti-Plasmid-Gen über mehrere Generationen generativer Vermehrung, also über den Samen, erhalten.
Eine somatische Hybridisation zwischen Wurzelknöllchen bildenden Leguminosen und Getreide stellt eine andere Möglichkeit der nif-Gen-Übertragung auf Getreide dar. Obwohl die Forschung noch enorm schwierige Aufgaben zu lösen hat, gelten die Übertragung der nif-Gene und ihre Realisierung in Kulturpflanzen nicht mehr als utopisch. Als schneller erfolgversprechender Weg erscheint auch die Übertragung der nif-Gene in andere bodenbewohnende Bakterien, die somit zu natürlichen Produzenten organischen Stickstoffs im Boden werden, wobei man auch versucht, andere Kulturpflanzen zur Knöllchenbildung zu befähigen.
Die Züchtung wird also in Zukunft nicht nur bisher unausgeschöpfte Leistungen von Kulturpflanzen durch klassische Verfahren, wie Auslese, Kreuzung, Mutation und Hybridbildung, anstreben, sondern auch durch somatische Hybridisation, Haploidenzüchtung und Genmanipulation ganz neue Dimensionen eröffnen. Darunter sind auch biotechnologisch verwertbare Rassen gemeint.

Ertragsbildung und Pflanzenschutz

»Wer Raupen tilgen will,
muß das Nest verbrennen.«
»Wie die Pflege, so die Erträge.«

Bauernsprichwörter

In den Industriestaaten mit ihrer überreichlichen Proteinernährung sind mehr als die Hälfte der verbrauchten Proteine tierischen Ursprungs (Fleisch, Milch, Eier und ihre technologischen Verarbeitungsprodukte). In den mit Eiweißen ungenügend versorgten Entwicklungsländern werden dagegen überwiegend pflanzliche Proteine in geeigneter Aufarbeitungsform verbraucht. Etwa 50 Prozent des gesamten Ackerlandes der Welt, d. h. rund 740 Mill. ha, werden mit Getreide bestellt. Es spielt in den meisten tropischen und subtropischen Ländern eine große Rolle für die menschliche Ernährung. In den hochentwickelten Industrienationen dient ein erheblicher Teil der Getreideernte als Futtermittel für die Tierernährung (s. S. 103).

Weizen wird auf etwa 240 Mill. ha kultiviert und nimmt die Spitze unter allen Getreidearten ein, ihm folgen Reis, Körnermais und Gerste. Von der Weltanbaufläche an Getreide wurden 1980 im Durchschnitt 21,1 dt/ha geerntet, wobei Körnermais und Reis die höchsten Erträge bringen. Seit Beginn der fünfziger Jahre hat sich die Weltgetreideernte fast verdoppelt und erreichte 1982 einen Ertrag von schätzungsweise 1570 Mill. t. Spitzenerträge mit durchschnittlich 50 dt/ha und Jahr werden in Ländern wie Japan und den Niederlanden erzielt. In den meisten europäischen Ländern sowie in Nord- und Mittelamerika bringt man durchschnittliche Jahreserträge von 32 bis 36 dt/ha ein, wogegen in vielen Entwicklungsländern nur 7 bis 9 dt/ha geerntet werden.

In vielen Ländern der Tropen und Subtropen, in denen zwei Drittel der landwirtschaftlichen Nutzfläche der Erde liegen und drei Viertel der Weltbevölkerung leben, sammelt man die Schadinsekten noch immer mit der Hand ab und bringt den Naturdünger mit Hilfe einer von Rindern gezogenen Pflugschar in den Boden. Das wichtigste Problem eines rationellen Pflanzenbaus in warmen Ländern ist die Unkraut- und Schädlingsbekämpfung. Sie erfordert einen großen Arbeitseinsatz. »Problemunkräuter« stellen vor allem die parasitären Unkräuter, z. B. Sommerwurz-*(Orobanche-)*Arten, *Striga*-Arten und verschiedene Riemenblumengewächse (Loranthaceen), dar. In der herkömmlich betriebenen Landwirtschaft behilft man sich noch meist mit einfachen ackerbaulichen Maßnahmen, wie Fruchtwechsel, Hacken, Mulchen, Anlegen von Deckpflanzungen usw. Der in den Tropen und Subtropen ungefähr 15000 Jahre alte Pflanzenbau (s. S. 30) blieb in vielen Ländern weitgehend unverändert. So ist dort noch heute die Handhacke das wichtigste Gerät des Bauern.

Zweifellos sind die Ernteerträge auch in der tropischen und subtropischen Landwirtschaft in den letzten 20 Jahren gestiegen. So hat man beispielsweise leistungsschwache durch leistungsstärkere Sorten verdrängt, z. B. bei Mais, Reis, Soja, Sorghum- und Perlhirse (s. S. 216). Teilweise wurde auch die Erntetechnik entscheidend modernisiert, wie bei der mechanisierten Bergung von Baumwolle und Zuckerrohr. Hierbei werden bereits teure und komplizierte Erntemaschinen eingesetzt. Die Entwicklung der Viehzucht machte die Züchtung neuer Futterpflanzen erforderlich. Unter den herkömmlichen landwirtschaftlichen Produkten fand in Anpassung an den Weltmarkt eine Auslese statt. Sie führte einerseits zu Einengungen, andererseits zu Erweiterungen beim Anbau wichtiger Nutzpflanzen. So ist z. B. von den verschiedenen Kautschuklieferanten nur der Kautschukbaum *(Hevea brasiliensis)* als anbauwürdig übriggeblieben. Neue Rohstoffquellen wurden erschlossen, z. B. *Dioscorea*-Kulturen für die Gewinnung von Diosgenin, aus dem man verschiedene wichtige Steroide wie Hormone für Antibabypillen produziert (s. S. 142).

Die meisten Länder der Tropen und Subtropen sind Entwicklungsländer mit einer gering entwikkelten Industrie. So stellt die Landwirtschaft die entscheidende Grundlage für ihre Wirtschaft dar. Sie muß nicht nur die Bevölkerung ernähren, ihre Produkte sind auch ein wichtiger Exportfaktor. Von diesen Exporten hängen die Deviseneinnahmen ab, und damit wiederum der Aufbau einer heimischen Industrie und die Entwicklung zu einem Industrieland. Solche Exportgüter liefert in erster Linie der Pflanzenbau und erst in zweiter Linie die Tierzucht. Dabei sind die Folgen einer unvernünftig betriebenen Landwirtschaft hier zweifellos noch einschneidender als in den gemäßigten Breiten. Beispielsweise würde die weitere rücksichtslose Ausdehnung landwirtschaftlicher Nutzflächen in tropischen Regenwaldgebieten katastrophale Folgen für Vegetation und Klima haben (s. S. 236).

Wie solche Folgen einer mit Unvernunft betriebenen Landwirtschaft aussehen, können wir in vielen Teilen Europas und Nordamerikas beobachten. Vielerorts werden noch immer durch übertriebene Maßnahmen der Landgewinnung und Landnutzung, z. B. durch die Rodung von Waldflächen, durch unüberlegte Trockenlegung von Sümpfen und andere Maßnahmen der Melioration, schwerwiegende Eingriffe in ökologische Gleichgewichte vorgenommen. Eine ausschließlich auf unmittelbaren wirtschaftlichen Gewinn ausgerichtete Landwirtschaft kann deshalb zu einer Bedrohung für die Lebensumwelt des Menschen werden (s. S. 236). Dabei befinden wir uns aber in einem Dilemma, denn es kommt darauf an, rentabel zu wirtschaften und mit hohen Erträgen konkurrenzfähig zu sein. Wie schon gesagt, muß die landwirtschaftliche Produktion einen wichtigen Beitrag für die Ernährung der Menschheit leisten. Dies kann heute nur durch regelmäßige Düngung garantiert werden. Deshalb versorgt man ausgedehnte Kulturpflanzenbestände mit Stickstoff- und Mineraldüngern, betreibt integrierten »chemischen« Pflanzenschutz, der auf die systematische, an mehreren Stellen angreifende Vernichtung ertragsmindernder Schädlinge und die wirksame Bekämpfung von Pflanzenkrankheiten zielt.

Ein wichtiges Ziel der modernen Landwirtschaft war stets die Steigerung der Bodenfruchtbarkeit. So werden in allen großen Industrienationen gewaltige Mengen Stickstoff- und Mineraldünger jährlich auf die landwirtschaftlichen Nutzflächen ausgebracht. Vor allem Mineralstickstoff (Nitrat) und Phosphat gelangten massenhaft in den Boden und schufen einen vielfachen Energie-, d. h. Kostenaufwand in der Landwirtschaft. Über viele Jahre hinweg konnte man so tatsächlich durch steigende Aufwandsmengen die Ernteerträge ständig erhöhen. Aber schließlich wurde in manchen Ländern der Punkt erreicht, wo der steigende Düngemitteleinsatz keine weiteren Ertragssteigerungen mehr brachte, ja die Ernteerträge sogar wieder abnahmen. Aus den überdüngten Böden gelangen die Nitrate und Phosphate neben anderen Nährstoffen in die Gewässer und das Grundwasser. Eine Nährstoffanreicherung (Eutrophierung) der Gewässer ist die Folge (s. S. 248). Übermäßige Nitratdüngung bewirkt auch eine Veränderung der Bodenstruktur und hat unter Umständen das Überhandnehmen von stickstoffliebenden Ruderalpflanzen zur Folge. Viele Kulturpflanzen speichern das überschüssig aufgenommene Nitrat in den Blättern. Daraus ergeben sich unangenehme Folgen nicht nur für die Pflanzen selbst, sondern für den Menschen. Kann doch nitratreiche Pflanzenkost unter Umständen durch die aus dem Nitrat entstehenden Nitrosamine krebsauslösende Wirkung haben.

Da die großtechnische Produktion von Stickstoffdüngern auch noch einen hohen Energieaufwand erfordert, wird eine solche landwirtschaftliche Produktion schließlich unrentabel. Außerdem macht eine zu reichliche Nitratdüngung den Getreideanbau risikoreicher: Die Bestände sind anfälliger gegenüber Schädlingen und Krankheiten, vor allem aber gegenüber Witterungseinflüssen. Nach schweren Regenfällen fällt das Getreide (Weizen, Roggen) um. Man begegnet durch chemische Mittel, die als Halmsstabilisatoren wirken, solchen Verlusten, weil sonst eine mechanisierte Ernte nicht möglich ist. Überdüngung führt also zur Minderung von Quantität und Qualität der Ernteerträge. Sie muß deshalb unbedingt vermieden werden.

Große Ernteverluste können durch Schaderreger

aus dem Pflanzen- und Tierreich entstehen, denn unsere Kulturflächen sind wegen des Anbaus meist nur einer Hauptfrucht recht labil. Früher stand ihnen der Mensch relativ hilflos gegenüber. So ist es verständlich, daß man sich im Altertum Abhilfe durch Gebete und andere religiöse Riten erhoffte, die bis weit ins Mittelalter hinein gebräuchlich waren. Später wurde zur Insektenvertreibung Schwefel verräuchert. Relativ früh setzte man dann Insektizidpflanzen oder aus ihnen gewonnene Präparate zur Insektenbekämpfung ein. Ein solches Mittel war z. B. der »Pyrethrum-Staub«. Man führte ihn 1818 erstmals von Persien nach Europa ein. Als Flores Pyrethri, Insektenblüten, bezeichnet man heute die getrockneten Blütenkörbchen verschiedener *Chrysanthemum*-Arten, wie von *Chrysanthemum cinerariaefolium* und *Ch. coccineum*. Die Pflanzen enthalten hauptsächlich in den jungen Fruchtknoten insektizide Stoffe, vor allem Pyrethrine und Cinerine (1,2 bis 1,8%). Sie sind für den Warmblüterorganismus ungiftig, stellen jedoch wirksame Kontaktinsektizide dar. Man verwendet heute solche Drogenextrakte zur Insektenbekämpfung, aber auch als Wurmbekämpfungsmittel (Anthelmintikum). *Chrysanthemum*-Arten werden in Japan, Kenia, Ekuador und einigen anderen Ländern zur Produktion von Insektiziden angebaut.

Immer noch ist die Pflanzenproduktion durch eine Vielzahl von biologischen Schaderregern bedroht, wie Pilzen, Bakterien und Viren, Nematoden, Insekten und Milben, Nagern und Vögeln. Daher macht sich aus ökonomischen Gründen eine breite Anwendung von Pflanzenschutzmitteln notwendig. Die bekämpften Organismen setzen sich jedoch nicht selten den chemischen Vernichtungsfeldzügen des Menschen zur Wehr. Insbesondere die niederen Pilze, die Bakterien und Viren, aber auch die Insekten paßten sich in ihrem Kampf ums Überleben immer wieder an veränderte Umwelten an. Mutationen führen zum Auftreten resistenter Stämme, die angepaßten Mutanten vermehren sich stark und bauen bald wieder gliederreiche Populationen des Krankheitserregers bzw. Schädlings auf. Deshalb kennt dieser Kampf wohl auf die Dauer keinen Sieger.

Ein erstmals im 19. Jahrhundert im Großmaßstab eingesetztes chemisches Pflanzenschutzmittel (Biozid) war das »Schweinfutter Grün«, eine hochgiftige Arsenverbindung. Sie diente als Insektizid. Auch Schwefelkalkmilch und Kupferkalkbrühe wurden zum Schutz wertvoller Kulturen gegen Schädlingsbefall, z. B. im Weinbau, eingesetzt. Recht wirksame Insektenbekämpfungsmittel sind

Weiße Fliege mit Larven und Eiern auf einem Blatt

die Chlorkohlenwasserstoffe, vor allem das DDT. Es ist heute jedoch weltweit wegen seiner hohen Verweildauer in der Natur und seiner Anreicherung in den Endgliedern von Nahrungsketten wie auch im Menschen verboten.

Bei der Suche nach einem wirksamen Bekämpfungsmittel von Motten hatte der Schweizer Chemiker Paul Müller 1942 die stark insektiziden Wirkungen von DDT entdeckt. In der Tat konnten durch den weltweiten Einsatz von DDT nicht nur die Malaria, sondern auch andere durch Insekten übertragene Seuchen zum Rückzug gezwungen und Millionen Menschen das Leben gerettet werden. In den Kriegsgefangenen- und Internierungslagern im zweiten Weltkrieg puderten sich viele Menschen mit einem DDT-Präparat zum Schutz gegen Flöhe, Läuse und Wanzen ein. Erst als man die potentiellen Gefahren der DDT-Verbindung erkannte, ihre Anreicherung im Fettgewebe einiger Greifvögel nachweisen konnte, wodurch es zu verminderten Schlupfraten dieser Vögel kam, ja sie sogar in der Muttermilch des Menschen wiederfand, wurden die ökotoxikologischen Gründe so schwerwiegend, daß man schließlich zum weltweiten Verbot des DDT schritt.

Insektizide Mittel wirken als Kontakt-, Atem- oder Fraßgifte. Beispielsweise kann man mit Fraßgiften vor allem beißende und minierende Insekten bekämpfen. Von großer Bedeutung für den Einsatz von Insektiziden ist deren Stabilität und Verweildauer, da die Landschaft vor dauerhafter Ver-

Apfelsägewespe, Larve mit Schadbild

Flugzeugeinsatz zur Schädlingsbekämpfung in einem Rübenfeld

unreinigung mit Pflanzenschutzmitteln bewahrt bleiben muß. Zu den Schadinsekten zählen Hygieneschädlinge, veterinärmedizinisch bedeutsame Ektoparasiten unserer Haus- und Nutztiere, phytopathogene Insekten u. a. Die Anzahl der Schadinsekten in Landwirtschaft und Gartenbau ist groß.

Ein recht gefährlicher Schädling bei der Treibhausgemüseproduktion unter Glas und Plaste ist z. B. die Weiße Fliege *(Trialeurodes vaporariorum)*, auch Mottenschildlaus genannt, deren bevorzugte Wirtspflanzen Gurken, Tomaten, Gerbera und Pelargonien sind. Während die Eier und das letzte Larvenstadium (das Puparium) gegen Insektizide ziemlich widerstandsfähig sind, weisen die ausgewachsenen Tiere (Imagines) gegenüber mehreren insektiziden Wirkstoffen eine große Empfindlichkeit auf. Heute verwendet man in der Landwirtschaft als wirksame Insektizide im allgemeinen verschiedene mehr oder weniger kurzlebige Verbindungen aus den Gruppen der Phosphororganika und der Carbamate.

Manche Kulturen, wie Kern- und Steinobstanlagen, müssen regelmäßig mit Pflanzenschutzmitteln behandelt werden. Sie werden häufig sogar noch kurz vor der Ernte eingesetzt, z. B. in Kirschplantagen. Nicht selten werden Pflanzenschutzmittel auch großflächig vom Flugzeug ausgebracht. Da aber ihre Abdrift auf Nachbarkulturen oder Viehweiden nicht völlig auszuschließen ist, müssen solche Verbindungen eine niedere Toxizität gegenüber Warmblütern und eine möglichst geringe Verweildauer in Boden und Wasser aufweisen.

In der industriemäßig betriebenen Agrarproduktion mit ständig abnehmender Anzahl der Arbeitskräfte spielen auch Herbizide eine wichtige Rolle im Pflanzenschutz. Die chemische Unkrautbekämpfung hat hier bereits weitestgehend die aufwendige manuelle Arbeit mit der Hacke abgelöst und ist auch eine wesentliche Voraussetzung für die maschinelle Ernte von Weizen, Mais, Rüben und Kartoffeln. So hat man z. B. Herbizide entwikkelt, die das bei der vollmechanisierten Kartoffelernte störende Kartoffelkraut vernichten. Eine strenge toxikologische Kontrolle solcher Mittel muß aber ihre Ungefährlichkeit für Mensch und Nutztier nachweisen. Außerdem hängt viel vom sachgemäßen Umgang mit den chemischen Präparaten ab. Trotzdem sind unbeabsichtigte, toxikologisch nicht unbedenkliche Neben- und Spätwirkungen niemals völlig auszuschließen. Man muß deshalb in jedem Fall das mit einem Herbizideinsatz verbundene Risiko verantwortungsvoll abschätzen. Herbizide geben eine entscheidende Hilfe bei der Bekämpfung von Unkräutern, doch ist man heute noch von einer Lösung des Unkrautproblems im Weltmaßstab weit entfernt.

Unter den Unkrautvernichtungsmitteln kommen bevorzugt chemische Verbindungen aus den Gruppen der Phenoxyalkansäuren, Harnstoff- und Triazinderivate zum Einsatz. Nicht selten treten bei häufiger Anwendung von bestimmten Herbizidpräparaten resistente Unkrautarten auf. Auch können Folgekulturen durch Herbizideinsatz in der »Vorkultur« geschädigt werden. Beispielsweise führt der Einsatz von Triazinen im Maisanbau zu Ertragsminderungen bei danach angebautem Wintergetreide oder bei Futterpflanzen in der Folgekultur. Das muß alles unbedingt berücksichtigt werden.

Der Verbrauch von Pflanzenschutzmitteln stieg in den vergangenen 3 Jahrzehnten im Weltmaßstab ständig an, und heute erreicht die Biozidproduktion gewaltige Ausmaße. Trotzdem sollen nach Schätzungen noch jährlich ungefähr 40 Prozent der zu erwartenden Welternte durch Schädlinge, Pflanzenkrankheiten und Unkräuter vernichtet werden. Selbst in Europa sollen die Verluste durch tierische Schaderreger, Pflanzenkrankheiten (Welkekrankheiten, Virosen u. a.) und Unkräuter mindestens 25 Prozent der auf Äckern, Wiesen und Weideland produzierten Pflanzenmasse betragen, in Afrika und Asien sind es dagegen weit über 40 Prozent.

Tierische Schaderreger, wie Insekten und Nagetiere, bedrohen nicht nur die pflanzliche Produktion, sondern auch die Vorratshaltung. Wenn auch die heute angewandten Verfahren der Trocknung, Gefriertrocknung, Tiefkühlkonservierung, Pökelung und Konservenherstellung weitaus wirksamer als die früher angewendeten Methoden des Dörrens, Räucherns, Salzens und Würzens sind, dürfen die jährlich bei der Vorratshaltung auftre-

Schadbild des Kornkäfers am Weizenkorn

tenden Verluste nicht unterschätzt werden. Manche Insekten haben sich direkt auf Lagerhäuser und Vorratshallen als Biotope spezialisiert, z. B. der Reismehlkäfer (*Trilobium* spec.), der Reiskäfer *(Sitophilus oryzae)*, der Kornkäfer *(Sitophilus granarius)*, der Mehlkäfer *(Tenebrio molitor)*, der Maiskäfer *(Sitophilus zeamais)*, der Speckkäfer (*Dermestes* spec.), der Khaprakäfer *(Trogoderma granarium)*, verschiedene Motten und viele andere.

Immer wieder wird gefragt, ob man Pflanzenschädlinge, vor allem Insekten, nicht auf biologischem Wege wirksamer und umweltfreundlicher bekämpfen kann. In der Tat wurde die biologische Schädlingsbekämpfung in verschiedenen Fällen mit Erfolg praktiziert. Man geht dabei zwei Wege: Die natürlichen Feinde und Parasiten von Schadinsekten, also andere Insekten oder z. B. Milben, werden zur Vernichtung benutzt, oder man führt eine künstliche Massenanzucht männlicher Tiere durch, sterilisiert diese, z. B. durch Bestrahlung, und setzt sie zur Paarungszeit aus. Die unfruchtbaren Männchen begatten dann zwar die Weibchen der Art, können sie aber nicht befruchten. Dadurch bleiben diese ohne Nachkommen, und die Populationen brechen zusammen. In der Sowjetunion wird z. B. das schlupfwespenähnliche Insekt »Trichogramma« massenhaft vermehrt und gegen mehr als 80 verschiedene Schadinsekten auf Millionen Hektar Wintergetreide, auf Zucker-

Khaprakäfer im Weizen

rüben-, Kohl- und Kartoffelfeldern eingesetzt. Aus den USA wurde in den zwanziger Jahren die Blutlauszehrwespe, ein Parasit der Blutlaus, eingeführt, um die aus Nordamerika nach Europa eingeschleppte Blutlaus zu vernichten. Sie hatte in Europa keinen natürlichen Feind und konnte sich deshalb massenhaft vermehren. Dieses großangelegte Experiment einer biologischen Schädlingsbekämpfung war tatsächlich unter bestimmten ökologischen Voraussetzungen erfolgreich. Doch nicht selten fallen Gewächshausvorversuche weitaus günstiger als Feldversuche bzw. der Feldeinsatz in großem Maßstab aus.

Im Zuckerrohranbau spielt die biologische Schädlingsbekämpfung heute eine große Rolle. Die als Schadinsekten auftretenden Zwergzikaden sowie die Blatt- und Schmierläuse besitzen zahlreiche natürliche Feinde, so daß man mit ihrer Hilfe deren Bestand dezimieren kann. Beispielsweise wird gegen Stengelbohrerarten (*Diatraea* spec.) mit großem Erfolg die massenhaft gezüchtete Kubafliege *(Lixophaga diatraea)* eingesetzt.

Eine umweltfreundliche Form der Schädlingsbekämpfung ist auch die Gewinnung hochselektiver natürlicher Wirkstoffe aus dem Pflanzenreich. Enthalten doch mehr als 2000 Pflanzen natürliche Insektizide, von denen einige seit alters eingesetzt wurden, z. B. zur Bekämpfung von Läusen und Wanzen. Ökonomisch wichtige insektizid wirksame Alkaloide sind die Tabakalkaloide Nikotin, Nornikotin und Anabasin, von denen ersteres in Konzentrationen von 2 bis 4 Prozent als Nervengift wirkt. Selektive Fraß- und Kontaktgifte trifft man in den Naturstoffklassen der Glukosinolate (Senfölglykoside, s. S. 181), der »eiweißfremden« (nicht in Proteinen vorkommenden) Aminosäuren, z. B. das Canavanin von Leguminosen oder die Ibotensäure des Fliegenpilzes, und – wie schon erwähnt – in der riesigen Naturstoffgruppe der Alkaloide an. So soll das in Samen von *Schoenocaulon officinale* (syn. *Sabadilla officinale*) und in Wurzeln von Germerarten *(Veratrum album, Veratrum viride)* vorkommende Alkaloid Veratrin 10mal wirksamer als das DDT sein. Als Semen Sabadillae (Läusesamen) waren die Samen der erstgenannten Art wegen ihres Alkaloidgehaltes (Veratrin und Sabadillin) ein wirksames Mittel gegen Läuse und Würmer.

Die Bedeutung der Pflanzen für unsere Umwelt

»Die Erhaltung
biologischer Kreisprozesse ist . . .
das oberste Gebot
einer jeden Umweltpolitik,
die Störung
biologischer Kreisprozesse
die Gefahr schlechthin
für die Existenz
der Menschheit . . .«

Hans Schäfer, 1974

Die fossilen Reste der Erdkruste übersteigen mit $5 \cdot 10^{11}$ t Erdöl, $5 \cdot 10^{12}$ t Kohle und etwa 10^{16} t Sedimenteinschlüssen unsere heutige Biomasse (etwa $1{,}5 \cdot 10^{12}$ t) vieltausendfach. Als die Pflanzen dieser Fossilien wuchsen, fanden gewaltige Veränderungen in der stofflichen Zusammensetzung der Erde und ihrer Atmosphäre statt. Die Steinkohlenwälder der Karbonzeit vor 345 Millionen Jahren waren nicht nur gewaltige Sauerstoffproduzenten (s. S. 11), sie entzogen mit ihrem Kohlendioxidverbrauch (etwa 10^{11} t) der Atmosphäre auch einen wichtigen Wärmespeicher: Die Karbonwälder waren eine der Ursachen für die sich anschließenden permischen Vereisungen der Erde. Die Pflanzen sind also wichtige Regulatoren in den Stoffkreisläufen der Natur. In der heutigen Biomasse der Erde nehmen sie gegenüber den 0,1 Prozent tierischen und menschlichen Lebens den Hauptanteil ein. Auch wenn diese Biomasse, verglichen mit derjenigen erdgeschichtlicher Zeiträume, nur gering ist, bestimmen die Pflanzen auch heute entscheidend die Stoffkreisläufe der Natur. Sie betreffen den Sauerstoff, den Stickstoff, den Kohlenstoff und das Wasser.

Der Kohlenstoff unterliegt den stärksten Umwandlungen. Als einzige Organismengruppe vermögen Pflanzen und photosynthetisch aktive Mikroorganismen atmosphärischen Kohlenstoff in Form von Kohlendioxid (CO_2) unter Nutzung der Lichtenergie in organische Verbindungen zu verwandeln (s. S. 57). So ermöglichen sie die Ernährung von Mensch, Tier, bestimmten Pflanzen und Mikroorganismen. Der Kohlenstoffzyklus der Natur wird von den Pflanzen in Gang gehalten. Sie binden jährlich $4 \cdot 10^{10}$ t Kohlendioxid, wobei die Wälder mit 60 und das Kulturland mit 32 Prozent den größten Betrag aufweisen. Pro Hektar und Jahr liefern die Pflanzen einen Bruttogewinn an Biomasse in Höhe von etwa 24 t. Von diesen wird die Hälfte durch Atmung der Pflanzen, der Tiere und des Menschen wieder in die Atmosphäre abgegeben. Daneben findet in den Gewässern durch Lösung als Hydrogencarbonat eine Kohlendioxidbindung statt. Dieser Kohlenstoffzyklus wäre annähernd im Gleichgewicht, wenn der Mensch nicht durch Verbrennung fossiler Vorräte, wie Kohle, Erdöl und Erdgas, der Atmosphäre beträchtliche Mengen Kohlendioxid zuführen würde. Diese gerade seit dem industriellen Zeitalter angestiegene Kohlendioxidabgabe an die Atmosphäre hat ihren Kohlendioxidgehalt in den letzten hundert Jahren von 600 auf 700 Mrd. t anwachsen lassen. Wenn diese Veränderung gegenwärtig auch für die Organismen unbedeutend ist, muß doch eine ständige langsame Erwärmung der Atmosphäre erwartet werden. Kohlendioxid absorbiert infrarotes Licht und mindert dadurch die Reflexion von Sonnenlicht in der Atmosphäre. Die Bewahrung einer ausreichend dichten Pflanzendecke, d. h. ein vorsichtiger Verbrauch der Pflanzen als Nahrungs- und Rohstoffquelle, sowie ein sorgsamer Umgang mit fossilen Brennstoffen sind deshalb unbedingt notwendig.

Auch bei der Sauerstoffzirkulation auf der Erde wirken die Pflanzen entscheidend mit, wie wir aus

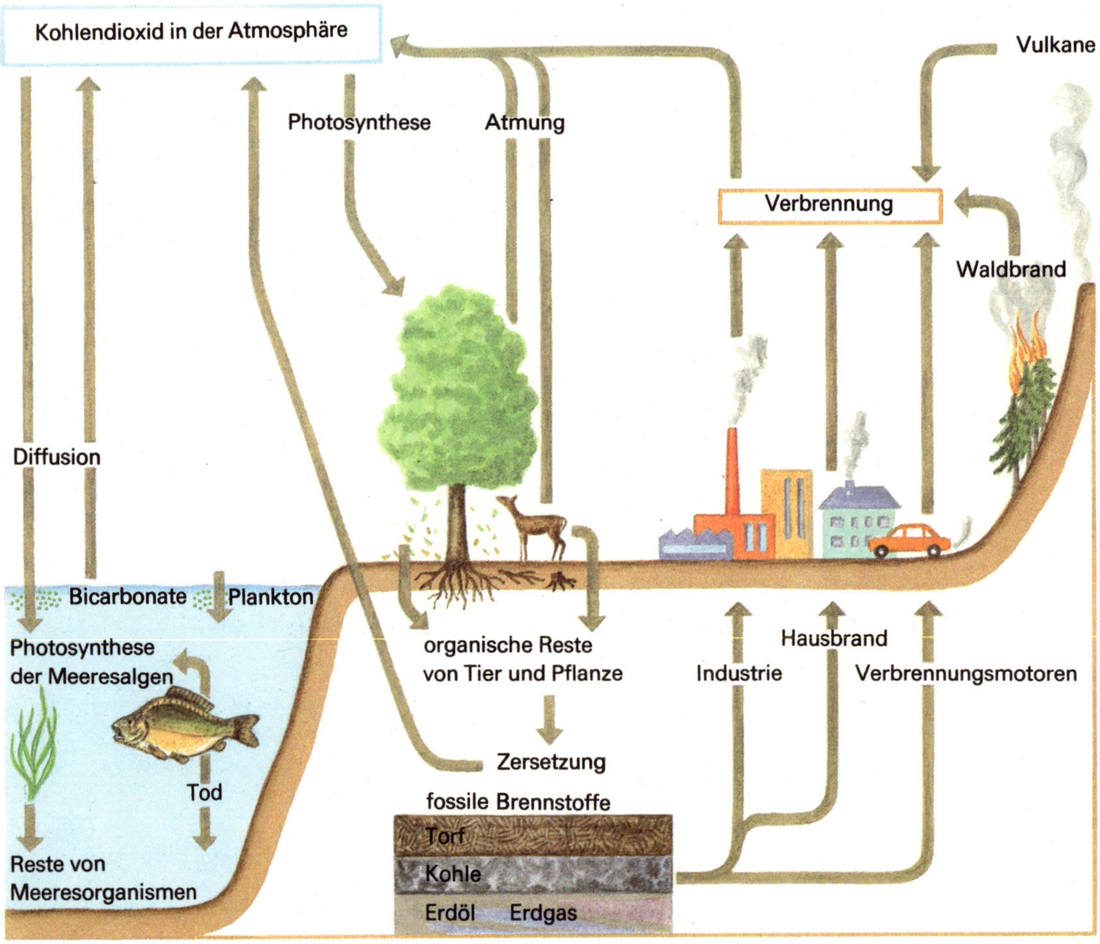

Kohlenstoffkreislauf auf der Erde

der gewaltigen, für die Erde lebenspendenden Sauerstoffbildung während der Photosynthese der Pflanzen ersehen (s. S. 57). Für jedes vom Blatt fixierte und als Zucker festgelegte Molekül Kohlendioxid wird ein Molekül Sauerstoff in die Atmosphäre abgegeben. Diese stete Sauerstoffbildung durch die Pflanzendecke übersteigt den Sauerstoffverbrauch durch Atmung aller Lebewesen auf der Erde, durch Ozonbildung in der Atmosphäre und durch Verbrennungsprozesse. Berücksichtigt man das riesige »Sauerstofferbe«, das uns die Pflanzen im Laufe der Erdgeschichte hinterlassen haben (s. S. 11), so scheint auch über lange Zeiträume der Sauerstoff nicht zur »Mangelware« zu werden. Doch der steten Sauerstoffzirkulation wirkt die Schadstoffbildung in den Ballungszentren menschlicher Existenz entgegen. Deshalb müssen die Pflanzen als die großen Stabilisatoren der Stoffkreisläufe in der Natur nicht nur in der Gesamtbilanz über die Erde ausreichend vorhanden sein, sondern auch in ausgewogenem Maße im nächsten Umkreis des Menschen – in der Stadt, in der Wohnung oder in Industriegebieten –, wo Schadstoffbildung und Sauerstoffverbrauch konzentriert sind.

Den Stickstoffkreislauf in der Natur treiben ebenfalls die Pflanzen an. Neben den Mikroorganismen können sie anorganischen Bodenstickstoff (Nitrat, Nitrit) in zellulär verwertbare Formen, wie Ammoniak und Glutaminsäure, überführen. Dadurch werden erst lebensnotwendige Biosynthesen, insbesondere die der Eiweiße, ermöglicht. Dies ist die hauptsächliche Stickstoffumwandlung in der Biosphäre. Doch oft stellt der Stickstoff einen begrenzenden Faktor für den Pflanzenwuchs dar, da die Gesteine nur Spuren von Stickstoffverbindungen enthalten. Das unerschöpfliche Reservoir des Luftstickstoffs (N_2) (78% der

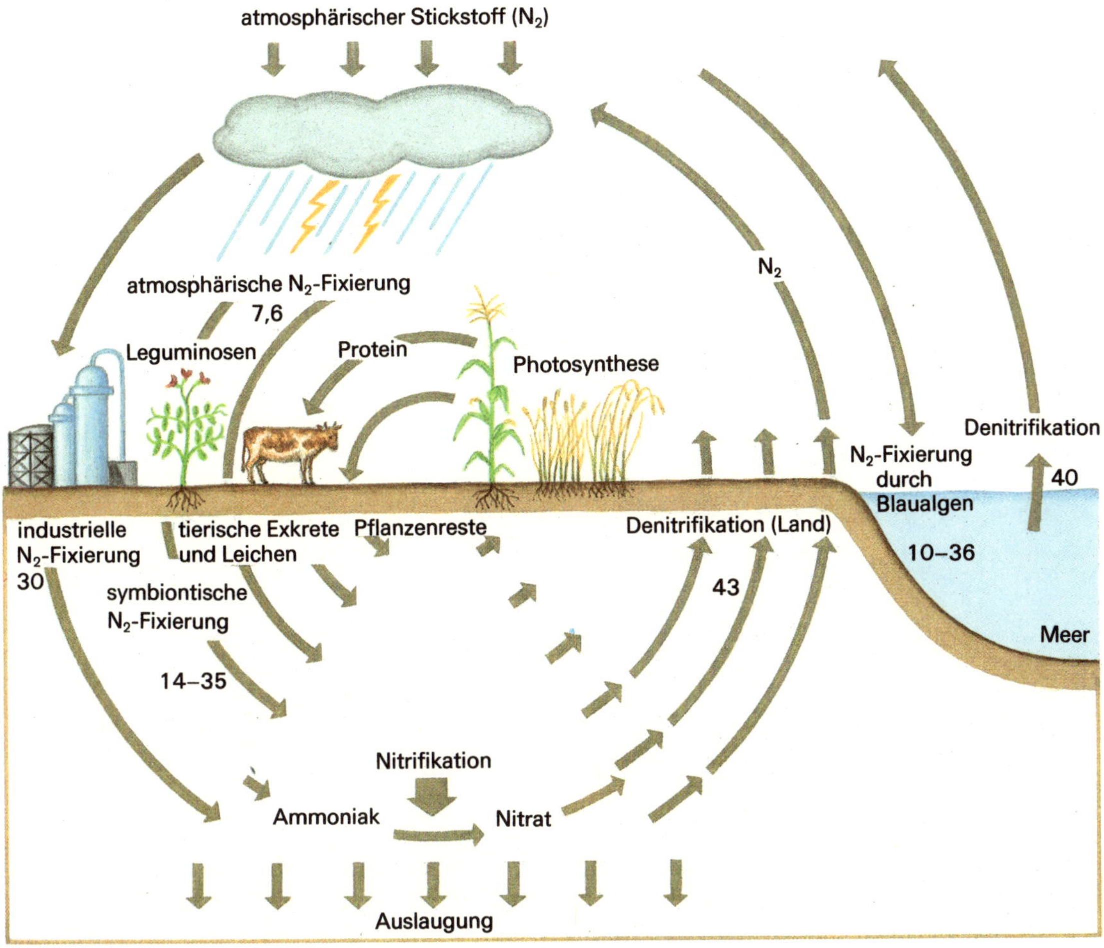

Stickstoffkreislauf auf der Erde (Mengenangaben in Millionen Tonnen pro Jahr)

Atmosphäre) kann nur von wenigen Bakterienarten, oft in Symbiose mit Schmetterlingsblütlern (Leguminosen), angezapft werden, die den Stickstoff letztlich zu Aminogruppen reduzieren. Neben der pflanzlichen Nitratreduktion und den industriell gewonnenen Ammoniakverbindungen ist die bakterielle und symbiontische Stickstofffixierung eine wesentliche Quelle des durch die Organismen genutzten Stickstoffs. Die biologische Stickstoffixierung übersteigt mit 50 bis 100 Mill. t pro Jahr die industrielle im Haber-Bosch-Verfahren bzw. die atmosphärische durch Gewitter beträchtlich.

Dieser Stickstoffestlegung arbeiten jene Bakterien entgegen, die statt Sauerstoff Nitrat zur Atmung verwenden (Denitrifikation), so daß unter anderem molekularer Stickstoff (N_2) entsteht. So gehen im Meer und auf dem Land jährlich über 50 Mill. t Nitrat der Nutzung durch die Pflanzen verloren. Die Pflanzen sind in diesem Stickstoffkreislauf die unerläßlichen Produzenten organischen Stickstoffs. Werden sie im Kulturpflanzenbau durch den Menschen verbraucht, kann ein gesunder Kreislauf in der Natur nur durch Düngung erhalten werden. Einer Stickstoffdüngung etwa als Nitrat sind aber wegen der Bodenbelastung Grenzen gesetzt (s. S. 248). Deshalb ist die verstärkte Anzapfung der Stickstoffreserven aus der Atmosphäre unbedingt notwendig. Den Weg haben die Pflanzen mit der symbiontischen Stickstoffixierung »erfunden«. Ihn molekular aufzuklären und für den Menschen nutzbar zu machen gehört mit zu den Aufgaben der Wissenschaft der Gegenwart.

Die Pflanzen bestimmen nicht nur die Kreisläufe von Kohlenstoff, Sauerstoff und Stickstoff auf der Erde. Sie haben auch entscheidenden Anteil an ihrem Wasserhaushalt. Der Pflanzenbedeckung

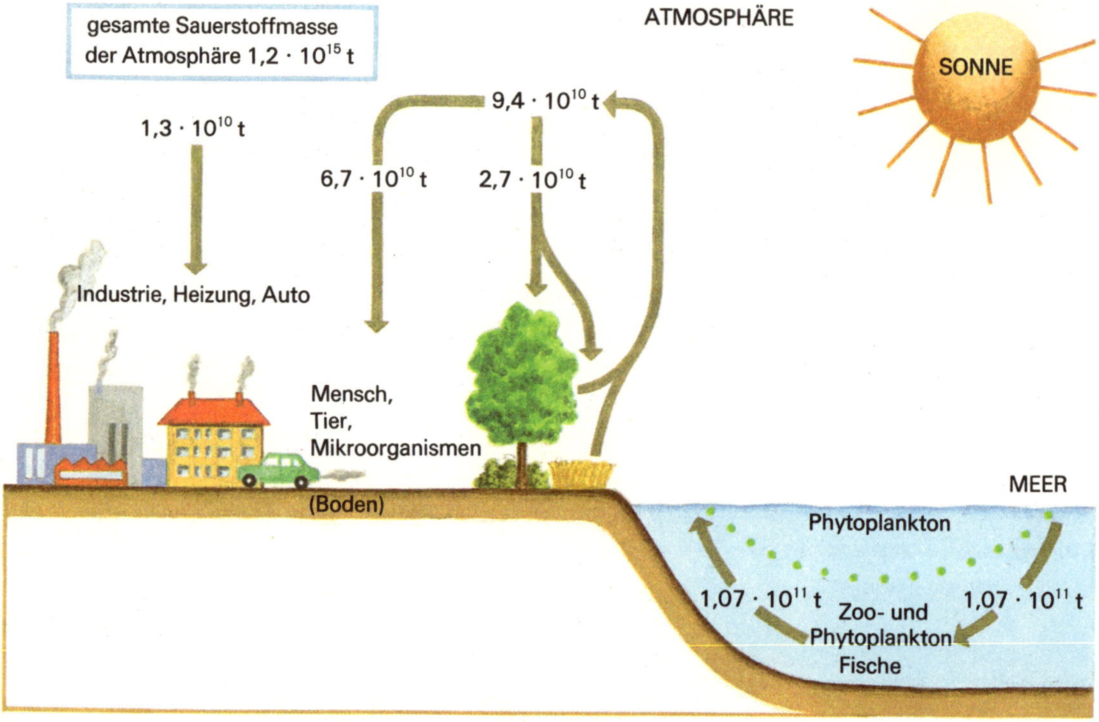

Sauerstoffkreislauf auf der Erde

kommt eine große Bedeutung zu. Die Pflanzen garantieren die natürliche Zirkulation des Wassers auf dem Land. So vermag ein großer Ahornbaum bis zu 400 l Wasser pro Tag an die Atmosphäre abzugeben, und ein Maisfeld verliert ein Drittel seiner aufgenommenen Wassermenge durch Transpiration. Die Pflanzen sind also ein wichtiger Faktor als Bindeglied der Wasserzirkulation zwischen Boden und Luft. Dies wird an den Jahresmittelwerten zum Wasserkreislauf auf der Erde deutlich. Daß die Transpiration der Pflanzen die Wasserzirkulation garantiert, gilt gleichermaßen für große als auch kleine Pflanzengebiete (Areale). Deshalb ist der Schutz von großen Waldgürteln der Erde ebenso wichtig wie die Erhaltung von kleinen Feuchtlandschaften, wie der Moore und Sümpfe. Sie dämpfen extreme Temperaturunterschiede einerseits durch die Transpiration der Pflanzen und andererseits durch die Bewahrung von Feuchtigkeit im Boden. Auch wird das Grundwasser erhalten, das in einigen westeuropäischen Ländern wegen der Flußverschmutzung schon 75 Prozent des Trinkwassers liefern muß.

Die Pflanzen sind nicht nur die Motoren der Stoffkreisläufe in der Natur. Auch an der Auswirkung von Licht und Wärme nehmen sie Anteil und werden von diesen beeinflußt. Sie wirken für Land und Meer, Klima und Boden, d. h. im Haushalt von Wärme, Wasser und Temperatur, umweltverbessernd und -stabilisierend.

Beim Boden ist die schützende und fördernde Funktion der Pflanzenbedeckung besonders auffällig. Bewahren doch die Pflanzen den Boden vor Austrocknung, lockern ihn durch ihr Wurzelwerk und verbessern ihn durch die mikrobielle Humusbildung von abgestorbenen Pflanzenteilen. Wind- und Wassererosion oder Erdbewegungen an Hanglagen werden durch die Pflanzenwurzeln verhindert. Als Erstbesiedler an den Grenzen von Meer und Land, in den Gebirgen sowie den Wüsten eröffnen sie anderen Organismen neue Lebensräume. Ihre Anpassungsfähigkeit erlaubt ihnen ein Leben an Standorten extremer Temperaturen, hoher Salzkonzentration sowie niedriger und hoher Feuchtigkeit. Die umweltverbessernde und -bewahrende Wirkung der Pflanzenbedekkung wird oft erst dann deutlich, wenn durch menschliche Einflüsse in die Natur die pflanzli-

Wasserkreislauf auf der Erde (Mengenangaben in Millionen km³)

Sauberer Fluß im herbstlichen Mittelgebirge

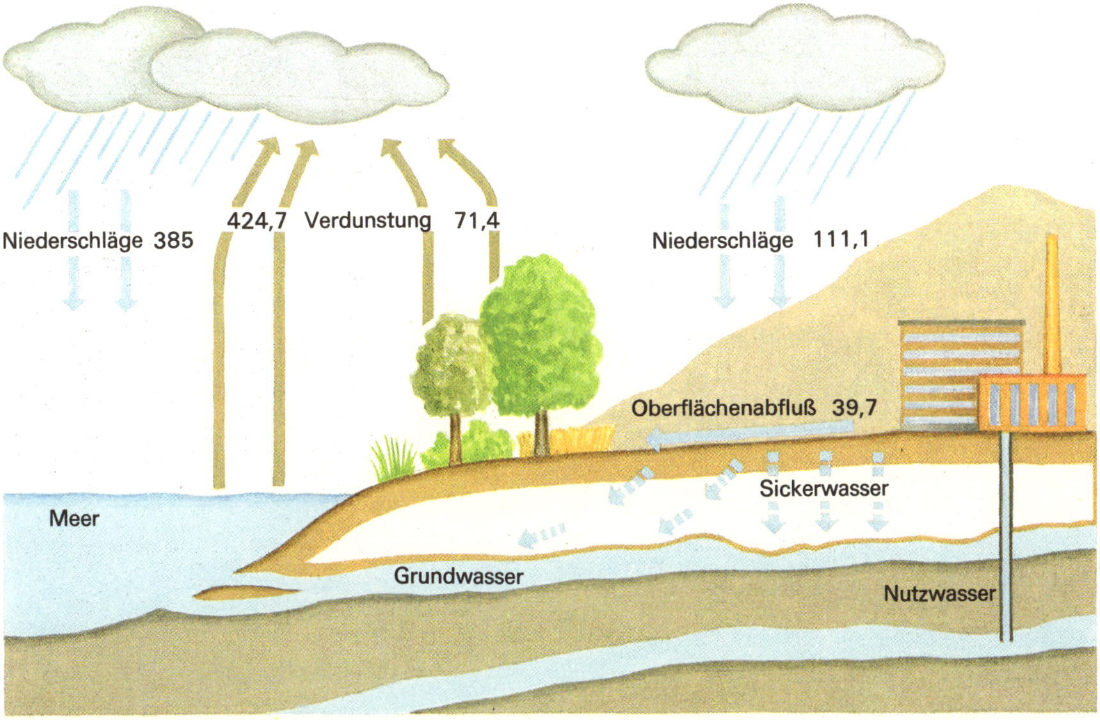
Niederschläge 385
424,7 Verdunstung 71,4
Niederschläge 111,1
Oberflächenabfluß 39,7
Sickerwasser
Meer
Grundwasser
Nutzwasser

Lößlehmerosionslandschaft bei Melnik in Südbulgarien

chen Leistungen ausbleiben, d. h., wenn Schäden sichtbar werden. Die Hochkulturen in Vorderasien und Ägypten lieferten dafür Beispiele. Zwar haben klimatische Veränderungen den Schauplatz der menschlichen Geschichte im Verlaufe von Jahrtausenden nordwärts gedrängt, doch war es auch der Verbrauch der Wälder als Rohstoff- und Energiequelle sowie zur Landgewinnung in den Gebieten dieser einstigen Hochkulturen, der das paradiesische Zweistromland zwischen Euphrat und Tigris, der Ägypten oder die Wohngebiete der Mayas in Guatemala und Yukatan vernichtete. Nährstoffarmut und Erosion des Bodens waren die Folge. Auch viele Landschaften des Mittelmeerraumes wurden seit der Antike durch Bodenerosion zerstört. Über eine Million Quadratkilometer Bodenfläche ging in historischer Zeit durch Pflanzenraubbau und irreversible Landschaftsveränderungen verloren.

Trotz der Kenntnis der Schadensursachen setzte man vielerorts in den letzten 200 Jahren den Raubbau an den Landschaften fort. Die Besiedlung des mittleren Westens der USA im 19. Jahrhundert führte ebenfalls zur rücksichtslosen Bodennutzung. Es entstand der Weizengürtel der USA ohne Bodenschutzmaßnahmen. Das Land nutzte man für riesige Monokulturen, bei Ertragsrückgang blieb es sich selbst überlassen. So konnten Wind und Wasser die nackte Bodenkrume zerstören. Der 11. Mai 1934 brachte die erste Katastrophe. New York, Washington und Chicago wurden durch Stürme stundenlang in einen schwarzen Nebel aus schätzungsweise 350 Mill. t fruchtbarer Ackerkrume gehüllt. Allein über Chicago entluden sich 11 Mill. t Staub, 3,6 Mill. ha Acker- und Weideland wurden zerstört, und die zehnfache Menge Land wurde beschädigt, etwa 80 Prozent des Farmerlandes der USA. Obwohl man nun Schutzmaßnahmen durchführte, ging nach dem zweiten Weltkrieg aus Profitinteressen der Bodenraubbau im Weizen- und Maisgürtel der USA weiter. Selbst inzwischen eingeführte Bodenschutzmaßnahmen hob man Anfang der siebziger Jahre wieder auf und bestellte bis 1977 erneut 52 Mill. ha erosionsgefährdetes Land. Ohne Terrassierung der Hänge, ohne bodenschützendes Gras oder Schutzmauern aus Bäumen und Sträuchern wurden Mais und Sojabohnen in riesigen Monokulturen ohne Fruchtwechsel angebaut. Rechnet man die 4,5 Mrd. t jährlichen Bodenverlustes der USA auf eine Bodenkrume von 20 cm um, so gehen dort pro Jahr 1,5 Mill. ha Mutterboden verloren. Das entspricht der landwirtschaftlichen Nutzfläche von Belgien und Luxemburg. Auch wenn gegenwärtig wieder Bodenschutzprogramme befolgt bzw. Strafmaßnahmen gegen Farmer, die keinen Bodenerosionsschutz betreiben, angewendet werden, diktiert in den USA der schnell erreichbare Profit die Landschaftsnutzung.

Heute beweisen einige Mittelmeerländer, daß eine Wiedergewinnung zerstörter Landschaft durch Pflanzen möglich ist. Die aus der Antike und dem Mittelalter geerbte Landschaftszerstörung infolge Waldrodung und Überweidung führte bekanntlich zu extremer Bodenerosion. Das Grabmal Theoderichs des Großen aus dem 6. Jahrhundert, einst auf einem Hügel in Ravenna errichtet, befindet sich heute mehrere Meter unter der Erdoberfläche. Jedes Jahr werden in Italien durch reißende Wildbäche 4000 m^3 Erde je Quadratkilometer ins Meer gespült, und die Landschaft ist plötzlichen Regenfällen schutzlos ausgeliefert. Seit 30 Jahren wird aber in Italien und anderen Mittelmeerländern mit einer Terrassierung der Landschaft, mit Pflanzenschutzgürteln und gezielter Fruchtfolge eine erfolgreiche Rekultivierung betrieben. So konnten in einigen Gebieten ehemalige landwirtschaftliche Nutzflächen schon fast völlig zurückgewonnen werden. Dies ist ein gesetzlich erklärtes Ziel auch anderer Länder, wie z. B. der DDR.

Die Pflanzen tragen nicht nur zur Bewahrung und Verbesserung der Bodenflächen bei, sie sind auch unerläßliche Helfer bei der Erstbesiedlung von Berghängen, Dünen, Stränden und Flußtälern oder bei der Aufbereitung von Gesteinen in den Gebirgen. An den Grenzen des Lebens, in den Tundren oder auf alpinen Matten, können sie trotz der extremen Umweltfaktoren noch als Zwerg- und Polsterformen durch vielfältige Anpassungen gedeihen. Manche Pflanze dieser Gebiete besitzt kaum mehr als zwei Blätter und ist nach 10 Jahren nicht höher als 8 mm. Wenn wir unter einer umweltverbessernden Wirkung der Pflanzen auch die Erschließung neuer Lebensräume durch sie verstehen, dann ist gerade dieser erste Anfang von Leben in unwirtlichen Gegenden der Erde recht wichtig und bedarf unseres Schutzes.

Erstbesiedlung durch Pflanzen im Piringebirge bei 2800 m in Südbulgarien

Gleiches gilt für die Grenze zwischen Land und Meer. Schützen doch die Pflanzen als Erstbesiedler an den Küsten vor »Bodendiebstahl« durch das Meer und den Wind. Ob als Dünenbefestiger, wie der Strandhafer *(Ammophila arenaria)* oder der Strandroggen *(Leymus arenarius)*, als Befestiger von erosionsgefährdeten Steilküsten oder als Schilfgürtel der Süßwasserseen, immer stellen die Pflanzen Regulatoren und Stabilisatoren der

Grenzstandorte dar. Sie helfen beim Schutz vorhandener Küstenformen oder bei der Bodengewinnung nach Erstbesiedlung von Hafffllächen, indem sie die Schwebstoffablage im Wasser beschleunigen. So können bei wechselnder Überflutung im Salzwasser der Küsten der Queller *(Salicornia europaea)*, der Strandsalzschwaden *(Puccinellia maritima)* und das horstbildende Schlickgras *(Spartina anglica)* gedeihen. Mit sinkendem Salzgehalt und mit der Erhöhung des Bodens folgen diesen Pionierpflanzen oft weitere typische Marschpflanzen. An den tropischen Küsten Asiens, Afrikas, Ozeaniens und Amerikas dringt besonders die Mangrove als Erstbesiedler im Bereich von Ebbe und Flut ins Meer vor. Die auf der elterlichen Pflanze gekeimten Samen, vom Meer verbreitet, krallen sich, wenn der Wellenschlag durch kleine Riffe ausgeschaltet ist, in den Schlickboden von Lagunen und Flußdeltas und sind nach ein bis zwei Jahren mit ihren zahlreichen Stützwurzeln gegen Wasserschwankungen geschützt. Durch Schwebstoffansammlung und Blattproduktion verdrängt ein Magrovewald das Meer. So entstanden in Florida nach 30 bis 40 Jahren 600 ha Festland. Auch den Fließgewässern und Seen werden durch die Pflanzen größere Flächen abgerungen. Jedes Jahr kommt es zu Veränderungen in den Uferzonen der großen Flüsse, wie des Ganges, Brahmaputra, Orinoco, Amazonas, Nils oder der Lena und Wolga.

Neben dem Meer, wo Phytoplankton und Großalgen als gewaltige Sauerstoffproduzenten tätig sind (s. S. 135), wirken Pflanzen besonders auch in den Wüstengebieten umweltverbessernd und -bewahrend. Dank ihrer Anpassungsfähigkeit an extreme Umweltfaktoren, wie Wassermangel in Boden und Luft, hohe Sonneneinstrahlung, Nahrungsmangel, Salzgehalt im Boden und Bodenbe-

Dünenbefestigung mit Strandhafer (Ammophila arenaria)

wegungen, vermögen sie Wüstengebiete zwar nicht zu erobern, doch teilweise zu nutzen. Welch ein üppiges Leben auch in Wüstengebieten möglich ist, zeigen die Oasen, wo die Pflanzen dank extrem langer Pfahlwurzeln das Grundwasser erreichen können. Den Rekord hält mit 30 bis 40 m die kleine Dornstaude *Alhagi camelorum* in den vorderasiatischen Steppen und Wüsten.

Auch Kulturlandschaften sind in den Wüsten möglich, wenn das Wasser hochgepumpt, aus der Ferne herangeleitet oder als Regenwasser sorgsam gesammelt wird, Verfahren, die man seit alters betreibt. So war die Negevwüste, das Südland der Bibel, z. B. in der mittleren Bronzezeit (um 2000 v. u. Z.) dicht besiedelt, ebenso um 800 v. u. Z. zur Zeit der Könige von Judäa und in der byzantinischen Periode von 320 bis 630 u. Z. Sorgsame Bewässerung war die Voraussetzung für dieses blühende Leben. Die alten Farmen der Negevwüste konnten aber nur dann existieren, wenn ihnen ein 20faches Wassereinzugsgebiet zur Verfügung stand. Der wenige in dieser Wüste fallende Regen verkrustet den Lößboden zu einer wasserundurchlässigen Schicht, und das Regenwasser läuft an den Hängen ab. In umfangreichen Kanälen mußte man das Wasser in der terrassierten Landschaft sammeln und zu tiefer liegenden Farmen ableiten. So war in der Negevwüste im antiken Reich der Nabatäer Weinanbau keine Seltenheit.

Auch mit Salzwasser vermögen Wüstenpflanzen, selbst wenn sie kein Salz vertragen, zu gedeihen. Salzhaltiges Meerwasser, vom Wüstensand aufgenommen, kann durch Temperaturwechsel im Sandboden kondensieren und in »Lufttaschen« den feinen Wurzelhaaren der Pflanzen zur Verfügung stehen. Eine solche »Entsalzung« von Meerwasser gestattete bisher die Kultur von Weizen in Indien, von Kartoffeln in Spanien und von Sonnenblumen in Italien. Wenn ein Mindestmaß an Wasser bereitsteht, lassen sich in allen Wüstenlandschaften Pflanzen anbauen. So ist z. B. in den mit dem Karakorum-Kanal in der Turkmenischen SSR bewässerten Gebieten, dem wohl größten Bewässerungsprojekt dieser Art in Halbwüsten, ein Pflanzenbau möglich geworden.

Eine umweltverbessernde und -bewahrende Pflanzenbedeckung wirkt nicht nur den Eingriffen des Menschen in die Kreisläufe und Gleichgewichte der Natur entgegen, durch Pflanzen wurden uns auch neue Gebiete der Erde erschlossen und deren ökologische Gleichgewichte bewahrt. Dies dürfte die wichtigste Aufgabe für die kommenden Jahrzehnte sein.

Zerstört der Mensch die Natur?

»Der moderne Mensch
hat sein Wissen in Taten umgesetzt,
seit einem Jahrhundert
unternimmt er in einer Welt,
von der er nur ein winziges Teil,
ein vergängliches Produkt ist,
ein riesiges Werk
der künstlichen Umgestaltung,
dessen Grenzen und Folgen
er nicht zu übersehen vermag.«

Paul Valéry

Kaum ein Tag vergeht, da westeuropäische Zeitungen, der Rundfunk und das Fernsehen nicht von ökologischen Gefahren, von Beispielen zerstörender Wirkung der Industrie, von Landschaftsbeschädigung oder von Schäden bei Tier und Pflanzen berichten. Kaum ein Jahr vergeht, ohne daß auf dem westeuropäischen Büchermarkt Titel erscheinen, wie: »Stirbt unser Blauer Planet?«, »Wovon können wir morgen leben?«, »Menschen ohne Umwelt?« und andere. Eigene Zeitschriften, derartigen Themen gewidmet, entstanden. Ihre Berichte reichen von sorgsamen Analysen und fundierten Tagungsberichten bis zu spektakulären unausgewogenen Aussagen. Was ist der Hintergrund dieser in westlichen Ländern umsichgreifenden Publizistik? Zerstört der Mensch wirklich die Natur?

Menschliches Leben auf der Erde muß notgedrungen von deren Veränderung begleitet sein. Das ist normal. Doch die Fragen lauten: Wann werden diese Veränderungen irreversibel, wann werden sie zerstörend? Welches Ausmaß an Veränderungen ist ohne »Umkippen« ökologischer Gleichgewichte möglich? Hier gehen die Meinungen wegen der Unberechenbarkeit weit auseinander. Stets zeigt erst die Praxis, daß man die Natur und ihre Ressourcen auch zu stark beanspruchen kann.

Veränderungen der Natur hat es schon immer gegeben. Bereits die Menschen der vorindustriellen Gesellschaft beuteten ihre Umwelt aus und veränderten sie dadurch. Denken wir an die Hirtenvölker, die ihre Viehherden auf immer neue Weideplätze trieben, oder jene frühen Siedler, die dem Wald Ackerland abgewannen und es nach seiner Erschöpfung wieder verließen. Besonders die sehr alten, tiefgründigen Böden der Tropen können sehr schnell erschöpfen, denn in den tropischen Roterden oder Lateriten tritt keine nennenswerte Humusbildung auf. Die große Üppigkeit tropischer Regenwälder ist kein Ausdruck für besondere Fruchtbarkeit. Mit Ausnahme der mineralstoffreichen, fruchtbaren Böden vulkanischen Ursprungs sind diese alten Böden recht nährstoffarm, und die Nährstoffe sind überwiegend in der lebenden Pflanzenmasse niedergelegt.

Wenn auch der Brandfeldbau eine veränderte Landschaft hinterläßt, so veränderten die frühen Ackerbauern und Viehzüchter die Natur in einem weitaus geringeren Umfang als die heutige Menschheit. Unsere Vorfahren waren stark in die Natur eingebunden und die Bevölkerungszahl der Erde noch relativ klein. Viele alte Kulturen entwickelten auf Tradition beruhende Regulative, die Natur nur in Maßen auszubeuten, um nachfolgenden Generationen alles Wesentliche für die Erhaltung der eigenen spezifischen Kulturform zu hinterlassen.

Die Ausbreitung der Ackerkultur führte in Europa zu einer weitergehenden Dezimierung der Wälder. Auf die planvolle Beseitigung der Wälder hatte einst Karl der Große im 8./9. Jahrhundert Prämien ausgesetzt, um den Kornanbau zu fördern. Ebenso wurden in England unter Cromwell zur Ausweitung der Schafzucht und Wollindustrie die Wälder zurückgedrängt. In Spanien schädigten

die riesigen Merinoschafherden die Natur ebenso wie in der französischen Provence und auf dem Balkan die großen Ziegenherden. Sie behinderten eine natürliche Wiederverjüngung der Wälder.
Natürlich waren für die Veränderungen der Landschaft in dieser Zeit auch andere Gründe maßgebend. In England brauchte man den Wald, um eine mächtige Eisenindustrie aufzubauen und das Land zu einer wichtigen Seefahrernation zu machen. Entstand doch die Eisenindustrie überall zuerst im Wald, wobei die in riesigen Mengen erzeugte Holzkohle zur Erzschmelze diente, wie im Forest of Dean in England, im Harz und Siegerland oder im Ural. In Thüringen wurden die Wälder gebraucht, um Glas zu schmelzen und Porzellan herzustellen. Lange Zeit wurde die Natur allein mit mechanischen Mitteln verändert: Wälder wurden niedergebrannt oder gerodet, Sümpfe trockengelegt, natürliche Graslandschaften in Kultursteppen verwandelt usw. Dabei vertraute man bedingungslos der immensen Regenerationskraft der Natur und machte sich nicht viel Gedanken um die Störung biologischer Gleichgewichte.
Gerade die Gebiete des sommergrünen Laubwaldes wurden sehr stark von der menschlichen Kultur- und Wirtschaftstätigkeit beeinflußt, so daß die ursprünglichen Wälder heute weitgehend von landwirtschaftlichen, städtischen und industriellen Nutzflächen verdrängt sind. Auch in Nordamerika hat man durch Bau eines ausgedehnten Eisenbahn- und Autostraßennetzes sowie durch die Entwickung der Papierindustrie und Holzchemie den Wald immer weiter zurückgedrängt. Dadurch wurde der Weg frei für die heißen Steppenwinde, die zwischen dem Mississippi und den Rocky Mountains im Mittleren Westen auftreten. Die nordamerikanische Prärie entspricht der Wiesensteppe des eurasischen Florenreiches und stockt auf tiefgründigen Schwarzerdeböden. Sie stellt heute eine große »Kornkammer« dar, deren gewaltige Monokulturen hohe Erträge an Mais und Weizen liefern, jedoch nicht selten von Dürre und Erosionsgefahren bedroht sind (s. S. 236). Die Folgen einer zu starken Dezimierung des Waldes in Europa und Nordamerika sind ein Versiegen von Flußquellen in den entwaldeten Gebirgen, das Ausschwemmen der Flußufer und das Versanden der Flüsse. Entblößte Erde der Gebirgshänge wird abgetragen und schließlich die ganze Ernte gefährdet. So wurde in den USA bereits 1891 ein Forstgesetz erlassen, nachdem bereits vorher im Staat Wyoming inmitten der Rocky Mountains auf einer Fläche von rund 10000 km^2 der Yellowstone-Nationalpark geschaffen worden war (s. S. 273), in dem Holzeinschlag und Jagd gänzlich verboten sind.
Heute wird in vielen Teilen der Welt das Landschaftsbild entscheidend durch die in historischer Zeit erfolgte Waldrodung geprägt, ganze Landschaften wurden drastisch verändert. Solche Gebiete der gemäßigten Breiten sind das Mittelmeergebiet, wo sich in wintermildem, sommertrockenem Klima eine Hartlaubvegetation entwikkelte. Durch Abholzen, Beweiden und Abbrennen dieser Bäume und Gebüsche von Hartlaubgewächsen entstand das Macchie bzw. Chaparral genannte mannshohe Gebüsch. Wenn dieses ebenfalls zur Holzgewinnung eingeschlagen oder von Zeit zu Zeit abgebrannt wird sowie die offenen Flächen beweidet werden, geht die Macchie in die Garigue genannte Zwergstrauchheide oder Rasengesellschaft über, die eine kümmerliche Vegetationsdecke bildet. So wurde die ursprüngliche Vegetation der Mittelmeerländer, ein immergrüner Eichenwald aus Steineichen *(Quercus ilex)* und Korkeichen *(Quercus suber)*, zu denen in Gebirslagen und weiter nördlich die Flaumeiche *(Quercus pubescens)* trat, in ihrem überwiegenden Teil schon früh durch den Menschen dezimiert. Auch in weiten Gebieten der Subtropen wurde der Wald auf großen Flächen gerodet.

Urwaldrodung in Ghana (Afrika)

Erosionsfolgen in einer Berglandschaft Zentralkaukasiens

Wegen ihrer Insel- oder Monsunlage sind die Subtropen weitgehend gleichmäßig regenfeucht. Sie enthalten sogenannte Lorbeerwälder, die neben dem Lorbeer *(Laurus nobilis)* Florenelemente sommergrüner Wälder der gemäßigten Klimazone, wie z. B. Magnolien (*Magnolia*-Arten), Roßkastanien (*Aesculus*-Arten) und Edelkastanien (*Castanea*-Arten), sowie großblättrige Nadelgehölze enthalten. Früher erstreckten sich die Lorbeerwälder in Ostasien z. B. in einer Breite von 1 000 km bis an die Ostküste Südchinas. Heute erinnern nur die in den Gebirgen, z. B. am Südostrand des Himalajas, erhalten gebliebenen Restwälder an die einst üppige Waldvegetation.

Ebenso wurde in den periodisch trockenen Tropenzonen, dem tropischen Monsungebiet, in denen eine längere Trockenzeit durch die Regenzeit unterbrochen wird und wo einst Teakwälder *(Tectona grandis)* und Salwälder *(Shorea robusta)* wuchsen, durch Profitstreben kapitalistischer Kreise das Verhältnis von Wald zu Savanne ungünstig beeinflußt. Die tropischen Monsunwälder drängte man immer mehr zurück, und auch die Feuchtsavannen mit ihrer geschlossenen Schicht an Hochgräsern und den darin verteilten Holzpflanzen sowie immergrünen Galeriewäldern wichen allmählich den Trocken- und Dorngrassavannen. Insbesondere in den Gebieten nördlich

des afrikanischen Regenwaldgürtels wirkte sich der einst als Wirtschaftsform so verbreitete Brandfeld- oder Wanderhackbau ungünstig aus.
Eine ähnliche Entwicklung fand in China statt. Große Gebiete wurden entwaldet, und das häufige Abbrennen der Gräser in der Savanne sowie intensive Weidewirtschaft führten schließlich zu einer für den Farmer wertlosen Dornbuschlandschaft.
Vom Menschen unberührte, echte Urwälder sind heute auch in den Tropen recht selten geworden. Immer größere Flächen des tropischen Regenwaldes werden bewirtschaftet. Der Mensch ersetzt sie durch »degradierte« Sekundärwälder und schließlich durch Grassavannen. So treten an die Stelle des tropischen Regenwaldes (s. S. 23) die niedrigen und artenärmeren Folgegesellschaften. Sie können zwar dichter, undurchdringlicher und lianenreicher sein als der ungestörte Regenwald. Doch wenn dieser Folgewald gerodet wird, um landwirtschaftliche Flächen zum Anbau von Mais, Yam, Maniok und anderen tropischen Nutzpflanzen zu liefern, werden die wenigen Nährstoffe der Böden schnell verbraucht, und es bleibt schließlich nur noch ein unwegsames Gestrüpp übrig. Auch durch eine allein auf Gewinn ausgerichtete, naturwidrige Holznutzung, bei der man die wertvollen Einzelstämme aus dem Bestand herausschlägt und zur Schaffung von Zugangswegen für den Abtransport in der Regel ein größeres Areal vernichten muß (s. S. 116), wurde der tropische Regenwald empfindlich beeinflußt. Bisher entwikkelte sich erst in wenigen Ländern die viel rationellere Holznutzung durch Anlage bewirtschafteter Forstflächen mit tropischen Nutzhölzern. Solche tropischen Forste sind für die Landschaft viel günstiger als die oft in den Feuchtgebieten der Tropen entstandene savannenartige Kulturlandschaft, in der große Baumplantagen zur Kautschuk-, Kaffee- und Kakaoerzeugung mit ausgedehnten Grasflächen und in die Landschaft eingestreuten Ackerflächen abwechseln.
Weltweite ökologische Diskussionen hat das »Entwicklungsprojekt Amazonien« ausgelöst, das von der brasilianischen Regierung aus ökonomischen Gründen in Angriff genommen wurde. »Amazonien als Lebensraum für 500 Millionen Menschen« war der Werbeslogan des Projektes. Doch hat das neue transamazonische Straßensystem, das das größte zusammenhängende tropische Regenwaldgebiet der Erde zerschneidet, nicht nur positive Auswirkungen. Es konnten zwar im Amazonasgebiet, in dem früher lediglich 600000 bis 800000 Menschen lebten, innerhalb von 15 Jahren allein an der Trans-Amazonas-Straße zwischen Maraba und Altamira im Osten auf einer Entfernung von nur 400 km Siedlungen für 400000 Menschen entstehen. Dabei wurden allein in den ersten 5 Jahren seit Beginn des Projektes 130000 km^2 Anbauflächen für landwirtschaftliche Kulturen geschaffen. Doch oft verödete das Land auch durch übermäßige Viehbeweidung. Bereits H. Sioli, der Pionier einer modernen Amazonasökologie, machte ausdrücklich darauf aufmerksam, daß die Fülle biologischer Produktionsprozesse im tropischen Regenwald auf einem schnellen Stoff- und Energiekreislauf beruht und keine tatsächliche Nettoproduktion enthält. Die Biomasse liegt hauptsächlich in Form von Holz und harten Blättern vor. Deshalb treten nicht zufällig bodenbewohnende pflanzenfressende Großtiere in der Fauna stark zurück. Viele Ökologen bezweifeln, daß man auf den dort vorherrschenden Latosol- oder Podsolböden überhaupt eine für die Viehzucht geeignete Graslandschaft betreiben kann. Denn nach dem um 1970 am Südrand des amazonischen Regenwaldes 10 Millionen Rinder gehalten wurden, ist die dortige Graslandschaft vernichtet und der Erosion ausgeliefert. Auch große Flächen des Regenwaldes Amazoniens dürften auf die Dauer für die tropische Landwirtschaft ökonomisch unrentabel sein.
Geradezu unerschöpflich erscheint dagegen das mit einem ungestörten Regenwald verbundene ausgedehnte Fließwassersystem Amazoniens. Es enthält die größte verwertbare Proteinmasse dieses Lebensraumes. Deshalb deckten die dort siedelnden Menschen ihren Eiweißbedarf vorwiegend aus der reichen Wirbeltierfauna der Gewässer. Unüberlegte Eingriffe in das Regenwaldgebiet Amazoniens können aber Folgeschäden von großer Tragweite auch für sein Fließwassersystem heraufbeschwören. Selbst Veränderungen des Großklimas der Erde werden von Ökologen diskutiert. Durch ein unausgeglichenes Wirtschaften des Menschen könnten harmlose Insekten schlagartig zu gefährlichen Schadinsekten werden. Kranheitsüberträger sowie Parasiten erhalten einen völlig anderen Stellenwert, insbesondere wenn man sie aus anderen Gegenden der Erde eingeschleppt hat.
Die in historischer Zeit erfolgte Dezimierung des Waldes muß heute unbedingt verhindert werden. In zahlreichen Ländern der Erde, so auch in Mitteleuropa, darf deshalb kein Wald mehr für die landwirtschaftliche Nutzung gerodet werden. Dies ist um so wichtiger, weil heute gasförmige Schad-

Rauchschäden in einem Fichtenwald

stoffe oder Staubpartikel in vielen Gegenden die Wälder ungünstig beeinflussen. Besonders gefährdet sind gegenwärtig in weiten Teilen Europas die Tannenwälder und Fichtenmonokulturen durch die Emission von Schwefeldioxid, das überall dort entsteht, wo schwefelhaltige Brennstoffe zur Wärmeerzeugung verbrannt werden. Es stellt die in Europa am häufigsten vorkommende, mengenmäßig vorherrschende Luftverunreinigung dar. Das Gas wird in der Luft allmählich zu Schwefeltrioxid oxydiert und durch Feuchtigkeit zu Schwefelsäure umgesetzt. So kann sogenannter saurer Regen niedergehen, der insbesondere die Nadelwälder schädigt.

Ein Feind des Waldes sind in manchen Gegenden der Erde auch immer wieder wütende riesige Waldbrände. Sie haben meist ihre Ursache in fahrlässiger oder auch vorsätzlicher Brandstiftung. Solche Waldbrände können wir bei uns durch ein wirksames Warnsystem und Beobachtungstürme in großen Waldgebieten wirksam einschränken. Stärker bedroht ist aber z. B. Südkalifornien mit seinem mediterranen halbwüstenartigen Klima. Die typische Vegetation, der Chaparral (»Brush«), ein Dickicht aus Büschen und Gras, die die Berge rings um Los Angeles wie ein undurchdringlicher Filz überzieht, brennt wie Zunder. Nirgendwo sind Buschbrände so häufig wie in diesem Landstrich, und nirgendwo sind so hohe Sachwerte zu beklagen. So verursachte 1978 eine

Feuerwalze innerhalb von 40 Stunden einen Schaden in Höhe von rund 35 Millionen US-Dollar. Ein Jahr zuvor hatte ein gewaltiges Feuer nahe der Künstlerkolonie Big Sur an der Pazifikküste Schäden in Höhe von 130 Millionen US-Dollar angerichtet.

Anfang 1983 wütete auch in Australien in den Bundesstaaten Victoria und Südaustralien eine riesige Feuersbrunst. Sie war die größte in der Geschichte Australiens, kostete fast 100 Menschen das Leben und brachte mehr als 300 000 Schafen und 10 000 Rindern den Tod. Millionen Hektar Wald und Weideland wurden verwüstet, man schätzte den Gesamtschaden auf über 450 Millionen australische Dollar. Waldbrände von mehr oder weniger großem Ausmaß gehören zum australischen Sommer, denn die an leicht entflammbaren ätherischen Ölen reichen Eukalyptusbäume brennen wie Zunder. An den Stämmen emporschießende Flammen lassen die Bäume förmlich explodieren. Dann steht der Wald in Sekundenschnelle in lodernden Flammen, aus denen es kein Entrinnen gibt.

Wenn auch die Ozeane mit ihren scheinbar unerschöpflichen Naturresourcen, mit ihren Anfangsgliedern vieler Nahrungsketten und dem Beginn des Wasserkreislaufes der Natur weit größere Flächen als unsere Wälder einnehmen, dürfen wir sie keinesfalls als Abfalldeponien betrachten. So gab es doch trotz der technologischen Perfektion bei Bohrungen nach untermeerischen Erdölvorkommen schon oft Unfälle und Katastrophen, wie z. B. vor der norwegischen Küste. Orkanartige Stürme hatten eine Bohrinsel aus der Verankerung gerissen, und ein Strom »flüssigen Goldes aus der Tiefe« ergoß sich zu einem schnell wachsenden Ölteppich auf der Nordsee. Aus der Bohrinsel Ixtoc I vor Mexiko flossen 1980 450 000 t aus, ein Ölstrom, der erst nach 9 Monaten gestoppt werden konnte. Häufig kam es zu Tankerhavarien. So gab es zwischen 1967 und 1980 200 derartige Unfälle, die dem Meer gemeinsam mit den Reinigungen von Tankern auf hoher See jährlich eine Mill. t Öl zuführten. Unter der Ölschicht kommt es schnell zu einem Sauerstoffmangel. Die Folge sind ein Massensterben von Fischen und anderen Meeresbewohnern, die Vernichtung von Wasservögeln sowie die Verwüstung von Fischerei- und Badestränden. Die Reinigung von Wasser und Strand erfordert erhebliche technische Anstrengungen mit hohen Kosten. Die Verrottung der Ölschicht durch Mikroorganismen, Bindemittel und ein sowjetisches Verfahren, bei dem das Öl in wenigen Minuten in leicht einzusammelnde Gummikugeln eingebettet wird, sind recht brauchbare Methoden, um in solchen Fällen zu helfen.

An einigen Stellen hatte man das Meer zu einer gigantischen Mülldeponie, insbesondere von Schwermetallen, gemacht. Jährlich flossen dem Meer neben Zink, Blei und Cadmium 5000 t hochgiftiges Quecksilber aus Landwirtschaft und Industrie zu. Während 0,005 ppm dieses Giftes noch für Trinkwasser zugelassen sind, vermindern sie doch die Entwicklung des Meeresplanktons bereits um 50 Prozent. Deshalb sind die planktonreichen Küstenregionen besonders gefährdet. Heute muß in vielen kapitalistischen Ländern die Deponierung kommunaler und industrieller Abfallstoffe im Meer streng kontrolliert werden, weil nicht selten von gewissenlosen Unternehmern hochgiftige Abprodukte auf den Meeresgrund versenkt wurden.

Von allen Maßnahmen, die der Mensch traf, um die Natur nach seinen Bedürfnissen umzugestalten, griff die Flurbereinigung auch recht stark in den Naturhaushalt ein. Mäandrierende Bäche und Flüsse zu begradigen, ehemals gewundene Feldwege, wie mit dem Lineal gezogen, bis an den Horizont zu führen, Moore und Sumpfwiesen trokkenzulegen, Hügel abzutragen und Weiher zuzu-

Durch Einwirkung von Zementstaub völlig abgestorbene Bäume

Begradigter Fluß im Tiefland

schütten, Grenzhecken herauszureißen und Feldraine einzuebnen – dies hatte nicht immer einen günstigen Einfluß auf die Natur. In einer solchen Landschaft finden viele Wildpflanzen und Wildtiere keinen Platz mehr, so daß zahlreiche Arten heute schon ausgestorben oder vom Aussterben bedroht sind.

Flußbegradigungen sah man anfangs als eine große Kulturtat an. Aber dann erkannte man, daß eine korrigierte Flußlandschaft oft nicht nur optisch unschön, sondern auch manchmal ökologisch ungünstig ist. Erwähnt sei hier zum Beispiel die von 1817 bis 1874 vorgenommene Begradigung des Oberrheins. Sie sollte diesen Rheinabschnitt vor gefährlichen Hochwassern schützen und zugleich stromaufwärts bis Basel schiffbar machen. Die zahllosen Mäander des Flusses wurden durchstochen und stille Seitenarme sowie

Altwässer, die eine hochproduktive Auenlandschaft bildeten, abgeschnitten. Die den Fluß begleitenden Auwälder wurden abgeholzt. So konnte man den in ein enges, begradigtes Flußbett zurückgedrängten Oberlauf des Rheins um rund 100 km kürzen, was für die Schiffahrt recht günstig war. Doch bald stellten sich zahlreiche Folgeschäden ein: Durch die Flußbegradigung wurden Wassergefälle und Fließgeschwindigkeit erhöht, der Fluß grub sich immer tiefer in seine Bettsohle ein, die heute um einige Meter tiefer liegt. Es kam zu einer großflächigen Absenkung des Grundwasserspiegels und damit zu schweren Schäden für Land- und Forstwirtschaft. War die Oberrheinebene früher ein großer Obstgarten, so starben durch Senkung des Grundwasserspiegels auf Tausenden von Hektaren die Obstbäume, weil ihre Wurzeln nicht mehr das Grundwasser erreichen konnten.
Die Begradigung des Rheins blieb nicht auf seinen Oberlauf beschränkt. Auch an anderen Stellen ist der Rhein längst kein natürlicher Fluß mehr. Hinzu kommt eine starke Wasserverschmutzung. Nach einer amtlichen Untersuchung beträgt die Länge der gesamten Rheintalaue 866 km mit einer Ausdehnung von 2239 km^2. Nur noch 11 Prozent dieser Fläche können als natürlich oder naturnah eingestuft werden, 16 Prozent sind urbanisiert und 73 Prozent absolut naturfern.
Ähnliche Probleme gab es auch bei anderen europäischen Flüssen. So kann in den meisten großen Flüssen und Strömen Mitteleuropas nicht mehr gefischt werden. In den Ballungszentren großer Städte und Industrieanlagen ist die Wasserqualität natürlich am schlechtesten. Doch in einigen Ländern waren die Bemühungen um die Wiederbelebung von Flußabschnitten schon erfolgreich, wie z. B. in der DDR.
In vielen Ländern sind Teile der Kulturlandschaft auch durch Bebauung und Verkehr so stark »erschlossen«, daß es kaum noch größere zusammenhängende natürliche Flächen gibt. Solche

Wasserverschmutzung in einem Industriegebiet

zersiedelten Landschaften werden durch ein dichtes Straßennetz in ökologische Kleinstbereiche zerschnitten. Naturgemäß drängt in vielen Kontinenten der Erde die Bevölkerung in die Städte, aber die Bebauung mit Häusern, Fabriken, Straßen und Freizeiteinrichtungen muß naturnah durchgeführt werden, die Kette von Fehlplanungen, aus westlichen Industrieländern zur Genüge bekannt, darf sich nicht in den Entwicklungsländern wiederholen.
Bäche und Flüsse waren schon immer von der Natur gegebene Abwasserkanäle der Menschen. Wenn die eingeschwemmten organischen Stoffe eine bestimmte Grenze nicht überschreiten und der Sauerstoffhaushalt weitgehend ausgeglichen ist, werden sie durch Bakterien und andere Pflanzen abgebaut, die Stoffkreisläufe funktionieren noch (s. S. 231). Mit der immer mehr zunehmenden Industrialisierung und Konzentrierung der Bewohner eines Landes in den Städten (Urbanisierung) wuchs aber ständig auch die Schmutzlast, die durch immer wieder neu gebaute Kläranlagen beseitigt werden muß. Der Wissenschaftsjournalist Horst Stern berichtet von in der BRD durchgeführten Hochrechnungen, wonach täglich 22,5 Mill. m^3 Abwasser anfallen.
Eine vollbiologische Kläranlage liefert weitgehend geklärtes Wasser, oft enthält es aber noch anorganische Nährstoffe, wie Nitrate und Phosphate. Gerade die Phosphate und Nitrate tragen entscheidend zur Überdüngung (Eutrophierung) von Fließgewässern, Seen und Tümpeln bei. Diese Überdüngung mit anorganischen Stoffen macht dem Ökologen besonders Kopfzerbrechen. Aus privaten und industriellen Waschanlagen gelangen auch große Mengen Waschmittelphosphate über die Kanalisation in die Seen. Aber auch Fäkalien der Menschen enthalten Phosphate, oder Phosphate werden aus dem Kunstdünger des Landwirts bei starkem Regen in die Seen geschwemmt.
Das gilt auch für die Nitrate. Sie sind wie die Phosphate eine ausgezeichnete Nahrungsquelle für Algen. So vermehren sich in stehenden und fließenden Gewässern, in die Nitrate, Phosphate und andere Nährstoffe in größeren Mengen eingeleitet werden, die Algen in erheblichem Umfang. Durch diese Massenvermehrung und die mangelnde Belüftung des Wassers nimmt der gelöste Sauerstoffvorrat des Gewässers bekanntlich ab. Die herangewachsene Algendecke, die die freie Wasseroberfläche mehr oder weniger vollständig bedeckt oder in den Gewässern in ganzen »Schwaden« zusammen mit abgestorbener Pflanzenmasse treibt, schränkt den Sauerstoffaustausch immer mehr ein und versperrt zugleich dem Sonnenlicht den Weg in tiefere Wasserschichten. Dadurch wird das biologische Gleichgewicht gestört, Verwesungs- und Fäulnisvorgänge greifen um sich. Die abgestorbene Pflanzenmasse sinkt als Faulschlamm auf den Gewässerboden. Mikrobielle Faulschlammbewohner erzeugen Gasblasen von Methan, die an der Oberfläche des trüben und fauligen, stinkenden Wassers zerplatzen. Damit diese Nährstoffe nicht in die Flüsse und Seen gelangen, kann man aber in künstlichen Abwasserteichen das Wasser von den unerwünschten Nährstoffen befreien, indem es den Mikroorganismen als Nahrung dient.
Häufig werden die Pflanzen — vor allem in städtischen Gebieten — durch Streusalz, das hauptsächlich aus Kochsalz sowie geringen Mengen Kalzium- und Magnesiumsulfat besteht, geschädigt. Das Streusalz gelangt mit dem tauenden Schnee und Eis in den Boden, der allmählich versalzt. Von den Pflanzen teilweise wieder aufgenommen, wandert es in die Blätter, die von den Rändern her verbräunen und vertrocknen. Auf diese Weise wurden vor allem Chausseebäume geschädigt, und man hat wertvollen Baumbestand in den Städten dezimiert. In Westberlin soll sich z. B. die Zahl der durch Salzeinwirkung irreparabel geschädigten Bäume auf 15000 bis 20000 beziffern. Deshalb wurde der Einsatz von Streusalz in vielen Ländern eingeschränkt oder ganz verboten. Als Unkrautvertilgungsmittel auf Straßen und Plätzen darf es nicht zum Einsatz kommen.
»Unsere Umwelt«, schrieb Ende der sechziger Jahre der amerikanische Biologe Paul R. Ehrlich, »ist eine einzigartige Haut von Boden, von Wasser, gasförmiger Atmosphäre, mineralischen Nährstoffen und Organismen«, die den Planeten Erde umhüllt. Alle diese Teile müssen in Ordnung sein, wenn der Gesamtorganismus funktionieren soll.
Es gibt heute auf der Erde kaum noch einen Quadratkilometer Land, der nicht die Spur des Menschen trägt. Deshalb ist es so wichtig, daß wir immer die Folgen berücksichtigen und einkalkulieren, die mit Veränderungen unserer Umwelt einhergehen. Wir sollten und müssen die Natur zu unserem Nutzen verwenden, aber immer daran denken, daß auch kommende Generationen von ihr leben wollen. Wenn wir danach handeln, wird es auch keine unlösbaren Probleme mit unserer Umwelt geben.

Gärten und Parks – Pflanzen im Lebensraum des Menschen

»Der Garten soll immer mehr
ein Siegelbewahrer
des großen Pan werden –
ein Klangkörper
für unaussprechliche Einflüsse
der hohen Umwelt.
Er soll uns
auf ganz neue Art helfen,
die Jahreszeiten auszuschöpfen
und ihre Zauber
unvergänglich zu machen.«

Karl Foerster

Nach der biblischen Legende war der Garten Eden ein idyllischer, friedvoller Ort. Aber hier stand auch der »Baum der Erkenntnis von Gut und Böse«. Hier soll nach dem Alten Testament der Bibel der zwiespältige Weg des Menschen begonnen haben. Die uralte kulturhistorische Bestimmung eines Gartens, ein Ort des Friedens und der inneren Sammlung zu sein, ist wohl allen Gärten dieser Welt eigen, angefangen von den antiken Gärten über die prachtvollen Gartenanlagen der Feudalzeit bis hin zu unseren heutigen Parks.
Schon in altkretischer, ägyptischer und frühgriechischer Zeit entstanden unterschiedliche Gärten. Während die Gärten in Kreta besonders der Blumenzucht dienten, sind für Ägypten aus dem 3. und 2. Jahrtausend v. u. Z. Skizzen von Anlagen bekannt, die Gärten als Ergänzung der Tempelanlagen oder als Nutzgärten ausweisen. Die terrassiert angelegten »Hängenden Gärten« der assyrischen Königin Semiramis (um 800 v. u. Z.) in Babylon wurden von komplizierten Bewässerungsanlagen in Pracht und Blüte erhalten und galten als eines der 7 Weltwunder der Antike. In Griechenland wurden Gärten anfangs als Nutzgärten zum Anbau von Obst, Gemüse und Wein angelegt und dienten, offenbar durch persischen Einfluß, seit dem 5. Jahrhundert v. u. Z. in vielfältiger Art als Erweiterung von Tempelanlagen. Gymnasien (gymnos = nackt) waren anfangs ähnlich wie ein Garten angelegte Sport- und Wettkampfstätten, wo die körperliche Ertüchtigung für kriegerische Auseinandersetzungen nackt geübt wurde. Mit der Aufstellung eines Berufsheeres nach dem 2. Peloponnesischen Krieg wurden Gymnasien zu Schulen der philosophischen Welt- und Naturerkenntnis. Platon (427–347 v. u. Z.) und Epikur (342–271 v. u. Z.) lehrten in Athen unter freiem Himmel, in einem Garten wandelnd. Epikurs Philosophenschule wurde »der Garten« genannt. Das Lyzeum, die Schule des Aristoteles (384–322 v. u. Z.), war ein den heiligen Hainen des klassischen Altertums nachgestalteter Garten. Theophrast, ein Schüler des Aristoteles, lehrte in einem nachbarlichen Garten und nutzte ihn zu seinen vielfältigen Pflanzenstudien (s. S. 49) Dies dürfte der erste botanische Garten der Welt gewesen sein.
Im hellenistisch beeinflußten römischen Imperium wurden Gärten in Tempelbezirken, als Gymnasien oder als Parks in Residenzstädten angelegt. Eine Vielzahl von ihnen entstand auch durch den privaten Wohnungsbau. Die Peristylhöfe, der von Säulen eingeschlossene Mittelpunkt eines römischen Wohnhauses, erweiterte man zu symmetrisch angelegten Gärten, die in Anlehnung an die Landschaft und ihre Wasserverhältnisse abwechslungsreich gestaltet waren und auch zum Anbau von Obst und Gemüse dienten.
Ein völlig anderes Aussehen hatten die Gärten

des Altertums in China und Japan. Ihr Konzept glich in mancher Hinsicht zwar der Absicht griechischer Gärten, ein Ort der Erholung und Besinnung zu sein. Doch wurde dies durch gänzlich andere Gestaltung erreicht, die in dieser Funktion auch heute noch fortlebt. Die buddhistischen Tempel und kaiserlichen Paläste lagen hinter Mauern gleichsam in großen Gärten versteckt. Doch diese Gärten waren trotz traditioneller Bindung zeitlos schön. Wasser und Naturnähe spielten eine herausragende Rolle. Man erreichte sie nicht nur durch Ähnlichkeit zur Natur, sondern empfand sie mit Asymmetrie, Harmonie, Schlichtheit, Vergänglichkeit und Wandlung nach. Von Bächen durchzogen, von spiegelnden Wasserflächen unterbrochen und von Bäumen, Sträuchern und Blüten in wohlabgestimmter Folge belebt, wirkte der Garten in China und Japan als ruhige harmonische Landschaft. Er war aus miteinander korrespondierenden Teilen zusammengesetzt. Ein Berg oder Fels wurde ähnlich dem Baum in Vorderasien und Europa religiös verehrt und deshalb zur Nachahmung berühmter Landschaften in den Gärten künstlich errichtet. Steine dienten, vielfältig in Form, Farbe und Oberfläche, ebenso zur Gestaltung wie die belebte Natur und fanden ihren Platz in spiegelnden Wasserflächen, Stromschnellen und Bächen oder auf Wegen und inmitten von Blumen. Abhängig von der Funktion eines Gartens, wurden Brücken, Steinlaternen, Buddhafiguren, Vasen, Pavillons, Tempel oder Teehäuschen (s. S. 193) in die Gärten eingegliedert. In extremen Fällen wie in dem berühmten Mönchsgarten von Ryonji ist der Garten völlig vegetationslos. Mit künstlichen Felsen, auf »silbernem« Kies verteilt, dient er der Meditation und stellt zweifellos die höchste Abstraktion in der Gartenkunst dar.

Japanischer Garten mit seinen Elementen Wasser, Steinen und kleinen Bäumen

In Europa ging die Gartenkunst andere Wege. In der herzoglichen Bibliothek von Wolfenbüttel liegt heute eine Landgüterverordnung von Karl dem Großen aus dem Jahre 812. Sie erzählt von den Anfängen der Gartennutzung im Fränkischen Reich. 53 Kräuter und 16 Baumarten werden genannt, die durch »Anmut und Nutzen« den staatlichen Domänen dienen sollten. Nutzgärten dieser Art wurden vor allem im Umkreis eines Klosters oder einer Burg geschaffen. Getreu dem Gebot von Benedict von Nursia (6. Jahrhundert), dem Begründer des Benediktinerordens, daß ein Kloster innerhalb seiner Mauern alles, was zum Leben der Bewohner erforderlich sei, selbst erzeugen solle, entstanden Gärten mit dreierlei Aufgaben: Ein Arzneigarten lieferte Heilpflanzen, im Gemüsegarten wurden Würzkräuter und Gemüse gezogen, und im benachbarten Friedhof wurde die Symbolfunktion des Baumes (s. S. 45) unbekümmert auf Obstbäume übertragen. So war der »Todesacker« also Teil eines Gartens. Diese Aufgaben blieben für die Klostergärten über 7 Jahrhunderte erhalten und wurden durch Hildegard von Bingen sowie Albertus Magnus Ausgangspunkt für botanische Studien (s. S. 50). Doch die Klostergärten waren nicht nur Nutzgärten, auch als Lust- und Ziergarten, als gestalteter Garten Eden, befanden sie sich im Umkreis der Klöster: »Ain wunniclich Gart sol haben violin und wicz rosen, gylien, berende bom, grumesz gras und ainen vliessenden brunne«, hieß es im »Leben der seligen Luitgart von Wittingen«.

In der Nähe der Burgen entstanden 3 nicht miteinander verbundene Teile eines Gartens. Als Blumenwiese diente ein Rosengarten zu »Lust und Wonne« oder als Schauplatz von Turnieren. Ein Baumgarten mit Platanen, Zypressen und Obstbäumen wurde nach persischem Vorbild zum schattenspendenden »Paradies«. Zu Beeten angeordnet, wuchsen im Würzgarten Heilkräuter, Gewürzpflanzen und farbenfrohe Blumen. Der Weg von derartigen Burggärten zu den Bürgergärten in der Stadt war nicht mehr weit.

Wegen der Wohndichte mittelalterlicher Städte entstanden die Gärten außerhalb ihrer Mauern und Gräben. Der Beruf eines Gärtners mit Organisation in einer Zunft wird für Strasbourg erstmals 1351 belegt. Die Gärtner lieferten, mit Marktrechten versehen, der Stadt Gemüse, Kräuter, Ge-

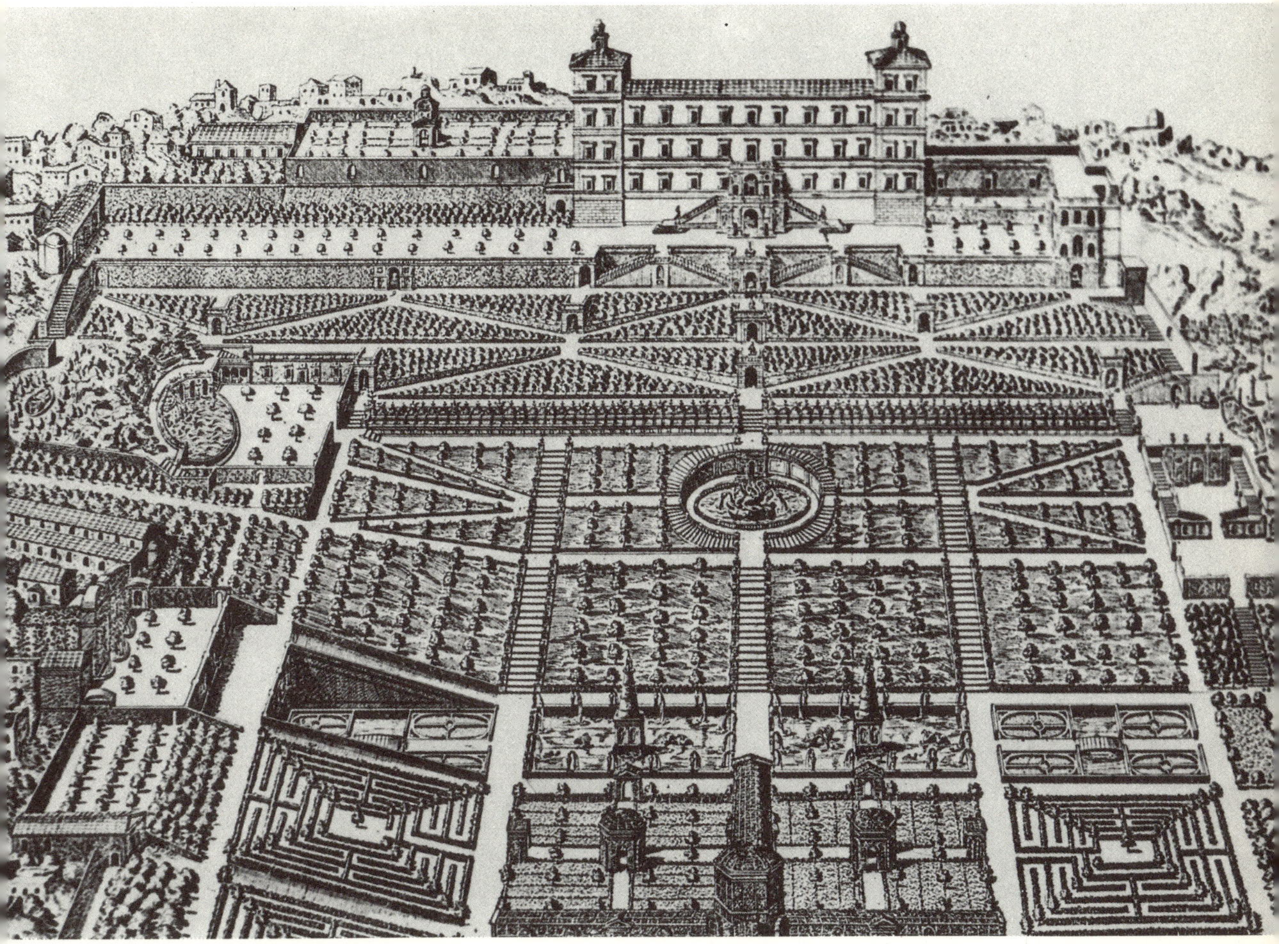

Plan eines Spätrenaissancegartens in Italien

würze und Obst. Zierpflanzen im heutigen Sinne fehlten noch weitgehend.
Schon in frühgermanischer Zeit waren in unmittelbarer Hausumgebung als mit »Gerten« vom Feld abgegrenzte sogenannte Hofreite entstanden, in denen wildwachsende Heil- und Küchenkräuter im Unterschied zu gemeinsam von der Sippe genutzten Wäldern, Wiesen und Feldern als Privateigentum genutzt wurden. Aus dieser Zeit stammt auch die Umfriedung durch einen Zaun (Gehege), was zur Bezeichnung »Garten« führte. Später entwickelten sich daraus die Bauerngärten.
Neben dem Gebrauch von Nutzgärten im Umkreis der Klöster, Burgen, Städte oder auf dem Lande entwickelten sich die Gärten auch als Teil fürstlicher und bischöflicher Residenzen, wo die Träger feudaler Macht lebten. Nur sie hatten die finanziellen Mittel, Pracht- und Lustgärten anzulegen und zu erhalten. Dabei müssen zwei mannigfach abgewandelte Grundformen unterschieden werden: die »regelmäßige«, symmetrische Anlage, die auf griechische, römische und islamische Vorbilder zurückgeht, und die »unregelmäßige« Anlage aus China und Japan. Diese Entwicklung von Lustgärten begann in Europa in der italienischen Frührenaissance des 14. Jahrhunderts. Anfangs ohne feste Bindung zum Schloß oder entfernt von ihm gelegen, waren sie aus quadratischen Teilen mit Beeten und Bäumen zu geometrischen Mustern konstruierte Anlagen. Später verwuchs das architektonische Prinzip von Schloß und Garten zu einer einheitlichen symmetrischen Anlage. Um ein mit einem Springbrunnen versehenes Quadrat schuf das sogenannte Parterre den Übergang vom Schloß zum Garten. Es wurde von Terrassen und Baumreihen umgeben und war streng geometrisch durch Rasenflächen oder niedrige Hekken gegliedert. Diesen Renaissancegärten lag stets ein Grundriß und nicht eine räumliche Vorstellung zugrunde.

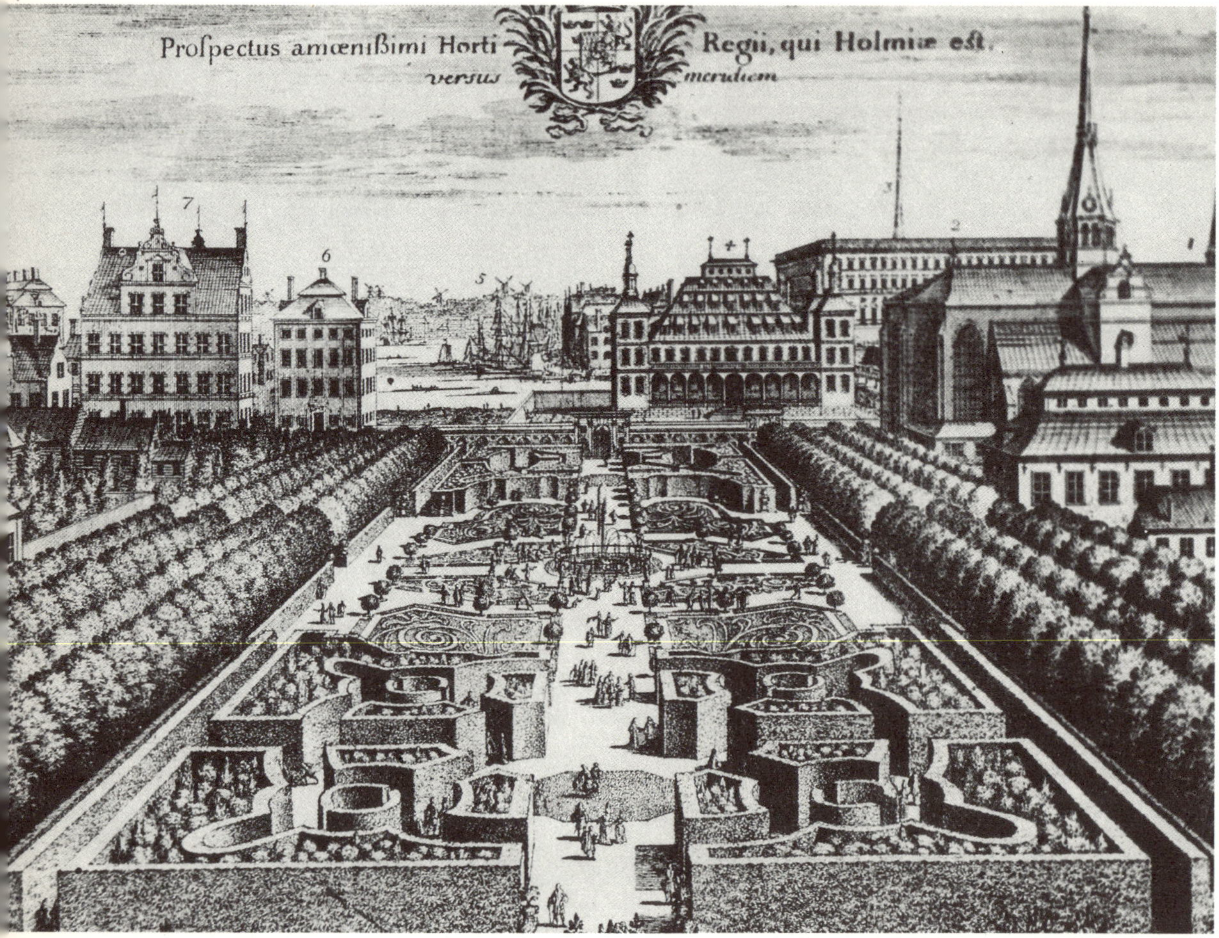

Plan des königlichen Barockgartens in Stockholm

Im Italien des 16. bis 18. Jahrunderts und in Frankreich entstanden die Barockgärten. Auch in ihnen bilden Garten und Gebäude eine Einheit. Der zum Garten orientierte Festsaal des Schlosses hatte seine Entsprechung im Parterre, das von Laubengängen, Alleen und Gartengebäuden wie mit kleinen Gemächern umgeben war. Den Blick vom Schloß bestimmte eine Hauptachse, der symmetrisch alle Gartenteile zugeordnet waren. Das Parterre ist nicht mehr wie in der Renaissance in kleine geometrische Beete zerschnitten, sondern vereint mit der Hauptachse alle Teile des Gartens. Entscheidend ist nicht mehr der geometrische Plan, entscheidend sind das Relief und die Perspektive des Gartens. Die Wege, die Rasenflächen, die geschnittenen raumbildenden Baumgruppen, die sogenannten Bosketts, die Baumalleen, die in Stein gefaßten Wasserflächen, die Laubengänge, die zu Figuren geschnittenen Bäume und Hecken, die Steinskulpturen und Gartenpavillons sind zu einem einheitlichen Ganzen angeordnet, das man vom Schloß als Relief überschauen wollte. Buchsbäume, Eiben sowie Linden und Hainbuchen, die man durch regelmäßigen Schnitt in eine beliebige Form bringen konnte, wurden für die barocke Gartenidee besonders wertvoll, während wilder Wein die steinerne Architektur des Gartens belebte.
So begann Claude Mollel, Hofgärtner Heinrichs IV. in Frankreich, um 1600 mit der Verwendung von Buchsbäumen. Sie lieferten durch Anordnung und Schnitt ornamentale Darstellungen von Wappen, Schiffen, Kronen oder Schrift. Überlebensgroße dichte Hecken aus Hainbuchen oder Eiben bildeten idyllische Nischen und Zimmer für die Galanterien barocker Lebensideale. Der barocke Garten erlangte zur Zeit Ludwigs XIV. in Frankreich seinen Höhepunkt. Deshalb spricht man auch von dem »französischen Gartenstil«. Versailles verdankt seine Berühmtheit nicht allein dem Schloß, sondern auch seinen Gärten. Auf sumpfigem Ge-

lände wurde über 50 Jahre mit Hilfe von 36000 Arbeitern gebaut, setzte man 150000 Pflanzen. An dem Jagdschloß vor Paris entstand damals durch die Architekten J. Hardonin-Mansart und R. de Colle auf 100 ha die berühmteste Gartenanlage Europas. Sie bot Raum für barocke Feste und Feuerwerk, für Renn- und Ringspiele, für Reit- und Schauspiele. Plastiken, Tempelchen, Gartenschlößchen (Trianons), Terrassen, Treppen und Theaterplätze wurden mit Bäumen und Sträuchern architektonisch schwungvoll verbunden. Dabei blieb der barocke Garten insgesamt blütenarm.
Besonders beliebt waren die Terrassen, die zwischen Schloß und Garten vermittelten oder letzteren dem Gelände entsprechend untergliederten, z. B. in Großsedlitz bei Dresden. Dort entstand auf »bewegtem Gelände« 1723 bis 1726 durch die Dresdener Baumeister Pöppelmann, Knöfel und Longuelune einer der schönsten Barockgärten Deutschlands, ein Ort glanzvoller Hoffeste.
Anlagen des Barocks und des ihm folgenden Rokokos sind z. B. auch in Ludwigsburg bei Stuttgart, in Schönbrunn bei Wien, im Zwinger von Dresden sowie in Holland und Belgien erhalten geblieben. Einen radial zum Schloß angeordneten Garten finden wir in Karlsruhe, während das über 250 m

Der Plan von Versailles – einer bedeutenden Parkanlage im französischen Stil

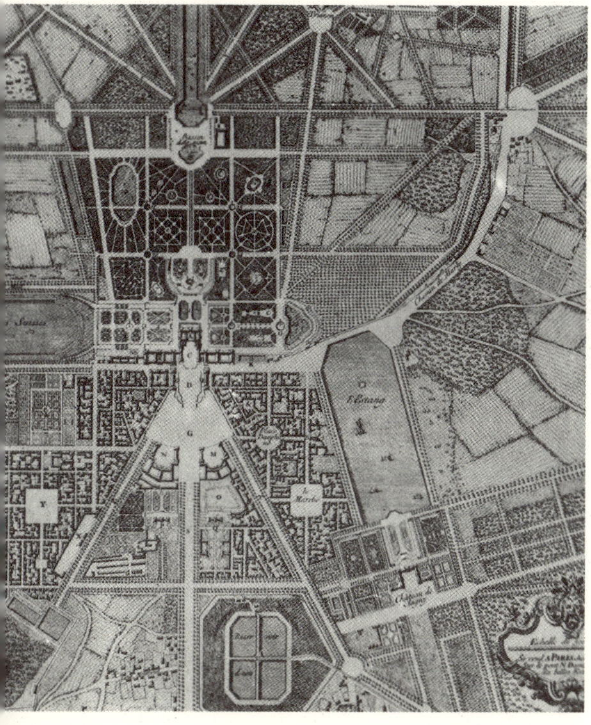

lange zahlreiche Kaskaden und Terrassen geleitete Wasser zum Mittelpunkt des Barockgartens von Schloß Wilhelmshöhe bei Kassel wurde. Terrassen bestimmen auch den Rokokogarten in Potsdam-Sanssouci. Dort haben Baumeister wie Knobelsdorff, Schinkel und Persius, Bildhauer wie Glume, Ebenbach, Benckert und Heymüller sowie Gartengestalter wie Lenné ein weltbekannt gewordenes Ensemble geschaffen. Das Kernstück bildet das Schloß mit seinen Terrassen.
Wie meist wurden auch in Sanssouci Orangen- und Zitronenbäume sowie Oleander *(Nerium oleander)* in großen Gefäßen gezogen, die man im Winter in verglasten Häusern, sogenannten Orangerien, aufbewahrte. Das erste vollverglaste Gewächshaus hatte man 1619 in Deutschland konstruiert. In solchen Orangerien konnten neben den schon genannten Gewächsen auch Palmen, Feigen, Myrten, Lorbeerbäume, Kamelien, Aloëarten u. a. in Holzkübeln und Tonbottichen gehalten werden. In der wärmeren Jahreszeit – von Mitte Mai bis Ende September – wurden sie im Freien dem barocken Garten eingegliedert.
Ein besonders beliebter Bestandteil barocker Gärten waren Labyrinthe und ihre Sonderform, die Irrgärten. Das Labyrinth ist ein in allen Kulturen auftretendes jahrtausendealtes Bildsymbol der Menschheit. Ob in die Grasnarbe englischer Rasen gehauen, in die Grabkreuze irischer Kelten gemeißelt, auf die Felsen durch nordamerikanische Indianer gemalt oder in den Kathedralen der französischen Hochgotik in Stein gesetzt, stets wurde das Labyrinth als Ausdruck der verschlungenen Lebenswege angesehen. Besonders im Barock erinnerte man sich solcher Labyrinthe und Irrgärten und konstruierte sie aus Buchsbaum-, Eiben- oder Hainbuchenhecken, oft überlebensgroß zum Umherwandeln oder Versteckspielen. Mitunter gab ein hölzerner Aussichtsturm in der Mitte einen Überblick. Gern wurden in Europa unverzweigte Spiralen als Labyrinth verwendet. Sie glichen einem der ältesten Labyrinthbauwerke, dem Palast von Knossos auf Kreta (um 1600 v. u. Z.).
Nach einer bekannten griechischen Sage befreite Ariadne, die Tochter des kretischen Königs Minos, durch ein Garnknäuel Theseus, den Sohn des griechischen Königs zu Athen. Er wollte das stierköpfige Ungeheuer Minotauros besiegen, dem alle 7 Jahre 7 griechische Jünglinge und 7 Jungfrauen in das Labyrinth von Kreta als Opfer gesandt werden mußten. Mit einem Schwert besiegte Theseus den Minotauros und konnte mit dem ausgerollten Garnknäuel (dem »Faden der Ariadne«) aus dem Labyrinth zu seiner geliebten

Orangerie in Potsdam-Sanssouci

Ariadne zurückfinden. Sowohl diese Sage als auch die höfische Lust zum Versteckspielen mögen Anlaß gewesen sein, solche Labyrinthe in einen Barockgarten einzubauen.
Um 1800 wirkte sich die Forderung der französischen Aufklärer J.-J. Rousseau und Voltaire nach freier Natur und Entfaltung des Menschen ohne Vorherbestimmung auch auf die Gartenkunst aus. Kunst und Natur sah man nicht mehr als die großen Gegensätze, sondern als Einheit an. Die von Goethe 1797 beschriebene Heckenarchitektur des Barocks

»Solche schroffen grünen Wände
ließen sie nicht länger stehen.
Kann man doch von einem Ende
gleich bis an's andere sehen!«

sollte in dem neuen Gartenstil vermieden werden.

Barockgarten in Großsedlitz bei Dresden

Der Garten wurde als eine natürliche, eine »köstliche Wildnis« ohne Repräsentation angesehen. Das Ursprungsland dieser neuen Auffassung der Gartengestaltung war England im 18. Jahrhundert. Ihre Vorkämpfer waren Dichter und Maler wie z. B. William Kent. Geschult an den Berichten, die vermehrt im 17. und 18. Jahrhundert nach Europa gedrungen waren, sollte der Garten eine »Malerei Grün in Grün« sein, bei der die Natur als asymmetrische Anlage ohne gerade Linien nachempfunden wurde. Als sogenannter englischer Garten hielt diese Form in vielen Ländern Europas Einzug. In Deutschland spricht man schlechthin vom »Garten der Goethezeit«, denn der Dichter war nicht nur ein Förderer, sondern auch Gestalter solcher Gärten. Im Tal der Ilm entstand unter seiner Mitwirkung zwischen dem Weimarer Schloß und Belvedere ein Landschaftspark, den Goethe in den Wahlverwandtschaften schilderte. Weitere solche Parks in englischem Stil wurden in Tiefurt, Groß-

Irrgarten Altjeßnitz bei Bitterfeld

kochberg, Wilhelmsthal bei Eisenach und Potsdam-Sanssouci errichtet.
Erstmals in Deutschland als englischer Garten entworfen, ist wohl der Wörlitzer Park des Fürsten Franz von Anhalt-Dessau (1740–1817) am bekanntesten. Der Fürst bereiste mit seinem Baumeister Erdmannsdorff England und nahm die Ideen des englischen Landschaftsparks begeistert auf. Aus der versumpften Elbaue bei Wörlitz entstand nach 1764 unter seiner Mithilfe durch Erdmannsdorff und Eyserbeck ein Landschaftspark von weiträumigen Ausmaßen. In ihn eingebettet, wurden als Bauwerke das Schloß, das Gotische Haus, verschiedene Pavillons, Brücken, die Rousseau-Insel, die Grotten, der Vesta-, der Venus- und der Floratempel, die Villa Hamilton sowie ein Pantheon errichtet. Ausländische Gehölze, in Gruppen vereint, wurden ebenso in der Landschaft verstreut wie viele bunte Blumen.
Durch den Aufschwung der Botanik im 18. und besonders im 19. Jahrhundert (s. S. 54) hielten zahlreiche Gehölze und Kräuter über die botanischen Gärten (s. S. 259) Einzug in die Parkanlagen und Gärten Europas. So wurden Zedern, amerikanische Nadelgehölze, Magnolien und Akazien ebenso beliebt wie Ginkgobäume, Kamellien, Pfingstrosen, Spiräen, Chrysanthemen, Azaleen, Forsythien und Dahlien. Wichtigste Einfuhr- und Einkaufsorte für exotische Pflanzen und die aus dem Orient bezogenen Tulpen- und Hyazinthenzwiebeln wurden Brüssel, Antwerpen und Amsterdam. So entstand die noch heute berühmte Blumenzwiebelindustrie der Niederlande.
Landschaftsparks im englischen Stil kennen wir aus der Goethezeit auch von Seifersdorf bei Dresden, von Tegel bei Berlin, Branitz bei Cottbus sowie von Muskau. Branitz und Muskau zählten zum Besitz des Fürsten Hermann von Pückler, der, auf Reisen nach Italien und Südfrankreich geschult und mit Plänen von F. K. Schinkel versorgt, hier Landschaftsparks nach seinem Leitmotiv »Natur durch Kunst zu veredeln« schuf. Ulmen, Linden und Eichen mit beträchtlichem Alter wurden aus seinem Branitzer Besitz nach Muskau in Gruppen verpflanzt und boten auf endlos erscheinenden Rasenflächen, die in der Neißeaue von weit geschwungenen Wegen durchzogen waren, immer wieder einen neuen Ausblick. »Der Park soll nur den Charakter der freien Natur und der Landschaft haben, die Hand des Menschen also darin wenig sichtbar sein, und sich nur durch wohl unterhaltene Wege und zweckmäßige Gebäude bemerkbar machen«, schrieb Pückler. Darin wird der begriffliche Unterschied von Garten und Park, wie wir ihn heute kaum noch kennen, deutlich. Während man in der Renaissance das außerhalb der Gartengrenze gelegene fürstliche Jagdrevier, dem gerade Alleen zur besseren Nutzung verhalfen, als Park bezeichnete, wurde mit dem Aufkommen des englischen Landschaftsgartens dieser als Park benannt.
Nach 1850 lösten durch die gewandelten wirtschaftlichen Verhältnisse Städte und Organisationen den individuellen Auftraggeber für Großgärten ab. Es traten vor allem soziale Funktionen in den Mittelpunkt der Gartengestaltung. So wurden Kinderspielplätze, Rosengärten, Steingärten, Liegewiesen, Planschbecken, Lesegärten u. a. zu festen Bestandteilen städtischer Parkanlagen. Als einer der ersten entstand in Magdeburg auf einer Elbinsel der Park auf dem Roten Horn, den man anläßlich der Deutschen Theaterausstellung 1927 mit architektonisch wertvollen Zweckbauten bereicherte. Zu einem großzügig angelegten, nach den Erfordernissen einer Großstadt gestalteten modernen Stadtpark wurde die anläßlich einer Gartenbauausstellung 1982 errichtete Anlage von München.
Mit vielfältigen Aufgaben zur Erholung und Entspannung, zu Ausstellungen, zuweilen auch für Spiel und Sport und als »grüne Lunge« der Städte

Plan des Irrgartens von Alt-Jeßnitz bei Bitterfeld

dienen heute Gärten und Parks. Die Bewahrung und Pflege historischer Anlagen und eine der Wohndichte moderner Großstädte angepaßte Zuordnung von Parklandschaften müssen deshalb stets Aufgabe der Landschafts- und städtebaulichen Planung sein, während in den kleinen, aber für jedermann erschwinglichen Hausgärten eine unerschöpfliche Begegnung mit der Natur und ihre Nutzung angestrebt werden.

Die Gestaltung von Parks und Gärten der vergangenen Jahrhunderte im Umkreis von Schlössern und Villen war eng mit der Entwicklung von botanischen Gärten verknüpft. Die Kräutergärten von Burg oder Kloster dienten der Heilpflanzenkunde in der Renaissance (s. S. 50), dem Anbau von Arzneipflanzen. Es entstanden an vielen Orten sogenannte Medizinische Gärten, die bei der Therapie von Krankheiten halfen. Im ausgehenden 16. Jahrhundert wurden sie mehr und mehr zu Stätten der wissenschaftlichen Beschäftigung mit den Pflanzen, also zu botanischen Gärten. Der erste botanische Garten der Neuzeit entstand schon 1533 in Padua und war der dortigen Universität angegliedert. Ein sehr alter botanischer Garten ist der 1596

Wörlitzer Landschaftspark mit dem Schloß

von Fürstbischof Johann Konrad von Gemmingen um die Willibaldsburg bei Eichstätt geschaffene »Hortus Eystettensis« (Garten von Eichstätt). An ihn erinnert heute nur noch der Titel eines von Basileus Besler herausgegebenen prächtigen Kupferstichwerkes, in dem alle Pflanzen, die man einst im Garten von Eichstätt, auf den Terrassen, Altanen und vor den Fenstern auf Mauervorsprüngen, in den Gängen, Fluren und Sälen der Willibaldsburg pflegte, mit vorzüglichen Abbildungen dargestellt und lateinisch beschrieben sind. Dank den Bemühungen von Besler wuchsen in dem Garten von Eichstätt bald etwa 500 der interessantesten einheimischen Pflanzenarten, rund 400 weitere europäische und etwa 200 »fremdländische« Arten. Im Dreißigjährigen Krieg wurden Schloß und Garten durch schwedische Truppen ein Opfer von Flammen. Trotz Wiederaufbaus verfiel die Burg seit Ende des 18. Jahrhunderts immer mehr. Heute ist die vom bayrischen Staat übernommene Willibaldsburg ein paläontologisch-archäologisches Museum. Seine alte Pracht hat der Garten jedoch niemals wiedererlangt.

Ende des 18. Jahrhunderts gab es in Europa rund 1600 botanische Gärten. Die Weltreisen von Botanikern führten zur Entdeckung und Beschreibung vieler neuer Pflanzen aus fernen Erdteilen. Dadurch wurde die Entwicklung der botanischen Gärten gefördert. Der Austausch von Samen unter den botanischen Gärten Europas nahm zu. Man war bemüht, lebende fremdländische Pflanzen aus den Tropen und Subtropen in den heimischen Gärten zu zeigen und für die Nutzung in den Gärten und Parks des französischen und englischen Stils zu vermehren. Die botanischen Gärten wurden zu einem Eingangstor für viele auch heute noch kultivierte Pflanzen unserer Gärten und Parks. Einerseits kamen neue Pflanzen durch Forschungsreisende, wie Friedrich Sellow aus Brasilien, die Brüder Robert und Richard Schomburgk aus Guayana, Christian Gottfried Ehrenberg aus Nordafrika und Karl Ehrenberg aus Mexiko und dem Orient, nach Europa, und andererseits wurden botanische Versuchsgärten in den damaligen Kolonialgebieten, z. B. in Amani (Ostafrika), Victoria (Kamerun) und Sokode (Togo), zu Quellen für den Bezug exotischer Pflanzen. Seit dem 18. Jahrhundert erhielten die botanischen Gärten eine wachsende Bedeutung für die Forschung. Hier

Stamm mit Epiphyten im Gewächshaus eines botanischen Gartens

Der Plan von Wörlitz – einer englischen Parkanlage

wurden wesentliche Kapitel der Geschichte der Botanik »geschrieben« (s. S. 48f.).
Die berühmten Königlich-Botanischen Gärten von Kew in der Nähe von London entstanden im 18. Jahrhundert aus einem privaten königlichen Garten und wurden 1841 als nationale Einrichtung vom Staat übernommen. Heute sind die Gärten von Kew auf 121 ha ausgedehnt. Sie haben für die Einführung wirtschaftlich wichtiger Kulturpflanzen, z. B. des Kautschukbaumes, in alle Teile des Commonwealth und der Welt eine bedeutende Rolle gespielt. Im 19. Jahrhundert zählte ihr Pflanzenbestand rund 20000 Arten. Berühmte botanische Gärten des 19. Jahrhunderts waren auch der Garten in St. Petersburg (Leningrad) mit etwa 25500 Arten und der botanische Garten Berlin-Dahlem, der 1889 etwa 19000 Pflanzenarten und -formen zählte. Er verfügt jetzt über ein modernes botanisches Museum.
Zwischen den botanischen Gärten der Erde gibt

Orchideenausstellung im Botanischen Garten Halle

es heute je nach der Aufgabe, die sie erfüllen sollen, beträchtliche Unterschiede. Neben ihrem Schau-, Bildungs- und Erholungswert, als unentbehrliche Quelle beim Studium der Botanik, dienen sie der Pflege und Erhaltung seltener, am natürlichen Standort vom Aussterben bedrohter Pflanzenarten. Sie sind eine Zufluchtsstätte der bedrohten Pflanzenwelt, eine Art genetische Reserve. Wichtige Nutzpflanzensorten werden darüber hinaus in großen Kulturpflanzenzüchtungsinstitutionen und besonderen »Genbänken« konserviert und durch regelmäßige Wiedervermehrung erhalten (s. S. 216). Ein gut geführter, wissenschaftlich geleiteter botanischer Garten liefert auch einen Teil des für die Herbarisierung vorgesehenen Pflanzenmaterials. Einige der größten Herbarien der Welt befinden sich in der Obhut botanischer Gärten, so in Kew, Westberlin, New York,

Sukkulentenhaus im Botanischen Garten Halle

Paris, München, Harvard und St. Louis (Missouri).
Heute sind botanische Gärten in den großen Städten Blüteninseln im Häusermeer. Der Besucher vermag auf relativ kurzen Spaziergängen, die Pflanzen vieler Landschaften der Heimat oder fremder Gegenden kennenzulernen. Das in der Regel vorhandene Alpinum zeigt auf Felsengruppen, die mit Hochgebirgspflanzen besetzt sind, ein Stück der Blumenpracht der Hochgebirge. Viele Ausländer unter den Gartenpflanzen müssen in Gewächshäusern untergebracht werden: Im Palmen-, Tropen-, Mediterranen- oder Sukkulentenhaus sind tropische, subtropische und aride Pflanzen vereint. Hier können wir einen brasilianischen Urwald mit seiner *Victoria regia* oder den epiphytisch (aufsitzend) wachsenden Orchideen und Bromelien ebenso bestaunen wie die sukku-

Begrünung in einem Neubaugebiet

lenten (dickfleischigen) Gewächse aus den Trokkenzonen der Erde.
Die Gärten und Parks haben also im Laufe der Jahrtausende einen vielfältigen Wandel in ihrer Gestaltung und Funktion erfahren. Aus den Orten philosophischer Streitgespräche der alten Griechen oder den repräsentativen und idyllischen Anlagen barocker Lebensideale wurden Schaufenster exotischer Pflanzen und wissenschaftlicher Betätigung des Menschen. Ihre ursprüngliche Aufgabe, ein Ort des Friedens und der Besinnung, ein Ort der Begegnung des Menschen mit den Pflanzen zu sein, haben sie aber stets behalten.
In Gärten und Parks schuf sich der Mensch seit Jahrhunderten, räumlich begrenzt, ein Stück Natur. Doch die zunehmende Besiedlungsdichte, der wachsende »Verbrauch« der Landschaften für Industrieanlagen, Straßen und Wohnbauten sowie das Wachstum der Städte ließen unabhängig von der Garten- und Parkentwicklung den Einzug der Pflanzen in den unmittelbaren Lebensraum des Menschen anwachsen. Diese Entwicklung ist besonders in den zum bevorzugten Lebensraum des Menschen gewordenen Städten zu verfolgen. Nimmt doch die Urbanisierung, bei allen gesellschaftlichen Vorzügen ein künstliches System, heute in der Welt explosionsartige Ausmaße an. Während z. B. um 1800 nur 6 Prozent der USA-Bevölkerung in der Stadt lebten, sind es gegenwärtig 75 Prozent, afrikanische Großstädte wie Lagos und Lusaka wachsen jährlich um 40 Prozent und Tokio hat die 13-Millionen-Grenze überschritten, eine unvorstellbare Konzentration von Menschen in der Stadt. Um eine Stadt für den Menschen noch lebenswert und lebensfähig zu machen, ist ihre bewußte Planung und Organisation nötig. Doch dies ist ein gesellschaftliches Problem. Kommen doch in den Slums an der Peripherie kapitalistischer Großstädte oder ihrer modernen

Sommerliche Blumenbeete in einer Großstadt

Auwaldgrünzone als Naherholungsgebiet bei Leipzig

Umkehrung – den verödeten kriminalisierten Stadtzentren mit einem Kranz von Villenvororten – die Unzulänglichkeiten sozialpolitischer Entwicklung deutlich zum Ausdruck.
Man gewinnt zunehmend die Erkenntnis, daß in das Wachstum der Städte die Pflanze planmäßig einbezogen sein muß. Diese Zielsetzung hat klimatische, ökologische wie ästhetische Ursachen. In der Stadt existiert ein stark verändertes Klima gegenüber dem Land. Nicht nur die Bilanz der Strahlung, ihre Zusammensetzung, d. h. ihr UV-Anteil und die diffuse Lichtmenge, sondern auch ihre vertikale Verteilung ändern sich zuungunsten der vom Menschen genutzten Bodennähe. Die erhöhte Wärmeleitfähigkeit städtischer Baumaterialien, ein niedrigerer Grundwasserspiegel, die fehlende Bepflanzung, veränderte Luftströmungen und Zufuhr künstlicher Energie erzeugen meist

Blütenpracht an den Fenstern von Kleinstadthäusern

einen Temperaturanstieg, eine »Überwärmung« in der Stadt. Sie kann 4 Grad Celsius mitunter sogar 10 Grad Celsius über den ländlichen Werten liegen, wird auch durch die abnehmende Windgeschwindigkeit in einer Großstadt bedingt und ist von geringeren Niederschlägen begleitet. Fremdstoffe gasförmiger, flüssiger oder fester Natur, industriell, privat oder verkehrstechnisch bedingt, erzeugen einen Staubniederschlag in Industriestädten, der das 7fache ländlicher Gegenden und das 40fache von Meeres- oder Hochgebirgslagen betragen kann. Wegen der klimatischen Veränderungen werden diese Fremdstoffe akkumuliert und nicht weitertransportiert.

Die Pflanzen stellen einen entscheidenden Faktor im städtischen Lebensraum des Menschen dar, weil sie diesen negativen Größen entgegenwirken. Sie können auch die Luft reinigen. So vermag ein Hektar Buchenwald 68 t Staub zu filtern und durch jährlichen Blattfall in den Boden abzuführen sowie gleichzeitig 14 t Sauerstoff zu produzieren. Derartige Waldflächen sind in der Stadt zwar kaum realisierbar, doch kann durch eine Baum- und Strauchbepflanzung eine erhebliche luftverbessernde Wirkung erreicht und auch der Lärm etwas gemindert werden.

Heute sind Baum- und Strauchbepflanzungen, Rasenflächen, Parkanlagen und andere Grünpflanzungen zu einem festen Bestandteil städtebaulicher Planungen geworden, um Schattenwirkungen, Temperaturausgleich, Sauerstoffbildung, Wasserverdunstung, Staubabsorption, Lärmminderungen und Strahlungssenkung zu erreichen. Solche Bepflanzungen sind auch ein unerläßliches Reservoir für hygienische und ästhetische Verbesserungen des städtischen Lebens. Park- und Grünanlagen mit Spazierwegen, Kinderspielplätzen, künstlichen Teichen, Seen und Wasserarmen, Baumbepflanzungen auf Straßen und Plätzen und Waldgebiete im Umkreis der Städte sind für die Erholung, Entspannung und Gesunderhaltung des Menschen unerläßlich. Diese Aufgaben der Pflanzen werden im engsten Umkreis des Menschen durch Vorgärten, Balkon- sowie Zierpflanzen in der Wohnung und am Arbeitsplatz ergänzt.

Die gesellschaftliche, wirtschaftliche und kulturelle Entwicklung des Menschen hat mit der Urbanisierung stets zu seiner Entfernung aus dem natürlichen pflanzentragenden Lebensraum geführt. Um wieder in einen solchen Lebensraum zu kommen, streben zahlreiche Menschen an den Wochenenden oder im Urlaub in Autokarawanen ins »Grüne«. Nützlicher und gesünder ist aber ein kontinuierlicher »Umgang« mit der Natur.

Durch die Gestaltung der Umwelt des Städters mit Zierpflanzen in der Wohnung oder am Arbeitsplatz ist es ihm möglich, Wachstum, Blühen, Reifung, Alterung und Tod der Pflanzen im Wandel der Jahreszeiten zu beobachten. Die Bedeutung

Blumenfenster mit Orchideen und Bromelien

Orchideen und Bromelien als Blumenschmuck in Wohnumwelt und Arbeitsraum

derartiger Erlebnisse für den in der Stadt wohnenden Menschen erkannte schon der Leipziger Arzt Schreber (1808–1861). Er regte um die Mitte des vorigen Jahrhunderts die Schaffung von Kleingärten an, die später als sogenannte Schrebergärten bezeichnet wurden. Diese Entwicklung begann mit Kinderspielplätzen, die durch Beete bereichert wurden. Später kamen Gärten für Erwachsene hinzu und wuchsen zu großen Laubenkolonien. Inzwischen wird die Parzellierung der Landschaft zu Gärten meist durch den Staat gefördert. Wenn auch heute jene städtischen Kleingartenanlagen keinen Stadtarchitekten befriedigen können, in denen mit uniform gestalteten Wochenendhäusern die Gleichförmigkeit städtischer Betonlandschaften wiederholt wird, bleibt doch ein Nutzen von Kleingartenanlagen im Umkreis der Städte.
Vielfältig und unerschöpflich ist der Umgang mit Pflanzen für den Menschen in seinem unmittelbaren Lebensumkreis. Ob auf dem Acker, in Gewürz-, Gemüse-, Obst-, Stauden-, Baum-, Stein- oder Treibhausgärten, ob durch die Bevorzugung bestimmter Pflanzengruppen, wie Orchideen, Kakteen, Rosen, Dahlien, Farne oder Azaleen – immer hat er eine lebendige Beziehung zum Objekt Pflanze. Pflanzen sind nicht nur schön, sie liefern uns auch Nahrung, Heilkraft oder Gewürze. Pflanzen sind im Lebensraum des Menschen ein Stück unserer Kultur.
Die Bedeutung der Pflanzen in der Lebensumwelt des Menschen wurde schon früh erkannt. In der griechischen Antike umgab man die kultischen Stätten, wie Altäre und Tempel, mit heiligen Hainen. Die Straßen und Plätze von Sparta, Theben und Athen waren mit Alleen von Platanen und anderen schattenspendenden Bäumen begrenzt. Ihre Gärten dienten nicht nur zum Anbau von Gemüse, Kräutern und Blumen, sondern wurden

auch zu Spaziergängen streitbarer Philosophen und ihrer zahlreichen Schüler benutzt. (s. S. 249). Auch im alten Rom pflanzte man Bäume – wenn auch selten – auf Märkten und Plätzen. Es entstanden innerstädtische Gartenanlagen. Der unter Pompejus um 55 v. u. Z. errichtete Porticus (Säulenhalle, 180 m × 135 m) wurde mit Lorbeersträuchern, Platanen, Wasserspielen und Sitzplätzen ausgestattet. Er war den Peristylen (von Säulen umgebenen Höfen) griechischer Gymnasien nachgestaltet.
In Mitteleuropa nahm man Baumbepflanzungen in Siedlungen und Städten anfänglich aus einer Baumverehrung (s. S. 45) vor. Auch dienten sie der Verschönerung von Stätten der Rats-, Markt- und Gerichtsversammlungen. Ausgelöst durch die italienische Gartenkunst des 15. und 16. Jahrhunderts und besonders die französische Gartenkunst des Barocks im 17. Jahrhundert (s. S. 252) wurden Alleen, Boulevards und bepflanzte Plätze geplante Elemente der Stadtgestaltung. Fürstliche und bischöfliche Residenzen, die an oder in Städten lagen und von der städtischen Entwicklung mit bestimmt wurden, bepflanzte man mit Eichen, Pappeln, Edel- und Roßkastanien, mit Linden und Ulmen als Allee- und Straßenbäume. Als Ludwig XIV. um 1670 in Paris Wälle und Bastionen durch baumbegrenzte Promenaden ersetzen ließ, fand er viele Nachahmer in Europa. Aus der anfänglich 6reihigen Allee aus Linden zwischen Schloß und Tiergarten im Berlin des brandenburgischen Kurfürsten Friedrich Wilhelm wurde bald eine innerstädtische Prachtmagistrale.
Nachdem im Klassizismus des vorigen Jahrhunderts Marktgeschehen sowie Parade- bzw. Exerzierübungen immer mehr in eigene Hallen bzw. Kasernen verlegt worden waren, gestaltete man die frei werdenden Räume zu baumbegrenzten Grünflächen um. Einer der ersten war in Deutschland der Leipziger Platz in Berlin, nach Plänen von K. F. Schinkel gestaltet. Im Zeitalter der industriellen Revolution wurden Städte, wie Paris und London, planmäßig umgebaut. Sie erhielten grüne Gürtel und Plätze. Über das Paris der Weltausstellung von 1867 mit seinen 82000 Bäumen und großzügigen Plätzen schwärmte man in ganz Europa. Es entstanden auch mit Grünanlagen versehene Pracht- und Villenviertel.
Doch ein unrühmliches Zeugnis kapitalistischer Bauweise sind die Mietskasernen in den großen Städten der Gründerzeit mit 2 bis 3 Hinterhöfen, in denen keine Pflanze gedeihen konnte. Jahrzehntelang stand eine sinnvolle Bepflanzung der Städte hinter der Forderung kapitalistischer Entwicklung, zahlreichen billigen Wohnraum auf kleiner Fläche zu schaffen, zurück. Erst heute wird eine Bepflanzung städtischer Anlagen wieder beachtet. Doch muß auch in Zukunft bei der städtischen Bebauung die gesundheitsfördernde und ästhetische Funktion von Bepflanzungen noch mehr berücksichtigt werden. Nicht bei jeder Neubausatellitenstadt der jüngsten Jahrzehnte war dies ausreichend der Fall. Vor allem dort, wo das Betonieren von Landschaften bedrohliche Ausmaße angenommen hat, werden immer mehr Stimmen für eine grüne Wohnumwelt laut. Dies ist keine romantische Strömung der Gegenwart, sondern die Unzufriedenheit mit einem Ungleichgewicht, das in den Lebensraum der Menschen mit der industriellen Entwicklung eindrang. So bleibt ein Wort von H. Kronberger-Frentzen von 1938 immer noch aktuell: »Die Freude an der Blume ist ein immerwährender Besitz des menschlichen Herzens. Sie ist unser Erbteil aus Urzeiten, da Grünen und Blühen den Sieg des Lebens über winterliche Not und Düsternis bedeutete. Niemals im Auf und Ab des Weltgeschehens ist dieses Erlebnis völlig vergessen worden.«

Alte, stark begrünte Kleingartenanlage in einer Großstadt

Landschafts- und Naturschutz

»Nicht die Größe der Aufgaben entscheidet, sondern das Wie, mit dem wir die kleinste zu lösen verstehen.«

Th. Fontane

Ackerbau, Viehzucht und Waldnutzung durch den Menschen werden seit Jahrtausenden, Forstwirtschaft wird seit einigen hundert Jahren betrieben. Dadurch wurden die Landschaften zwangsläufig verändert. So ist den Menschen spätestens seit der industriellen Revolution im vorigen Jahrhundert bewußt geworden, daß in vielen Ländern die Notwendigkeit eines umfangreichen Landschafts- und Naturschutzes besteht. Was anfänglich lokal wirksame und durch private Initiativen entstandene Naturschutzvereine beabsichtigten, wird heute durch landesweite Gesetze geregelt. Aus dem Landschafts- und Naturschutz wurde eine Landschaftspflege im weiteren Sinne, denn in den Industriestaaten ist wohl kaum noch eine als ursprünglich oder naturnah zu bezeichnende Landschaft zu finden. Veränderungen der Landschaft, des Bodens, des Wasserhaushalts, der Luft und des Klimas sind die Konsequenzen hoher Besiedlungsdichte und wachsender Landschaftsnutzung. Deshalb muß die Landschaftspflege den schwierigen Ausgleich zwischen ökonomisch erforderlichen und ökologisch vertretbaren Veränderungen der Landschaft bewältigen. Aber an der Frage, was ökologisch zulässig ist, gehen die Meinungen nicht nur wegen der schwierigen Datenerfassung vielerorts auseinander.

Untersuchungen und Bewertungen der Natur sind Gegenstand der Ökologie, der Lehre von den Wechselbeziehungen der Organismen und ihrer Umwelt. Die Ökologie hat als Grundeinheit, als Ausschnitt aus der Biosphäre, das Ökosystem definiert, in dem eine Lebensgemeinschaft (Biozönose) in einem Lebensraum (Biotop) mit den auf sie einwirkenden Umweltfaktoren verknüpft ist. Ein solches Ökosystem, in dessen Mittelpunkt die Pflanzen stehen, verdeutlicht die vielfältigen Wechselbeziehungen, die in ihm vorkommen. Landschafts- und Naturschutz müssen die entscheidenden Vorgänge eines Ökosystems unter den Bedingungen der Einflußnahme durch den Menschen erkennen und korrigieren. Dies soll an einigen Beispielen gezeigt werden.

Einen wesentlichen Faktor aller Ökosysteme stellt das Wasser dar, es ist das »Blut der Landschaft«. Der Wasserhaushalt besteht aus einem Kreislauf des Wassers von der Verdunstung bis zum erneuten Niederschlag über dem Land und dem Meer. Durch die Wassernutzung der Bevölkerung, der Industrie und der Landwirtschaft werden die Wasserressourcen eines Gebietes ständig »angezapft«. Hauptverbraucher von Wasser ist die Industrie. Eine gut funktionierende Wasserwirtschaft ist ein wesentliches Element landschaftspflegerischer Maßnahmen. Gerade in Industriebetrieben kann nur durch eine erneute Wasseraufbereitung, eine Mehrfachnutzung, genügend Wasser bereitgestellt werden. Man stellt auch hohe Anforderungen an das Netz von Talsperren, Wasserspeichern sowie an die Erhaltung der Wasserqualität, was maßgeblich die langfristige Landschaftsplanung bestimmt. Deshalb müssen einerseits die Feuchtgebiete, Flüsse und Seen, also das natürliche Wassernetz, und andererseits die Vegetationsdecke erhalten sowie eine ausreichende Wasserbevorratung und Regeneration der Gewässer betrieben werden.

Für einen gesunden Landschaftshaushalt ist das Klima, die Gesamtheit von Lufttemperatur, Niederschlag, Luftfeuchtigkeit, Luftdruck, Sonnenein-

Gering eutrophiertes Gewässer in einer Flußaue mit Wasserfarn (Salvinia natans, vorn), Rohrkolben (Typha latifolia) und blühender Schwanenblume (Butomus umbellatus, dahinter)

strahlung, Windverhältnissen u. a., von großer Bedeutung; dabei wirkt die Pflanzenbedeckung ihrerseits meist klimastabilisierend (z. B. als Wald), was bei den zunehmenden Eingriffen des Menschen in Landschaftsgroßräume sehr wichtig ist. Auch auf den Boden haben die Pflanzen großen Einfluß. Neben der physikalischen und chemischen Verwitterung des Bodens ist der Anteil der Pflanzen an der biologischen Verwitterung und Humusbildung entscheidend. Landschaftspflege heißt also in jedem Falle, menschliche und umweltbedingte Veränderungen von Boden, Klima, Luft und Wasser zu minimieren, wobei die Pflanze entscheidend mithilft (s. S. 231 f).

Rekultivierter Braunkohlentagebau

Während früher die Rodung eines Waldes als Kulturtat zur Schaffung von Siedlungsräumen gefeiert wurde, wissen wir heute, daß der Wald vielerorts als landschaftstabilisierender Faktor unbedingt nötig ist. Mit drei Zehnteln der Festlandsfläche der Erde nehmen die Waldgebiete derzeit noch den größten Anteil aller Pflanzenformationen (Steppe, Weide, Ackerfläche und Moore) ein. Wald ist das in sich selbst stabilste und erneuerungsfähigste Ökosystem. Der Wald festigt nicht nur den Boden und wirkt erosionshemmend, er erschließt auch die Bodennährstoffe und hat Anteil an der Bodenbildung. Der Wald schafft ein Gleichgewicht von Abfluß und Speicherung des Wassers, reinigt es und stabilisiert durch Verdunstung und Beschattung das Klima, verhindert Windschäden, senkt die Frostgefährdung, entzieht der Luft Staub, filtert aus ihr toxische Stoffe, senkt die Lärmbelästigung und stellt ein Erholungsgebiet von hoher sozialer Funktion dar (s. S. 262). Deshalb sind die Erhaltung, Pflege und Vermehrung von Waldbeständen oder ihren Rudimenten, wie Waldresten, Restgehölzen und Hekken, wesentliche landeskulturelle Maßnahmen.

Auch die Rekultivierung der Bergbaufolgelandschaften ist ein erklärtes Ziel landeskultureller Maßnahmen, wie z. B. in der DDR. In Bergbaufolgelandschaften werden Speicherbecken, Flußkläranlagen und Absatzbecken zur Beseitigung von Schadstoffen, fischereiwirtschaftliche Anlagen, vor allem aber land- und forstwirtschaftliche Nutzflächen sowie Erholungsgebiete geschaffen, z. B. der Senftenberger See in der Lausitz, der mit über 1000 ha Wasserfläche mehr als 60000 Menschen gleichzeitig Erholung bieten kann.

In vielen Ländern, wie auch in der DDR, wurden gesetzliche Regelungen zur Wiedergewinnung von Restflächen nach baulichen Veränderungen durch den Bergbau oder den Straßenbau geschaffen. Diese schließen die Nutzung von Klein-

flächen ein, die bisher durch die Mechanisierung der Landwirtschaft ungenutzt blieben.
Ökologen und Landschaftspfleger versuchen gleichermaßen, ökologische Erfordernisse in der Landwirtschaft wirksam werden zu lassen. Landschaftspflege bedeutet in der Landwirtschaft eine umweltbewußte Anwendung von Herbiziden, Pestiziden sowie Nitrat- und Phosphatdüngern, um die Nährstoffanreicherung (Eutrophierung) der Gewässer zu minimieren. Auch Bodenschutzmaßnahmen gegen Wind- und Wassererosion werden in vielen Ländern durchgeführt, wie auch in der DDR. Es ist recht kurzsichtig und unvertretbar, wenn zur Steigerung landwirtschaftlicher Erträge Düngemittel, Herbizide und Pestizide Folgeschäden verursachen, die nur durch so hohe Kosten zu

Naturschutzgebiet im Frühjahr mit Frühblühern (Buschwindröschen)

Ngorongorokrater, ein Schutzgebiet im Norden Tansanias (Afrika)

beseitigen sind, daß sie den Gewinn durch die Ertragssteigerung aufheben.
So dürfen bei der Industrialisierung der Landwirtschaft ökonomische Interessen vor den landespflegerischen nicht den Vorrang haben. Nachdem Nitratdüngung, Flurbereinigung und mechanische Bodenbelastungen zunahmen, ist die Vielzahl des Pflanzenartenbestandes, z. B. in den Wiesen- und Weidelandschaften, in den letzten Jahrzehnten drastisch zurückgegangen. Es ergaben sich auch Nachteile für den Wasserhaushalt, die Bienenzucht sowie die qualitative Vielfalt der gewonnenen Nahrung.
Drastischer als in den Klimazonen gemäßigter Breiten wirken sich Eingriffe in das Landschaftsgefüge tropischer Gebiete sowie subtropischer Mittelmeer- und Halbwüstengebiete schädigend aus. Hier sind die Ökosysteme anfälliger, weniger stabil als in den gemäßigten Breiten. Dies gilt sowohl für die Naturlandschaften als auch für die vom Menschen genutzten Kulturlandschaften und führte zu verheerenden Landschaftszerstörungen. Der Raubbau am brasilianischen Urwald (s. S. 243) hat in Brasilien im Staat Sao Paulo das Waldland auf 19 Prozent reduziert, doch werden von der gewonnenen Fläche heute nur 20 Prozent landwirtschaftlich genutzt, und 60 Prozent sind als Ödland der Bodenzerstörung preisgegeben. Doch werden neuerdings Maßnahmen dagegen ergriffen. Im Weltmaßstab verwandelten sich von den 11 Mill. km^2 zwischen 1945 und 1975 gerodeten Waldes 64 Prozent in Ödland. Da der Wald der wichtigste Nettoprimärproduzent von Pflanzenmasse ist (s. S. 110) und besonders klimastabilisierend wirkt, sind Klimaveränderungen bei Waldraubbau unausweichlich. Auch aus Halbwüstengebieten gibt es Beispiele, wie landschaftsökologische Kriterien bei der Landnutzung grob mißachtet wurden. In Westpakistan werden durch ein umfangreiches Kanalsystem, das der große Industausee speist, weite Halbwüstengebiete bewässert. Doch dadurch wurde das salzarme Grundwasser bis in den Wurzelbereich der Kulturpflanzendecke angehoben. Die hohe Transpiration in diesen Gebieten führte auch oberflächlich zur Versalzung, so daß sich heute die Landverluste in Westpakistan auf 40000 bis 50000 ha bewässertes Land pro Jahr belaufen.
Nicht unbeträchtlich wird eine Landschaft auch durch zunehmende Bebauung und Ausdehnung des Tourismus geschädigt. So wurden in Mittelmeerländern und auch auf Atlantikinseln, z. B. den Kanarischen Inseln, Gebiete mit einfacher, aber stabiler agrarischer Struktur durch Ausdehnung des Touristengewerbes vernichtet. Heute läßt sich die so vernachlässigte Landwirtschaft mit einem Rückgang des Touristenstroms nicht kurzfristig retten (s. auch S. 237).
Jahrtausendelang war die Natur für den Menschen ein unerschöpflich scheinender Besitz, den er einfach »benutzte«, ohne sich Gedanken zu machen. Doch mit der exponentiell ansteigenden Nutzung der Natur in unserem Jahrhundert werden die Grenzen ihrer Belastbarkeit zunehmend erkannt.

»Nie war die Natur und ihr lebendiges Fließen
auf Tag und Nacht und Stunde angewiesen.
Sie bildet regelnd jegliche Gestalt
und selbst im Großen ist es nicht Gewalt«,

schrieb J. W. von Goethe im Faust II. Diesem Gedanken der Selbstregulation der Natur kann der Mensch nicht zuwiderhandeln. Es gilt, die Grenzen der Belastbarkeit vor dem Umkippen von Ökosystemen zu ermitteln, um sie so korrigieren zu können. Umfangreiche ökologische Forschungsvorhaben sind deshalb in vielen Ländern die Voraussetzung landeskultureller Planung geworden, und dem Verbrauch von Landschaften wird gesetzgeberisch Einhalt geboten, wie in der DDR.

Obstgartensavanne im nördlichen Tansania mit Schirmakazien — ein Reservat für Wildtierherden (Serengeti-Nationalpark)

Das gegenwärtig zunehmende Umweltbewußtsein des Menschen steigt besonders dort, wo sein unmittelbarer Lebensumkreis getroffen ist, wo Schäden schon aufgetreten sind. Von Landschaftsraubbau durch wirtschaftliche Interessen, wie in vielen kapitalistischen Ländern, sind aber auch jene Landschaften betroffen, die als »natürliche Ressourcen« noch unerschöpflich scheinen. Deshalb werden auf der Basis ökologischer Grenzwerte der Landschaftsbelastung besonders wertvolle Gebiete unter Schutz gestellt. Es sind dies die Landschafts- und Naturschutzgebiete, Nationalparks und Naturdenkmale.

Unter ihnen genießt das Naturschutzgebiet (NSG) den stärksten gesetzlichen Schutz. Der Drachenfels im Siebengebirge und die Teufelsmauer bei Thale am Harz, 1839 bzw. 1852 als NSG festgelegt, zählen zu den ersten in Deutschland. Heute sind in der DDR und in der BRD 0,9 Prozent der Landesfläche unter Naturschutz gestellt. In ihnen ist ein vollständiger Schutz der Pflanzen und Tierwelt vorgeschrieben, und das Abweichen von den Wegen, Verunreinigungen sowie jegliche Veränderungen oder Beeinträchtigungen sind verboten. Die Naturschutzgebiete dienen als »Freilandlaboratorien« für ökologische Untersuchungen, sind

Testflächen in der Biosphäre, Rückzugs- und Regenerationszentren der Tier- und Pflanzenwelt und ermöglichen die Dokumentation charakteristischer Oberflächenformen und repräsentativer Biogeozönosen.
In vielen Ländern, wie in Japan, in den USA, in Kanada und insbesondere in der Sowjetunion, werden großflächigere Gebiete von mehr als 1 000 ha als sogenannte Nationalparks eingerichtet. Auch in Europa gibt es solche großen unter Naturschutz stehenden Gebiete, wie die Hohe Tatra und das Riesengebirge.
Nach den Auswirkungen räuberischer Großwildjäger im vorigen und in diesem Jahrhundert entstanden auch in Afrika Nationalparks von großer Ausdehnung. Hierzu zählen in Kenia der Tsavo-Nationalpark (20 000 km^2) und der Ngoro-Nationalpark, in Tansania der Serengeti-Nationalpark (8 000 km^2), in Uganda das Murchison-Gebiet (4 000 km^2). In diesen Gebieten sorgen Hüter für den Schutz, und gesetzliche Regelungen zielen auf ein geordnetes Nebeneinander von Mensch und Natur ab. So wird in weiten Teilen durch Wildwirtschaft eine gesunde Entwicklung der Pflanzen- und Tierwelt angestrebt.
Ebensolche Aufgaben wie die Nationalparks haben auch Landschaftsschutzgebiete (LSG), Gebiete mit optimaler Landschaftspflege, nur ist die

Das Naturschutzgebiet Dünenheide auf der Insel Hiddensee

Windflüchter auf dem Darß an der Ostsee – ein besonders schutzbedürftiges Gebiet

Wacholder im Gebirge sind oft schutzbedürftige Einzelbäume

Ausdehnung der einzelnen Flächen in der Regel geringer. Im Landschaftsschutzgebiet ist wirtschaftliche Nutzung erlaubt und unterliegt wie die Bebauung besonderer gesetzlicher Regelung. In Mitteleuropa stehen weite Gebiete der Mittelgebirge und der Küstenabschnitte unter Landschaftsschutz. Gerade die Küstengebiete bilden durch hohe Wind- und Wassererosion und ihre geologischen Strukturen labile Ökosysteme. Deshalb hat hier der Schutz durch bodenbefestigende Pflanzen (s. S. 237) oder bauliche Sicherungsmaßnahmen eine große Bedeutung.
Landschaftsschutzgebiete und Nationalparks sind nicht allein Museen biologischer und geologischer Geschichte, sondern dienen auch der Erhaltung landschaftlichen Reichtums als Beispiele op-

timaler Gestaltung gesunder und leistungsfähiger Kulturlandschaften. Es handelt sich vor allem auch um großräumige Erholungsgebiete, die einen wachsenden Anziehungspunkt für die alljährlichen Touristenströme darstellen. So stehen in Kenia die Deviseneinnahmen aus dem Tourismus an erster Stelle des Nationalbudgets. Damit erhalten viele Länder die notwendigen finanziellen Mittel zur Landschaftspflege. Vermehrt bemühen sich aber auch internationale Organisationen, vor allem die UNO und die angeschlossenen Organe, wie die UNESCO, UNEP, FAO sowie die nichtstaatliche Organisation IUCN, um den Landschafts- und Naturschutz.
Eine weitere Form des Naturschutzes stellen die

Bastard zwischen zwei Knabenkrautarten (Orchis purpurea und O. militaris) auf dem Trockenrasen in einem Naturschutzgebiet

Frauenschuh (Cypripedium calceolus) – eine selten gewordene bei uns heimische Orchidee

Naturdenkmäler dar. Es handelt sich um Einzelgebilde und -flächen der unbelebten oder belebten Natur, also um Höhlen, Felsen, Quellen, erdgeschichtliche Aufschlüsse oder typische Bäume, Baumgruppen und Pflanzengesellschaften auf kleinen Flächen. Vielerorts sind es besonders alte Bäume (bis zu 95% aller Objekte), die als Naturdenkmal erklärt wurden, doch sind noch immer Vorstellungen unserer Großväter am Werke, wenn sich Naturschutz mit dem Schutz von Pflanzenmumien erschöpft. Auch vom Aussterben bedrohte Pflanzen und Biotope können durch Festlegung als Naturdenkmäler geschützt werden.

Der Naturschutz umfaßt auch die Einzelobjekte;

Orchideenwiese in einem Naturschutzgebiet mit Händelwurz (Gymnadenia conopsea) und Ästiger Graslilie (Anthericum liliago)

nicht nur durch Gebietsschutz, sondern auch durch Schutz von Individuen wird dem Aussterben bedrohter Pflanzenarten begegnet. In den meisten europäischen Ländern wurden Listen von geschützten Pflanzen erarbeitet, deren Beschädigung oder Entnahme unter Strafe gestellt ist. In Mitteleuropa sind es insbesondere alle vorkommenden Orchideenarten. Aber nicht nur individuelle Verstöße, sondern vor allem auch großräumige Biotopveränderungen führten zur Gefährdung zahlreicher Pflanzenarten. Sie wurden in vielen Ländern in sogenannten Roten Listen erfaßt. Die »Roten Listen« für die BRD nennen 15 Prozent aller vorkommenden Pflanzen als vom Aussterben bedroht und 39 Prozent als gefährdet. Es ist also keine übertriebene Mahnung, wenn vielerorts ungezählte Naturschützer zur Erhaltung der Artenvielzahl und Mannigfaltigkeit drängen und Maßnahmen dazu fordern.

Sicher gab es in der Natur stets Veränderungen der Artenvielfalt, doch viele Pflanzen gehen heute nicht auf natürliche Weise zugrunde, sie »werden gegangen« – durch den Menschen. Deshalb kümmert sich der Naturschutz nicht mehr wie vor 100 Jahren nur um den Schutz der Arten, heute sind die Biotope, ist die Landschaft als Ganzes Maßstab der Umweltökologie und werden entsprechend gesetzlich geschützt.

Pflanzen im Wandel der Jahreszeiten

»Durch das unerschöpfliche Grundthema der Jahreszeiten, das uns immer verwunderlicher und bedeutsamer erklingt, schlingt sich die endlose Kette zeitlicher Überraschungen, nicht unähnlich denen, welche uns die Lebensalter der menschlichen Natur im Geistigen oder Körperlichen zu bereiten nicht aufhören.«

Karl Foerster (1906)

Im Laufe der Jahreszeiten begleitet den Menschen der gemäßigten Breiten ein steter faszinierender Wandel der Pflanzenbedeckung. Keimen, Knospen, Sprießen, Blattentfaltung, Blühen, Fruchten, Regeneration, Blattfall, Alterung und Tod sind die sich alljährlich wiederholenden Erscheinungen pflanzlicher Vorgänge. Sie garantieren uns die Nahrungs- und Rohstoffproduktion pflanzlichen Ursprungs. Wie sollten wir unsere Nahrung kontinuierlich sichern, wenn die Pflanzen nicht im Jahreszyklus, sondern in größeren zufälligen Zeiträumen Blätter, Wurzeln und Samen bilden würden? Wie sähe unsere Landschaft aus, wenn sich ihr üppiges Leben nur beim Zusammentreffen seltener klimatischer Faktoren entfalten würde?

Wie bei jedem Organismus verlaufen das Wachstum und die Entwicklung der Pflanzen nach einem »Fahrplan«. Vorgegeben von ihren artspezifischen Erbanlagen, durchlaufen die Pflanzen komplizierte Differenzierungen, deren molekulares Verständnis erst langsam einsetzt. Am leichtesten beobachtet wurden bisher vor allem die Ergebnisse dieser Entwicklungen im Laufe der Jahreszeiten, d. h. die äußeren Erscheinungsformen zellulär programmierter Differenzierungen, wie Gestalt, Formwechsel, Blühen, Fruchten usw.

Im Wandel der Jahreszeiten fasziniert das Frühjahr durch das wiederaufbrechende Leben der Pflanzen nach ihrer winterlichen Ruhe. Dabei sind das Keimen, Knospen und Treiben der Pflanze für den Pflanzen- und Gartenfreund ein besonderes Erlebnis, für den Landwirt der Anfang seiner Nahrungs- und Rohstoffproduktion. Ob durch das Keimen einjähriger Samen im Boden, das Aufbrechen der Baumknospen, wenn sie die ersten fahlgrünen Blätter in die frische Frühlingsluft entlassen, oder das schnelle farbenprächtige Blühen der Zwiebelpflanzen, wie der Hyazinthen, Krokusse oder Tulpen — immer vollbringen diese Boten des Frühlings in ihren Bausteinen, den Zellen, gewaltige Leistungen. Zu den wesentlichen pflanzlichen Prozessen im Frühjahr zählt die Samenkeimung. Sie ist nicht der Beginn, sondern die Wiederaufnahme des pflanzlichen Lebens. Der vorjährig angelegte Embryo wächst zu einer ganzen Pflanze heran. Abhängig von den sich wandelnden Umweltfaktoren des Frühjahrs, wie Feuchtigkeit, Temperatur, Licht und Boden, erfolgen jene vielfältigen Wachstums- und Entwicklungsprozesse, deren Ergebnisse wir in dieser Jahreszeit bewundern.

Der Pflanzensame wird aus seiner notwendigen Ruhe durch Feuchtigkeit und bestimmte Temperaturen aufgeweckt. Dabei müssen die Samen »Schlafhormone«, die sogenannten Dormine (lat. *dormire* = schlafen), z. B. die Abscissinsäure, verbrauchen, ehe sie keimfähig werden. Dormine hemmen die Bildung von Nukleinsäuren und sind Antagonisten von Wuchsstoffen wie den Cytokininen. Ohne Wasser ist ein Same »tot«, kann extreme Temperaturen wie Frost und sogar oft 100 Grad Celsius »aushalten« und keimt meist noch nach langer Zeit. Den Rekord hält die orientalische Lotosblume. Von 3 Samen, die 1951 in einem Einbaum aus neolithischer Zeit (4500—1800 v. u. Z.) 6 m tief in einem Torfmoor bei Tokio gefun-

Kirschblütenfest in Japan

den wurden, keimten noch zwei. In der Regel übersteigt die Keimfähigkeit der Samen in den gemäßigten Breiten aber nicht 200 Jahre. In den Tropen ist sie durch die hohe Luftfeuchtigkeit meist nur sehr kurz. Wenn der Same Wasser bis zu einem Gehalt von 8 Prozent seines Volumens enthält, beginnt er zu atmen. Er betreibt Energiestoffwechsel, d. h., chemische Energie wird zum Wachstum gebildet. Diese Atmung »verdirbt« durch Verbrauch der Nahrungsreserven des Samens seine Keimfähigkeit, so daß mancher auf dem Markt freudig erworbene Samen dann zu Hause enttäuscht. Dadurch ging selbst im Wüstenklima, dem ägyptische Pharaonengräber ausgesetzt waren, die Keimfähigkeit vieler in Grabbeigaben erhaltener Samen entgegen anderer Ansichten verloren.

Das Wachstum atmender Samen beginnt bei einem Wassergehalt von 12 Prozent. Bei der auftretenden Samenquellung können beträchtliche Kräfte entstehen. Durch Einlagerung des Wassers in seine Makromoleküle, wie die Kohlenhydrate und Eiweiße, kann es zu Drücken von mehreren hundert Atmosphären kommen. Der im Samen vorgebildete Embryo aus Wurzel und Sproß entwickelt sich unter Gebrauch der Nahrungsreserven des Samens. Dabei helfen endogene Wuchsstoffe, wie Gibberelline und Cytokinine, zur Mobilisierung der Reservestoffe. Zuerst durchbricht die Wurzelspitze die schützende Samenschale, gefolgt vom Sproß, und beide beginnen sich zu entwickeln: Bodennährstoffe werden assimilierbar, und eine Vielzahl von zellulären Differenzierungsvorgängen führt zum grünen photosynthetisch aktiven Blatt. Diese gewaltigen Leistungen eines keimenden Samens laufen jedes Jahr aus dem Wechselspiel äußerer Faktoren, wie des Wassers, Lichtes und der Temperatur, oder endogener Faktoren, wie Dorminen, Cytokininen, Gibberellinen und Samennahrungsreserven, ab.

Gärtner und Blumenfreunde versuchen oft, die Entwicklung von Pflanzen bis zur ersten Blüte zu beschleunigen. So läßt z. B. eine künstliche Winterkälte Ende November, gefolgt von einer 10- bis 15stündigen Warmwasserbehandlung, die Maiglöckchen früher austreiben und bereits zu Weihnachten blühen. Ebenso werden Zwiebelpflanzen, wie Krokusse, Hyazinthen und Tulpen, zum Treiben für einen vorzeitigen »Pseudofrühling« auf der Fensterbank genutzt. Doch dies gelingt erst, wenn die Zwiebeln eine Winterkälte durchgemacht haben. In der Landwirtschaft wird eine derartige Jahreszeitenverschiebung in der sogenannten Stratifikation ausgenutzt. Man bewahrt die Samen in feuchtem Zustand mehrere Tage bei 0 bis 10 Grad Celsius auf. So werden ihre Dormine aufgebraucht, und der Same wird keimfähig.

Auch bei der Knospenentwicklung unserer Bäume und Sträucher im Frühjahr finden Entwicklungsprozesse in der Pflanze statt, die durch das Zusammenwirken exogener und endogener Faktoren ausgelöst werden. Wieder sind »Schlafhormone« und Wuchsstoffe beteiligt. Die Blattanlage einer Knospe, im Vorjahr angelegt und im Winter durch schuppenförmige Deckblätter, Behaarung oder lackähnliche Überzüge aus Harzen geschützt, entfaltet sich unter dem Einfluß von Wuchsstoffen, Dorminen, Feuchtigkeit, Saftstrom, Temperatur und Tageslänge. Doch wie andere Pflanzenteile besitzen auch Knospen einen notwendigen Wechsel von Ruhe und Aktivität in den Jahreszeiten. Wir unterscheiden neben einer Vor- und Nachruhe die sogenannte Hauptruhe, die bei Laubbäumen meist im Spätsommer und zu Herbstanfang liegt. In dieser Zeit sind die Knospen durch keinerlei Außenfaktoren zum Treiben zu bringen, während dies in der Vor- und Nachruhe durch Wärme und Feuchtigkeit oder Wuchsstoffzugabe gelingen kann. Das Treiben von Flieder-, Forsythien-, Kastanien- oder Haselnußzweigen wird gern benutzt, um die winterliche Starre pflanzlichen Lebens wenigstens im Zimmer aufzuheben.

Wie bei den Samen beginnen die Knopsen zu treiben, wenn die wachstumshemmende Wirkung

Blühende Süßkirsche — das Frühjahr hat begonnen

der Abscissinsäure, des »Schlafhormons«, aufgehoben wird. Dies geschieht durch Wuchsstoffe, wie Cytokinine und Gibberelline. Auch ein anderer Wuchsstoff pflanzlichen Streckungswachstums, das Auxin β-Indolylessigsäure (IES), hat eine Bedeutung für die Knospung. Es wird beim Schwellen der Knospen gebildet, fördert ihr Streckungswachstum und strömt in Richtung des Stammes ab. Ausgelöst werden die Hormonveränderungen durch Änderungen von Temperatur, Tageslänge und Feuchtigkeit, wie sie im Frühjahr gegeben sind. Anschließend setzen Saftströme mit Nahrungszufuhr zur Entfaltung des grünen Blattes ein: Der Frühling hat begonnen. Die gewaltige Maschinerie von Kohlenstoffixierung aus der Luft und Sauerstoffproduktion, die Photosynthese der Pflanzen, wird »angeschaltet«.

Das Frühjahr und die erste Sommerhälfte sind für viele Pflanzen durch eine besondere pflanzliche Leistung — ihr Blühen — gekennzeichnet. Was der Pflanzenfreund als Zeichen der Schönheit bewundert, der Liebhaber als Ausdruck der Zuneigung verschenkt oder der Landwirt im Interesse reicher Ernte erhofft, hat für die Pflanze eine wichtige biologische Aufgabe. Wie jeder Organismus sind Pflanzen nicht nur »bestrebt« zu wachsen, sondern sich auch zu vermehren. Gleich den meisten höherentwickelten Organismen erfolgt die Vermehrung auch bei den Pflanzen auf sexuelle Weise. Sie haben hierfür ihre Sproßachse in ein kompliziertes Gebilde, die Blüte, umgewandelt. Die Pflanzen blühen in verschiedenen, aber für jede Art charakteristischen Jahreszeiten: im Frühjahr vor der Blattentfaltung die Obstbäume, im Sommer die vielen Blumen der Gärten und die landwirtschaftlichen Nutzpflanzen, im Herbst die Astern und Chrysanthemen.

Blühender Seidelbast im zeitigen Frühjahr

Der Anlaß zum Blühen, der Blühimpuls, entsteht für die Pflanzen aus einer Reihe endogener und exogener Faktoren, aus den Erbanlagen und jenen Umweltbedingungen, wie sie am Frühjahrsende und im Sommer meist auftreten. Dabei kann das Verhältnis exogener und endogener Faktoren zueinander unterschiedlich sein. Manche Pflanzen blühen weitgehend unabhängig von Licht und Temperatur, bei anderen haben diese beiden Umweltfaktoren größeren Einfluß. Einige Arten, z. B. unser Wintergetreide, benötigen, ehe das Blühen ausgelöst wird, eine Kälteperiode. Sie unterliegen einer sogenannten Vernalisation. Bei der Aussaat unbehandelter Samen im Frühjahr käme es im gleichen Jahr nicht mehr zum Blühen. So muß die Vernalisation künstlich durch Frostbehandlung gequollener Samen erzwungen werden. Bei einigen Gemüsepflanzen und Küchenkräutern wie der Möhre oder der Petersilie wird von uns ein Ausbleiben der Blüte durch Fehlen der notwendigen Kälteperiode geradezu gewünscht. Indem wir das Blühen verhindern, wird die Anlage von Wurzelrüben oder Blättern, d. h. bei den genannten Arten die Ausbildung der vom Menschen genutzten Pflanzenteile, gefördert.

Neben der Temperatur ist für die Blütenbildung vieler Pflanzen ein zweiter äußerer Faktor, das Licht, von großer Bedeutung. So entscheidet die Länge der täglichen Licht- und Dunkelperiode über das Auftreten von Blüten und anderen pflanzlichen Differenzierungsprozessen, d. h., die Pflanzen reagieren photoperiodisch. Bei einer täglichen Beleuchtungsdauer von weniger als 12 Stunden blühen sogenannte Kurztagspflanzen. Zu ihnen zählen der Hanf, die Baumwollpflanzen, die Hirse und der Reis. Langtagspflanzen, wie Spinat, Möhre, Senf, Tabak und Kopfsalat, blühen dagegen erst, wenn sie mehr als 12 Stunden Licht täglich erhalten. Deshalb werden viele Blattgemüsearten, wie Spinat und Kopfsalat, meist nur im Frühjahr und Herbst angebaut, um ein Blühen im Sommer zu verhindern. Die Verteilung photoperiodischer Pflanzen auf der Welt wird verständlicherweise von der geographischen Breite mitbe-

stimmt. So sind tropische Pflanzen Kurztagspflanzen oder tagneutrale Pflanzen, denn in den Tropen gibt es keine Tageslänge über 12 Stunden.
Es wurde intensiv nach jenem Stoff gesucht, der lichtabhängig das Blühen bewirkt. Doch fand man bisher keine chemische Verbindung, die Blühen allein auslöst. Es muß an eine Blühinduktion durch ein bestimmtes Verhältnis von Wuchs- und Hemmstoffen gedacht werden, weil Wachstumsregulatoren (Auxine, Gibberelline, Cytokinine, Ethylen, Abscissinsäure), abhängig von der Pflanzenart, das Blühen beeinflussen können.
Infolge der photoperiodischen Abhängigkeit des Blühens der Pflanzen hat es nicht an Versuchen gefehlt, sie mit einem künstlichen Frühjahr oder Sommer zu überlisten. Daraus erwuchs eine vielfältige praktische Nutzung. Durch künstliche Verlängerung oder Verkürzung der Tageslänge kann ein Blühen erzeugt oder unterdrückt werden. Man versetzt bestimmte Schnittblumen, z. B. die im Herbst blühenden Chrysanthemen, heute zu allen Jahreszeiten in Blüte. Auch die Züchtung profitiert von der photoperiodischen Eigenschaft der Pflanzen. So können jene Arten, die extrem verschiedene Blütezeiten aufweisen, mit Hilfe künstlich veränderter Tageslänge zu gleichzeitiger Blüte gebracht und damit gekreuzt werden. Wie die Blühinduktion kann man auch das Streckungswachstum, die Knospung, die Farbstoffbildung und die Samenkeimung photoperiodisch beeinflussen.

Sommerliches Blumenbeet in einem Park

Wachstum von Lang- und Kurztagspflanzen im Lang- und Kurztag

Nach der Ursache dieser vielfältigen photoperiodischen Reaktionen zu suchen hat Biologen und Biochemiker gleichermaßen interessiert. Heute weiß man, daß Pflanzen in der Lage sind, die Länge eines Lichtreizes zu messen. Dies geschieht mit einem sogenannten Phytochromsystem, das aus zwei mit Licht ineinander umwandelbaren Proteinen besteht. Durch Licht ausgelöste Veränderungen in diesem Phytochromsystem sind die Ursachen für zahlreiche morphologische und physiologische Veränderungen von Zellen und Organen der Pflanzen. Zu diesen photomor-

Herbstliche Laubfärbung in einem Park

phogenetischen Prozessen zählen die Entwicklung der Primärblätter, die Differenzierung der Blattzellen und Chloroplasten, die Intensität der Zellatmung, das Streckungswachstum u. a. Auch die photoperiodischen Reaktionen der Pflanze werden nach Lichtabsorption über das Phytochromsystem ausgelöst. Die unterschiedlichen Tages- und Nachtlängen der Jahreszeiten bilden den Rahmen für komplexe lichtabhängige Stoffwechselleistungen, die von Modulatoren, wie Phytochromen und Wachstumshormonen, geformt werden.

Hinter der sommerlichen Blütenpracht und Wachstumsleistung der Pflanzen verbirgt sich also eine Vielzahl von Differenzierungsvorgängen, bei denen Licht und Wuchsstoffe entscheidend im Spiel sind. Gleiches gilt für den Spätsommer und Herbst. Hier beobachten wir besonders die An-

Ahorn- und Buchenverfärbung – der Herbst hat begonnen

Aufspringende Roßkastanienfrucht im September

lage und Reifung der Früchte. Beide Prozesse werden durch Wuchsstoffe diktiert. Früchte können schon vor der Bestäubung der Blüten angelegt werden und später durch die vom Embryo gebildeten Wuchsstoffe weiterwachsen. Auch ein Wachstum von Früchten durch exogene Wuchsstoffgaben ist möglich, so daß samenlose Früchte reifen. Bananen, Feigen, Äpfel, Orangen, Tomaten oder Aprikosen sind z. B. in der Lage, durch Gaben von Auxinen oder Gibberellinen zu kernlosen Früchten heranzuwachsen. Ihre Reifung wird dagegen durch Ethylen, einen ungesättigten Koh-

lenwasserstoff, gefördert. Er hemmt zahlreiche synthetische Stoffwechselleistungen und fördert die Aroma- und Geschmacksstoffbildung. Die Obstindustrie bedient sich dieser Eigenschaft, indem »grün« geerntete, aber in diesem Zustand gut transportfähige Früchte mit Ethylen nachgereift werden. (s. auch S. 97).
Der Herbst ist aber nicht nur die Erntejahreszeit. In oft flammend gelbe, rote und braune Farben kleidet er unsere Landschaft zu einem letzten Höhepunkt des Jahres. Dann wird uns kurzzeitig besonders deutlich der Wandel der Jahreszeiten im Pflanzenkleid vor Augen geführt. Die Herbstlaubfärbung »reift« langsam heran. Unsichtbar für uns sind dabei wieder das Ethylen und das »Schlafhormon« Abscissinsäure beteiligt. Sie unterbinden die Synthese- und Wachstumsleistung der Blattzellen, so daß es zum Abbau von zahlreichen Proteinen und Nukleinsäuren kommt. Da die Pflanzen sorgsam mit Baustoffen umgehen, werden deren Bausteine in umfangreichen Saftströmen dem Stamm und den Knospen für das kommende Frühjahr »anvertraut«. Auch das Blattgrün (Chlorophyll) unterliegt einem solchen Abbau, so daß aus der Palette der Blattfarbstoffe Karotinoide und Anthozyane übrigbleiben und zu dem Leuchten des herbstlichen Waldes führen. Wieder unter dem Einfluß von Wuchsstoffen schließen sich dann die Nährstoffleitungsbahnen des Blattes. Ein Trennungsgewebe wird ausgebildet und leitet das Abstoßen des Blattes ein. Ein Jahreszyklus der Pflanzen ist beendet. Was an Bau- und Nährstoffen des Blattes nicht vom Stamm oder von den Knospen übernommen werden konnte, stellt vor allem Zellulose dar und steht der mikrobiellen Zersetzung (Mineralisation) im Boden zur Verfügung.
Äußerlich unauffällig, vollzieht sich im Wandel der Jahreszeiten ein anderer von ihnen abhängiger Prozeß: das Dickenwachstum der Bäume. Eine einzige ringförmige Zellschicht zwischen Rinde und Holz, das Kambium, bildet alljährlich Zellen, die sich nach außen zu Rindenelementen und nach innen zu Holz differenzieren. Diese Holzzellen werden im Frühjahr großporig und vom Sommer bis zum Herbst engporig angelegt. Im Winter unterbleibt die Holzzellenbildung. Dadurch wird der jährliche Zuwachs als Ring im Querschnitt gut zählbar. Engporige und großporige Holzzellen treten bei Eichen, Ulmen und Eschen nur im Frühholz auf und sind deshalb scharf von engporigen Zellen getrennt (ringporiges Holz), so daß ein Jahresring aus zwei Hälften besteht. Bei Linden, Buchen und Ahorn bilden sich beim Frühjahrs- und Sommerzuwachs allmählich gleichweite Gefäße. Es entsteht zerstreutporiges Holz.

Gräser im winterlichen Schnee – Ruhezeit pflanzlichen Lebens

Die Breite der Jahresringe macht uns mit dem Klima der Wachstumsperiode bekannt. So wurden die dünnen Ringe trockener Jahre und die breiten Ringe regenreicher Jahre zu Kennzeichen klimatischer Änderungen. Es entstand ein eigener Wissenschaftszweig, die Dendrochronologie (griech. *dendron* = Baum). Aus der charakteristischen Wiederkehr breiter und schmaler Jahresringe konnte bei einer Vielzahl von Bäumen gleicher geographischer Breite eine recht genaue Zeitskala erarbeitet werden. Dazu haben vor allem langlebige Bäume, wie der Mammutbaum (über 3000 Jahre), die Eibe (900–3000 Jahre), die Linde (800–1000 Jahre) und die Eiche (500–1000 Jahre), beigetragen. Mit der so geschaffenen Zeitskala der Jahresringbreite kann man das Alter von Bauholz historischer Bauwerke bestimmen und sogar Aussagen zum Klima vergangener Zeiten machen. Es konnten in Europa selbst Bauten der Römerzeit datiert werden. Für den Südwesten Nordamerikas ermittelte man eine extreme Dürreperiode für die Jahre nach 1290 als Anlaß von Indianerwanderungen.

Die vielfältigen Wachstums- und Differenzierungsprozesse einer Pflanze im Wandel der Jahreszeiten, von den Wuchsstoffen im Zusammenspiel mit exogenen Faktoren bestimmt, laufen nicht isoliert voneinander ab. Eine Vielzahl korrelativer Zusammenhänge diktiert mit Hilfe der Wachstumsregulatoren die Entwicklung der Pflanze. So führt eine Beeinträchtigung des Wurzelwachstums zur Unterdrückung von Sproß- und Blattentwicklung, und das Blühen des Spinats oder der Rübe läßt beide im gleichen Jahr absterben. Die Pflanzen können auch mehrjährig werden, wenn man das Blühen verhindert. Andererseits unterdrückt die bevorzugte Entwicklung der Gipfelknospe (Apikaldominanz) das Wachstum der Seitenknospen.

Die Jahreszeiten mit ihrer relativ geordneten Wiederholung exogener Faktoren, wie Licht, Temperatur und Feuchtigkeit, liefern den Rahmen, in dem die Pflanzenentwicklung abläuft. Mit dem Werden und Vergehen der Pflanzen im Wandel der Jahreszeiten wird nicht nur immer wieder eine unerschöpfliche Nährstoffquelle der Menschen erneuert, sondern werden auch die großen Nährstoffkreisläufe zwischen Luft, Wasser und Boden in Gang gehalten. Nicht zuletzt sind die Jahreszeiten für uns alle von unschätzbarem ästhetischem Reiz, seien es der Blütenschmuck des Frühjahrs und des Sommers, die leuchtende Färbung der Laubbäume und Früchte im Herbst oder die bizarre Form vieler in Ruhe befindlicher Pflanzen im Winter.

Pflanzen in der Kunst

*»Kleine Blumen,
denen ich im Garten
und Wäldern begegnet bin,
ihr habt mir
zu Beobachtungen gedient,
so wie ihr auch
in den schönen Zeiten
des Ornaments
Bildhauern und Glasmachern
gedient habt...«*

A. Rodin

Pflanzen haben in der Kunst im Laufe der Jahrtausende immer eine vielfältige Rolle gespielt. Sie waren und sind nicht nur als Holz-, Farbstoff- oder Faserlieferanten die Materialspender für zahlreiche Kunstgattungen, sie wurden als Bestandteil der belebten Natur auch zum Motiv und Symbol, zum Dekorationsmittel und Ornament, zum Ausdruck des Schönen schlechthin. Dies geschah in den verschiedenen Ländern und Epochen für zahlreiche Kunstgattungen auf verschiedene Weise und mit so unterschiedlicher Sinngebung, daß hier, unabhängig von jeder kunstgeschichtlichen Gliederung und Wertung, nur wenige »Streiflichter« aufgezeigt werden können.

Pflanzen mit ihrem Wachsen, Blühen und Fruchten galten dem Menschen schon frühzeitig als Symbol des Lebens. Deshalb sind besonders auffällige und schöne Arten seiner Umgebung bereits in seinen ersten künstlerischen Äußerungen anzutreffen. Unter ihnen ist es vor allem die Lotosblume, eine volkstümliche Bezeichnung für die Seerose Ägyptens *(Nymphaea lotus* und *N. cerula)* bzw. für *Nelumbium indicum*, eine indische weißblühende Wasserpflanze. Sie wurde zusammen mit dem Papyrus von den Ägyptern als Symbol der Reichseinigung und in zahlreichen Malereien zwischen dem 16. und 11. Jahrhundert v. u. Z. stilisiert wiedergegeben. In Indien galt die Lotosblume als Symbol der Schönheit und Reinheit der Religion; aus ihr sollte die Welt entstanden sein. Später diente sie als Symbol des großes Gottes Brahma. In China wurde sie zum Symbol der buddhistischen Lehre, so daß sie in zahlreichen religiösen Plastiken häufig zur Darstellung kam. Aber auch in der griechischen und römischen Baukunst lebten die Blüte und Knospe der Lotosblume als Ornament weiter.

In den Hochkulturen des Altertums wurden Pflanzen stets zum Ausdruck der belebten Natur und hatten damit eine symbolische Sinngebung. Nicht ihre natürliche Darstellung, sondern die zum Ornament abgewandelte Form wurde in der Kunst zum Ausdruck gebracht. Mit der zum Ornament reduzierten Pflanzenform gestaltete man wie in allen späteren Kunstepochen Grundelemente der Natur als Kontrastpaare, als Rhythmus, als Dynamik oder als Ordnung und erhob sie zum Symbol. Pflanzen fanden weit häufiger Eingang in die Kunst als Tiere. So tauchte z. B. im 8. bis 7. Jahrhundert v. u. Z. unter orientalischem Einfluß die Palmette, ein palmenblattartiges, meist symmetrisches Ornament in der griechischen Bauplastik oder auf Vasen auf. Die bei ihr radial von einem Volutenkelch (spiralförmig eingerolltem Zierglied) ausgehenden Zungenblätter stellten eine »verdichtete Natur«, die Lotosblüte, dar. Palmetten wurden zu Ranken angeordnet oder an jenen Architekturteilen halbplastisch gestaltet, die einer besonderen ästhetischen und symbolhaften Betonung unterlagen wie das Kapitell. Es bildet besonders seit der griechischen Baukunst eine Bekrönung der tragenden Pfeiler oder Säulen am Übergang zu dem lastenden Gebälk eines Tempels oder anderer Bauwerke. Als Ausdruck des Kräftespiels zwischen Gebälk und seinem Träger wurden die Kapitelle zunehmend lebendiger geformt.

Neben der von der Lotosblume abgewandelten

Palmette trat hier erstmals in der griechischen Bauplastik vielfach ein anderes Pflanzenmotiv, das stilisierte, fiedrig gelappte Akanthusblatt, auf. Das Motiv ist von den im Mittelmeerraum häufigen Arten *Acanthus spinosum, A. longifolium* und *A. mollis* abzuleiten. Im korinthischen Kapitell erlebte das Akanthusblatt seine erste Blütezeit und wurde bei der Übernahme griechischer Bauplastik durch die Römer und später durch die sakrale Baukunst in Europa vielfach abgewandelt.
Karl der Große holte um 800 u. Z. spätantike Säulen mit Akanthus und Palmette für seinen Kaiserdom in Aachen aus Italien. Diese Pflanzenmotive erfuhren in der ottonischen Baukunst des 10. bis 12. Jahrhunderts eine archaisierende Abwandlung. Die Lebendigkeit der Pflanzenform erstarrte als Zungenblatt- oder Palmettenwürfelkapitell zum anorganischen Stein.

Darstellung der Lotosblume im alten Ägypten

Unabhängig vom südlichen Europa, belebte sich erst in der romanischen Baukunst des 12. bis 13. Jahrhunderts die Kapitellplastik wieder mit Pflanzenformen, die allerdings stets der griechischen Antike entlehnt waren. Ob in den großen romanischen Kathedralen von Reims und Paris, den Kirchen Burgunds in Veselay und Autun, den Kaiserdomen in Speyer, Worms und Mainz oder im niedersächsischen Raum in Gernrode, Magdeburg und Königslutter — immer tauchten vorrangig Palmette- und Akanthusblatt auf. Saftgefüllte Blätter, Ranken als unentwirrbares Geflecht, symbolträchtig mit Löwenköpfen, Wölfen, Adlern oder anderen Tieren gepaart, machten das Kapitell, den Stein, lebendig und wurden zur Bildsprache. Sie ersetzten das für viele unverständliche lateinische Wort des Gottesdienstes. Diese Bildsprache stand nicht allein mit der Bibel in symbolischem Zusammenhang, sondern auch mit der Volksmedizin. Wurden doch jene heimischen Pflanzen in Stein geformt, die volksmedizinische Anwendung fanden. Ob sie wohl die Kleriker gegen böse Gewalten, wie Krankheit und Tod, schützen sollten? Beifuß, der »die kranken Gedärme« heilte und »deshalb den Magen warm« machte, wie Hildegard von Bingen feststellte, tauchte ebenso auf wie der Liebstöckel oder die Zaunrübe, die gegen Pest, Schlangen und Kröten helfen sollten.
Diese Darstellung heimischer Pflanzen war ein Bruch mit der griechischen Tradition, der nach vorsichtigen Ansätzen in Reims und Marburg um 1240 mit dem Westlettner im Naumburger Dom endgültig wurde. Hier gestaltete der unbekannte Naumburger Meister ausschließlich einheimische Pflanzen. Die Blätter und Früchte von Hasel, Brombeere, Eiche, Ahorn und Wein erschienen in realistischer, der Natur entnommener unmittelbarer Schönheit. Jetzt tauchten die Pflanzenmotive, ohnehin selbständige natürliche Beiwerke geworden, als Zierrat an Bündelpfeilern auf oder begrenzten, dem Auge in den 20 bis 30 m hohen Kirchenräumen entzogen, den Übergang der schlanken Säule in das Gewölbesystem der steil aufstrebenden gotischen Architektur.
Zahlreich ist die Verwendung pflanzlicher Motive in mittelalterlichen sakralen Bauten auch in Säulenschäften und Gewölbeschlußsteinen ebenso

Palmetten, aus Pflanzenmotiven abgeleitet, an einem frühgotischen Kapitell

wie am Lettner oder Baldachin. Sie wurden als Rosenfenster zum Symbol von Rad und Sonne oder erschienen als Zierrat an den Außenfassaden bis zu einer kreuzförmigen Blume auf der Turmspitze. Als Symbol des Lebens, als Lebensbaum (s. S. 45), füllten Ranken und Zweige, baumförmig nachgebildet, ein Bogen- oder Giebelfeld über Türen und Brüstungen. Selbst die Gesamtarchitektur des Kirchenraumes, etwa der spätgotischen Hallenkirche, war als schützender Wald, als Ansammlung von Lebensbäumen gedacht, deren Astwerk in den Gewölbestrukturen zu erkennen ist. In Formschönheit und Vollendung pflanzlicher Darstellung im Kirchenraum ist die Tulpenkanzel des Freiberger Doms einmalig geblieben. Hier wurde durch den sächsischen Meister Hans Witten zwischen 1508 und 1510 eine einzige aus dem Kirchenboden sprießende Tulpe als Kanzel und Lebensbaum geformt.

Was in späteren Jahrhunderten an Kapitellplastiken entstand, war oft nur eine geschmackvolle Verarbeitung pflanzlicher Motive durch Wiederholung bekannter ästhetischer und symbolischer Ideen. Im Barock erlebte die Verwendung des korinthischen Kapitells noch einmal eine Blütezeit. Blätter und Blüten, auch als Blumenketten vereint und vergoldet, wurden bis ins Pathetische gesteigert. Der Klassizismus führte dann mit seiner Wiederbelebung antiker Formen die Pflanzenmotive auf ihre klassische, aber eben doch nur nachgeahmte Schönheit zurück.

Das für die Pflanzenmotive an den Kapitellen Gesagte gilt für viele andere Bauteile mittelalterlicher Architektur, wie das Blattrankenrelief auf den Innen- und Außenwandflächen, die Fensterumrahmungen romanischer Kirchen oder die Motive in den Winkeln sich kreuzender oder berührender Rippen gotischer Kathedralen. Auch die Darstellung pflanzlicher Motive in Eisen bzw. Eichenholz bei Türen und Chorgestühl begann immer in der

Tradition griechischer Antike. Erst später benutzte man auch heimische Pflanzenmotive, wobei die Verwendung von Blättern und Ranken in ihrer naturnahen Darstellung – etwa auf spätgotischem Chorgestühl – einen Höhepunkt erreichte. Der Gebrauch dieser Motive konnte sich in der Renaissance im Gegensatz zur Malerei dieser Zeit nur noch ornamental weiterentwickeln. So wurden dynamisch geschwungene blatt- und rautenförmige Pflanzenmotive als sogenannte Mauresken oder manieriert in der Arabeske abgewandelt. Solche Ornamente fanden in der Renaissance als Eisenbeschlagwerk auf Türen, Portalen, Truhen, als Stuck oder als Randleiste von Teppichen, Kaminen, Tapeten oder Möbeln Verwendung.
Der Barock benutzte die Pflanzenmotive in einer Üppigkeit als Zierde, wie sie selten wieder auftrat. So stark abgewandelt, daß man ihre pflanzliche Natur kaum noch erkennen konnte, waren sie mit ihren bewegten Formen gut geeignet, senkrechte und waagerechte sowie gerade Linien zu vermeiden, was dem barocken Formempfinden entsprach. Die Vielfalt gewerblicher Entwicklungen wie die Gegenstände der Wohnkultur, z. B. Möbel, Keramik, Porzellan, Glas, Schmiedearbeiten, Teppiche, Spiegel, Beleuchtungskörper, Uhren und Tapeten, nahm sich ebenfalls der Pflanzen als Motivvorlage an. Dabei diente die Natur als Vorlage, nicht mehr die Antike.
Auch im folgenden Rokoko, also etwa zwischen 1720 und 1780, wurden Pflanzenmotive in den verschiedensten Gebrauchsgegenständen kunstvoll verarbeitet. Dies geschah allerdings zierlicher und verspielter, dem Geschmack der Zeit entsprechend. Stets waren aber die Pflanzenmotive im Rokoko dem sogenannten Rocaille untergeordnet. Dieses muschelförmige und gleich einer Miniaturgrotte gestaltete Ornament aus S- und C-förmig ausschwingenden Kombinationen bestimmte jede plastische oder malerische Gestaltung. Die Verspieltheit, in der das Rokoko wie in einer Sackgasse endete, schuf ein Vakuum in der Formentwicklung, also auch in der Verwendung von Pflanzenmotiven. Der Klassizismus am Ende des 18. und in der ersten Hälfte des 19. Jahrhunderts umging dieses Vakuum durch Rückgriff auf antike Vorbilder.
Die starke Besinnung auf die Natur zur Zeit der Romantik schlug sich vorrangig in der Malerei nieder. In allen Bereichen der Kunst des Biedermeiers, etwa zwischen 1815 und 1850, wurden dagegen auch pflanzliche Motive geschmackvoll eingesetzt. Doch dies geschah äußerst sparsam. Einem gesunden Formempfinden folgend, kamen

Blätter und Früchte der Haselnuß als Pflanzenmotiv am Westlettner des Naumburger Domes

Pflanzenmotive, z. B. auf Biedermeiermöbeln, nur als kleine Intarsien, Blendleisten oder zarte Halbreliefs zur Geltung. Vorrang hatte die bequeme Zweckdienlichkeit, wobei mit der einsetzenden halbindustriellen Fertigung künstlerische »Ausschweifungen« zwangsläufig zurückgedrängt wurden. Bei der weitgehend geschmacklosen Übernahme barocker und gotischer Formelemente in der zweiten Hälfte des 19. Jahrhunderts war in der Bauplastik, der Innenarchitektur oder im Kunsthandwerk für die Pflanzenmotive wenig Platz.
Die starke Besinnung auf natürliche Formen und Motive, wie sie gerade von den Pflanzen »geliefert« werden können, ist eine grundlegende Idee des Jugendstils, der um 1890 einsetzte und wohl zu den radikalsten Stilumbrüchen der vergangenen Jahrhunderte zählte. Er nahm sich pflanzlicher Motive so leidenschaftlich an, daß man in

Schlußstein im Kloster Doberan mit Blumenmalerei

England die ganze Epoche schlechthin »the florale style« nannte. Dabei interessierten besonders einheimische Pflanzen. Doch im Mittelpunkt der Gestaltung standen nicht ihre Natürlichkeit, sondern die zu Ornamenten abgewandelten Linien von Blättern, Stengeln, Wurzeln und Blüten. Sich drehende Ranken, Pflanzen mit Wellen- und Spiralenlinien, wie Lilien, Rosen, Wein, Fingerhut usw., eigneten sich gut, die künstlerischen Absichten des Jugendstils, wie Linie, flächigen Farbfleck, Betonung der Senkrechten und der Asymmetrie, zu erfüllen. Sein Verfall nach kaum 15 Jahren war aber so jäh wie sein Aufbruch. Nun tauchten pflanzliche Motive auch wegen der industriellen Massenherstellung von kunsthandwerklichen und Gebrauchsgegenständen nur noch banalisiert und zur Schablone geworden auf. Mit der Massenproduktion von Eisengittern, Geländern, Stuckteilen, Vasendekors oder Möbelteilen, die Pflanzenmotive ähnlich der Arabeske im 16. Jahrhundert schematisch enthielten, hörte auch der Jugendstil auf, Kunst zu sein.

Die Verwendung von Pflanzen- und Blumenmotiven in der Malerei ähnelte nur teilweise derjenigen in der Bauplastik, dem Kunsthandwerk oder der Architektur. Solche Motive wurden auf ägyptischen Papyrusrollen, kretischen oder griechischen Vasen sowie an den Bauten dieser Epochen als stilisierte Ornamente gemalt, symbolbezogen und doch eine Vielfalt der Natur widerspiegelnd. Auch die mittelalterlichen Bildhandschriften wurden mit farben- und formenfreudigem Rankenwerk in den Initialen oder Randleisten angefüllt.

Doch mit der spätgotischen Tafelmalerei setzte im 15. Jahrhundert eine naturgetreue Blumenwiedergabe ein. Die Zeichensprache der Pflanze, ihr Symbolgehalt, wurde zurückgedrängt. Man sah

„Ein Blumenkrüglein" aus M. S. Merians „Neuem Blumenbuch", 1680

„Blumenkranz" als Titelblatt zum 3. Teil von M. S. Merians „Neuem Blumenbuch", 1680

„Eine große Lilie" aus M. S. Merians „Neuem Blumenbuch", 1680

die Pflanze in der künstlerischen pflanzlichen Darstellung mehr als Geschöpf der Natur. Auf spätgotischen Tafelbildern erschien sie zierlich, aber naturgetreu; in der Renaissance wurde sie schließlich in realistischer Darstellung zum alleinigen Bildthema. Die zwischen 1503 und 1505 entstandenen Blumenaquarelle Albrecht Dürers sind von einer naturwissenschaftlichen Genauigkeit, die auch in zahlreichen Holzschnitten und Kupferstichen dieser Zeit zum Ausdruck kam. Blumen wurden auch, in Vasen gestellt, aus Freude an der

Blumen- und Früchtestilleben von Mignon

Teppich volkskünstlerischer Herkunft mit Pflanzenmotiven

Schönheit der Natur ohne symbolischen Bezug gemalt. Die vom aufstrebenden Bürgertum der Niederlande geförderte Malerei bediente sich besonders gern pflanzlicher Motive. So entstand das Stilleben besonders im niederländischen Barock des 17. Jahrhunderts als eigenes Bildthema. Wie Gegenstände werden die Blumen als Attribute des Menschen und seiner Umgebung dargestellt. Es wurde die ganze Farben- und Formenfreudigkeit einheimischer und exotischer Pflanzen eingefangen und in üppigen Sträußen wiedergegeben. Die Tulpe, in Holland besonders beliebt, und die Rose erschienen neben taubenetzten Früchten und Blättern auf dunklem Grunde. Mignons Stilleben ist dafür ein Beispiel. Deutsche Maler, in den Niederlanden geschult, übernahmen die farbenfrohen Blumenmotive, wobei auch eine Synthese aus malerischer Schönheit und naturwissenschaftlich klarer Wiedergabe wie bei Sibylle Merian erreicht wurde. Ergänzend fügte man Insekten hinzu.

Im Empire, dem Klassizismus Frankreichs, wurde etwa zur Zeit Napoleons die Blumenmalerei rein wissenschaftlich in akademischer Manier betrieben. Wie in der Renaissance überwog die Naturtreue über die künstlerisch abgewandelte Schönheit, während mit der Romantik eine symbolträchtige Blumenwiedergabe erneut auflebte. P. O. Runge stellte z. B. seine rankenden Pflanzen auf Bildleisten in Bezug zum Bildinhalt. Im Biedermeier erfolgte die Blumenmalerei in der Tradition niederländischer Stilleben, die als persönliches Erinnerungsbild dienten. Es war präzis in der Pflanzendarstellung und harmonisch im Bildaufbau. In der Spätzeit des Biedermeiers tauchten Lichteffekte bei der malerischen Blumendarstellung auf, die 50 Jahre später zum beherrschenden Mittel der impressionistischen Blumenmalerei

Palmblattfächer mit Pflanzenmotiven (frühes 18. Jahrhundert)

eines Cézanne, Renoir, Monet oder Manet wurden. Bei ihnen schwebten die Blüten wie Farbtupfen in einer durch Licht unbeschwerten Natur. Auch in der Malerei herrschten im Jugendstil um die Jahrhundertwende Linie und Form der Pflanze vor. Nicht die Naturtreue, nicht die lichtdurchfluteten Blüten kamen zur Darstellung, sondern es wurde die schwungvoll abgewandelte Linie ihrer Form bevorzugt.
Wie gern der Mensch Motive der Pflanzenwelt in seinen bildkünstlerischen Äußerungen benutzte, kommt besonders in der Volkskunst zum Ausdruck. Sie beschäftigt sich vor allem mit der Herstellung von »Laien« gefertigter Gebrauchsgegenstände. Früher mitunter abwertend gegenüber der »hohen Kunst« von Schulen und Akademien betrachtet, spielt gegenwärtig die Volkskunst als Zeugnis des unerschöpflichen Umwelterlebnisses der Menschen eine große Rolle. Immer standen aus dem Erlebnis der Natur bei der Gestaltung der volkskünstlerischen Gebrauchsgegenstände des täglichen Lebens, wie Möbel, Werkzeug, Hausgerät, Trachten, Schmuck, Stoff, Dekken oder Spielzeug, die Pflanzenmotive und aus ihnen abgewandelte Ornamente im Vordergrund.
Drei pflanzliche Motive nutzte man besonders häufig: die Blatt- und Blumenranke, den Vasensproß und die Rosette. Die Blatt- und Blumenranken, aus Weinreben, Eichenlaub oder Distelblüten entlehnt, wurden auf Schränke, Truhen und Keramik gemalt, in Möbel oder Model geschnitzt und besonders häufig auf textile Gebrauchsgegenstände, wie Decken, Trachten, Bettbezüge usw., gestickt oder als Blaudruck aufgebracht. Den Vasensproß, eine symmetrisch mit Henkeln angedeutete Vase, die wenige Pflanzenstengel mit reichem Blütenflor von Rosen, Nelken und besonders Tulpen vereinte, wendete man am meisten in der textilen Volkskunst sowie der Bauernmalerei an. Die Rosette war nicht einer bestimmten Blüte entlehnt und bestand im Grundaufbau aus sich zentralsymmetrisch kreuzenden diagonalen sowie horizontalen und vertikalen Linien. Sie entstand aus den Feldern einer rautenförmigen oder zungenblättrigen blütenähnlichen Figur. So wurde die Rosette in ungezählten Variationen zum flächenfüllenden Motiv im Blaudruck, in der Stickerei, der Weberei, der Malerei auf Möbeln, Wänden und Ostereiern oder in der Kerbschnitzerei. Die Pflanzenmotive der Volkskunst haben in den Jahrhunderten seit der Renaissance in Europa vielfältige Variationen oft gemeinsamer Grundformen in den verschiedenen Ländern erlebt.
Die Architektur und die bildenden Künste arbeiten mit Bildstrukturen. Nicht eine abstrakte physikalische oder mathematische Gesetzmäßigkeit ist der Ausgangspunkt; es wird eine bildnerische Gestaltung meist natürlicher Vorbilder, z. B. auch der Pflanzen, vollzogen. Der Mensch als Teil der Natur braucht die Pflanze also nicht nur zum Nahrungs- und Rohstofferwerb, sie spielt auch in seinem mit Bildstrukturen operierenden Denken eine Rolle. Die Ästhetik und Aussage bildkünstlerischer Äußerungen des Menschen erscheinen immer dann harmonisch, wenn die Natur, also auch die Pflanzen, als Vorlage dienen.

Von der Kunst, Blumen zu ordnen und zu gestalten

So muß Kunst und Natur
stets mit einander ringen /
bis daß sie beederseits
sich selbsten so bezwingen /
damit der Sieg besteh
auf gleichen Strich und Streich:
Die überwunden wird /
die überwindt zugleich!
So muß Kunst und Natur
sich hertzen und umfangen /
und diese beederseits
die Hand einander langen:
Wol dem / der also kämpft!
dieweil / auf solchen Streit /
wann alles ist gethan /
folgt die Zufriedenheit.

Aus der Vorrede in Maria Sibylle Merians Blumenbuch, 1680

Die Freude des Menschen an der Natur und seine stete Beziehung zu ihr führten schon vor Jahrhunderten zur Verwendung von Pflanzen für die künstlerische Gestaltung. Die Kunst, mit den Blumen umzugehen, wobei die Kunst als ein sehr weiter Begriff zu verstehen ist, findet einerseits ihren Ausdruck in der Gartengestaltung (s. S. 249), der Formung von Pflanzen in ihrem Leben und Wachstum, andererseits aber in einer Gestaltung der geernteten Pflanzen. Sie wies von jeher nationale und kulturgeschichtliche Besonderheiten auf.

Gewachsen aus der Blumenverehrung, wurden schon in altkretisch-minoischer sowie in altägyptischer Zeit Blumen und Blüten zum Binden von Kränzen, Girlanden oder Sträußen verwendet. Einzelblüten, allen voran die Lotosblüte, schmückten die Festtafeln. Die Griechen kannten Kränze und Girlanden als Opfer, Festschmuck oder Weihgeschenk, nutzten sie zur Totenehrung oder als Liebesgabe. Erst die zum Gewinde oder Blumengehänge verarbeiteten Zweige oder Blüten galten damals als Ausdruck der pflanzlichen Schönheit. Dem Ölzweig als Siegerpreis bei den Olympischen Spielen und als Symbol des Friedens bei den Griechen folgte der Lorbeerkranz bei den Römern. Doch man ging auch recht barbarisch mit den Blüten um. Im Rom der Kaiserzeit bedeckte ein Blütenmeer von Rosen die Palastböden oft knöcheltief, um den Festen optisch und durch Duft einen berauschenden Hintergrund zu geben. Die Kunst des Blumenbindens, von den Griechen übernommen, pflegten die Römer über Jahrhunderte. Man kannte Kränze und Girlanden ebenso wie das lockere Einordnen von Blumen in Schalen oder Körben.

Im Mittelalter stellten die Blumen Objekte geistlicher und weltlicher Minne dar. Dabei erwuchs die Gestaltung gleichermaßen aus ihrer Schönheit und Symbolkraft (s. S. 45). Besonders Rosen und Lilien waren sehr beliebt in der Blumengestaltung. Die Sinnbildlichkeit der Blütenfarbe, die Blumensprache löste die Symbolkraft der Kleiderfarbe ab. In der Renaissance lebten die ganze Vielfalt und Üppigkeit antiker Blumenfreude erneut auf. Girlanden, Kränze und Sträuße aus farben- und formenprächtigen Blumen und Früchten gaben den glanzvollen Hintergrund der Volks- und Hoffeste der Frührenaissance. In der Hochrenaissance bestimmten dagegen prunkvolle Schaugeräte aus Gold, Silber, Zinn oder Schnitzwerk und Teppiche sowie Brokate als Dekorationen den

Trockenstrauß mit Strohblumen, Staticen und Gräsern

Geschmackvoll gestalteter Sommerblumenstrauß

Festsaal; die Blumen hatten an Bedeutung verloren. Erst im Barock taucht die Blumengestaltung kultähnlich wieder auf. Durch den weltweiten Handel wurden auch exotische Pflanzen in üppigen Sträußen und Girlanden genutzt. So war die Tulpe dank ihrer satten, kraftstrotzenden Farben die Lieblingsblume in den Bürgerhäusern Hollands. Die Üppigkeit barocker Blumenpracht ist in der Malerei der damaligen Zeit vielfach festgehalten worden. Die Stilleben vereinten Zweige, Blüten und Früchte (s. S. 296).
In der Romantik und dem ihr folgenden Biedermeier gewinnt die idyllische Pflanzenverehrung den Vorrang. Man sammelt und hegt Pflanzen, deutet ihre Farben und Formen im Sinne Schellingscher Naturphilosophie (s. S. 54) und bevorzugt in der Gestaltung zarte und schlichte Blumen. Der Biedermeierstrauß um die Mitte des 19. Jahr-

Stilleben mit einem Gewürzstrauß

hunderts, heute wieder beliebt, wurde zum Sinnbild einer ganzen Epoche. Im Widerspruch zum Denken dieser Zeit entsteht mit dem aufkommenden Industriezeitalter auch die Verwendung künstlicher Blumen und Blüten, die, aus Wachs oder Stoff geformt, unter einem Glassturz geschützt wurden. Diese Geschmacksverirrung unserer Urgroßeltern hat in der heutigen Plasteblumenproduktion eine traurige Neuauflage gefunden.

In der Gründerzeit, den siebziger und achtziger Jahren des vorigen Jahrhunderts, kommt der gewollt protzige Zeitgeschmack auch im Arrangement der Blumen zum Ausdruck. Nicht die Schönheit der Blumen, der Aufwand bei ihrer Gestaltung war entscheidend. Für eine Hochzeitstafel wurden Blumen und Blüten auf Drahtgestelle gebunden und zu einem wahrhaften Gebirge vereint, das ein ausgestopftes schnäbelndes Taubenpärchen bekrönte. Als Idol der kleinbürgerlichen Wohnung galt das »Makartbouquet«, eine staubige Pracht aus Rohrkolben, exotischen Gräsern oder trockenen Palmwedeln. Um die Jahrhundertwende begann mit der Besinnung auf Feldblumen die Rückkehr zum geschmackvollen Blumenordnen. Eigene Zeitschriften wie »Die Blumenbindekunst« und Ausbildungsstätten für Gärtner entstanden. Nun gab man den einheimischen Blüten und Blumen bei der Gestaltung von Arrangements den Vorzug.

Heute wird die Blumenbindekunst, die Anordnung von Blumen in Trockensträußen, Girlanden, Kränzen oder Bouquets vielfältig gepflegt. Dabei ist das Wiederaufleben alter Formen und Fertigkeiten nicht frei von »Modewellen«, z. B. bei der Strohblumenverwendung. Die unerschöpflichen Farben und Formen von Blüten finden ebenso Verwendung wie die von Blättern, Früchten oder trockenen Zweigen. Die Blumengestaltung ist Bestandteil unserer Wohn- und Arbeitskultur geworden. Dabei wird Traditionelles bewahrt. Ein Zwiebelzopf ist ebenso beliebt wie ein Gewürzstrauß. Letzterer stammt aus Österreich und vereint alle für die Familie und ihre Küche erforderlichen Heil- und Küchenkräuter. Erst wenn eine Braut die Pflanzen darin zu benennen und gebrauchen wußte, durfte sie heiraten.

Stets war und ist die Blumengestaltung mit wichtigen Stationen aus dem Lebensrhythmus des Menschen, wie Geburt, Hochzeit und Tod, oder mit Höhepunkten in den Jahreszeiten verbunden. Die verschiedensten Feste, Feiern oder Ereignisse geben ebenso Anlaß zur Blumengestaltung wie das Verschenken von Blumen. Jeder Hausbau erreicht mit dem Richtfest, dem feierlichen Anbringen einer aus Blüten und Zweigen gestalteten Krone auf dem Dachfirst, nach der Grundsteinlegung einen zweiten Höhepunkt. Der Ursprung für die Verwendung und Gestaltung bestimmter Pflanzen bei ganz bestimmten Anlässen ist auch heute noch die vielfältige Pflanzensymbolik (s. S. 45). Vor allem die Rose gilt seit Jahrtausenden als Sinnbild für Liebe und Tod. Den persischen Brauch, Gräber mit Rosen zu versehen, übernahmen die Römer, und seitdem werden in zahlreichen Ländern und Kulturen Gräber mit lebenden oder zu Kränzen und Sträußen gebundenen Blumen versehen. In vielen Nationen gehören zur Hochzeit ein Brautstrauß, eine Blumen- oder Zweiggirlande über der Eingangstür des Hochzeitshauses und ein Myrtenzweig im Knopfloch des Bräutigams. Außer derartigen symbolischen Bezügen bei der Verwendung und Gestaltung von Pflanzen gibt es in der europäischen Blumenbin-

Bonsaibäume in einem Gewächshaus

dekunst anders als in der Gartengestaltung (s. S. 249–267) keine festen Regeln.
Solche Regeln herrschen dagegen in der Pflanzengestaltung der Völker Ostasiens vor. Ikebana und Bonsai seien als besondere Höhepunkte in der Blumenkunst Ostasiens genannt. Bonsai ist eine heute in Amerika und Japan gern geübte Praxis, in Töpfen Sträucher und Bäume in Miniaturgröße bei natürlichem Wuchs künstlerisch zu gestalten. Außer langnadeligen Kiefern eignen sich fast alle Holzgewächse für diese Kultivierung, die viel Geschick, Erfahrung und Geschmack erfordert.
Auch beim Ikebana, der in Japan beheimateten Kunst des Blumenordens, kommt der Geschmack des Gestalters zum Ausdruck. »Ike« bedeutet Anordnung, Leben zur Geltung bringen; »hana« (als »bana« gesprochen) die Blume. Das Ikebana stellt nicht allein die plastische Anordnung des Materials Pflanze dar, es geht auch um Form, Farbe und Schönheit des Lebens, die durch die Kunst der Anordnung zum Ausdruck kommen. Im 7. Jahrhundert kam der Brauch des Blumenopfers aus China nach Japan und wurde über 800 Jahre allein durch Priester und Adlige gepflegt. Im 15. Jahrhundert wandelte sich das symbolisch fungierende Blumenopfer zur Blumenkunst und fand Eingang in die Bürgerhäuser. Obwohl Ikebana nach in Jahrtausenden gewachsenen Regeln erfolgt, ist gerade deren Fortentwicklung ein Ausdruck für die Absicht, das Leben in seiner Wandlungsfähigkeit widerzuspiegeln. Ikebana muß erlernt werden. Etwa 3000 Schulen, deren größte bis zu einer Million Schüler jährlich hat, betreuen etwa 10 Prozent aller Japaner in Ikebanakursen. Dabei geht es weniger darum, gewisse Fertigkeiten zu erwerben. Der Schüler muß vor allem lernen, in den ästhetischen Kategorien des Ikebana zu denken und zu handeln. Diese Kategorien sind Harmonie und Eleganz, Schlichtheit und

Ikebana im Stil von Ikenobo — Anmut durch Harmonie

Ikebana im Stil von Ikenobo — die Kunst des Blumenordnens in Japan

Asymmetrie, Naturnähe und Vergänglichkeit. Da diese Kategorien des Ikebana spezifisch asiatischer bzw. japanischer Denkweise folgen, sind sie uns nicht ohne weiteres zugänglich.

Aus dem jahrelangen Umgang mit der Natur schafft der Gestalter von Ikebana nicht nur Harmonie, sondern »erfährt« sie auch. Insbesondere durch Wiederholung von Form und Farbe im Gestalteten wird eine künstlerische Harmonie erzeugt. Der Gestaltungswille richtet sich nach der Eigenart der Pflanzen und schafft eine Einheit, eine Harmonie von Jahreszeit, Gefäß, Raum, Blüten, Zweigen und der Gesinnung des Gestalters. Die Harmonie im Ikebana wird zum Mikrokosmos, zu einem durch die Natur gestalteten »ruhigen Frieden« (Hei-Wa). Ikebana folgt einer feinen Eleganz, die wertvoll, aber nicht prächtig und doch unvollkommen ist.

Schlichtheit ist stets ein Merkmal von Ikebana. Durch Vereinfachung und Beschränkung schafft die Schlichtheit des Ikebana Raum zu individueller Aufnahme durch den Betrachter. Gleich einer Geste, die eine lange Rede ersetzt, einem Aphorismus, der den Roman überflüssig macht, gleich einem Symbol, das für ein Bild stehen kann, wirkt Ikebana durch sparsame Andeutung, eine Wirkung, die von dem umgebenden Raum abhängig ist. Die Schlichtheit japanischer Innenräume, ohne Möbel und kaum mit Bildern versehen, läßt eine Blume einen ganzen Sommertag vermitteln. Die Pflanze und ihre Natürlichkeit sollen zur Geltung kommen, aber nicht im Sinne von »aus der Natur unverändert«. Ein üppiger Strauß aus 30 dunkelroten Rosen wäre einem Ikebanaschöpfer ebenso unerträglich wie ein barockes Blumenarrangement. Diese Schlichtheit als typische ästhetische Kategorie hatte und hat deshalb große Wirkung auf die europäische Kunst und Architektur. So wurden im Weimarer Bauhaus von W. Gropius wie auch durch den schweizerisch-französischen Architekten C. E. Jeannerat (= Le Corbusier), einem Bahnbrecher moderner bürgerlicher Architektur, Schlichtheit sowie funktionales Bauen und Gestalten assimiliert.

Auch durch Asymmetrie wird im Ikebana eine Begrenzung, ein aufgezwungenes Gesetz verhindert, und die Wirkung der Blumengestaltung kann sich im Raum fortsetzen. Asymmetrisch ist das Ikebana in verschiedenen Ebenen und Dimensionen. Daraus schöpft es die Vielzahl der gestalterischen Möglichkeiten. Stets wird ein ungleichseitiges Dreieck angestrebt, von gleichartigen Farben,

Blüten oder Formen zueinander. Asymmetrie im Ikebana ist vor allem auch ein Ausdruck der Naturnähe, ihrer Vielfalt, Lebendigkeit und Veränderlichkeit. Diese Naturnähe wird außerdem dadurch erreicht, daß das ideale Gleichgewicht der Natur in der Ikebanagestaltung fortlebt. Da die Naturnähe des Ikebana völlig verschieden vom europäischen Gebrauch des Wortes ist, scheint uns Europäern die Vergänglichkeit, die mit Ikebana ausgedrückt werden soll, dieser Naturnähe zu widersprechen. Doch weil die Natur und das Leben vergänglich sind, gehört diese Vergänglichkeit zu Ikebana und anderen japanischen Künsten. Während der Europäer mit Stein und Bronze arbeitet und ein Kunstwerk mit Dauer und Alter an Wert gewinnt, zur Ware wird, schließt die japanische Kunst Werden und Vergehen ein, arbeitet mit vergänglichen Materialien, wie Papier und Holz. Täglich kommen in Japan einige Tonnen lebender Blumen durch Ikebana auf den Müll. Wenn der Ikebanagestalter Blumen der Natur harmonisch, asymmetrisch, naturnah, aber vergänglich gestaltet, erlebt er für einen Augenblick die Natur und ihre Vergänglichkeit. Dabei besteht der Wert der Ikebanaschöpfungen nicht in ihnen selbst, sondern im Hinstreben auf sie, d.h., Ikebana vereinigt nicht nur die erwähnten ästhetischen Kategorien, sondern auch die Ästhetik des Handelns.

Die Blumengestaltung ist kein Privileg der Japaner, doch hat sie sich unter dem Einfluß japanischer Denkweise mit Ikebana zu einem besonderen selbständigen Höhepunkt entwickelt. Bei der Berührung mit anderen Kulturen ist Ikebana sowohl auf Unverständnis und Ablehnung als auch auf begeisterte, mitunter aber dilettantische Nachahmung gestoßen. Wie sich der Tourismus in die bezauberndsten Landstriche der Erde ausdehnte, wie die in Jahrhunderten unter völlig anderer Sinngebung entstandene Volkskunst heute für Gebrauchsgegenstände des täglichen Lebens »vermarktet« wird, sieht der in der europäischen und amerikanischen Kultur aufgewachsene Mensch hier eine Exotik, zu deren Nachahmung er sich fähig glaubt. Ohne Zweifel entwickeln sich durch die stärkere Kommunikation die Kulturen aufeinander zu, unterliegen einem Austausch. Doch der Respekt vor ihnen wächst erst über ihr Verständnis und nicht durch Nachahmung. Ikebana in einer großstädtischen Wohnung mit Kunststoffmöbeln und Neonlicht nachzuvollziehen ist ebenso geschmacklos, wie derartige Wohnungen nostalgisch mit verschiedenen Kunststilen vergangener Epochen anzufüllen.

Die Kunst der Blumengestaltung wird nicht zufällig am Ende dieses Buches behandelt. Wie im Gebrauch der Natur, ihrer Pflanzen als Nahrungs- und Rohstoffquellen und ihrer Erhaltung durch den Umweltschutz haben wir stets eine neue Besinnung und neue Denkanstöße in der künstlerischen »Verwertung« von Pflanzen nötig.

Literatur Bildquellen und Register

Literatur

Die aufgeführten Bücher stellen einen repräsentativen Querschnitt weiterführender Literatur dar. Erklärungen zu dem Leser nicht bekannten Fachausdrücken können den genannten Wörterbüchern und Lexika entnommen werden.

M. Abercombie, C. J. Hickman und M. C. Johnson: Taschenlexikon der Biologie. Jena 1971

L. Bauer u. H. Weinitschke: Landschaftspflege und Naturschutz als Teilaufgaben der sozialistischen Landeskultur. Jena 1973

L. Behling: Die Pflanze in der mittelalterlichen Tafelmalerei. Weimar 1957

L. Behling: Die Pflanzenwelt der mittelalterlichen Kathedralen. Köln 1964

K. Beuschold: Problem Wasser. Leipzig, Jena, Berlin 1978

H. J. Bogen: Gezähmt für die Zukunft. Leistung und Perspektiven der Bionik. München, Zürich 1973

H. Borner: Pflanzenkrankheiten und Pflanzenschutz. Stuttgart 1981

Brockhaus-ABC Biologie (Hrsg. *F. W. Stöcker und G. Dietrich*). Leipzig 1967

Brockhaus-ABC Biochemie (Hrsg. *H.-D. Jakubke u. H. Jeschkeit*). Leipzig 1976

H. Buhr und W. Neye: Die Kartoffel. Die Neue Brehmbücherei Nr. 212. Wittenberg-Lutherstadt 1958

E. Bünning: Der tropische Regenwald. Verständliche Wissenschaft, Bd. 56. Berlin, Göttingen, Heidelberg 1956

P. Chourard und J.-P. Nitsch (Hrsg.): Die pflanzliche Fabrik. Leipzig, Jena, Berlin 1965

G. Czihak, H. Langer und H. Ziegler: Biologie. Berlin, Göttingen, Heidelberg, New York 1983

W. Feucht, H.-E. Fischer u. a.: Die Zuckerrübe. Die Neue Brehmbücherei, Bd. 387. Wittenberg-Lutherstadt 1968

E. Foerster und G. Rostin: Ein Garten der Erinnerung – Sieben Kapitel von und über Karl Foerster. Berlin 1982

G. Franke: Nutzpflanzen der Tropen und Subtropen. Bd. I und II. Leipzig 1967

H. Freidank, W. F. Reineke, M. Schetelich, T. Thilo: Der Alte Orient in Stichworten. Leipzig 1978

F. Fukarek (Hrsg.): Die Pflanzenwelt der Erde. Leipzig, Jena, Berlin 1979

H. Goerke: Carl von Linné – Arzt, Naturforscher und Systematiker. Stuttgart 1966

M. L. Gothein: Geschichte der Gartenkunst, Bd. 2. Jena, 1914

J. Grebenscikov: Mais als Kulturpflanze. Die Neue Brehmbücherei, Bd. 123. Wittenberg-Lutherstadt 1954

A. Grisebach: Der Garten – Eine Geschichte seiner künstlerischen Gestaltung. Leipzig 1910

P. Hanelt: Die Lupinen. Die Neue Brehmbücherei, Bd. 265. Wittenberg-Lutherstadt 1960

R. Höhn und J. Petermann: Seltsames aus dem Reich der Pflanzen. Leipzig 1976

J. Irmscher (Hrsg.): Lexikon der Antike. Leipzig 1977

I. Jahn, R. Löther und K. Sengbusch: Geschichte der Biologie – Theorien, Methoden, Institutionen und Kurzbiographien. Jena 1982

J. Just und J. Karpinski: Sächsische Volkskunst. Leipzig 1982

B. Karger-Decker: Kräuter–Pillen–Präparate. Leipzig 1982

Kleine Enzyklopädie Leben (Hrsg. *E. Geißler, E. Libbert, J. Nitschmann und G. Thomas-Petersein*). Leipzig 1976

S. Komoda und H. Pointner: Ikebanapraxis. Leipzig – Radebeul 1976

J. H. Langenheim und K. V. Thimann: Botany – plant biology and its relation to human affairs. New York, Chichester, Brisbane, Toronto, Singapore 1982

E. Lips: Das Indianerbuch. Leipzig 1971

K.-H. Lohs und S. Döring (Hrsg.): Im Mittelpunkt steht der Mensch. Umweltgestaltung – Umweltschutz. Berlin 1975

K. Mägdefrau: Geschichte der Botanik. Stuttgart 1973

D. Martinetz: Gifte in unserer Umwelt. Leipzig, Jena, Berlin 1982

H. Menzel-Tettenborn: Lexikothek: Das Reich der Pflanzen. Gütersloh, Berlin, München, Wien 1974

F. H. Meyer: Bäume in der Stadt. Stuttgart 1978

G. Michelsen, U. Rühling und F. Kalberbach (Hrsg.): Der Fischer-Ökoalmanach. Daten, Fakten, Trends der Umweltdiskussion. Frankfurt/M. 1982

F. und H. Möbius: Ecclesia ornata – Ornament am mittelalterlichen Kirchenbau. Berlin 1974

W. Modell und A. Lansing: Drogen und Arzneien. Time-Life International. Nederland 1969

H. Mohr und H. Schopfer: Lehrbuch der Pflanzenphysiologie. Berlin, Heidelberg, New York 1978

K. Okahura: Das Buch vom Tee. Leipzig 1981

R. Peesch: Ornamentik der Volkskunst in Europa. Leipzig 1981

J. Petermann und W. Tschirner: Interessante Botanik. Leipzig, Jena, Berlin 1975

R. Piechocki: Genmanipulation – Frevel oder Fortschritt? Leipzig, Jena, Berlin 1983
H. Reinbothe: Das pflanzliche Geheimnis. Leipzig, Jena, Berlin 1970
H. Reinbothe und D. Schlee: Moleküle der Natur. Die sekundären Naturstoffe und ihre Nutzung. Leipzig, Jena, Berlin 1975
H. Sachs, E. Badstübner und H. Neumann: Christliche Ikonographie in Stichworten. Leipzig 1973
G. Savage: Raumkunst von der Antike bis zur Gegenwart. Leipzig 1976
A. Scamoni: Unsere Wälder. Berlin 1982
H. Schaefer (Hrsg.): Folgen der Zivilisation. Therapie oder Untergang? Frankfurt/M. 1974
W. Schmidbauer und J. vom Scheidt: Handbuch der Rauschdrogen. Frankfurt/M. 1976
M. Schretzenmayr u. a. (Hrsg.): Der Wald. Leipzig, Jena, Berlin 1975
R. E. Schultes und A. Hofmann: Pflanzen der Götter. Bern, Stuttgart 1980
F. Schwanitz: Die Evolution der Kulturpflanzen. München, Basel, Wien 1967
H. Stern: Rettet den Wald. München 1979
E. Strasburger u. a. (Hrsg.): Lehrbuch der Botanik für Hochschulen, 31. Aufl. Jena 1978
Urania-Pflanzenreich, Höhere Pflanzen Bd. 1 u. 2, 2. Aufl. Leipzig, Jena, Berlin 1975 u. 1976
G. Vogel und H. Angermann: Taschenbuch der Biologie, Bd. I u. II, Jena 1971
J. Vogt: Das große Gleichgewicht. Zerstörung oder Erhaltung unserer Umwelt. Hamburg 1969
R. Weber: Pflanzengewürze und Gewürzpflanzen aus aller Welt. Die Neue Brehmbücherei, Bd. 204. Wittenberg-Lutherstadt 1967
F. W. Went: Die Pflanzen. Time-Life International. Nederland 1965
E.-M. Wiedenroth: Das grüne Kraftwerk. Die Primärproduktivität der Erde. Leipzig, Jena, Berlin 1981
H. Wirth: Die Tollkirsche. Die Neue Brehmbücherei, Bd. 355. Wittenberg-Lutherstadt 1965

Bildquellen

Die Zahlen weisen auf die Seiten hin, auf denen die Fotos stehen.

agra-Archiv, Markkleeberg 107
Archiv der Verfasser 251, 252, 253, 259 o. r.
Archiv des Verlages 20 unten
Dr. Hiroshi Ashihara, Tokyo 193, 194, 302 o. l., 302 o. r.
Klaus G. Beyer, Weimar 292, 293
Otfried Birnbaum, Halle 19, 25, 38, 42, 43, 51, 53, 90 oben, 113 oben, 113 unten, 114, 118, 119, 151, 170, 171 o. l., 202, 205 u. r., 209 o. l., 210, 219 oben, 259 u. l., 260, 261, 264 u. r., 265, 270
Dr. Harald Bocker, Jena 172 oben
Prof. Dr. sc. Heinz Böhm, Köthen 211
Dr. H. Böhm, Halle 158
Detlef Brandt, Halle 12, 13 o. l., 13 o. r.
Peter Britz, Sandersdorf 124, 125
DELICIA, Archiv 228, 229
Deutsche Fotothek, Dresden 49, 50, 295 o. l., 295 o. r., 295 u. r.
Dia-Verlag, Heidelberg 127 o. l., 127 o. r., 168, 169, 188 oben
Prof. Dr. I. Eibl-Eibesfeld, Seewiesen 39
Prof. Dr. Günther Franke, Leipzig 68 oben, 69, 72, 73 oben, 73 u. l., 77 o. r., 77 unten, 80 u. r., 81, 82, 90 unten, 95, 97, 98, 99, 100 o. l., 100 o. r., 126, 175, 176, 177, 179 oben, 179 unten, 188 unten, 241
Herbert Görner, Leipzig 149
Dr. A. Guranowsky, Poznan 300 o. r.
Monika Heinrichsdorff, Halle 28, 297
Dr. Klaus Helmecke, Halle 185
Klaus Herles, Delitzsch 226
Prof. Dr. Horst Heynert, Berlin 238, 275 oben
Dr. Lebrecht Jeschke, Greifswald 274
Prof. Dr. H. A. Koch 171 o. r., 171 u. r., 173 o. l., 173 o. r.,
Albrecht Körner, Werdau 256
Franz Kühnel, Delitzsch 227 o. r.
Gottfried Kunz, Plaußig 227 o. l.
Doz. Dr. sc. Gerd Müller, Leipzig 24, 29 oben, 29 u. r.
Christoph Needon, Leipzig 16, 27, 40, 41, 59, 62, 67, 76, 79, 84, 87, 91, 96, 101, 105 unten, 108 oben, 111, 115, 117, 130, 134, 136 unten, 144, 146, 147, 148, 156, 159, 166, 178, 190, 191, 196, 199, 201 oben, 201 unten, 217, 219 unten, 220, 235 unten, 245, 246, 247, 254, 255, 258, 262, 263 oben, 263 u. l., 266, 269, 271, 276 oben, 276 unten, 277, 281, 282, 283, 285, 286 oben, 286 unten, 287
Günter Nerlich, Berlin 139 u. l., 139 u. r., 250, 280
Dr. D. Neumann, Halle 57
Prof. Dr. W. Rauh, Heidelberg 20 oben, 121, 180, 181, 186, 187
Prof. Dr. Horst Reinbothe †, Halle-Neustadt 89
Gerhard Reinhold, Mölkau 294
Ursula Rentsch, Waldsieversdorf 244
Ernst Schäfer, Weimar 88
Horst Schröder, Stralsund 10, 17, 108 unten, 136 oben, 150, 164, 205 u. l.
Dirk Schröter, Karl-Marx-Stadt 197
Eckhard Schulz, Burg 184, 272, 273
Prof. Dr. H. Schwenke, Kiel 138 o. l., 138 o. r.
Werner Starke, Dresden 23 oben, 46, 47, 104, 165, 192, 200, 242, 264 o. l., 275 unten, 296
Dr. Michael Stubbe, Halle 21, 22, 23 unten, 105 oben
Gitta Terpe, Gatersleben 132, 209 o. r., 215
Dr. Annegret Tewes, Nienhagen 206, 207 o. l., 207 o. r.
Dr. sc. Heinz Thrum †, Jena 172 unten
Dr. Claus Wasternack, Halle 236, 237
Brigitte Weibrecht, Leipzig 299 oben, 299 unten, 300 o. l.
Zentralbild Berlin 68 unten, 71, 75, 80 oben, 131, 160, 161, 189

Register

Die kursiven Zahlen weisen auf Abbildungen hin.

Abies 25
Acacia senegal 129
– *spirocarpa* 26
– *suma* 45
Acanthus spinosum 290
Acer 25
Acer pseudo-platanus 114
– *saccharum* 74
Achard, F. C. 34, 52
Achras sapota 129
Acronychia baueri 144
Adansonia digitata 26
Adenanthera peregrina 40
Adenosintriphosphat (ATP) 57
Adrenalin 161
Aesculus 26, 242
Affenbrotbaum 26
Aflatoxine 170, 171
Agar 139
Agaricus 163
Agaricus bisporus 165
Agave fourcroyoides 126
– *letonae* 126
– *sisalana* 126, 143
Agaven 27, 126, 198
Agrobakterium tumefaciens 222
Ahorn 25
Akanthusblatt 290
Akelei 45
Alchimisten 52
Aleuritis 83
Algenasche 138
Algenschleime 130
Alginate 139, 140
Alhagi camelorum 239
Alkaloide 63, 149, 151, 161, 197, 230
Alkohol 198
Allium cepa 180
– *sativum* 180
Alnus 25
Alraun 41, 42, *42*, 43, 142
Amanita muscaria 166, *166*
– *phalloides* 142, *149*, 151, 167
α-Amanitin 151, 167
Amazonas 25
Amazonien 243
Ammophila arenaria 237, *238*
Amoracia rusticana 181
Amylose 72
Ananas 94, 98, *98*, 99, *99*
Ananas comosus 98, *98*, *99*
Angelica 45
Angiospermen 12
Anis 35
Annona cherimola 102
Anthocyane 133
Anthocyanidine 133
Antibabypille 142, 143
Apfel 46, 100
Apfelsine 94, 95
Apis mellifica 109
Apium graveolens 93
Aprikose 94, 100
Arachis hypogaea 33, 79
Arenga pinnata 74
Aristolochia 142
Aristoteles 49, 50, 53, 249
Arrak 74
Artemisia absinthium 182
– *ponticum* 182
Artischocken 87
Artocarpus altilis 67
Arzneipflanzen 49
Aschantipfeffer 177
Ascorbinsäure 90
Aspergillus flavus 171, *171*, *173*
Aspirin 145
Astragalus 130
Atap-Palme 74
Atmung 11, 18, 53, 55, 231, 260
Atriplex 108
Atropa belladonna 41, *41*
Atropin 41
Aubergine 87
Auslese 212
Austernseitling 165
Avicenna 42, 50
Avocado 94, 99
Ayahuasca 40

Bacon, F. 53
Balsaholz 118
Balsamstrauch 49
Bananen 94, 96, 97, *97*
Banisteriopsis caapi 40
– *inebrians* 40
Barockgärten 252
Bastardisierung 212, 213
Batate 33, 66, 67, 71, 73, *73*
Bauerntabak 195
Bauhaus, Weimarer 302
Bauhin, K. 51
Baumbepflanzung, in Städten 267
Baum, des Lebens 45
Baumheide 115
Baumwolle 49, 123, 124, *124*, *125*, 219
Baumwollpflanzen 81
Baumwollsamen 123
bedecktsamig 11
Bengalpfeffer 177
Bergahorn 114
Bergbaufolgelandschaften 270, *270*
Bermudagras 107
Bertholletia excelsa 25
Betacyane 133
Beta vulgaris 33, 52, 74, 93, 108
– *vulgaris* var. *alba*. 106
Betula 113
Biedermeier 292, 296, 299
Bier 27, 66, 72, 97
Bierherstellung 200
Bilsenkraut *40*, 41
Bingen, Hildegard von 50, 143
Biomasseproduktion 12, 100, 231
Biotechnologie 206, 208, 211
Biotransformation 205
Birke 113
Birne 100
Bittergetränke 182
Bixa orellana 133
Bixin 133
Blaualgen 9, 10, 11, 69
Bleistiftzeder 115
Blumengestaltung 299, 300, *299–302*
Blumenkohl 90, 91, *92*
Blumenranke 297
Bock, H. 42, 50, 51
Boden 234
Bodenerosion 234
Bohnen 71
Boletus 163
Boletus satanus 44
Bombyx mori 109
Borassus flabellifer 74
Borlaug, N. 213
Borstenhirse 28
Boswellia 26
Botanik 48, 49, 53
Bouteloua 106
Brasil-Mahagoni 116
Brassica campestris 35
– *chinensis* 93
– *juncea* 93, 181
– *napus* 83, *84*, 181
– *nigra* 181
– *oleracea* 90, 91, 93, 106, 218
– *pekinensis* 93
– *rapa* 106
Braunalgen 135
Brautstrauß 300
Brechnuß 151
Brennessel 35, 86
Brokkoli 91, *92*
Brot 65, 66
Brotfruchtbaum 67
Brown, R. 52
Brunfels, O. 50, 51
Buche 25
Buchloë dactyloides 106
Buchsbaum 114
Buffalogras 106
Burggärten 250
Buschleute 48
Butea monosperma 109
Butyrospermum 26
Buxus sempervirens 114
Bwiti 41

Calamus 25
Camelina sativa 35
Camellia sinensis 188, *190*
Camerarius, R. J. 53
Camptotheca acuminata 144
Candida lipolytica 209
Candolle, A. P. de 52
Cannabis sativa 126
– *sativa* var. *indica* 158, *159*
Cantharellus cibarius 163

Capsicum annuum 89
– *annuum* convar. *grossum* 178
Caragana 22
Carapulca 35
Carica papaya 102
Carnaubapalme 134
Carnaubawachse 134
Carpinus 25
Carpinus betulus 113
Carya 115
Caryota urens 74
Castanea sativa 26, 67, 242
Catharanthus roseus 144, *144*
Cattleya 25, *25*
Ceiba pentandra 125
Cercis siliquastrum 45
Cesalpina, A. 51
Chain 173
Champagner 200
Champignon 163
Cherimoya 94, 102
Chiclé 129
Chicorée 93
Chinakohl 93
Chinin 144, 145, 182
Chlorophyll 11, 17, 57, 133, 199, 287
Chondrodendron 151
Christdorn 45
Christrose 45
Chromosomensatz 11
Chrysanthemum 226
Chunyo 34
Chutney 98
Cichorum endivia 93
– *intybus* 93
Cicuta virosa 149
Cinchona calisaya 145
– *succirubra* 145
Cinnamomum zeylanicum 179
Citrangen 94
Citranquat 94, 218
Citrullus 88
Citrullus lanatus 89, 108
Citrumquat 218
Citrus 94
Citrus aurantiifolia 94, 95
– *aurantium* 94
– *lemon* 94, 218
– *maxima* 94
– *medica* 94
– *paradisi* 94
– *reticulata* 94
– *sinensis* 94
Claviceps purpurea 169, *169*, *171*
Clusius, C. 35, 183
Cochenille 133
Cocos nucifera 74, *82*, 83, 126
Coffea arabica *184*, 185, *185*
– *canephora* 185
Coix lacryma-jobi 72
Cola nitida 187
Colchicum autumnale 142, 149, *150*
Colchizin 149, 221
Colocasia esculenta 28
Conium 142
Conium maculatum 149
Conocybe 167
Convallaria majalis 147, *147*
Copernicea cerifera 134
Corchorus capsularis 125, *126*
– *olitorius* 125
Cucumis 88
Cucumis melo 89
– *sativus* 88
Cucurbita 88, 89
Cucurbita maxima 89
– *moschata* 89
– *pepo* 83, 89, 108
Curare 151
Cyamopsis tetragonoloba 130
Cyanobakterien 9, 69
Cydonia oblonga 130
Cynodon dactylon 107
Cyperus esculentus 61
– *papyrus* 49
Cytisus laburnum 142, 149

Dactylopius coccus 133
Dalbergia nigra 116
– *stevensonii* 116
Darwin, C. 54
Dattelpalme 48, 100
Datura 42, 43
Datura inoxia 42
– *metel* 42
– *stramonium* 42
Daucus carota 93
DDT 230
Dendrobium 25
Dendrochronologie 287
Dermestes 229
Digitalis 61, 145
Digitalis lanata 147, 206
– *purpurea* 145, *146*
Digitaria 72
Digitoxin 147
Dinkel 30
Dionea muscipula 44
Dioscorea 33, 66, 143, 225
Dioscorea bulbifera 73
– *rotundata* 73
Dioscurides 42, 49, 50
Diosgenin 61, 143, 225
Diospyros celebica 116
Diploid 11
Distel 45
Dormine 279, 280
Dornstaude 239
Dothidiella 129
Douglasie 115
Draba bryoides var. *imbricata* 19, *19*
Droge 142

Edelhölzer 115, 116
Efeu 45, 46
Eibe 25, 113
Eiche 25, 49, 114
Eichenmischwälder 110
Eierfrucht 87
Einkorn 30
Eiweiße 62, 63, 81, 91, 106
Elaeis 23
Elaeis guineensis 81, *81*
– *oleifera* 81
Elefantengras 26
Emmer 30
Endivien 93
Endorphine 157
Engelsüß 45
Engelwurz 45
Entandrophragma cylindricum 11
Epiphyten 19, 23, 25
Erdnuß 33, 76, 79, *80*
Ergotamin 160
Ergotismus *168*, 169
Erica arborea 115
Eriseidenraupe 109
Eruca sativa 35
– *vesicaria* 181
Erythroxylon coca 158
Esche 25, 113
Escherichia coli 222
Eßkastanie 26, 67, 242
Ethanol 75, 76
Ethylen 97
Euphorika 155
Eutrophierung 225, 248

Fagus 25
Fagus sylvatica 114
Färberwaid *132*, 133
Färberwau 133
Farbstoff 28, 132
Faserbanane 127
Faserlein 126
Faserpflanzen 122
Federharzbaum 25
Feige 49, 94, 99, *100*
Feigenbaum 46, *100*
Feigenkaktus 108
Ferula asa-foetida 44
Fette 58, 60, 63
Fettpflanzen 77
Fichte 25, 110, 112
Ficus carica 99
– *elastica* 129
Fingerhut, Roter 145, *146*
–, Wolliger 147, 206
Flachs 49, 122, 123, 126
Flaschenkürbis 89
Flaumeiche 241
Flavine 133
Flavonole 133
Fleming, A. 173
Fliege, Weiße *226*, 227
Fliegenpilz 166, *166*
Florey 173
Flurbereinigung 245
Flußbegradigung 246
Fortunella 94
Fragaria x ananassa 101
Fraxinus chinensis 109
– *excelsior* 113
Frühjahrslorchel 167
Fuchs, L. 50, 51, 146
Fucus 135, *136*
Futterklee 107

Futtermelone 108
Futterrübe 106

Gallenröhrling 165
Gardenia 26
Gärten, botanische 257, *260*, *261*
Gärten, hängende 249
– in China und Japan 249, *250*
Gartenerdbeere 101
Gartensalat 93
Gartenstil, englischer 255, *259*, *260*
–, französischer 252, *252–254*
Gärtner, J. 52
Gärung 55
Gemüse 86, 87
Genbank 216
Genmanipulation 220, 221
Gerste 30, 32, 106, 183
Gesner, K. 51
Getreide 198
Gewebekultur 204
Gewürzkräuter 174
Gewürznelken 178, *179*
Gewürzpflanzen 131
Giftpflanzen 49, 53, 141, 142
Gin 178
Ginkgo-biloba 12, *16*
Ginkgobaum 12, *16*, 142
Ginseng-Wurzel 142
Gleditschie 45
Gleditsia triacanthos 45
Glukosinolate 63, 83, 181, 230
Glycine max 78
Goldregen 142, 149
Goodyear, C. 128
Gossypium 123, 181
Gossypium arboreum 123
– *herbaceum* 123
– *hirsutum* 123, 220
– *vitifolium* 123
Granadille 94
Granatapfelbaum 49
Grapefrucht 94
Grew, N. 52
Großalgen 135
Grünalgen 135, *211*
Guar 130
Guarano 186
Guave 94
Guayule-Strauch 127
Guilelma gasipaes 28
Gummen 63, 129
Gummiarabikum 129, 130
Gummibaum 129
Gurke 86, 88
Guttapercha 127, 129
Gymnasien 249
Gyromitra esculenta 167

Hackbaukulturen 13, 30
Hainbuche 25, 110, 113
Hales, S. 53
Halluzinogene 37, 155, 161
Hancock, 128
Hanf 35, 76, 122, 123, 126, 158, *159*
haploid 11, 205, 220
Harze 110, 130
Harzspender 12, *130*
Haschisch 126, 158
Heilpflanzen 49, 52, 53, 141, 142
Helianthus annuus 79, *79*
Helleborus niger 45
Herbizide 227
Herbstzeitlose 142, *150*
Heredot 159
Heroin 155, 157, 162
Herzglykoside 145
Hevea 128, 189
Hevea brasiliensis 25, 127, *127*
Hexenkräuter 41
Hibiscus cannabinus 126
– *sabdariffa* 126
Hickorynuß 115
Hiobsträne 72
Hippophae rhamnoides 86
Hirse 32, 106
Hochkulturen 30, 48
Hofmann, A. 39, 160, 167, 169
Holz 45, 49, *113–115*
Homolle, E. A. 146
Honig 109, 198
Honigbiene 109
Hooke, R. 52
Hopfen 200, *201*
Hordeum vulgare 30
Housz, J. I. 53
Humboldt, A. von 54
Humulus lupulus 200, *201*
Hybridisation, somatische 221, 223
Hyoscyamin 41
Hyoscyamus niger *40*, 41

Iboga 41
Ikebana 192, 301
Immergrün 144
Indifera tinctoria 133
Indigo 133
Industriepflanzenbau 209
Ingwer 28, 180
Inhaltsstoffe 12
Inkarnatklee 107
Insektizide 226
Ipomoea batatas 33, 66, 73, *73*
– *violacea* 39
Irrgärten 253
Isatis tinctoria *132*, 133

Jahresringe 117, 287
Janssen, J. u. Z. 52
Jasminum 131
Javapfeffer 45
Judasbaum 45
Jugendstil 292, 297
Juglans regia 114
Jungius, J. 51
Juniperus communis 178, *178*
– *virginiana* 115
Jussieu, A. L. de 52
Jute 122, 123

Kaffee 63, 71, 183, *184*, *185*
Kakao 63, 71
Kakaobaum 187
Kakaobohne 187, *188*
Kalmus 49
Kamille, Echte 148, *148*
Kapernstrauch 181
Kapitell 289
Kapokbaum 125
Karotinoide 61, 93, 96, 132, 172, 178, 287
Kartoffel 33, 35, 66, 198
Kaugummi 129
Kautschuk 71, 127, *127*, 128, 225
Kautschukbaum 127
Kautschukliane 25
Kautschukpflanzen 127
Kelp 138
Kenaf 122, 126, *126*
Kew, botanischer Garten von 259
Khaprakäfer 229, *229*
Kiefer 25, 110
Kitulpalme 74
Kiwi 94
Klone 206
Klostergärten 250
Knoblauch 49, 142, 180
Knollenblätterpilz, Grüner 142, *149*, 151
Koch, R. 144
Kodein 156, 157
Koffein 63, 185, 188, 190
Kohl 35
Kohlenhydrate 58
Kohlenstoffkreislauf 231
Kohlrabi 91, *92*
Kohlrübe 93
Kokain 158
Kokastrauch 158
Kokosfaser 83, 122, 123, 127
Kokosmilch 83
Kokosnüsse 19, 76, 83
Kokosöl 83
Kokospalme 74, 83, 126
Kolabaum *186*, 187
Kolophonium 130
Kombu 138
Koniferen 12
Kopfsalat 93
Kopra 83
Kork 110, 120
Korkeiche 120, *121*, 241
Kornkäfer *228*, 229
Krapp 133
Krappwurzel 133
Kreuzbeere, Persische 133
Kreuzung, sexuelle 212
Kudan 107
Kümmel 36
Kürbis 89, 108
Kurztagpflanzen 282, *284*
Kwao-Wurzel 142
Labyrinthe 253
Laccifer lacca 109
Lactuca sativa 93
Lagenaria 88
Lagenaria siceraria 88

Laminaria angustata 137, 138
– *saccharina* 137
Laminarin 140
Landolphia 25, 129
Landschaftspflege 271
Landschaftsschutz 268
Landschaftsschutzgebiet, LSG 273
Langtagpflanzen 282, *284*
Lärche 112
Larix decidua 112
Latex 127, 129
Lathyrus sativus 35
Laurus nobilis 26, 242
Lebensbaum 291
Leccinum 163
Leguminosen 63, 106, 109, 222, 233
Lein 83
Leindotter 35
Leinöl 83
Leinsamen 76
Lens culinaris 35
Lentinus edodes 165
Leymus arenarius 237
Lignin 63, 117, 118, 119
Ligustrum lucidum 109
Lilie 45, 49
Limequat 94, 218
Limette 95
Limone 94
Linde 25, 45
Linné, C. von 51, 54, 145
Linsen 35
Linum usitatissimum 83, 126
Lipide 61, 62
Lister, J. 172
Litchi 94
Litoral 135
Lophophora williamsii 37, *38*
Lorbeer 36, 242
Lorbeerbaum 26
Lorbeerkranz 298
Lorbeerwälder 242
Lotosblume 46, 289
LSD 39, 160, 161, 167, 169
Luftstickstoff 86
Lupine, Blaue 218
–, Gelbe 218
– Stauden- *220*
–, Weiße 218
Lupinus albus 35, 218
– *angustifolius* 218
– *luteus* 218
– *polyphyllus* *220*
Luzerne 107
Lycopersicon esculentum 88

Machaerium 116
Macrocystis 209
Macrocystis pyrifera 137
Magnolia 242
Magnus, A. 50
Mahagonibaum 116
Maiglöckchen 147, *147*
Mais 32, 43, *59*, 60, 63, 70, 71, 76, 216
Maiskäfer 229
Makassar-Ebenholz 116
Makintosh 128
Makoré 116
Malaria 144, 182
Malpighi, M. 52
Malus sylvestris 100
Mandarine 94, 95
Mandelbaum 49
Mandragora officinarum 41, 42, *42*, *43*
Mangifera indica 97
Mango 86, 97
Mangold 33, 35, 52
Mangrove 238
Manihot esculentum 33, 66, 72, *73*
Manilahanf 122, 127
Maniok 33, 66, 67, 72, *73*, 220
Margarine 78
Mariendistel 44, 167
Marihuana 158
Marker, R. 143
Maronenröhrling 163
Matricaria chamomilla 148, *148*
Matthioli, P. A. 51, 88, 144
Maughania macrophylla 109
Maulbeere, Weiße 109
Maulbeerseidenraupe 109
Maya 33, 44, 167
Mayer, J. R. 55, 63
Medicago sativa 107
– *truncatula* 106
Meerrettich 181
Mehlkäfer 229
Meiose 11
Melasse 74
Melchers, G. 221
Melde 108
Melone 88
Mendel, G. 54
Meskalin 40, 161, 167
Metroxylon 25, 67
Mezquitegräser 106
Mimusops heckelii 116
Mistel 143
Möbelholz 113
Mohn 35, 45, 46, *156*
Möhre 93
Mönchspfeffer 44
Morchella esculenta 167
Morphin 155, 156, 157
Morus alba 109
Moschuskürbis 89
Müller, P. 226
Musa paradisiaca 96, 97
– *textilis* 97, 127
Muscarin 167
Muskat 35
Muskatnuß 177, *177*
Muskatnußbaum *176*, 177
Mutanten 213
Mutationen 218, 226
Mutterkornalkaloide 39, 62
Mutterkornpilz 168, 169, *169–171*
Mykorrhiza 163
Mykotoxine 170, 172
Myristica fragrans *176*, 177
Myrrhe 131
Myrte 45, 49

Nachtschatten, Schwarzer 143
Nacktsamer 11
Nationalpark 273
Naturdenkmal 273
Naturkautschuk 127
Naturschutz 268
Naturschutzgebiet, NSG 273, *271–275*
Naturveränderungen 240
Nelke 45
Nelumbo nucifera 46
Nerium oleander 253
Neutralfette 60, 61
Nicot, J. 195
Nicotiana rustica 195
– *tabacum* 195
Nif-Gene 221
Nikotin 63, 197, 230
Nipa fruticans 74
Nitrat 225, 248
Nori 138
Nymphaea lotus 289

Obst 86
Obstbau 49, 76
Ökologie 268
ökologische Faktoren 18
Ökosystem 12
Ölbaum 83
Öle 60, 63, 76, 81
Öle, ätherische 131
Olea europaea 83
Oleander 253
Olive 76
Olivenöl 83
Ololiuqui 39, 161
Ölpalme 25, 61, 71, 76, 81, *81*
Ölpflanzen 60, 76
Ölrauke 35
Opiate 156
Opium 156
Opuntia ficus-indica 108
Orange 94, *95*
Orangequat 218
Orobanche 224
Oryza sativa 30, 69
Osterluzei 142

Palaquium gutta 129
Palisander claro 116
Paliurus spina-christi 45
Palme 81, 198
Palmette 289, *291*
Palmkernöl 78, 81
Palmwein 27, 74, 83
Palmyrapalme 74
Pampelmuse 94, 95, 182
Panaeolus 167
Panax schin-seng 142
Panicum 72
Papaver bracteatum 157, *158*
– *somniferum* 83, 156, *156*
Papaya 94, 102

Paphiopedilum insigne 44
Pappel 25
Paprika 89, *90*, 178
Paracelsus 141
Paranußbaum 25
Park von Wörlitz 256
Parks 256
Parthenium argentatum 127
Passiflora 44
Passionsblume 44
Paullinia cupana 186
Pausinystalia yohimba 143
Pekingkohl 93
Pektin 123
Penicillin 172, 173
Penicillium luteum 173
– *malgiovense* 173
– *notatum* 172, *172*
Pennisetum 72
Pennisetum benthami 26
– *typhoides* 106
Perigord-Trüffel 163
Peristylhöfe 249
Persea americana 99
Peyotl 37, 38, *38*, 39, 40, 155
Pfeffer 174
Pfeffer, Schwarzer *175*, 177
Pfifferling 163
Pfirsich 100
Pflanzendrogen 142
Pflanzenfasern 122
Pflanzengerbstoffe 134
Pflanzenkrankheiten 49
Pflanzenschutzmittel 226
Pflanzenwachse 134
Pflaume 100
Phalaris 72
Phalaris canariensis 72
Phallus 42
Phallus impudicus 163, *164*
Philosamia ricini 109
Phoenix dactylifera 100
Phosphat 225, 248
photoperiodisch 282
Photosynthese 9, 11, 52, 53, 55
Phytophtora infestans 74
Phytoplankton 135, 140, 210
Picea 25
Picea abies 112
Pijiguao-Palme 28
Pimpinelle 142
Pincus, G. 143
Pinus 25
Pinus australis 130
– *nigra* 130
– *palustris* 115
– *pinaster* 130
– *strobus* 115
– *sylvestris* 112, 130
Piper guinense 177
– *longum* 177
– *nigrum* *175*, 177
– *retrofractum* 177
Pistacia terebinthus 130
Pitch-Pine 115
Pitpit 28
Plankton 135
Plantago ovata 130
Plasmodium malariae 144
Platon 249
Platterbsen 35
Plenterwirtschaft 112
Pleurotus ostreatus 165
Plinius 49
Plinius, d. Ä. 35
Pockholz 118
Polypedium vulgare 45
Pombe 66
Pomeranze 94, 182
Poncirus 94
Poncirus trifoliata 94
Populus 25
Populus nigra 113
Porphyra 138, 140
Proteine 63, 65
Protoplasten 205, *206*, *207*, 220
Protoplastenfusion 221
Prunus 94
Prunus armeniaca 100
– *avium* 100
– *cerasus* 100
– *domestica* 100
– *persica* 100
Pseudotsuga menziesii 115
Psilocybe 167
Psilocybe mexicana 167
Psilocybin 161, 167
Psilophyten 11
Puccinellia maritima 238
Pückler, H. von 256
Pueraria phaseoloides 107
Pulpe 126
Pulque 27
Pyrus communis 100

Queller 238
Quercus 25, 114
Quercus ilex 241
– *pubescens* 241
– *suber* 120, 241
Quitte 130

Radieschen 93
Raphanus sativa 93
Raps 83, 181
Rapünzchen 93
Rauschdrogen 126
Rauschmittel 155
Rauhstielröhrling 163
Rauwolfia serpentina *151*, 153
Ray 51
Regenwald, tropischer 18, 22, 23, *24*, 25, 110, 116, 240, 243
Reis 30, 60, 65, 66, 68, *68*, 69, *69*, 198
Reiskäfer 229
Reismehlkäfer 229
Renaissancegärten 251
Reseda lutea 133
Reserpin 152
Rettich 93
Rhamnus oleoides 133
Ricinus communis 61, *62*, 84, 109
Riesenkürbis 89
Riesentang, kalifornischer 137, 140
Riesenträuschling 165
Rivea corymbosa 39
Rizinus *62*, 84, 109
Rocaille 292
Roggen 30, 35, 63, 183
Rohrzucker 59, 63
Rohstoffpflanzen 218
Rokokogarten 253
Rosa damascena 131
Rose 45
Rosenkohl 90, 91
Rosenöl 131
Rosenzüchtung 218
Rosette 297
Roßkastanie 26, 183, 242, *286*
Rotalgen 135
Rotangpalme 25
Rotbuche 114
Rotklee 107
Rotkohl 90, 91, *91*, *92*
Rübe 33
Rübe, Rote 33, 34, 93
–, Runkel- 33, 34, 35, 52
–, Zucker- 33, *34*, 74, 76, *76*, 212
Rubia tinctorum 133
Rübsen 35, 106

Saatweizen 30, *31*, 67, 213
Saccharomyces cerevisiae var. *ellypsoides* 199
Saccharose 59, 74, 75
Saccharum edula 28
– *officinalis* 33
Sago 67
Sagopalme 25
Salicin 145
Salicornia europaea 238
Samenkeimung 279
Samenpflanzen 11
Samenschleime 130
Sami-Baum 45
Sanddorn 86
Sandelholz 131
San-Pedro-Kaktus 40
Sanssouci 253
Santos-Palisander 117
Sapeli-Mahagoni 116
Saponaria officinalis *27*, 28
Sarepta-Senf 93
Satanspilz 44
Saubohnen 35
Sauerkirsche 100
Sauerstoffkreislauf 231, *234*
Sauerstoffproduktion 110
Saussure, N. T. de 53
Savannengebiete 13
Scenedesmus 210
Schädlingsbekämpfung, biologische 229
Scheidling, Schwarzstreifiger 165
Schell, N. 222
Schellack 109, 133
Schelling 47, 54

Schierling 142
Schierling, Gefleckter 149
–, Wasser- 149
Schildlaus 109
Schimmelpilz 170, 172, *173*
Schirmakazie 26
Schlafmittel 155
Schlafmohn 156
Schleichera trijuga 109
Schleiden M. J. 54, 204
Schleime 129
Schlickgras 238
Schnaps 100
Schoenocaulon officinale 230
Schreber 265
Schrebergärten 265
Schwarzkiefer 130
Schwarzpappel 113
Schwarzwurzel 93
Schwefeldioxid 244
Scopolamin 41
Scorzonia hispanica 93
Secale cereale 30, 215
Seerose, Königliche 25
Seestrandkiefer 130
Seifen 78
Seifenkraut *27*, 28
Sellerie 93
Senebier, J. 53
Senf, Brauner 181
– Persischer 181
– Schwarzer 181
– Weißer 35, 181
Senföle 81, 91
Senfölglykoside 63
Sesam 83, 84
Sesamöl 83
Sesamsamen 76
Sesamum indicum 83
Setaria 28, 72
Shiitake 165
Shorea robusta 242
Signaturenlehre 42
Silybium marianum 44, 167
Sinapis alba 35, 181
Sioli, H. 243
Sisal 122
Sisalagave 126
Sitophilus granarius 229
– *oryzae* 229
– *zeamais* 229
Soja 63, 76
Soja hispida 78
Sojabohne 32, 71, 76, 78, 79
Solanum dulcamara 143
– *nigrum* 143
– *tuberosum* 34, 66, 73
– *tuberosum andigenum* 34
– *tuberosum tuberosum* 34
– *xanthocarpum* 143
Soma 166
Sommerwurz 224
Sonnenblume 79, *79*
Sonnenblumenkerne 76
Sorghum bicolor 72, 74, 106
– *durrha* 133
Sorghumhirsen 65, 66, 72, 220
Spargel 93
Spargelkohl 91
Spartina anglica 238
Speckkäfer 229
Speisemorchel 167
Speiseöle 78
Speisezwiebel 180
Sperrholz 118
Spirulina 209
Stadtplanung 262
Stärke 57, 58, *58*, 59, 60, 63, 65, 72
Stechapfel 42
Steineiche 241
Steinkohle 11
Steinpilz 163
Stickstoff 55, 63
Stickstoffixierung, symbiontische
106, 207, 221, 223
Stickstoffkreislauf 232, *233*
Stilleben 296
Stinkmorchel 163, *164*
Stoffkreisläufe 55
Stoll, A. 169
Stone, E. 145
Strahlenberg, P. J. von 166
Strandhafer 237, *238*
Strandroggen 237
Strandsalzschwaden 238
Strasburger, E. 53
Stratifikation 280
Streusalz 248
Strobe 115
Strophantin 151
Strophantus gratus 151
– *kombe* 151
Stropharia rugosa-annulata 165
Strychnin 151
Strychnos nux-vomica 151
Suberin 120
Succisa pratensis 44
Suchtmittel 155
Sudangras 106
Sulfitzellstoffverfahren 119, 130
Suspensionskultur 204
Süßkartoffel 33, 73
Süßkirsche 100
Süßlupine 218
Swietenia macrophylla 116
Sykomore 45
Symbolgehalt 37, 43, 45, 289
Syzygium aromaticum 178, *179*

Tabak 195, *196*, *197*
Tabak, Virginischer 195
Tabernanthe iboga 41
Tamariske 49
Tange 135, 137, *138*
Tanne 25
Taraxacum kok-saghyz 127
Taro 28
Taxus 25
Taxus baccata 113
Teakholzbaum 116
Tectona grandis 116, 242
Tee 63, *189*, *190*
Teeismus 192
Teestrauch 188, *190*
Teezeremonie 192, *193*, *194*
Tenebrio molitor 229
Teosinte 32
Terpentin 97, 130
Teufelsabbiß 44
Teufelsdreck 44
Teufelsfurz 44
Teufelskralle 44
Thaer, A. 35
Theobroma cacao 187
Theobromin 63, 188
Theophrastos 49, 50, 53, 249
Theophyllin 189, 190
Thymian 36
Tilia 25, 114
Ti-Plasmid 222
Tollkirsche 41, *41*
Tomate 86, 87, 88, *90*
Toxicodendron verniciflua 130
Tragant 130
Tranquillizer 155
Trapa natans var. *bicornis* 67
Traubenwein 27
Trialeurodes vaporariorum 227
Trichocereus pachanoi 40
Trichterwinde 39
Trifolium alexandrinum 107
– *hybridum* 107
– *incarnatum* 107
– *pratense* 107
– *repens* 107
– *subterraneum* 106, 107
Trilobium 229
Triticale 215
Triticum 30, 215
Triticum aestivum 30, 67
– *carthlicum* 67
– *dicoccum* 30, 67
– *durum* 67
– *monococcum* 30
– *spelta* 30
Trogoderma granarium 229
Trüffel 163
Tuber 163
Tuber brumale 163
– *melanosporum* 163

Ulme 25, 113
Ulmus 25, 113
Umbilicus 44
Undaria 138
Urtica dioica 35, 86
Urzellen

Valerianella locusta 93
Vanda 25
Vanilla planifolia 180, *180*, *181*
Vanille 180, *180*, *181*
Vasco da Gama 176
Vasensproß 297
Veilchen 45
Venusfliegenfalle 44
Venusnabel 44
Venusschuh 44

Vernalisation 282
Versailles 252
Vicia faba 35
Victoria amazonica 25
– *regia* 261
Vinca minor 144
Virola 40
Viscum album 143
Vitamin C 86, 90, 91, 94, 101, 178
Vitex agnus-castus 44
Vitis vinifera 96
Volkskunst 297

Wacholder 178, *178*, 198
Wachs 109
Walnußbaum, Echter 114
Wasserhaushalt 233, *235*
Wassermelone 49, 71, 89
Wasserverschmutzung 247, *247*
Wein 96, 100, *198*, *199*
Weißkohl 90, 91, *92*
Weizen 30, 32, 60, 65, 67, 68, 213, 224
Wekamine 161
Wermut 182
Wirsingkohl 90, 91, *92*
Wruke 93
Wuchsstoffe 280

Xerocomus badius 163

Yam 33, 61, 66, 67, 71, 73, 143
Yucca 21, 143

Zauberpflanzen 37
Zea mays 70, 72
Zeder 49
Zellkultur 204, *208*, *209*, 220
Zellstoff 119
Zellulose 63
Zimtbaum 179
Zingiber officinale 180
Zitrone 94
Zucker 57, 58, 60
Zuckerrohr 59, 60, 74, 75, 76, *77*, 198